INTERCONNECTIVITÉ

« ou quoi considérer »

Contenu

1. LA TERMINOLOGIE

Les définitions étant nécessairement sélectives, en ce sens qu'elles mettent en avant certains aspects et en occultent d'autres, il s'agit ici aussi de reconnaître les limites de la compréhension. Comme nous ne voulons pas nous contenter d'une définition trop étroite, nous reconnaîtrons la complexité des phénomènes et prendrons en considération les différentes perspectives. Dans la thématique de l'interconnectivité, il s'agit d'interpréter les phénomènes de mise en réseau. L'interconnectivité est plus que la simple capacité d'échanger des données entre des systèmes. C'est un principe fondamental qui façonne la société et s'étend jusqu'à la philosophie et la spiritualité. Dans un monde où tout est interconnecté, la manière dont nous utilisons ces connexions contribue non seulement à améliorer l'efficacité, mais a également de profondes répercussions sur nos connaissances, notre éthique et, en fin de compte, notre conception de l'existence. En ce sens, l'interconnectivité n'est pas seulement un phénomène technique, mais un reflet de la structure fondamentale de notre réalité. Son objectif est de créer des synergies, de mieux utiliser les ressources individuelles et sociales et de parvenir à une intégration plus complète des informations et des services. Cela devient un facteur important pour l'innovation et la maîtrise de défis complexes.

Dans les médias sociaux, l'interconnectivité ressemble à l'organisation d'un cocktail numérique où tout le monde est en contact avec tout le monde via différentes plateformes. Lors de cette fête, les groupes se rassemblent pour partager différentes impressions et faire des allers-retours rapides dans les discussions. L'interaction se fait spontanément, en réagissant de telle ou telle manière aux contributions, en les commentant ou en les transmettant. En l'espace de quelques minutes, les commérages se répandent sur les diverses plates-formes. En même temps, on participe aux conversations les plus diverses, sans aller particulièrement en profondeur. On se met simplement en réseau, les interactions sont de courte durée et se basent sur des likes rapides ou de brefs commentaires. Le caractère viral des contenus est l'un des aspects les plus marquants de ces conversations artificielles. En très peu de temps, un seul tweet est étendu d'un petit groupe à un public mondial.

L'interconnectivité multiplateforme renforce l'effet selon lequel il semble que tout le monde est en contact avec tout le monde. Tout comme lors d'une fête bruyante, où les gens se méprennent souvent ou sont noyés dans la masse, les messages clairs se perdent dans les médias sociaux. Si cela crée d'une part des possibilités d'échange et de créativité, cela comporte également des risques. Parmi ceux-ci figurent les malentendus, le surmenage dû au flux d'informations et la formation de ce que l'on appelle des chambres d'écho.

Si la technique permet de mettre en réseau les appareils ménagers, il devrait en être de même pour les domaines de connaissances sociologiques. Dans ce domaine, il ne s'agit pas seulement de jeux divertissants, mais aussi d'une gestion sérieuse des connaissances. Étant donné que la mise en réseau et l'échange dans les médias numériques induisent souvent en erreur, on a de plus en plus besoin de portails avec une évaluation scientifique, qui devraient être autant que possible exempts d'erreurs, et surtout de corruption. Dans le contexte social, la lecture des auto-évaluations, aussi divertissante qu'elle puisse paraître, ne fournit pas assez d'objectivité. Les questions factuelles sont tout simplement déformées.

Dans un monde de plus en plus numérisé, la capacité à travailler en réseau est de plus en plus frappante. Les entreprises et les institutions capables de communiquer efficacement avec des partenaires issus de différents domaines de connaissances et d'échanger des données augmentent leur productivité et leur capacité d'innovation. Cela est particulièrement décisif dans les projets interdisciplinaires, où la réunion d'experts de différents domaines conduit à de nouvelles connaissances et à des percées. La collaboration entre les chercheurs médicaux, les développeurs de logiciels et les scientifiques des données en est un exemple. L'échange d'informations en temps réel permet de développer plus rapidement de nouvelles thérapies et de nouveaux médicaments. Dans la production industrielle également, la mise en réseau de machines et d'installations via ce que l'on appelle l'« Internet des objets » permet une efficacité et une flexibilité accrues. Au niveau de la planification dans les projets interdisciplinaires, l'interconnexion est décisive lorsque des experts de différents domaines sont réunis et que de nouvelles connaissances sont acquises. Mais l'interconnectivité ne se limite pas aux applications pratiques. Dans le domaine de la recherche cognitive, qui s'intéresse aux fondements de la connaissance et de la vérité, elle ouvre des perspectives entièrement nouvelles.

La mise en réseau de différents systèmes de connaissances permet d'aborder des problèmes complexes sous différents angles et d'obtenir ainsi une vision plus approfondie de la nature de la réalité.

Cette mise en réseau s'étend jusqu'à la philosophie, où sont posées des questions sur la raison, la conscience et l'existence. Des philosophes comme Martin Heidegger et Emmanuel Levinas ont souligné comment notre existence dans le monde est caractérisée par des relations et des connexions. L'interconnectivité est ainsi comprise comme un principe métaphysique qui reflète la structure même de la réalité. Dans de nombreuses traditions spirituelles, l'idée de l'interconnexion de toutes les choses est considérée comme un principe central. Dans ce contexte, l'interconnectivité n'est pas seulement un concept scientifique, mais une expression de l'unité profonde de l'être. Même dans les philosophies orientales comme le bouddhisme ou l'hindouisme, le monde est considéré comme un réseau de relations dans lequel tout est imbriqué. Dans les traditions occidentales, cette conception s'exprime par exemple dans le mysticisme, où l'unité avec le divin est atteinte par l'image de l'interconnexion de toute la création.

D'un point de vue éthique, l'interconnectivité soulève également des questions importantes. Si toutes les choses sont interconnectées, que peut-on en déduire quant à notre responsabilité envers les autres ? Comment l'interconnexion mondiale influence-t-elle nos décisions en matière d'environnement, de guerre et de paix? Ces questions sont d'une importance existentielle et montrent que l'interconnectivité va bien au-delà des aspects techniques. La prise en compte de l'interconnectivité exige un changement de mentalité dans de nombreux domaines. Il s'agit d'exploiter les opportunités offertes par le renforcement de l'interconnexion tout en tenant compte des risques potentiels.

Grâce à des approches interdisciplinaires et à l'association de différents domaines de connaissances, des solutions innovantes sont développées dans chaque type de gestion pour relever des défis complexes. L'émergence de formats d'apprentissage hybrides permet d'élargir l'accès aux offres de formation au-delà des frontières institutionnelles et géographiques en associant des éléments en présentiel et en ligne. Les personnes qui étaient auparavant exclues de l'offre éducative en raison de barrières physiques ou organisationnelles peuvent désormais participer à des programmes dans le monde entier. Cela favorise l'inclusion de nombreuses personnes et permet une participation plus large aux processus éducatifs. Grâce aux nouvelles technologies, des environnements d'apprentissage interactifs et collaboratifs voient le jour et favorisent l'apprentissage interactif. Les apprenants peuvent interagir en temps réel avec d'autres personnes, travailler ensemble sur des projets et profiter d'une plus grande variété de possibilités.

Ces possibilités soutiennent également le concept d'apprentissage tout au long de la vie en offrant un accès continu aux ressources d'apprentissage. Mais qui profite vraiment de ces possibilités grandioses ? Probablement le type qui a déjà trois diplômes et qui suit son 17e cours en ligne sur Coursera pour enfin apprendre le mandarin. Ou le collègue motivé qui surfe en cachette sur une plate-forme d'apprentissage au milieu d'une séance de zoom, parce que le multitâche est soi-disant si efficace. Et les autres? Eh bien, ils préfèrent scroller sur TikTok pendant leur pause déjeuner et cliquer sur des articles clickbait avec des titres comme « Ces cinq astuces vous font paraître plus intelligent sans apprendre».

Après tout, il existe suffisamment de possibilités de se former au-delà de l'activité professionnelle, d'acquérir de nouvelles compétences et de s'adapter aux exigences changeantes du marché du travail. Si la mise en réseau dans le domaine de l'éducation offre de nouvelles formes d'apprentissage et de développement des compétences et conduit à une toute autre compréhension de la résolution globale des problèmes, cela implique également des impondérables qui doivent être soigneusement évalués. L'avenir montrera à quel point il est possible de maintenir l'équilibre entre interconnexion et contrôle afin de tirer le meilleur parti de l'interconnectivité.

Toutefois, il existe également une tendance à ignorer, voire à supprimer, les perspectives qui sont étrangères, ce qui entraîne la perte de précieuses perspectives et idées. Une sorte de spirale négative influence les schémas d'action ratés de la mise en réseau. Une interférence négative chronique peut saper le succès commun et priver de la force nécessaire pour aborder de nouveaux projets ou procéder à des changements. C'est pourquoi il est important d'appréhender l'ensemble des situations et de contrecarrer les tendances délibérément erronées. Il convient d'éviter une détérioration de la réciprocité si l'on veut que les multiples perspectives apportent des solutions innovantes.

Une interconnectivité efficace repose sur des canaux de communication clairs, respectueux et ouverts. Dès que des modèles d'argumentation destructifs s'interposent, ces canaux sont bloqués. Il en résulte des malentendus, des hypothèses erronées et une détérioration générale de la qualité de la communication. Dans un environnement où l'argumentation destructive est la norme, les gens ont tendance à se replier sur eux-mêmes et à se fragmenter en petits groupes partageant les mêmes idées. Cela conduit à un isolement des idées et réduit l'interconnectivité des différents groupes, ce qui affaiblit la cohésion sociale dans son ensemble.

En effet, la mise en réseau mondiale permet malheureusement aussi de diffuser rapidement et de mettre à l'échelle des idéologies destructrices, des fausses nouvelles et des discours de haine. L'interconnexion numérique crée de nouveaux points de contact pour la cybercriminalité, qui étend le potentiel destructeur dans la société. L'interconnectivité, favorisée par les moyens de communication et les technologies modernes, a un impact sur la manière dont les sociétés gèrent les diverses tendances, y compris celles qui sont destructrices. L'anonymat offert par de nombreuses plateformes en ligne favorise les comportements négatifs tels que le harcèlement, les propos haineux ou les déclarations extrémistes. Le climat toxique qui règne dans les communautés en ligne déteint généralement sur la vie en société. Il en résulte une société polarisée dans laquelle la capacité de dialogue diminue et où les mouvements extrêmes, qu'ils soient politiques ou idéologiques, gagnent du terrain. La désobéissance civile, qui était autrefois une forme de protestation pacifique, peut facilement se transformer en violence sous l'influence de la désinformation et de la radicalisation. En effet, lorsque la réalité est déformée et remplacée par des mensonges, toute vérité fictive construite apparaît comme justifiée, même si elle enfreint les lois ou menace des vies humaines.

En tout cas, les informations, qu'elles soient positives ou négatives, sont diffusées en temps réel. Cela signifie que les messages, qu'ils soient constructifs ou destructeurs, parviennent rapidement à un large public. Les sociétés en réseau devraient être en mesure de se défendre collectivement et de réagir rapidement aux événements négatifs ou aux menaces. Un étalonnage de la raison est nécessaire pour que différents systèmes, disciplines ou acteurs harmonisent leurs activités. Dans le contexte interconnecté, il est exigé que les parties impliquées travaillent à des objectifs communs et s'accordent sur les interfaces et les voies de communication. Même dans la recherche scientifique, différents experts tels que des biologistes, des économistes ou des ingénieurs doivent coordonner leurs approches pour parvenir à un résultat utile. Sans une coordination claire, les systèmes et leurs équipes fonctionnent de manière extrêmement inefficace. Les dysfonctionnements en sont la conséquence. Seule l'interconnexion permet de clarifier la manière dont les différentes parties d'un système ou plusieurs disciplines sont reliées entre elles de manière judicieuse. L'interconnectivité se produit lorsque les différents éléments sont en relation les uns avec les autres et que leurs fonctions et objectifs se complètent mutuellement.

Dans les systèmes techniques, cela fait référence aux connexions logiques entre les différents modules et composants. Chaque composant d'un réseau doit avoir un lien clair avec les autres pour que les données ou les informations puissent être échangées correctement. Dans le domaine de la technologie, cela peut être présenté de manière très sobre, alors que dans les systèmes sociaux, les connexions sont plus complexes. Si l'interconnectivité ne mène à rien parce que les liens ne sont pas clairs ou inefficaces, elle n'apporte pas non plus d'avantages utiles.

Dans une entreprise, comme dans la politique, il doit exister une hiérarchie et une structure claires afin de garantir que les décisions puissent être coordonnées et mises en œuvre de manière centralisée. L'attribution fait référence à la définition et à la répartition claires des tâches, des fonctions ou des ressources au sein du système. Chaque partie d'un système en réseau doit savoir quel rôle elle joue et quelles ressources ou informations lui sont attribuées. Ces bases sont la condition préalable à la mise en place d'une interconnectivité efficace et stable dans des systèmes complexes, des organisations ou des projets interdisciplinaires. Ce n'est que grâce à l'étroite imbrication des concepts que la complexité générée par une interconnexion croissante devient visible et productive.

Si ces liens sont absents ou affaiblis, le système perd son intégrité et se désagrège. Sans flux d'informations, les différents éléments ne peuvent pas interagir. La plupart des propriétés du système résultent de l'interaction entre les différents composants. En l'absence d'interconnectivité, les phénomènes émergents n'apparaissent même pas. Dans les réseaux sociaux, la perte de connectivité entraîne l'isolement d'individus ou de groupes entiers. Dans l'économie, les chaînes d'approvisionnement sont telles qu'une interruption à un endroit ou dans d'autres canaux de communication entraîne des perturbations dans l'ensemble du système. Dans les écosystèmes, la perte d'espèces clés, qui ont de nombreuses connexions avec d'autres espèces, peut avoir des effets qui déstabilisent l'ensemble du système. Toutefois, les systèmes présentant une forte interconnectivité des responsabilités sont également plus résilients face aux perturbations. Ils peuvent mieux compenser les défaillances de certains composants en utilisant des connexions alternatives. Cela explique pourquoi les systèmes robustes présentent de manière convaincante des connexions redondantes.

Cela signifie que de multiples interdépendances apportent une plus grande efficacité, mais qu'elles comportent en même temps un risque de défaillance du système et de dépendance. En tout état de cause, un problème technique ou une attaque sur une infrastructure critique a des répercussions importantes sur l'ensemble de la structure. La situation est encore plus critique dans les systèmes sociaux, qui sont constitués de cultures, de valeurs, de croyances et de comportements spécifiques. Comme ils sont dynamiques, ils évoluent au fil du temps et peuvent être influencés par des facteurs internes, tels que les conflits, ou externes, tels que les changements technologiques. Pour s'en prémunir, il est possible de gérer les risques de manière objective en élaborant des plans d'urgence. Ces dispositions font en sorte qu'en cas de défaillance d'un élément, l'ensemble du système puisse malgré tout continuer à être maintenu.

Concernant la beauté fragile de l'interconnectivité: c'est vraiment une merveille de voir toutes ces petites pièces de puzzle, que ce soit sur les réseaux sociaux ou dans des systèmes complexes, s'assembler pour former une image impressionnante. Mais malheur si une pièce

du puzzle manque ou refuse tout simplement d'aller à sa place !
Soudain, nous nous retrouvons non seulement avec une image
incomplète, mais aussi avec une crise existentielle dans le système.
Lorsque les liens s'amenuisent, le réseau devient rapidement un lieu
où chacun se croit dans sa propre bulle de solitude. Où sont les idées
créatives, les discussions dynamiques et les collaborations
inattendues? Ils sont tous sur le carreau, perdus dans le désert
numérique de l'isolement.

Les systèmes de santé et la logistique, en particulier, ont entrepris de
miser sur la résilience. Cela passe par des systèmes décentralisés et
des solutions de secours qui prennent rapidement le relais en cas de
défaillance d'un système. L'interconnectivité offre d'immenses
avantages, mais elle nécessite des stratégies minutieuses et
équilibrées pour gérer les risques de sécurité qui y sont liés. La
cybersécurité, la gestion des crises, la protection des infrastructures
critiques et les systèmes de santé proactifs sont des facteurs
essentiels pour garantir que l'interconnectivité ne devienne pas un
point faible dans la société. Il faut faire preuve d'une vigilance et
d'une adaptation continues pour faire face à l'évolution rapide des
technologies et aux défis qui en découlent.

Les alliances, les accords de contrôle des armements, les missions militaires de paix et surtout les systèmes d'alerte précoce font partie des modules de sécurité de la mise en réseau dans la politique militaire. L'interconnexion par-delà les frontières nationales permet malheureusement aux cybercriminels de lancer des attaques à l'échelle internationale. De telles menaces sont souvent difficiles à suivre et encore plus difficiles à combattre, car leurs acteurs apparaissent dans différents pays. Les menaces externes pour la sécurité intérieure d'un pays proviennent de plus en plus de campagnes de désinformation ciblées, diffusées via les médias sociaux ou d'autres canaux numériques. Pour répondre à cette menace, des mesures telles que l'éducation aux médias, le renforcement de la réglementation des plateformes et la coopération internationale sont nécessaires. Les États, les organisations et les individus sont confrontés à la tâche de tirer profit des avantages de l'interconnexion mondiale tout en garantissant un niveau de sécurité élevé. Ils doivent s'adapter en permanence et souvent même collaborer avec des secteurs très différents.

La menace de la désinformation est généralement due à divers facteurs qui encouragent, intentionnellement ou non, la diffusion d'informations fausses ou trompeuses. Lorsque les dirigeants politiques recourent délibérément à la désinformation, ils veulent soit influencer l'opinion publique, soit discréditer leurs adversaires politiques, soit consolider leurs positions de pouvoir. Ils considèrent la diffusion de la désinformation comme une forme de guerre politique ou de manipulation. Les exemples sont nombreux lors des élections ou en période de crise. Des récits sont ainsi diffusés pour tromper l'opinion publique. Les entreprises utilisent la désinformation pour améliorer leur réputation et affaiblir celle de leurs concurrents. Cependant, si elle est exagérée ou maladroite, elle peut entraîner une atteinte à la réputation et des conséquences juridiques si la désinformation est découverte.

Les médias et les réseaux sociaux sont particulièrement vulnérables à la propagation de la désinformation, que ce soit par soif de sensationnalisme pour générer davantage de clics et d'attention, ou par manque de contrôle rédactionnel. Les plateformes de médias sociaux deviennent un véritable "Far West" de la désinformation, car les contenus deviennent viraux avant même d'être vérifiés quant à leur véracité. Ces plateformes prennent le risque de diffuser de la désinformation dès lors qu'elles privilégient des algorithmes qui favorisent l'engagement au détriment de la fiabilité des contenus. La désinformation est presque devenue une forme d'art. On pourrait croire que nous vivons dans une ère où la bataille pour la vérité est perdue. Ironiquement, on pourrait se demander pourquoi les rédactions devraient diffuser des faits longuement vérifiés, quand un simple titre accrocheur attire bien plus de clics. L'algorithme adore ça, et les lecteurs? Ils cliquent par curiosité, partagent par inadvertance, et soudain, la désinformation se propage plus vite qu'un sujet de marronnier d'été.

Les convictions idéologiques, propagées de manière virale, renforcent des visions du monde biaisées et fausses. Les théories du complot sont partagées, même si elles sont objectivement fausses, car elles correspondent à la vision du monde de certaines personnes. Des « hacktivistes » ou des cybercriminels utilisent délibérément la désinformation pour semer le chaos, détruire la confiance ou discréditer certains acteurs. Leur objectif est de créer de l'incertitude, voire de déstabiliser les structures économiques et politiques. La population en général participe inconsciemment à l'expérience de diffusion de la désinformation lorsqu'elle partage des sources peu fiables ou des informations erronées sans les vérifier en profondeur. Cela se produit particulièrement en période de crise ou d'instabilité politique, car c'est précisément à ce moment-là que les émotions et les incertitudes sont élevées, et que les gens réagissent rapidement à des informations qui confirment leurs peurs ou préjugés.

Supervision éditorial ? Cela sonne pour les journalistes comme quelque chose du 20ᵉ siècle. Aujourd'hui, il s'agit d'être le premier, peu importe si l'information est exacte ou non. Les erreurs peuvent toujours être corrigées après coup, si tant est qu'elles le soient. Et pendant ce temps, nous naviguons dans un monde plein de demi-vérités, de théories du complot et de culture du clickbait, où chacun devient expert avec suffisamment de "likes". Au final, la question reste: les réseaux sociaux ont-ils perdu le contrôle de la désinformation, ou bien n'ont-ils peut-être jamais vraiment voulu l'avoir?

2. DE LA LOGIQUE DE L'INTERCONNECTIVITÉ

La logique de l'interconnectivité caractérise l'interdépendance des systèmes, des concepts ou des éléments dans des structures complexes. Les relations entre les différents composants prennent de plus en plus d'importance. Leurs principes s'appuient de plus en plus sur l'interaction et la rétroaction. Les actions ou les modifications d'une partie du système ont souvent des répercussions imprévisibles sur d'autres parties. Dans un écosystème biologique, par exemple, l'extinction d'une espèce peut avoir des conséquences dramatiques pour l'ensemble de l'écosystème. Plutôt que d'analyser des éléments isolés, le système veut être considéré comme un tout, mais le tout est plus que la somme de ses parties.

Des connexions non linéaires apparaissent partout dans le réseau, de sorte que de petits changements ont des effets importants, tandis que des interventions majeures peuvent n'avoir que des conséquences mineures. L'interconnectivité se produit à différents niveaux et à différentes échelles, c'est-à-dire qu'elle peut être observée à la fois à l'intérieur d'une unité et à l'échelle mondiale - et avec des effets différents. L'intelligence collective de ces systèmes résulte des connexions et des interactions des composants individuels.

Les réseaux peuvent être à la fois robustes et vulnérables. D'une part, les connexions assurent la stabilité en équilibrant le système. D'autre part, l'interconnectivité peut également conduire à des erreurs, des défauts ou des attaques qui se propagent plus rapidement et plus loin. L'impact est évident. Un réseau de millions de serveurs, d'ordinateurs et d'autres appareils qui distribuent des informations à travers le monde en quelques fractions de seconde détermine les marchés, les chaînes d'approvisionnement et les décisions politiques.

Chaque espèce d'un écosystème dépend d'une manière ou d'une autre des autres espèces et de l'environnement. Toutes les parties sont en échange permanent, un isolement sain n'est presque plus possible. Ainsi, une vaste interdépendance se développe entre différents champs d'action sociaux qui influencent les bouleversements économiques et les décisions politiques. Le changement social conduit à l'émergence de nouvelles positions, situations et styles de vie Cette évolution contribue à la complexité croissante des sociétés modernes.

Il est possible que des raisonnements logiques ou des conditions qui semblent valables à un moment donné changent dans un autre contexte. Dans de nombreux domaines, qu'il s'agisse de la science, de la technologie, de l'économie ou, plus généralement, de la société, de nouvelles informations et perspectives peuvent faire qu'une logique précédemment valable ne soit soudain plus applicable. Les situations économiques en sont un exemple. Une entreprise qui se trouve dans un marché en plein essor pourrait voir les conditions s'inverser soudainement à la suite d'une crise économique, d'une disruption technologique ou de changements sociaux.

En science, il arrive souvent que de nouvelles découvertes remettent en question les théories existantes ou ajoutent des nuances supplémentaires. La flexibilité et la volonté de remettre en question les hypothèses établies sont essentielles dès qu'un nouveau savoir devient disponible. Cependant, cette logique d'interconnexion peut, dans certaines circonstances, être perturbée, ce qui suggère que l'interaction entre coordination, contexte, organisation et mission peut devenir instable à tout moment, avec des conséquences potentiellement négatives. Dans les systèmes complexes et interconnectés, de petites perturbations ou erreurs peuvent avoir des effets de grande envergure qui déséquilibrent l'ensemble de la structure. Cela est inhérent au système; des défaillances dues à l'instabilité systémique ne peuvent être exclues.

Si le basculement de la logique d'interconnexion devient inhérent au système, cela signifie que cette potentielle instabilité est une composante intrinsèque des systèmes interconnectés. Dans tout système fortement connecté, la possibilité de perturbations ou de dysfonctionnements est intégrée, car l'interdépendance étroite des différents éléments entraîne inévitablement des dépendances et des vulnérabilités potentielles. Si les situations écologiques ou économiques peuvent basculer, les positions de sécurité politique sont également constamment menacées. Comment peut-on alors concilier le sentiment de sécurité en matière de politique de sécurité avec les mesures appropriées? Lorsque les actions d'un élément dans les systèmes interconnectés affectent directement ou indirectement d'autres éléments, de telles interdépendances sont non seulement une force, mais aussi une faiblesse, car elles peuvent amplifier les perturbations. Cela signifie qu'un système à haute interconnexion contient toujours le potentiel d'une réaction en chaîne, dans laquelle un petit problème, en raison des caractéristiques systémiques, s'étend et se transforme en une défaillance plus large.

Lorsque les systèmes deviennent trop complexes ou trop étroitement liés, il devient difficile de contrôler efficacement chaque élément individuel. De petites perturbations dans une partie du système peuvent, en raison des liens étroits, se propager rapidement à d'autres zones. La redondance signifie qu'un système doit contenir des sécurités ou des sauvegardes pour absorber les défaillances à temps. Cependant, lorsque tout est complètement interconnecté et optimisé, la flexibilité nécessaire pour faire face aux effets inattendus fait souvent défaut. Sans une redondance suffisante, le système tout entier peut s'effondrer dès qu'un seul élément échoue. Par exemple, dans un système de production hautement automatisé, des perturbations à un seul point de connexion peuvent entraîner l'arrêt complet de la production. De même, un réseau social entier peut être déstabilisé si la coordination entre les différents acteurs ou systèmes ne fonctionne plus efficacement. Ce phénomène est exacerbé par une mauvaise communication, des structures décisionnelles floues ou un manque de coordination. Dans les entreprises, cela entraîne des processus inefficaces ou une fragmentation de l'organisation, tandis qu'au niveau politique, une mauvaise gestion peut conduire à des décisions erronées qui aboutissent finalement à un échec collectif global.

C'est comme si le département informatique avait composé un orchestre grandiose, où chaque musicien est parfaitement synchronisé, jusqu'à ce que le premier violon décide de jouer sa partie en 5/4, tandis que le reste de l'orchestre reste en 4/4. Soudain, ce n'est plus une symphonie d'efficacité, mais un concert dissonant qui met les auditeurs les plus patients à bout. Dans la réalité, il nous arrive souvent d'avoir un parachute si étroitement lié au reste de l'équipement qu'il devient inaccessible lorsque nous entrons en chute libre. Le problème, c'est que nous sommes tellement concentrés sur l'optimisation et la perfection que nous oublions que la vie, tout comme les systèmes que nous créons, est imprévisible.

Dès que l'interconnectivité intensifie la dépendance entre les systèmes, les risques s'accumulent sans être immédiatement visibles. Un exemple actuel est la pénurie de semi-conducteurs, qui affecte de nombreuses industries dans le monde et s'aggrave par la dépendance à quelques fournisseurs. Dans des systèmes politiques mal connectés, la forme peut devenir si rigide qu'elle manque de la flexibilité nécessaire pour réagir aux changements soudains ou aux crises. Cela signifie qu'un système cesse de fonctionner dans un environnement changeant, car il ne peut pas s'adapter assez rapidement. Cela s'applique aussi bien aux systèmes techniques qu'aux systèmes sociaux. Une entreprise qui dépend trop d'une technologie ou d'un marché spécifique peut rencontrer des difficultés si le marché ou la technologie évolue, comme l'industrie automobile européenne en a fait récemment l'expérience.

Dans les systèmes fortement interconnectés, des boucles de rétroaction célèbres émergent, dans lesquelles les problèmes se renforcent mutuellement. Dans l'économie, ce processus auto-renforcé survient lorsque des attentes négatives entraînent un ralentissement, lequel génère à son tour des attentes encore plus négatives. Dans la technologie, des rétroactions défaillantes dans les systèmes informatiques interconnectés peuvent entraîner un crash complet. Dans de tels cas, l'équilibre est rompu et le système échoue, car il ne peut plus se réguler lui-même. Bien que nous comprenions bien leur fonctionnement, il est difficile de prévoir en détail les conséquences de leurs interactions. Ces pièges de complexité sont inévitables et résultent directement de l'interconnectivité elle-même. Puisque l'interconnectivité génère de nombreuses boucles de rétroaction, il est possible que le système perde le contrôle dans des moments critiques, un phénomène qui découle de la nature même de la mise en réseau et des mécanismes de rétroaction. Précisément parce que les systèmes interconnectés tendent à devenir plus efficaces par optimisation, ils augmentent également leur vulnérabilité potentielle avec l'interdépendance. Dans les réseaux technologiques, comme Internet, cette immanence systémique est souvent très évidente. Internet est hautement interconnecté et efficace, mais cette interconnectivité le rend aussi vulnérable aux cyberattaques, où une seule faiblesse peut paralyser des pans entiers du système. Une attaque sur un nœud central et crucial peut affecter de larges parties du réseau. Lorsqu'un logiciel est mis hors service par une cyberattaque, la planification interactive et tous les systèmes de soutien sont paralysés.

Les processus de planification interactive reposent sur la collecte et le traitement en temps réel des données. Une cyberattaque bloque l'accès à ces données ou compromet leur intégrité. De nombreuses entreprises se fient aux systèmes automatisés pour prendre des décisions basées sur des données, comme dans le contrôle de production ou l'allocation des ressources. Cependant, si le logiciel tombe en panne, ces processus s'arrêtent, entraînant des pertes d'efficacité considérables. Dans de nombreux cas, les cyberattaques visent à voler, altérer ou détruire des données. Lorsque des données de planification essentielles sont corrompues ou supprimées, la planification ne peut plus se baser sur des informations fiables, ce qui conduit à de mauvaises décisions et à des retards de projet.

Un autre exemple de l'interconnexion endommagée est la gestion des chaînes d'approvisionnement mondiales. Dès que ces réseaux sont menacés, les flux mondiaux de marchandises s'interrompent. La pandémie de Covid-19 a montré à quel point ces systèmes peuvent s'effondrer rapidement lorsqu'un maillon de la chaîne échoue. Une perturbation à un endroit, comme dans les usines de production en Chine, a eu des répercussions mondiales massives, illustrant clairement comment l'interconnexion elle-même peut devenir une vulnérabilité. Même les systèmes financiers sont intrinsèquement vulnérables en raison de leur interconnexion. La crise financière de 2008 a montré comment l'échec d'un composant relativement petit, à savoir le marché hypothécaire aux États-Unis, a pu plonger l'ensemble du système financier mondial dans un abîme. Le fort maillage des institutions financières et des marchés a signifié que les risques se sont rapidement propagés à l'échelle mondiale.

L'interconnexion est-elle donc liée à la volatilité? Dans les systèmes financiers fortement interconnectés, l'interconnexion peut accentuer la volatilité. Les banques, les fonds d'investissement et d'autres institutions financières sont liés par des crédits, des investissements et des dérivés. Lorsqu'une partie du système, par exemple, est sous pression à cause d'une crise financière, les problèmes peuvent se propager par ces connexions, ce qui entraîne des fluctuations encore plus importantes.

Dans les réseaux technologiques comme Internet ou les réseaux électriques, une forte interconnexion peut augmenter le risque de pannes à grande échelle. Si un nœud tombe en panne, cela peut entraîner d'autres pannes en raison de l'interconnexion, créant ainsi de la volatilité dans la performance ou la disponibilité du système global. Les cyberattaques contre des infrastructures informatiques fortement interconnectées peuvent déclencher des perturbations mondiales, provoquant de l'incertitude dans les systèmes affectés. Une attribution claire des ressources, des responsabilités et des tâches est un facteur essentiel pour le bon fonctionnement de l'interconnexion. Cependant, si la vue d'ensemble et le contrôle de ces attributions sont perdus, cela peut mener au chaos. Par exemple, un manque de responsabilités claires au sein d'une entreprise conduit à un travail inefficace et à de mauvaises décisions. En politique, il est fatal que différents éléments se bloquent mutuellement au lieu de coopérer, comme cela est décrit dans les chapitres concrets suivants. En revanche, lorsque les informations nécessaires sont collectées de manière ciblée et traitées de façon appropriée, la prise de décision et l'efficacité d'un système peuvent être considérablement améliorées.

De même, dans la recherche interdisciplinaire, où des experts de divers domaines collaborent, il devient possible de résoudre des problèmes complexes qu'une seule discipline ne pourrait pas traiter. Un exemple en est la recherche climatique, qui combine des connaissances en météorologie, océanographie, écologie, économie et sociologie pour comprendre les impacts du changement climatique et développer des mesures pour y faire face. Un autre exemple est la biotechnologie, qui constitue une interface entre la biologie, la chimie, l'informatique et l'ingénierie. Grâce à l'interconnexion de différentes disciplines, des progrès sont réalisés dans des domaines tels que la médecine, la biologie ou la technologie environnementale, progrès qui seraient impossibles sans des approches interdisciplinaires. Outre les aspects scientifiques et économiques, l'interconnexion joue également un rôle important dans les contextes sociaux et culturels. La mondialisation a conduit à un enchevêtrement plus étroit des cultures et des sociétés que jamais auparavant. Cela se manifeste dans la manière dont les idées, les valeurs et les normes se diffusent au-delà des frontières nationales et culturelles.

Bien que le risque de basculement soit inhérent aux systèmes interconnectés, de nombreuses approches existent pour atténuer les effets négatifs. En introduisant des zones tampons, les systèmes peuvent devenir plus résistants aux perturbations. Cela peut certes réduire l'efficacité, mais cela augmente la stabilité en offrant des voies alternatives et des mécanismes de sécurité. Les systèmes adaptables et flexibles peuvent mieux gérer les perturbations imprévues. Avec une organisation dynamique et des structures de décision agiles, les crises peuvent être détectées tôt et rapidement résolues. Pour éviter l'accumulation de risques invisibles, les entreprises et les organisations doivent développer des stratégies de gestion des risques proactives pour identifier et surveiller continuellement les vulnérabilités potentielles.

En plus de la centralisation, la décentralisation joue également un rôle crucial, bien qu'elle soit souvent négligée. Les systèmes décentralisés sont moins enclins à basculer car ils ne dépendent pas autant de points centraux. Dans les réseaux décentralisés, certains nœuds peuvent tomber en panne sans que tout le système ne s'effondre. Le fait que les risques soient inhérents aux systèmes interconnectés montre qu'une sécurité ou une stabilité absolue dans des réseaux très complexes est impossible. Ces réseaux ressemblent à un groupe de jongleurs enthousiastes qui se lancent des balles. Tant que tout fonctionne, le spectacle est impressionnant. Mais si une balle tombe, il pleut soudain des balles de toutes parts! La dynamique de ces systèmes est à la fois leur super-pouvoir et leur talon d'Achille. Ils s'adaptent instantanément, apprennent et s'optimisent eux-mêmes - fantastique! Mais cette même capacité d'adaptation les rend aussi imprévisibles qu'un adolescent sujet aux sautes d'humeur. La dynamique de ces systèmes est à la fois leur force et leur faiblesse. Pour exploiter le potentiel de l'interconnexion, les systèmes doivent être conçus de manière à pouvoir réagir aux événements imprévus tout en restant flexibles, résilients et adaptables.

L'interconnexion offre ainsi d'énormes opportunités, mais présente aussi des risques si elle n'est pas soigneusement planifiée et surveillée. L'interconnexion des systèmes, des personnes et des processus nécessite un équilibre entre efficacité et flexibilité, sécurité et adaptabilité. Lorsqu'un tel équilibre est perturbé, l'interconnexion peut causer plus de tort que de bien. Une gestion des risques efficace, qui incorpore des redondances, crée des structures flexibles et définit des responsabilités claires, est essentielle pour maximiser les avantages de l'interconnexion tout en minimisant les risques.

Dans des systèmes hautement complexes et interconnectés, il est donc essentiel de veiller à l'existence de zones tampons pour absorber les perturbations. Les systèmes ont besoin de flexibilité et de résilience pour pouvoir répondre aux crises imprévues.

3. LA SÉCURITÉ DANS LA POLITIQUE INTERNATIONALE
DES DÉFIS À L'INTÉRIEUR ET À L'EXTÉRIEUR

L'interconnectivité croissante des systèmes systèmes, disciplines et technologies a profondément transformé notre monde et continuera de représenter un moteur clé de l'innovation et du progrès. Il incombe à la société moderne de tirer parti des opportunités qu'offre cette évolution tout en gérant de manière responsable les défis qui l'accompagnent. Bien qu'il existe d'énormes possibilités en matière d'innovation, d'augmentation de l'efficacité et de collaboration mondiale, des défis de sécurité majeurs se posent également, tant au niveau interne, au sein des organisations et des États, qu'au niveau externe, dans le contexte international. La relation entre l'interconnectivité et la sécurité devient de plus en plus cruciale à mesure que les risques de cyberattaques, de perturbations des systèmes et d'instabilités géopolitiques augmentent.

Tout ce qui s'est passé implique également que les choses ne peuvent pas continuer comme avant. Il faut savoir qu'il y a des périodes de soif importantes et bénéfiques à surmonter. Les difficultés auxquelles les sociétés sont confrontées aujourd'hui soulignent en profondeur la nécessité d'un changement. Ces périodes de soif peuvent être interprétées comme des périodes de pénurie ou de nécessité, qui sont souvent utilisées comme des opportunités de transformation et de progrès. Historiquement, de nombreux changements sociaux et politiques ont eu lieu pendant des périodes de grands défis. Dans de telles périodes, les gens ont souvent trouvé des solutions sensationnelles pour faire face aux événements. L'éducation et la sensibilisation constituent un aspect important de ce processus, car elles permettent aux gens de prendre des décisions en connaissance de cause et de participer activement aux changements sociaux. En fin de compte, de telles soifs servent de point de départ à une réflexion plus profonde et à des changements fondamentaux dans les valeurs et les priorités de la société.

Le thème est celui des évolutions dramatiques dues à des décisions aux conséquences graves. Les soi-disant formules de paix, telles qu'elles sont utilisées en Russie, en Chine ou en Europe par l'AfD et le BSW en Allemagn, se confirment comme des moteurs de dictature pour faire basculer brutalement l'ordre mondial. Aux racines de ces processus se trouvent toujours des personnes concrètes, comme Poutine, Xi Jinping ou, en Occident, Sarah Wagenknecht ou Victor Orban. Leurs compagnons de route ont toujours la possibilité soit de diluer et d'affaiblir à long terme le virus idéologique fatal, soit d'accélérer les catastrophes qui menacent. La question sera de savoir comment freiner de tels moteurs de perturbation de la paix mondiale, qui ont des répercussions négatives considérables sur le maintien de la société.

Un concept de sécurité pour la politique mondiale doit tenir compte de la nature multidimensionnelle et dynamique des relations internationales modernes. Une approche efficace de la sécurité mondiale exige un mélange de vision et de pragmatisme. Elle doit être suffisamment souple pour s'adapter aux nouveaux défis, tout en s'appuyant sur une base morale solide pour encourager la confiance et la coopération. Pour y parvenir, les acteurs gouvernementaux et non gouvernementaux, les évolutions technologiques, les inégalités sociales et les défis environnementaux ont un rôle décisif à jouer. La coopération doit être multi-niveaux, flexible et offrir une combinaison de prévention, de protection et de réponse. Les alliances de sécurité qui dépassent le cadre des grandes régions, telles que l'OTAN, l'ANASE et l'UA, sont des accords des négociations régulières visant à réduire les tensions et, partant, à instaurer une confiance mutuelle.

Un concept de sécurité solide doit également accélérer la transition vers une économie durable afin de minimiser les catastrophes environnementales et les conflits liés aux ressources. Un objectif de haut niveau doit être la distribution équitable et l'utilisation durable des ressources naturelles telles que l'eau, la terre et les sources d'énergie. Il est ainsi plus facile de contrôler les conflits émergents. La protection contre les cyber-attaques visant les infrastructures critiques, les réseaux gouvernementaux et les systèmes économiques fait partie d'un concept global, tout comme les normes globales pour les technologies d'intelligence artificielle ou de biotechnologie, afin d'éviter les abus et les escalades dangereuses. La course aux armements dans l'espace doit également être prévenue à temps par des réglementations internationales.

Si l'on s'intéresse à l'interconnectivité, on voit apparaître des constellations intéressantes. La politique prend soudain des allures de gestion rationnelle, ou le flux de la musique influence la cognition, ou inversement, l'économie s'applique aux contenus de la forme artistique. Les références croisées facilitent le processus de créativité dans une entreprise encore inconnue jusqu'à présent. On retrouve l'interconnectivité de ce qui doit être fait de manière optimale. Penser en termes d'interconnectivité est en fin de compte une invitation à dépasser les catégories rigides et à comprendre l'interaction entre l'homme, la culture, la technologie et la nature à un niveau supérieur.

Les systèmes d'alerte précoce jouent un rôle central dans l'interconnectivité militaire, en permettant une détection rapide des menaces potentielles. L'utilisation de technologies modernes telles que les satellites, les radars, les capteurs et l'intelligence artificielle permet d'identifier en amont les lancements de missiles ennemis, les attaques aériennes ou maritimes ainsi que les cyberattaques. Cela apporte plusieurs avantages essentiels : les décideurs politiques et militaires gagnent ainsi un temps précieux pour réagir face aux menaces potentielles. L'interconnectivité permet la consolidation et l'échange de données provenant de sources diverses, telles que les satellites, les systèmes radar, les capteurs et autres technologies de surveillance. En agrégeant ces données au sein des alliances, les décideurs obtiennent une vision globale et détaillée de la situation des menaces actuelles. Cela permet une réponse rapide et coordonnée aux attaques, sans retard dans la prise de décision. La transmission rapide des données et une coordination précise sont essentielles pour atténuer les menaces avant qu'elles ne causent des dégâts. L'interconnectivité favorise aussi la collaboration entre les armées, les services de renseignement, les autorités civiles et les partenaires internationaux. Un système d'alerte précoce commun, qui connecte les différents acteurs, améliore l'efficacité et la coordination en temps de crise.

La mise en réseau des systèmes permet également une analyse plus rapide des informations collectées. Avec l'aide de l'intelligence artificielle, les menaces peuvent être identifiées et évaluées en temps réel, ce qui réduit considérablement les délais de réaction. Cela donne aux décideurs militaires le temps nécessaire pour mettre en œuvre des contre-mesures appropriées, telles que l'interception de missiles ou la mobilisation des troupes. Idéalement, ces systèmes sont interconnectés au-delà des frontières nationales afin de fournir une vision globale des menaces. Sans grande couverture médiatique, cette approche a fortement influencé la situation lors de l'invasion de l'Ukraine par la Russie, créant une fenêtre précieuse pour sauver ce qui pouvait encore l'être.

Les partenaires de l'alliance doivent collaborer étroitement en matière de cybersécurité s'ils souhaitent s'informer mutuellement sur les menaces et les attaques. Des accords internationaux et des stratégies de défense communes peuvent empêcher l'exploitation unilatérale des faiblesses. En cas d'attaque par missiles, quelques minutes supplémentaires de préavis peuvent être décisives pour initier des contre-mesures ou mettre les propres forces armées en état d'alerte. Les temps de réaction sont drastiquement réduits. Un suivi continu de l'espace aérien et d'autres vecteurs d'attaque potentiels permet aux systèmes d'alerte précoce de réduire le risque de frappes surprises. En particulier dans le contexte de la dissuasion nucléaire, il est judicieux de rester constamment informé. L'objectif principal est de détecter les menaces potentielles en temps utile et ainsi de gagner un temps de réaction. En identifiant les menaces à temps, la crédibilité de la dissuasion nucléaire est assurée, ce qui réduit le risque de subir une première frappe. Lorsque des informations fiables sont fournies, ces systèmes interconnectés aident également à éviter les erreurs d'appréciation et les réactions hâtives.

L'interconnectivité militaire joue donc un rôle significatif, permettant d'aborder les menaces à différents niveaux grâce à l'intégration de divers systèmes. Les systèmes modernes d'alerte précoce font partie des stratégies militaires centrées sur le réseau, dans lesquelles des informations provenant de différentes sources – air, espace, terre – sont combinées. Cela améliore non seulement l'efficacité de la réaction militaire, mais soutient également les décisions stratégiques au niveau politique. L'échange d'informations et la collaboration dans la détection des menaces créent un environnement mondial plus sûr. De plus, les fausses alertes ou malentendus qui pourraient conduire à des conflits involontaires sont minimisés grâce à des voies de communication précises et transparentes.

Les pays sont aujourd'hui plus que jamais interconnectés, que ce soit par le commerce, les systèmes financiers internationaux, les infrastructures technologiques ou Internet. Cette interconnexion les rend également vulnérables aux menaces transnationales, telles que les cyberattaques ou l'influence des campagnes de désinformation, qui peuvent mettre en péril la stabilité politique. Il existe donc une interconnexion indéniable entre la sécurité intérieure et extérieure. Les composantes axées sur les résultats diffèrent simplement dans les instruments appliqués. L'orientation des actions se déroule en parallèle, sinon toutes les forces risqueraient de se heurter mutuellement. La séparation stricte entre la sécurité intérieure et extérieure est donc dépassée. Les nouvelles menaces sont souvent hybrides et ne peuvent pas être clairement classées dès le départ. Dans le cadre de l'exploration exhaustive, les interventions ciblées de l'extérieur dans les affaires intérieures, les organisations terroristes agissant au niveau international, ainsi que les conséquences des dangers transnationaux tels que le changement climatique, les pandémies ou les menaces militaires sont examinées.

La participation active des communautés locales aux questions de sécurité est indispensable, car c'est au niveau micro que de nombreux défis apparaissent et peuvent être résolus. De la prévention de la criminalité à la promotion de la cohésion sociale, les communautés sont souvent les premiers acteurs à réagir aux risques sécuritaires. Le débat sur la sécurité s'étend à tous les niveaux, de la direction stratégique au niveau national ou international aux communautés locales. Chacun de ces niveaux joue un rôle essentiel et il est crucial d'impliquer tous les acteurs dans les questions de sécurité afin de développer une stratégie holistique et efficace. Au niveau stratégique, l'accent est mis sur la définition de stratégies de base, de lois et de partenariats internationaux. Des thèmes tels que la cybersécurité, la lutte contre le terrorisme, la protection du climat en tant que facteur de sécurité et la défense nationale font partie des tâches essentielles de ce niveau. C'est ici que sont créées les lignes directrices qui constituent la base des mesures opérationnelles. Néanmoins, une politique de sécurité pilotée uniquement « d'en haut » n'est souvent pas suffisante, car elle ne tient pas toujours compte de manière adéquate des besoins et des réalités spécifiques de la population.

La stratégie de sécurité moderne doit intégrer tous les domaines. La protection intérieure est considérée comme faisant partie de la sécurité libérale. Les aspects de sécurité extérieure et intérieure, ainsi que civils et militaires, doivent être étroitement liés. Une coopération internationale proactive est nécessaire, car de nombreux défis externes pour la sécurité intérieure ont inévitablement une dimension internationale. Les conditions institutionnelles doivent être progressivement adaptées à cette nouvelle réalité, afin de développer des concepts d'action coordonnés basés sur les analyses de menaces établies en commun. La menace des cyberguerres, où des acteurs étatiques comme la Russie et la Chine ou des cyberterroristes isolés tentent d'attaquer les infrastructures critiques d'un autre pays, comme les réseaux électriques, les systèmes d'approvisionnement en eau ou le système financier, doit rassembler les entités concernées par des coopérations internationales pour améliorer le niveau de sécurité. En regroupant les ressources et le savoir-faire, les différentes unités pourront promouvoir des innovations technologiques et développer de meilleurs mécanismes de protection. En fin de compte, la coopération internationale est la clé pour minimiser les impacts des attaques de toute sorte.

Heureusement, la réflexion sur la sécurité est un instinct humain profondément ancré qui ne peut pas être simplement désactivé. Surtout en période d'incertitude mondiale et de relations internationales complexes, le désir de sécurité reste omniprésent. Cependant, lorsque les principes mondiaux d'un monde libre tels que la justice, la coopération et la liberté servent de fondement tout en étant enchevêtrés dans des contradictions, des tensions surgissent inévitablement. Ces contradictions peuvent entraîner une dissolution des résultats escomptés de la politique internationale et menacer de plonger l'ordre mondial dans le chaos. D'une part, la sécurité au niveau national, c'est-à-dire à l'intérieur d'un pays, est considérée comme indispensable et défendue de manière rigoureuse. D'autre part, l'aspect sécuritaire au niveau mondial est souvent insuffisamment pris en compte ou négligé. Dans un tel scénario, les mesures visant à protéger les intérêts internes deviennent de plus en plus fragiles. L'instabilité qui en découle pourrait avoir des conséquences dangereuses. Si l'aspect sécuritaire est légitimement exigé en interne, mais en même temps pris à la légère à l'extérieur, les digues finissent par céder.

Deux développements opposés sont envisageables : d'une part, des états chaotiques pourraient survenir si l'équilibre de sécurité mondial est rompu et que chaque grand État essaie de se protéger de manière indépendante, ce qui conduirait à une fragmentation de l'ordre international. D'autre part, on pourrait assister à un durcissement croissant vers des structures dictatoriales, où des régimes autoritaires s'efforcent par tous les moyens de maintenir la sécurité intérieure aux dépens de la liberté. Par conséquent, il est crucial de trouver un équilibre permettant de garantir la sécurité de l'État tout en respectant et en harmonisant les principes mondiaux d'un monde libre, ouvert et coopératif. Ce n'est qu'ainsi que l'on pourra assurer la stabilité et la paix à long terme. Une fragmentation incontrôlée de l'ordre international comporte d'importants risques. L'effritement des structures de sécurité établies conduit inévitablement en premier lieu à des conflits régionaux, puis à une instabilité mondiale. La fragmentation affecte en tout cas des secteurs stratégiques tels que la technologie, l'innovation et l'échange de connaissances de manière drastique. Parallèlement, les approches autoritaires posent de graves dangers pour la sécurité intérieure.

Pour le commerce mondial, la division en blocs géopolitiques n'est pas la solution idéale, mais parfois elle s'avère nécessaire dans des situations désespérées. Le développement de chaînes d'approvisionnement résilientes et diversifiées, en particulier dans des domaines critiques tels que les semi-conducteurs, l'énergie et la médecine, renforce à la fois la stabilité économique et celle de la sécurité politique. Cependant, l'accent mis sur les intérêts de sécurité administratives ne doit pas négliger les besoins humains en matière de sécurité. Outre la sécurité physique et économique de la population, des aspects tels que la justice sociale, l'accès à l'éducation et aux soins de santé, ainsi que la protection des libertés personnelles doivent également être pris en compte. Si ces besoins sont ignorés, des tensions sociales inévitables surgiront, sapant finalement la stabilité intérieure de plusieurs entités. Les investissements dans les technologies clés et les chaînes d'approvisionnement sécurisées renforcent la sécurité partout, sans rompre les réseaux d'innovation mondiaux. Ces mesures permettent aux pays de réduire leur dépendance à l'égard de partenaires potentiellement peu sûrs ou géopolitiquement fragiles tout en garantissant l'accès aux biens et technologies essentiels.

Les douloureuses expériences de la guerre en Ukraine ont des répercussions considérables sur l'architecture de la sécurité internationale. Cela définit le tant cité tournant des temps. Il met l'ordre mondial établi à rude épreuve et conduit à une réorientation des alliances géopolitiques. Les tensions entre la Russie et l'Occident ont conduit à un durcissement de la formation de blocs. Lorsque des acteurs internationaux se concentrent sur la "domestication" des dictatures existantes, c'est-à-dire sur leur pacification ou leur contrôle par la coopération et les concessions, au lieu de les tenir responsables ou de restreindre leur pouvoir, cela peut à long terme mener à des problèmes plus grands.

La concentration sur la domestication des dictatures existantes, plutôt que sur leur combat, accroît le risque d'une escalade et de la propagation des conflits au-delà de diverses régions. L'idée sous-jacente est que, au lieu de résoudre les conflits, les dangers sont exacerbé. Renforcer les dictatures signifie tolérer leurs politiques agressives ou leurs méthodes répressives. Cette escalade déstabilise de nouvelles régions et élargit encore la menace pour la sécurité mondiale. La guerre en Ukraine a profondément modifié le paysage de la sécurité européenne. L'OTAN s'est uni davantage en réponse à l'invasion militaire et aux menaces de la Russie envers l'Europe de l'Est. Des pays comme la Finlande et la Suède, qui étaient auparavant neutres, ont rejoint l'OTAN. Cela indique que la politique de défense de l'Europe s'est considérablement affûtée en raison du conflit en Ukraine. À travers des sanctions et contrasactions, l'Europe a été contrainte d'explorer des sources d'énergie alternatives, ce qui déstabilise les marchés de l'énergie mondiaux et fait grimper les prix. Des pays comme l'Allemagne ont dû réduire drastiquement leur dépendance aux sources d'énergie russes, ce qui a conduit à une transition énergétique accélérée et à des efforts accrus pour diversifier l'approvisionnement énergétique. Des millions d'Ukrainiens ont fui en raison de la guerre, dont beaucoup se sont déplacés vers l'Europe. Cela a causé une crise humanitaire à court terme et créé des défis à long terme pour l'intégration, les services sociaux et les marchés du travail. Dans le même temps, la guerre a déclenché des perturbations économiques, allant de l'augmentation du coût de la vie à des problèmes de chaîne d'approvisionnement.

D'autres pays apparemment non affectés ont maintenu une position neutre ou plus axée sur les intérêts économiques, démontrant que le paysage géopolitique est extrêmement complexe, et que tous les acteurs ne réagissent pas aux mêmes menaces avec les mêmes priorités. Néanmoins, même des États en dehors de l'alliance occidentale ressentent les impacts économiques et politiques du conflit. Les perturbations de l'économie mondiale, l'augmentation des prix de l'énergie et la course aux armements croissante ont ouvert une nouvelle ère qui pousse de nombreuses nations à repenser fondamentalement et reformuler leurs stratégies de sécurité et économiques. L'envoi de mercenaires nord-coréens dans la région de crise déclenche naturellement des réactions de la part d'entités démocratiques dans la région du Pacifique. Les alliances globales se reconfigurent. Même si la Chine déclare officiellement la neutralité pour l'instant, elle maintient des relations industrielles avec Moscou, soutenant ainsi le régime là-bas à la fois directement et indirectement. Le renforcement du lien entre ces deux grandes puissances augmente les tensions en Asie, notamment en ce qui concerne Taïwan, où la menace d'une invasion chinoise croît progressivement.

À la suite de la guerre en Ukraine, les États-Unis se sentent divisés dans leur présence militaire. Les relations avec l'Australie, le Japon et d'autres États du Pacifique ont été intensifiées pour former un contrepoids à la Chine. L'alliance AUKUS entre l'Australie, le Royaume-Uni et les États-Unis, ainsi que l'alliance Quad entre les États-Unis, l'Inde, le Japon et l'Australie ont pris une importance stratégique, démontrant que le concept des États BRICS n'est pas nécessairement fortement établi. Puisque la guerre perturbe les chaînes d'approvisionnement mondiales, en particulier en ce qui concerne les exportations de céréales, de nombreux États du Sud

Pacifique qui dépendent des importations alimentaires connaissent une augmentation des prix et des lacunes d'approvisionnement. Des pays comme l'Indonésie et les Philippines, qui importent de grandes quantités de blé en provenance d'Ukraine, sont particulièrement touchés.

L'interconnectivité des conflits armés confirme que les conflits et crises régionaux ne peuvent pas rester isolés mais peuvent rapidement avoir des répercussions mondiales s'étendant à travers les continents et les thématiques. Les dynamiques qui commencent en Europe, comme en Ukraine, influencent en effet des théâtres géopolitiques éloignés. Le déplacement des tensions vers d'autres régions, comme la mer de Chine du Sud, illustre la dimension des risques de sécurité mondiaux. Les différends territoriaux et les démonstrations de pouvoir dans la région indo-pacifique augmentent de plus en plus le potentiel de conflit. La rivalité entre les États-Unis et la Chine exacerbe le risque d'escalade en raison de malentendus ou de calculs erronés découlant des conséquences de la situation en Ukraine. Une approche holistique qui combine des outils militaires, économiques et diplomatiques est nécessaire.

Les mécanismes de coopération internationale doivent être renforcés dans le but de contenir les crises et de prévenir l'escalade. La résilience et l'adaptabilité deviennent plus significatives, car elles doivent répondre à des développements imprévus. L'interconnectivité croissante des menaces mondiales nécessite une recalibration continue des politiques de sécurité. Au lieu de considérations isolées de foyers individuels, une compréhension systémique des chevauchements de divers risques et régions est essentielle. Ce n'est qu'à cette condition qu'il sera possible de développer des stratégies efficaces pour maintenir la paix et la stabilité dans un monde de plus en plus complexe.

Les différentes formes de vulnérabilité au niveau international deviennent un thème central de la géopolitique moderne. Elles décrivent une situation dans laquelle des États ou des coalitions d'États sont contraints, par des menaces ou l'utilisation de la violence, de modifier leurs décisions politiques, économiques et militaires pour éviter des conséquences graves. Les États possédant des ressources, de la nourriture et des infrastructures dans des secteurs clés font face à une pression économique et politique croissante. Dans ce champ de tension, la liberté devient une denrée précieuse qui nécessite des investissements significatifs et souvent des sacrifices. La responsabilité et la prudence pour réduire de telles vulnérabilités sont essentielles. La volonté de se battre pour cette liberté en cas d'urgence et de renforcer les alliances souligne le complexe équilibre entre souveraineté et interdépendance mondiale. La vulnérabilité géopolitique peut être atténuée par l'autonomie et la prévoyance stratégique, mais elle nécessite également le courage de ne pas céder aux menaces, même si le prix peut être élevé. La liberté n'est pas gratuite; elle exige son prix, qu'il s'agisse de responsabilité, de volonté de sacrifice ou même de la nécessité de se battre pour elle. Cela souligne continuellement l'importance des leçons historiques. Les erreurs passées ne doivent pas être répétées pour garantir la préservation de la liberté et de la paix.

L'accent mis sur la force souligne que la liberté et la paix ne peuvent pas être simplement obtenues par des mots ou des négociations. La force, qu'elle soit physique, morale ou institutionnelle, est considérée comme une base nécessaire à une vie sécurisée. Elle transmet l'exigence que seule une position fortifiée permet de plaider avec succès pour la liberté et la paix lors des discussions et négociations. En dernier recours, la force militaire sert à soutenir le dialogue et la paix. Cela reflète la compréhension réaliste des relations internationales. Cette approche souligne que les négociations diplomatiques et les solutions pacifiques doivent toujours être préférées ; cependant, sans la fondation de la force militaire, elles perdent leur efficacité.

Cela ressemble à l'exigence selon laquelle seule une position solide permet de défendre efficacement la liberté et la paix dans les discussions et négociations. En dernier recours, la fiabilité militaire sert de soutien au dialogue et à la paix. Cela reflète la compréhension réaliste des relations internationales. Cette approche souligne que, bien que les négociations diplomatiques et les solutions pacifiques doivent toujours être privilégiées, elles perdent leur efficacité sans le socle d'une crédibilité militaire. La diplomatie est un processus complexe qui exige à la fois une réflexion stratégique et de l'empathie. Il s'agit de tenter de trouver un équilibre entre les intérêts de toutes les parties. Mais cela devient très difficile en l'absence de puissance pour la soutenir.

Diplomatie n'est pas seulement un jeu de négociations, mais également un instrument de pouvoir. Sans une certaine puissance, qu'elle soit économique, militaire, culturelle ou morale, il est difficile de réussir dans ce domaine. Cette puissance est essentielle pour crédibiliser les positions de négociation et exercer une influence réelle. Même si la diplomatie vise des solutions pacifiques, la possibilité d'une intervention militaire reste un levier de pression efficace et concret. Sans pouvoir, elle devient inefficace, car elle ne repose sur aucune base de négociation crédible. Un raisonnement stratégique est nécessaire pour utiliser cette puissance de manière à ne pas saboter les objectifs positifs.

Cependant, lorsqu'une partie dispose d'une puissance trop dominante, la diplomatie peut devenir un outil d'oppression plutôt qu'un moyen d'équilibrer les intérêts. Cela entraîne une résistance, car la partie dominée se voit contrainte de recourir à d'autres moyens pour défendre sa position. Mais est-ce uniquement la lâcheté qui mène à de telles situations, ou bien une stupidité sans limite qui pousse les franges les plus incivilisées de l'extrémisme en Europe à avancer ? Surtout lorsque l'extermination d'un peuple est proclamée, lorsque des meurtres sont perpétrés, que des infrastructures civiles sont détruites, et que des jardins d'enfants, des écoles, des hôpitaux et des habitations sont bombardés en Ukraine?

La passivité dans la politique allemande sous la chancellerie d'Olaf Scholz soulève des questions sérieuses, notamment en période de crises mondiales et d'agressions internationales. Lorsqu'un pays comme l'Allemagne, qui a traditionnellement joué un rôle de leader dans la promotion des droits de l'homme et de la démocratie, hésite à prendre des positions claires ou choisit de se retirer par pure pragmatisme, cela peut avoir des conséquences dramatiques. Que cette passivité résulte de la peur des conséquences géopolitiques, des intérêts économiques ou simplement de l'indécision politique, cela reste souvent flou. Cependant, il est évident que le silence ou l'hésitation à s'opposer à des violations graves des droits de l'homme ou à des crimes de guerre ne constitue pas seulement un manquement moral, mais aussi une forme de complicité indirecte. Lorsque des agressions, comme celle du régime russe contre l'Ukraine, sont tolérées ou ignorées, ces nations envoient un message de faiblesse et encouragent d'éventuels auteurs à perpétuer la violence.

Ignorer de tels crimes entraîne un cercle vicieux dangereux qui sape la confiance dans l'ordre international et la justice. Cela abandonne les victimes et affaiblit les principes qui permettent une stabilité et une justice mondiales. L'Allemagne, en tant que membre influent et puissant de l'Union européenne, a la responsabilité de prendre position clairement, non seulement sur le plan diplomatique, mais aussi moralement. Éviter cette responsabilité par passivité pourrait, à long terme, mettre en péril les valeurs de liberté, de droits de l'homme et de paix, et nuire de manière durable à l'engagement international de la politique allemande.

La passivité, qu'elle soit due à la peur, à l'ignorance ou à d'autres raisons, peut non seulement conduire à un mépris des crimes contre l'humanité, mais aussi à une complicité directe avec les auteurs de ces crimes. Ignorer de telles agressions peut perpétuer un dangereux cycle de violence et d'injustice. Une résistance résolue à ces tendances est nécessaire non seulement pour s'attaquer aux conflits actuels, mais aussi pour prévenir toute escalade future. Il est de la responsabilité des décideurs, au sein des institutions mais aussi de la société civile, de prendre clairement position et de reconnaître les conséquences souvent terribles de l'inaction. C'est l'un des plus grands défis moraux et politiques de l'Europe à l'heure actuelle. L'indifférence ou la méconnaissance de la violence diabolique, qu'elle soit due à la lâcheté, à l'ignorance ou à un mélange des deux, ouvre la porte à un possible Armageddon. Le découragement joue sans aucun doute un rôle dans l'absence de condamnation ferme des crimes contre l'humanité ou de la violence ciblée, comme les attaques contre les civils en Ukraine. Croire que l'on peut résoudre des conflits majeurs par le silence, la complaisance ou la collaboration et le sabotage au Parlement européen, c'est minimiser la menace.

Il n'y a guère pire pour l'infrastructure d'une société que sa destruction au point où les ressources essentielles sont privées : plus d'électricité, plus de chaleur, plus de connexion au monde par la communication numérique - seulement l'obscurité et l'isolement. Cette dévastation ne touche pas seulement les bâtiments ou la technologie, elle brise l'espoir et la vie des personnes sur place. La réponse de la communauté internationale à de telles horreurs est souvent décourageante. De nombreux dirigeants mondiaux agissent avec une inquiétante retenue, semblant aveugles à la gravité et à l'inhumanité de tels actes.

Au lieu de prendre fermement position contre des atrocités comme celles du régime de Poutine, un soutien économique ou politique continue de couler, directement ou indirectement, entre les mains de dictatures. Que ce soit par crainte des conséquences économiques, de l'instabilité géopolitique ou par pur opportunisme, la résistance décisive fait défaut. Cette attitude n'est pas seulement moralement douteuse, elle nourrit l'impression que la communauté internationale tolère la violence tant qu'elle reste suffisamment éloignée de ses propres frontières. Tant que le monde ne se lèvera pas unifié pour défendre les principes de dignité humaine et de liberté, de tels actes resteron la norme et non l'exception. La véritable question est de savoir combien de temps nous pourrons tolérer cette cécité avant que nous ne nous effondrions nous-mêmes.

La passivité dans la politique allemande sous la chancellerie d'Olaf Scholz soulève des questions sérieuses, notamment en période de crises mondiales et d'agressions internationales. Lorsqu'un pays comme l'Allemagne, qui a traditionnellement joué un rôle de leader dans la promotion des droits de l'homme et de la démocratie, hésite à prendre des positions claires ou choisit de se retirer par pure pragmatisme, cela peut avoir des conséquences dramatiques. Que cette passivité résulte de la peur des conséquences géopolitiques, des intérêts économiques ou simplement de l'indécision politique, cela reste souvent flou. Cependant, il est évident que le silence ou l'hésitation à s'opposer à des violations graves des droits de l'homme ou à des crimes de guerre ne constitue pas seulement un manquement moral, mais aussi une forme de complicité indirecte. Compte tenu de la nature mystérieuse de l'approche du chancelier allemand, il pourrait également exister une sensibilité partisane cachée qui pourrait éventuellement être clarifiée dans l'histoire socialiste. Une raison de plus pour permettre aux partis traditionnels et à leurs idéologies de disparaître progressivement du champ de vision de la gestion politique moderne. Ce sujet sera abordé plus en détail sous le titre « Politique partisane désastreuse » (chapitre 15). Lorsque des agressions, comme celle du régime russe contre l'Ukraine, sont tolérées ou ignorées, ces nations envoient un message de faiblesse et encouragent d'éventuels auteurs à perpétuer la violence.

Ignorer de tels crimes entraîne un cercle vicieux dangereux qui sape la confiance dans l'ordre international et la justice. Cela abandonne les victimes et affaiblit les principes qui permettent une stabilité et une justice mondiales. L'Allemagne, en tant que membre influent et puissant de l'Union européenne, a la responsabilité de prendre position clairement, non seulement sur le plan diplomatique, mais aussi moralement. Éviter cette responsabilité par passivité pourrait, à long terme, mettre en péril les valeurs de liberté, de droits de l'homme et de paix, et nuire de manière durable à l'engagement international de la politique allemande.

L'Europe elle-même se trouve à la croisée des chemins. Les valeurs de liberté et de dignité humaine sont mises à l'épreuve. Des sanctions en demi-teinte ou de faibles déclarations ne suffisent pas lorsque l'humanité est en jeu. L'Europe doit rassembler sa puissance morale et militaire pour faire face à de tels crimes. C'est à l'Europe et à la communauté internationale de tracer une limite claire dans de tels moments et de défendre les principes de la civilisation contre les attaques barbares. L'Europe doit coordonner et mobiliser ses ressources, tant diplomatiques que militaires, pour contrer un véritable échec dans le respect de la dignité humaine.

La force militaire est perçue comme un moyen de dissuasion qui crée et maintient un espace pour le dialogue et la diplomatie. Les pays bien préparés militairement disposent de plus de pouvoir de négociation et peuvent exercer une pression plus efficace pour résoudre les conflits diplomatiquement. Historiquement, cela a souvent conduit à des négociations pacifiques devenant réellement efficaces seulement après que l'équilibre militaire de pouvoir ait été clarifié. Par exemple, le dialogue entre les États-Unis et l'Union soviétique durant la guerre froide, comme les négociations de désarmement, ne se serait peut-être pas produit sans l'équilibre militaire. Ce n'est qu'après que l'OTAN a réagi dans les années 1980 en déployant des missiles intermédiaires en réponse aux SS-20 soviétiques – un acte de dissuasion – que le premier pas vers le contrôle des armements et, en fin de compte, la fin de la guerre froide a été fait. Qui sait si la décision à double voie de l'OTAN en 1979 n'aurait pas déclenché une troisième guerre mondiale sous la forme d'un enfer nucléaire? Si l'effet positif d'une décision n'est pas immédiatement évident, il est souvent négligé ou sous-estimé. "Ce qui n'est pas vu est vite oublié."

Dans le contexte actuel de la guerre en Ukraine, le rôle de la force militaire comme facteur de soutien aux négociations est à l'ordre du jour, avec l'Ukraine et la Russie utilisant toutes deux leurs capacités militaires comme levier. La force militaire sert de dissuasion pour dissuader les agresseurs potentiels de passer à l'action violente. Une capacité de défense militaire crédible signale toujours qu'une attaque entraînerait des coûts significatifs. Plus le budget militaire est élevé, plus le pouvoir de négociation diplomatique et sa crédibilité augmentent. Cela aide à étouffer le conflit violent dans ses jeunes années ou fournit un espace suffisant pour des négociations de paix. Lorsqu'un État ou une alliance est incapable ou refuse de se défendre, elle offre un incitatif aux régimes autoritaires pour étendre leur pouvoir. Sans dissuasion crédible, un vide de pouvoir émerge qui sera comblé par des acteurs peu scrupuleux qui ne respectent aucune norme internationale ni aucun droit humain. Un exemple notable est celui de la Seconde Guerre mondiale, où la politique d'apaisement initiale envers l'Allemagne nazie n'a pas prévenu le conflit mais a plutôt incité le dictateur Hitler à poursuivre davantage ses plans d'expansion agressifs. Cette leçon historique démontre comment l'absence de force militaire face à des régimes tyranniques conduit inévitablement à un conflit, souvent plus brutal.

Les tyrans exploitent toujours les faiblesses des autres, et un monde sans dissuasion leur donnerait la liberté d'étendre leur pouvoir sans restrictions. L'issue serait un champ de bataille non seulement au sens physique mais aussi dans les domaines moral et politique, où les droits et libertés des personnes sont systématiquement violés. Fait intéressant, les idéologies extrémistes poursuivent le même concept. Dans un tel environnement, des valeurs fondamentales telles que la liberté, la justice et la paix sont en péril. Les dictateurs et les leaders autoritaires, qui ne sont pas contraints par une dissuasion ou des sanctions internationales, utilisent impitoyablement la répression domestique et étrangère ainsi que la violence pour sécuriser leur pouvoir.

Bien que le renoncement à la violence soit un noble objectif, un désarmement complet dans un monde qui n'est pas exempt de luttes de pouvoir et de tyrannie peut avoir des conséquences dangereuses. Un pacifisme cohérent pourrait rapidement mener à une situation où le déséquilibre des pouvoirs est exploité et où la paix se transforme en une paix contrainte dictée par le plus fort. Une capacité de défense robuste est donc toujours nécessaire pour contenir ces forces et envoyer un message clair selon lequel l'agression ne se fera pas sans conséquence.

En développant des stratégies spécifiques dans divers secteurs, des synergies sont créées, renforcées par des objectifs communs et des innovations. Les stratégies réussies et les aspects positifs d'un secteur servent de meilleures pratiques et peuvent être adoptés comme des lignes directrices à l'international. Cela favorise l'efficacité et contribue à une amélioration continue, car les approches éprouvées peuvent être rapidement diffusées et adaptées. Les stratégies développées à travers les secteurs et projetées à l'échelle mondiale favorisent des développements durables à long terme.

La dépendance aux sources d'énergie est l'un des grands thèmes coercitifs de notre époque. La vulnérabilité économique se manifeste également par la dépendance aux matières premières stratégiques, telles que les terres rares, indispensables aux technologies modernes. La coercition militariste se manifeste par la menace de l'usage de la force. Elle ne peut être contrebalancée que militairement, soit à travers la dissuasion nucléaire, soit par l'emploi de la puissance militaire conventionnelle. Un exemple en est la Corée du Nord, qui menace régulièrement avec des essais de missiles pour obtenir des concessions internationales. La Russie recourt également à la menace d'utiliser des armes nucléaires pour dissuader les pays de l'OTAN d'intervenir directement dans le conflit ukrainien. La vulnérabilité internationale est intensifiée par des changements dans les dynamiques de pouvoir qui créent des dépendances stratégiques.

L'essor de la Chine en tant que puissance économique mondiale a placé de nombreux États, particulièrement en Afrique, en Asie et en Amérique latine, dans une position de dépendance économique vis-à-vis des investissements et des prêts chinois. Ces États sont potentiellement vulnérables à la coercition si la Chine attache des conditions politiques ou économiques à son soutien. L'Initiative "Belt and Road" illustre comment les pays en développement participant à cette initiative prennent d'énormes prêts chinois pour financer des projets d'infrastructure. Étant donné que beaucoup de ces pays ont des économies fragiles, il y a un risque qu'ils ne puissent pas rembourser leurs dettes. Les critiques ont accusé la Chine de "diplomatie du piège de la dette", où elle prend le contrôle d'actifs stratégiques tels que des ports, des routes, des chemins de fer ou des complexes industriels. En particulier, le manque de transparence dans les accords et dans la mesure dans laquelle la main-d'œuvre locale bénéficie des projets chinois est mis sous le feu des projecteurs. Des préoccupations environnementales et en matière de droits humains ont également été soulevées, certains projets étant associés à des conséquences sociales et écologiques négatives. Si les relations chinoises créent automatiquement des chaînes, beaucoup de nations africaines ne s'en réjouissent peut-être pas particulièrement. Les États contraints cèdent soit à la situation inévitable, soit tentent de se sécuriser par l'interconnexion et la diversification. De nombreux gouvernements africains dépendent des prêts pour atteindre leurs objectifs de développement, mais les conditions et les implications à long terme de ces prêts pourraient sérieusement limiter leur autonomie économique. Il y a un risque que des fardeaux de dette excessifs obligent les pays à prendre des décisions politiques en faveur de la Chine.

Si la Russie "incorpore" l'Ukraine d'une manière ou d'une autre, cela aurait des conséquences de grande portée pour la sécurité européenne et mondiale. Un tel scénario, où la Russie contrôlerait complètement l'Ukraine militairement ou par d'autres moyens, entraînerait une escalade incompréhensible des tensions géopolitiques et mettrait la balance entre liberté et sécurité en

Europe sous une forte pression. La perte de l'Ukraine au profit de la Russie pourrait ébranler l'ensemble de l'architecture de sécurité de l'Europe. L'UE devrait également faire face à une vague accrue de réfugiés en provenance d'Ukraine et d'autres zones de conflit, intensifiant les tensions internes liées à la migration et à l'allocation des ressources.

Un état de siège par l'hégémonie russe sur l'Europe représenterait un changement géopolitique et idéologique profond. La liberté de l'Europe, qui repose sur des frontières ouvertes, la libre expression, l'ouverture économique et les droits politiques, serait soumise à une pression significative. Dans un tel scénario, l'Europe serait non seulement entourée d'une menace militaire, mais également influencée par des leviers politiques et économiques que la Russie utiliserait pour étendre son hégémonie. Le résultat serait une nouvelle guerre froide, dans laquelle la liberté de l'Europe serait massivement restreinte. Même si les dictatures cherchent à manœuvrer dans les affaires mondiales, elles restent liées par leurs responsabilités en matière de droits humains et sont donc irrévocablement criminelles sur le plan politique, ce qui doit avoir des conséquences politiques ou juridiques durables. Les mécanismes de reddition de comptes sont cruciaux pour tenir les responsables de violations des droits humains à leur juste prix et pour préserver

l'espoir de justice pour les victimes.

4. INTERCONNECTIVITÉ DE LA GÉOGRAPHIE

Une autre forme d'interconnexion fait référence aux réseaux qui déplacent des personnes, des biens et des ressources entre différents espaces géographiques. Grâce au développement de systèmes de transport modernes, des régions qui étaient auparavant isolées sont aujourd'hui connectées au niveau mondial. L'interconnexion géographique décrit le lien étroit et la dépendance entre différents espaces géographiques et acteurs à travers des connexions physiques, sociales, économiques et technologiques. Elle se réfère à la manière dont les lieux et les régions du monde sont liés entre eux par des réseaux de transport, des relations commerciales, des technologies de communication, la migration et des influences environnementales. Cela inclut les réseaux de transport et d'infrastructure tels que les routes, les chemins de fer, les voies maritimes et les liaisons aériennes qui relient différentes régions et permettent le transport de biens et de personnes. Un exemple de cela est le commerce mondial, qui repose sur un réseau complexe de transports maritimes et aériens. Les ports conteneurs comme Shanghai, Rotterdam ou Singapour sont des points névralgiques d'un réseau mondial de routes maritimes, permettant l'échange mondial de biens. Une perturbation dans ces réseaux, qu'elle soit due à des catastrophes naturelles, des conflits politiques ou des blocages logistiques, a des répercussions étendues sur les chaînes d'approvisionnement et l'économie mondiale.

Les lieux sont interconnectés, notamment en ce qui concerne les liens sociaux et politiques. Les villes, les pays et les communautés forment un réseau de relations influencées par le commerce, les migrations, les guerres ou la diplomatie. Ces lieux s'influencent mutuellement par l'interaction de leurs habitants et de leurs systèmes politiques. De même, les économies mondialisées sont fortement entrelacées, de sorte que les changements dans une région ont des répercussions mondiales. Les chaînes de production et les marchés mondiaux rendent nécessaire la connexion des pays par le commerce, les investissements et les flux financiers. Par exemple, une perturbation dans la production de semi-conducteurs en Asie peut affecter l'industrie automobile en Europe. La migration, le tourisme et Internet créent des liens entre des personnes de différentes régions, favorisant l'échange de cultures, d'idées et d'informations. La connexion numérique à travers Internet est un facteur particulièrement puissant de l'interconnexion, car elle permet l'échange instantané d'informations à l'échelle mondiale.

Alors que la cohésion vise la solidarité au sein et entre les sociétés et les régions, les réformes concernent des changements politiques, économiques et sociaux qui peuvent renforcer ou affaiblir cette solidarité. Ces deux processus sont étroitement liés et influencent de manière significative le développement de ce que l'on appelle les "clusters régionaux", des zones géographiques qui traversent des processus de développement et d'intégration similaires. Les clusters régionaux désignent des groupes de pays ou de régions partageant des processus de développement, des défis et des potentiels similaires. Ces clusters sont caractérisés par la proximité géographique, des liens historiques ou des structures économiques et politiques similaires. L'interconnexion entre cohésion et réformes se manifeste particulièrement clairement dans ces régions, car les réformes réussies s'étendent souvent d'une région à des territoires voisins ou des clusters collaborent au niveau interrégional pour créer des structures cohésives.

La cohésion régionale fait référence au degré de solidarité sociale, économique et politique à l'intérieur d'une région. Les grandes régions dépassent les frontières nationales et englobent plusieurs pays ou régions qui sont liés géographiquement, culturellement ou économiquement. Ces connexions reposent souvent sur des intérêts économiques communs, une proximité culturelle ou une situation géographique. Les grandes régions ont pour objectif de renforcer la coopération dans les domaines de l'économie, de l'infrastructure, de la culture ou de la sécurité. Elles favorisent le développement régional, l'innovation et l'échange de bonnes pratiques entre les États membres ou les régions. Elles contribuent à la stabilité politique et à l'intégration économique en promouvant des objectifs communs tels que le développement durable, la politique environnementale, la sécurité ou la cohésion sociale. Elles franchissent les frontières nationales et créent des réseaux facilitant l'échange et la coopération au-delà de ces frontières.

Une forte cohésion signifie qu'il existe de faibles inégalités sociales, une interdépendance économique solide et des institutions politiques qui fonctionnent efficacement. Cela résulte souvent de réformes de longue durée visant à promouvoir l'égalité, les infrastructures et les institutions politiques. Les régions ayant une forte cohésion tendent à être plus stables et plus résistantes aux chocs externes. Un exemple de réformes réussies ayant contribué à la cohésion est la transformation des États d'Europe centrale et orientale après la chute du rideau de fer. Grâce à des réformes économiques et politiques profondes, ces pays ont pu s'intégrer au marché intérieur de l'UE et ainsi accélérer leur développement économique.

L'idée de consolider d'abord de grandes entités comme les régions et les continents, puis d'établir des liens internationaux, suit une stratégie visant à créer une base stable pour développer simultanément ou successivement des réseaux mondiaux. En renforçant les structures internes, une identité et une force communes sont construites. Les régions consolidées en elles-mêmes peuvent partager les ressources plus efficacement, poursuivre des objectifs économiques et politiques communs et minimiser les conflits. Cela s'applique autant à l'Europe qu'à l'Afrique, l'Amérique du Sud, le Moyen-Orient, et l'Extrême-Orient. Dans l'ensemble des structures interconnectées, il est important d'exploiter autant que possible ces ressources. Les régions solidement établies peuvent partager les ressources plus efficacement en poursuivant des objectifs économiques et politiques communs et en minimisant les conflits.

5. ET LA PRÉVENTION CIVILE ?

Dans le contexte mondial, la prévention civile est cruciale pour le maintien de la paix et la résolution des conflits. L'idée sous-jacente est de prendre des mesures préventives, d'identifier et de désamorcer les causes à un stade précoce. Les gouvernements instables et autoritaires augmentent le risque de conflit. Les principes démocratiques fondés sur l'État de droit et la transparence sont là pour prévenir les systèmes dictatoriaux et enclins à la corruption. Concrètement, la prévention civile s'appuie sur des mesures visant à mettre en place des infrastructures, des initiatives en matière d'éducation ou des programmes de santé.

L'interconnectivité du système de santé décrit l'interaction dynamique des différents acteurs, institutions et processus qui contribuent à la promotion et au maintien de la santé publique. Elle va bien au-delà des soins directs aux patients et s'étend des niveaux politique, économique et social aux niveaux technologique et organisationnel. Une compréhension globale de cette interconnexion est essentielle pour relever les défis croissants dans le secteur des soins de santé. Les décisions politiques, telles que l'allocation des ressources, l'accès aux soins de santé et la réglementation des médicaments, influencent directement la situation des soins de santé et le bien-être de la population. Le cadre réglementaire établi par les autorités de santé nationales et les organisations internationales crée la base de soins standardisés. Les réglementations relatives aux procédures médicales, à l'approbation des médicaments et aux contrôles de qualité sont des éléments clés de ce système.

Un financement efficace, qu'il soit assuré par des fonds publics, des assurances ou des investissements privés, est essentiel pour garantir un approvisionnement stable et durable. L'interconnectivité se traduit ici par la nécessité d'allouer les ressources de manière optimale, de maîtriser les coûts tout en garantissant un accès équitable à tous les segments de la population. Les progrès de la technologie médicale, tels que l'intelligence artificielle, la robotique et l'analyse des données, révolutionnent la manière dont les diagnostics sont posés et les traitements dispensés. Ces technologies nécessitent une collaboration étroite entre les professionnels médicaux et techniques et une adaptation aux exigences réglementaires. Les déterminants sociaux tels que le revenu, l'éducation et la situation de vie influencent l'accès aux soins de santé. L'interconnectivité des soins de santé est essentielle pour atteindre les groupes défavorisés et améliorer l'accès aux services de santé. Une compréhension globale des liens entre les différents niveaux du système de soins de santé, depuis les soins directs aux patients jusqu'aux aspects politiques et économiques et à la santé mondiale, peut permettre de relever les principaux défis.

La numérisation et l'échange de données de santé au-delà des frontières nationales permettent aux médecins et aux chercheurs d'accéder à des sources de données plus complètes. Cela permet de meilleurs diagnostics, des plans de traitement optimisés et une détection précoce des risques de santé mondiaux tels que les pandémies. La mise en réseau des institutions de recherche permet de développer et de mettre en œuvre plus rapidement des innovations médicales. L'échange de données et de résultats provenant de différentes régions améliore la recherche médicale mondiale, notamment la mise au point de vaccins. L'interconnectivité dans les soins de santé mondiaux offre donc d'immenses possibilités, mais nécessite une approche prudente pour relever les défis technologiques et éthiques et garantir la confiance dans ces systèmes.

Même dans le cadre de la préparation civile aux crises, des exercices d'urgence réguliers devraient être effectués dans les secteurs de la santé et de la logistique afin de garantir que toutes les parties concernées puissent réagir rapidement et efficacement en cas d'attaque. Ces exercices devraient inclure une coopération avec les institutions gouvernementales et les entreprises privées. L'économie internationale se caractérise par des chaînes d'approvisionnement mondiales étroitement liées. Toutefois, cela peut aussi devenir une faiblesse si des tensions géopolitiques, des guerres commerciales ou des catastrophes naturelles perturbent les chaînes d'approvisionnement. Les entreprises et les gouvernements doivent donc diversifier leur dépendance à l'égard des chaînes d'approvisionnement mondiales et répondre aux crises soudaines en renforçant la résilience et la flexibilité de leurs systèmes. En général, un réseau logistique stable nécessite une diversification afin de minimiser les risques. En cas de défaillance d'une partie de la logistique, il doit exister des itinéraires et des méthodes de livraison alternatifs.

L'interconnexion technique et organisationnelle des infrastructures civiles telles que les télécommunications, les systèmes de transport et les réseaux énergétiques détermine, à un niveau distinct, le fonctionnement des sociétés modernes. Cette mise en réseau, appelée « Smart Infrastructure », assure l'efficacité, la durabilité et la sécurité dans de nombreux domaines de la vie quotidienne.

L'extension des réseaux et des technologies innovantes comme la 5G permet une communication rapide et fiable. Cela améliore non seulement l'accès à l'information, mais aussi l'interaction entre les citoyens et les autorités, ainsi que l'utilisation des services numériques.

L'interconnexion des réseaux énergétiques, notamment par l'intégration des sources d'énergie renouvelables, contribue à la création de systèmes énergétiques résilients. Les réseaux électriques intelligents, appelés « smart grids », permettent une distribution efficace de l'énergie, évitent les surcharges et favorisent l'utilisation du stockage de l'énergie. En cas d'urgence, l'interconnexion de ces infrastructures est essentielle pour une gestion de crise efficace et une réaction rapide des autorités. L'échange de données en temps réel permet d'organiser plus efficacement les mesures d'urgence et d'optimiser l'utilisation des ressources. La mise en réseau favorise également l'implication des citoyens dans les processus décisionnels. Les plateformes et les applications permettent d'obtenir un retour d'information sur les services publics, ce qui améliore leur qualité. L'interconnectivité dans le monde des affaires favorise les plateformes de commerce électronique, les marchés en ligne et les services de paiement numérique, qui révolutionnent le commerce et facilitent l'accès aux produits et aux services pour les consommateurs du monde entier. Si l'interconnectivité présente de nombreux avantages, elle pose également des défis, tels que la protection des données, la sécurité et la fracture numérique. L'accès à la technologie et à Internet n'est pas équitablement réparti, ce qui renforce les inégalités sociales.

Il n'existe pas d'alternative complète au "cyber", mais il existe de nombreuses technologies et approches qui permettent soit de prévenir les cyberattaques, soit d'atténuer leurs effets. Des technologies telles que la cryptographie quantique et la blockchain, ainsi que des approches hybrides et analogiques, offrent une combinaison de prévention, de résilience et de sécurité décentralisée. Souvent, une combinaison de ces approches est le moyen le plus efficace de garantir la sécurité dans un monde numérique de plus en plus interconnecté et menacé. Dans certains domaines, des systèmes de sécurité physique, tels que les systèmes de contrôle d'accès, la reconnaissance biométrique et le matériel sécurisé associé à des systèmes numériques, peuvent être utilisés pour garantir une sécurité supplémentaire. Des processus de surveillance et de décision humaine, exécutés parallèlement aux processus numériques, peuvent minimiser les risques en complétant les systèmes automatisés.

La cryptographie quantique est une méthode de chiffrement qui utilise les principes de la mécanique quantique pour transmettre des données de manière particulièrement sécurisée. Elle repose sur la physique quantique et offre potentiellement une sécurité inviolable, car toute tentative d'interception ou de manipulation modifie immédiatement les informations chiffrées, rendant ainsi ces actions détectables. La blockchain offre une méthode de stockage et de validation des données de manière décentralisée, ce qui réduit considérablement le risque de cyberattaques sur des bases de données centralisées. Elle est souvent utilisée dans des domaines tels que la technologie financière, les chaînes d'approvisionnement et même pour les identités numériques. La blockchain peut garantir l'intégrité des transactions et des données en enregistrant chaque transaction de manière publique et immuable, rendant ainsi les cyberattaques comme la manipulation des données plus difficiles. Dans certains cas, l'utilisation d'alternatives non numériques, comme des documents sur papier ou des sauvegardes physiques, peut offrir une couche de protection supplémentaire, en particulier dans des environnements extrêmement critiques en matière de sécurité. Plutôt que de se connecter à des serveurs centraux, l'informatique en périphérie (edge computing) traite les données et les calculs localement sur des appareils situés près de la source des données. Cela réduit la quantité de données à transmettre sur le réseau et diminue ainsi les vulnérabilités potentielles aux cyberattaques. Les données peuvent être traitées en temps réel sans avoir à être envoyées à des serveurs cloud centraux, ce qui réduit les risques d'attaques sur un point de donnée central. L'intelligence artificielle et l'apprentissage automatique peuvent être utilisés pour détecter précocement les cyberattaques en identifiant des activités inhabituelles en temps réel et en prenant automatiquement des mesures de protection. Les systèmes pilotés par l'intelligence artificielle peuvent s'adapter à de nouvelles menaces en apprenant continuellement à partir de modèles d'attaques et en évoluant. Plutôt que de se concentrer uniquement sur la prévention, la cyber-résilience vise à renforcer la capacité d'un système à se remettre rapidement après une attaque.

6. QU'EST-CE QUE LA SOCIÉTÉ CIVILE ?

La société civile joue un rôle essentiel dans la promotion de la démocratie, de la participation sociale et de la justice sociale en rassemblant les gens pour travailler ensemble à des solutions et défendre leurs intérêts. La mondialisation, la migration et le changement démographique entraînent de nouvelles structures sociales et des défis. La nécessité d'une transformation socio-écologique globale est au cœur de nombreux débats actuels. Cette transformation vise à restructurer fondamentalement la société pour la rendre plus durable et plus juste. Un autre aspect central est la transition des systèmes énergétiques des combustibles fossiles vers les énergies renouvelables. Cela nécessite des investissements massifs et des innovations technologiques. Il existe une prise de conscience croissante que la croissance économique doit être conciliée avec la durabilité écologique. Des concepts comme l «économie verte» gagnent en importance et offrent des approches pour allier croissance économique et préoccupations écologiques. La nouvelle économie, comme elle est cultivée dans les entreprises modernes, se concentre sur la promotion des technologies respectueuses de l'environnement et des pratiques durables qui offrent non seulement des avantages écologiques, mais aussi des opportunités économiques. La promotion de modèles d'économie circulaire contribue également à une utilisation plus efficace des ressources, à la minimisation des déchets et à la réduction de l'impact environnemental. De plus, les concepts de l'économie verte intègrent également la dimension sociale, en cherchant à établir un équilibre entre les objectifs économiques, sociaux et écologiques. Ainsi, de nouveaux moyens de subsistance doivent être créés pour les personnes grâce à des emplois durables et des salaires équitables dans des secteurs respectueux de l'environnement. Cependant, la mise en œuvre de ces approches nécessite un changement de mentalité au sein de la politique, de l'économie et de la société. Les incitations à des investissements durables, l'intégration des critères environnementaux dans la gestion des entreprises et la sensibilisation du public à la consommation durable sont des étapes importantes pour permettre une transformation vers une économie verte. Ces développements montrent qu'il est possible de concilier croissance économique et durabilité écologique. Cela est non seulement crucial pour la protection de notre environnement, mais aussi pour la stabilité et la résilience à long terme des structures économiques. Si la transformation à grande échelle est négligée, les causes en seront visibles bien avant les résultats tangibles.

La révolution numérique et les progrès technologiques ont touché presque tous les aspects de la vie. Des technologies comme l'intelligence artificielle, le Big Data, l'Internet des objets et l'automatisation façonnent à la fois l'économie et la vie privée. Elles offrent d'énormes opportunités, mais posent également des défis éthiques, de sécurité et liés au marché du travail à la société. La numérisation transforme également le marché du travail de manière durable. D'une part, l'automatisation élimine de nombreuses tâches routinières. D'autre part, de nouveaux métiers émergent, notamment dans les domaines de l'informatique et des données. La demande de compétences numériques augmente dans tous les secteurs. Pour les travailleurs, cela signifie la nécessité d'un apprentissage tout au long de la vie et d'une formation continue. Des modèles de travail plus flexibles, comme le télétravail, gagnent en importance. La politique doit créer des conditions-cadres qui favorisent à la fois l'innovation et garantissent la sécurité sociale. Au-delà du domaine économique, la numérisation a des répercussions sociales considérables. La protection des données et l'autodétermination informationnelle deviennent des thèmes centraux. La cybersécurité prend de l'importance en raison de l'augmentation de l'interconnexion numérique. Les réseaux sociaux modifient notre façon de communiquer et de consommer des informations. Cela offre des opportunités pour une plus grande participation, mais aussi des risques, comme la propagation de fausses informations. Les implications éthiques de l'utilisation de l'IA, par exemple dans les véhicules autonomes ou en médecine, nécessitent des débats sociétaux et des réglementations claires.

La fragmentation de l'opinion publique rend difficile l'atteinte d'un consensus sur des sujets importants. Grâce aux médias sociaux et aux plateformes alimentées par des algorithmes, des chambres d'écho se forment, où les gens ne reçoivent que des informations qui confirment leurs propres convictions. Cela renforce les tensions sociales, car une base de faits commune est perdue. Parallèlement, des mouvements populistes ont gagné en popularité, exploitant souvent ces incertitudes et ces divisions pour promouvoir leurs propres agendas politiques. La montée des régimes autoritaires dans certains pays ainsi que le déclin global des valeurs démocratiques posent de nouveaux défis à l'ordre international.

Comment se comportent les masses lorsqu'elles sont inondées de fausses informations et submergées par des nouvelles non vérifiées ? De plus, influencées par des personnalités qui, elles-mêmes, sont sous l'emprise de fausses nouvelles et d'ignorance, poussées par des théories du complot et infectées par le côté négatif des réseaux sociaux. Le problème explose, alors que la masse politique, malgré son inertie, change inexplicablement d'avis du tout au tout. Même dans des territoires plus calmes, quelque chose ne va pas dans la structure de pensée lorsqu'une enquête révèle que 45 % des personnes craignent une situation imminente, et un an plus tard, ce chiffre passe à 90 %. Manquait-il à l'origine la clarté ou la vue d'ensemble ? Ces foules reposent souvent sur des visions du monde différentes, qui se creusent davantage à travers des désinformations ciblées. Le fossé entre les groupes s'élargit, car chacun fait confiance à ses propres sources et devient sceptique face à d'autres perspectives. Les théories du complot offrent à beaucoup de gens une sécurité apparente, car elles fournissent un récit clairement délimité qui réduit la complexité de la réalité. Dans des groupes d'affinité, ces récits trouvent une validation, renforçant davantage le phénomène. Pourquoi se préoccuper de contextes complexes quand il est si facile de suivre aveuglément les plus bruyants ? Bienvenue à l'ère du changement d'opinion post-factuel en un éclair, où la vérité est flexible et l'ignorance est enivrante. Après tout, il est beaucoup trop compliqué de vérifier les sources ou de questionner la crédibilité d'une information. Pourquoi faire cela? L'algorithme sait de toute façon mieux que nous ce que nous devrions penser.

Les médias sociaux sont donc marqués par l'excès et l'irrationalité, ce qui peut être attribué à divers facteurs, notamment l'anonymat, la rapide diffusion de l'information et la tendance à attirer l'attention par des déclarations provocatrices. Ces phénomènes sont devenus partie intégrante de la vie numérique, et il semble actuellement inévitable de devoir vivre avec cette situation de manière temporaire. Les médias sociaux offrent une plateforme où les opinions et les émotions peuvent être partagées sans filtre. Cela conduit à une dynamique et une intensité élevées de la communication, où les extrêmes et les provocations se renforcent facilement. Comme une réaction immédiate au contenu est souvent possible, la réflexion, qui est plus courante dans d'autres formes de communication plus lentes, fait souvent défaut. Cela engendre une tendance à l'excès, par exemple à travers des représentations exagérées, des expressions d'opinion agressives ou une avalanche d'informations qui ne sont pas toujours fondées.

L'anonymat et les algorithmes renforcent ces tendances excessives et irrationnelles. Les profils anonymes favorisent le désinhibition et la polarisation, car les utilisateurs ont moins d'hésitation à exprimer des opinions plus extrêmes ou irrationnelles, sans craindre d'être tenus responsables. Parallèlement, les algorithmes privilégient les contenus qui suscitent de fortes réactions émotionnelles – ceux-ci sont plus souvent partagés et commentés, atteignant ainsi un large public. Cela crée un cycle dans lequel les points de vue extrêmes sont favorisés, ce qui accentue encore l'irrationalité et l'excès dans les médias sociaux. Comment y faire face ? Étant donné que les médias sociaux constituent une partie intégrante de la vie moderne, il semble difficile à court terme d'échapper complètement à l'excès et à l'irrationalité. Une approche importante serait toutefois de promouvoir la compétence médiatique et la pensée critique chez les utilisateurs. Cela pourrait aider à mieux contextualiser les contenus, à différencier les déclarations fondées de celles qui sont polémiques et à gérer les informations de manière plus autonome. En même temps, il incombe également aux plateformes elles-mêmes d'endiguer la propagation des discours de haine, de la désinformation et des représentations excessives grâce à des règles plus claires et à une modération plus efficace.

Lorsque les fausses informations circulent sans entrave, les individus et les groupes peuvent devenir de plus en plus radicaux. Cela se manifeste par l'augmentation des mouvements extrémistes qui appellent à la violence ou à la désobéissance civile. Les algorithmes des plateformes sont conçus pour promouvoir des contenus à fort engagement, souvent sans tenir compte de leur véracité. Ces mécanismes favorisent la diffusion de fausses informations sensationnelles, car elles génèrent plus de clics et de commentaires. De nombreux individus, aveuglés par ces informations, en deviennent les victimes. Les mouvements radicaux sont souvent le résultat direct de ces impressions déformées. Ils exploitent l'insécurité semée par la désinformation pour alimenter les peurs et se présenter comme les seuls détenteurs de la vérité. Ainsi, la méfiance envers le système se transforme rapidement en un appel ouvert à la résistance, voire à la violence, toujours avec la prétendue légitimité de défendre la vérité.

En fin de compte, construire une société résiliente est une tâche collective nécessitant l'engagement de tous. Une telle société ne pourra réussir que si tous ses membres participent activement aux processus d'inclusion et de collaboration. Il est essentiel d'engager un dialogue, d'accepter et de comprendre les différentes groupes sociaux, culturels et ethniques pour réduire les tensions. La résilience, dans ce contexte, ne signifie pas seulement être capable de réagir aux crises, mais aussi avoir la capacité de sortir renforcé des dilemmes en tant que communauté. Cela nécessite des structures solidaires qui soient viables tant en période de crise que dans la vie quotidienne, ainsi qu'une volonté de trouver des solutions qui prennent en compte le bien-être de l'ensemble de la société. La responsabilité ne repose pas uniquement sur les gouvernements ou les institutions, mais également sur chaque individu. Par l'empathie, la tolérance et la promotion active de la cohésion sociale, chacun peut contribuer à ce que la diversité soit perçue comme une richesse et non comme une source de conflit. Grâce à un engagement collectif, des structures stables peuvent être créées à long terme, favorisant à la fois la paix sociale et le développement durable.

La violence, qu'elle soit physique ou verbale, nuit à la société en faisant escalader les conflits au lieu de les résoudre par le dialogue. Dans une société civilisée, les désaccords devraient être réglés de manière pacifique et respectueuse. Les fausses nouvelles constituent une forme subtile de "violence informationnelle", qui sème la confusion, mine la confiance et approfondit les divisions au sein de la société. En particulier à l'ère des médias sociaux, les fausses informations se propagent à une vitesse fulgurante, contribuant à semer le doute envers les connaissances scientifiques, la politique et les médias. Lorsque les citoyens découvrent qu'ils peuvent être pris dans des crises, la pire option est évidemment de se laisser envahir par l'extrémisme. Le système devrait en fait ouvrir la voie à d'autres alternatives et initiatives. Dans le cas contraire, c'est sa faute s'il risque de s'effondrer.

L'argument central est donc le suivant: la violence et les fausses nouvelles déstabilisent les fondements d'une société civile fonctionnelle et d'une culture démocratique. Seule la transparence, les faits et le discours pacifique peuvent permettre à une société ouverte de prospérer. Au cours des dernières décennies, le phénomène d'une culture du mépris croissante s'est fait de plus en plus présent dans de nombreux contextes sociaux. Ce concept décrit un climat social dans lequel la politesse, la reconnaissance et la décence entre les individus diminuent. L'utilisation omniprésente des médias sociaux et des moyens de communication numériques a fondamentalement changé la manière dont les gens interagissent. L'anonymat et la distance créés par les plateformes numériques conduisent souvent à des comportements plus agressifs. Les utilisateurs se sentent plus en sécurité pour exprimer des commentaires impolis ou insultants, car la présence physique protectrice est absente. Les sociétés tendent à privilégier des phénomènes tels que "l'authenticité" au détriment des formes traditionnelles de politesse. Ce changement peut entraîner une reconfiguration des relations interpersonnelles, où des expressions

honnêtes, souvent blessantes, sont perçues comme de "l'honnêteté".
En période de polarisation politique, les gens ont tendance à se
positionner dans des camps extrêmes. Cela conduit à une diminution
du respect mutuel, car la propre opinion est souvent défendue de
manière excessive et celle de l'autre est dévaluée. Le débat public
devient plus agressif et irrespectueux, ce qui a également des
répercussions sur les interactions personnelles. Un environnement
marqué par le mépris entraîne une aliénation des individus les uns
par rapport aux autres. La confiance et l'empathie s'érodent, ce qui
conduit à une augmentation des malentendus et des tensions. Les
gens se retirent dans leurs propres cercles sociaux et évitent les
échanges avec les autres, ce qui menace la cohésion sociale.

La responsabilité de la société dans l'interconnexion est un enjeu
crucial qui mérite une attention particulière. Dans un monde de plus
en plus interconnecté grâce à la numérisation, la société doit se
positionner non seulement comme spectatrice, mais aussi comme
actrice. Cela implique une prise de conscience des conséquences des
technologies et des réseaux sociaux, ainsi qu'une réflexion critique
sur leur utilisation. La société porte une responsabilité collective dans
la manière dont elle utilise les avancées technologiques.
L'interconnexion a aboli les frontières physiques, créant ainsi une

nouvelle communauté mondiale. Il est essentiel d'établir des principes éthiques pour cet espace numérique, tels que le respect, la protection des données et la lutte contre la discrimination. Lorsque la diffusion d'idées et d'innovations s'accélère, la société doit être consciente de son rôle dans l'utilisation de ces progrès technologiques. Le défi consiste à trouver un équilibre entre l'accès constant à l'information et la gestion des risques associés, tels que la surcharge d'information et le stress.

La prévention est essentielle dans ce contexte. Elle ne doit pas seulement viser à anticiper les défis techniques, mais aussi à concevoir des solutions pour les problèmes sociaux, écologiques et éthiques liés à l'interconnexion. Cela peut se faire à travers des initiatives éducatives, l'intégration de considérations éthiques dans le développement technologique et des actions proactives pour prévenir les injustices et les discriminations numériques. La société doit donc adopter une posture proactive, en soutenant les innovations qui favorisent une utilisation éthique et inclusive des technologies.

Les interconnexions entre des problèmes individuels, tels que le coût de la vie, la nourriture et la santé, illustrent comment les défis personnels, sociaux et globaux sont étroitement liés. Cette complexité nécessite une approche intégrée pour résoudre les problèmes. Par exemple, la volatilité des prix alimentaires, influencée par des conditions climatiques et des relations commerciales internationales, montre comment des enjeux locaux peuvent être amplifiés par des dynamiques mondiales.

L'éducation joue un rôle clé dans la préparation des générations futures à ces défis. Les systèmes éducatifs doivent s'adapter aux développements mondiaux, qu'il s'agisse des avancées technologiques ou des changements climatiques, en fournissant les compétences nécessaires. L'accès à l'éducation et la qualité de l'enseignement sont de plus en plus influencés par des tendances mondiales, telles que la numérisation et les relations internationales. La société doit s'engager activement dans la recherche de solutions globales, en reliant les problèmes individuels aux enjeux internationaux. Cela nécessite une participation politique et une innovation qui favorisent l'interaction entre les défis locaux et la paix mondiale. La diversité au sein de la société peut également être un moteur d'innovation, apportant différentes perspectives pour résoudre les problèmes.

Les forces dégénératives ont souvent pris le dessus dans l'histoire, en exploitant la peur et la propagande pour manipuler les gens. Lorsque les individus se sentent menacés ou incertains, ils sont plus enclins à renoncer à leurs libertés et à suivre des dirigeants douteux qui promettent une sécurité illusoire. Cela a été observé lors de l'ascension de régimes totalitaires au XXe siècle et semble se répéter au XXIe siècle.Un autre facteur est la tendance des gens à ignorer les évolutions politiques par commodité ou résignation. Tant que leur vie personnelle n'est pas directement affectée, beaucoup tolèrent les injustices, permettant ainsi aux forces dégénératives de se répandre discrètement jusqu'à ce qu'il soit trop tard pour les arrêter.

La question de savoir si la société doit agir ou rester spectatrice est fondamentale. Un engagement actif est nécessaire pour façonner un avenir interconnecté qui soit éthique et durable. La société doit non seulement accepter et utiliser les technologies, mais aussi s'engager dans un débat critique sur leurs conséquences, en cultivant des valeurs humaines telles que l'empathie et la compréhension mutuelle. En fin de compte, il s'agit d'une responsabilité partagée qui nécessite l'implication de chacun pour construire un avenir meilleur.

7. INTERCONNECTIVITÉ DU LANGAGE ET DE LA PENSÉE

Contrairement aux autres êtres vivants terrestres, l'être humain possède la capacité de parler et de penser de manière rationnelle, ce qui lui permet de former des communautés morales et politiques. Grâce au développement du langage, les humains ont établi des structures sociales complexes et des communautés basées sur des principes moraux et politiques. L'interconnexion entre langage et pensée est un sujet fascinant qui occupe depuis des siècles non seulement les linguistes, mais aussi les psychologues et les neuroscientifiques. En effet, le langage ne sert pas uniquement à communiquer, mais constitue également un outil dans le processus de réflexion. Les langues ne sont pas seulement des moyens de communication, elles véhiculent également des concepts et des valeurs culturels. Wilhelm von Humboldt avait déjà affirmé que la langue façonne également la vision du monde d'une communauté linguistique. Cette idée soutient que les concepts et les formes propres à une langue influencent la pensée de ses locuteurs, et inversement.

Les recherches neuroscientifiques ont démontré que le fait de parler et de comprendre une langue mobilise des réseaux neuronaux complexes, dans lesquels certaines zones du cerveau sont responsables de la production et de la compréhension du langage. Ces mêmes zones sont également activées lors de tâches cognitives. Ces découvertes renforcent l'idée qu'il existe une relation harmonieuse entre les processus linguistiques et cognitifs. Ainsi, le langage enrichit notre pensée et notre compréhension du monde, contribuant à la diversité des expériences.

Ces structures permettent de poursuivre des objectifs communs, de résoudre des conflits et d'organiser la vie en communauté. La langue influence notre manière de voir et d'interpréter le monde. Par le choix des mots et la construction des phrases, certains aspects de la réalité peuvent être mis en valeur ou négligés. Par exemple, la manière dont un événement est rapporté peut façonner la vue publique et la mémoire collective. La langue porte les traditions, les valeurs et les normes d'une communauté. La façon dont nous parlons peut refléter et renforcer l'identité culturelle. Le langage que nous utilisons façonne nos pensées et notre compréhension du monde. Celui qui maîtrise la langue peut exercer une influence sur la société et ses structures. La rhétorique politique, la propagande et les discours en sont des exemples, illustrant comment le langage est utilisé pour façonner les opinions et mobiliser les gens. La propagande qui passe inaperçue est particulièrement dangereuse.

Ainsi, la langue n'est pas seulement un outil de communication, mais aussi un élément fondamental qui construit notre réalité et façonne nos interactions avec le monde et entre nous. Les langues étrangères favorisent en principe le dialogue interculturel et la compréhension entre différentes cultures. Elles permettent aux individus de communiquer, d'éviter les malentendus et de développer de l'empathie pour d'autres perspectives. Cela est particulièrement important dans un monde globalisé où les rencontres interculturelles sont quotidiennes. La maîtrise des langues étrangères développe aussi des capacités cognitives telles que la résolution de problèmes, la pensée critique et la créativité. Cela représente un avantage dans le domaine de la politique internationale, où il est souvent nécessaire de repenser rapidement les situations et de considérer les problèmes sous différents angles. Les politiciens multilingues sont mieux à même d'alterner entre diverses approches de pensée et de proposer des solutions innovantes.

La langue est un outil central dans la prise de décision, car elle permet d'exprimer, d'analyser et d'évaluer des idées, des informations et des arguments. Elle nous aide à comparer différentes perspectives, à peser le pour et le contre et à structurer des problématiques complexes. La mondialisation et la coopération internationale reposent sur la capacité à communiquer au-delà des frontières culturelles et linguistiques. Lorsque les individus parlent plusieurs langues, de nouvelles possibilités s'ouvrent pour l'échange de connaissances, d'idées et d'innovations. Les langues étrangères ouvrent des portes à de nouvelles façons de penser et permettent de dépasser ses propres limites culturelles et linguistiques. Cela stimule l'interconnectivité à un niveau cognitif plus profond. Les individus multilingues font preuve d'une flexibilité cognitive particulière. Le phénomène de code-switching, c'est-à-dire le passage d'une langue à une autre, permet aux personnes multilingues de se mouvoir aisément dans différents contextes culturels. Cela a un impact sur la pensée entrepreneuriale et la communication interculturelle.

Les interfaces de l'interconnectivité nécessitent une approche minutieuse dans leur développement et leur mise en œuvre. Il s'agit d'adopter des techniques qui ne sont pas seulement efficaces, mais aussi éthiques, inclusives et favorables au bien-être humain. La conception de ces interfaces continuera d'être une tâche clé pour exploiter pleinement le potentiel de notre monde connecté tout en relevant ses défis. Pour maximiser ce potentiel, les considérations éthiques et l'inclusion doivent être placées au premier plan. La connaissance des langues est mesurée sociologiquement, tandis que la maîtrise des langues est évaluée psychologiquement. Ce n'est pas seulement la compréhension de base qui favorise l'entente, mais aussi la maîtrise des interconnexions des savoirs.

Les langues sont interconnectées à travers des formes de communication et d'interaction, à la fois sur le plan individuel et sur le plan sociétal. La langue est étroitement liée à l'identité et à l'appartenance à un groupe. Elle permet de communiquer au sein d'un groupe hétérogène tout en développant la capacité de s'intégrer à de nouveaux groupes. Cette double fonction de la langue renforce à la fois les liens au sein des cultures et les échanges interculturels. Les technologies modernes ont considérablement accéléré ce processus. Internet, les réseaux sociaux et les plateformes de communication mondiales ont permis d'interagir en temps réel avec des partenaires du monde entier. Les langues qui étaient autrefois isolées géographiquement et culturellement font désormais partie d'un paysage linguistique mondial.

Lorsque des personnes issues de milieux linguistiques différents interagissent, un échange de perspectives et de connaissances émerge, ce qui conduit à de nouvelles idées et approches. Ce dialogue interlinguistique favorise le développement de concepts innovants, influencés par des expériences culturelles variées. Les expériences sont structurées à travers la langue. L'interconnectivité des langues repose ainsi sur leur capacité à établir des ponts culturels, cognitifs et conceptuels. Elle permet non seulement la communication entre individus et groupes, mais façonne également notre pensée, notre identité et notre compréhension du monde. Grâce à ces multiples connexions, la langue contribue de manière significative à la mise en réseau globale et aux échanges interculturels. Dans le monde moderne, des hybridations culturelles émergent, où traditions, formes d'art et modes de pensée se mêlent. Des genres musicaux tels que le hip-hop ou le jazz, qui sont nés dans des contextes linguistiques et culturels spécifiques, se sont diffusés à l'échelle mondiale, adoptant de nouvelles formes enrichies par le contact avec d'autres cultures et langues.

L'interconnectivité des langues a des implications sociales et politiques profondes. Dans un monde globalisé où des personnes issues de cultures diverses et parlant des langues différentes interagissent, les barrières linguistiques sont progressivement levées. Cela favorise le commerce international, la collaboration scientifique et les échanges culturels. Cependant, cela peut également engendrer des tensions, notamment dans les pays où les langues des minorités sont réprimées ou marginalisées.

Le monde numérique a donné naissance à de nouveaux phénomènes linguistiques. Des formes linguistiques distinctes, comme l'argot internet ou les émojis, se sont développées en ligne et sont largement comprises et utilisées au-delà des frontières linguistiques, indépendamment de la langue maternelle. Ces nouvelles formes de communication contribuent à l'interconnectivité linguistique mondiale et créent des moyens d'expression nouveaux, bien que souvent superficiels. Pour renforcer l'interconnectivité linguistique dans un monde globalisé, les compétences en traduction sont un facteur déterminant. Elles permettent aux individus de communiquer au-delà des frontières linguistiques et culturelles et favorisent les échanges internationaux dans les domaines de l'économie, de la diplomatie, de la science et de la culture.

Bien que les avancées technologiques, telles que les systèmes de traduction automatique, offrent un soutien précieux, les traducteurs humains restent indispensables pour préserver les nuances subtiles des langues et garantir la qualité des communications. Le développement des compétences en traduction, à la fois par l'éducation et par le soutien technologique, sera essentiel dans les années à venir pour renforcer encore davantage l'interconnectivité linguistique et favoriser une compréhension mondiale plus étroite. Dans un monde où la communication et la compréhension mutuelle deviennent de plus en plus importantes, ces compétences constituent la clé pour surmonter les frontières linguistiques et culturelles.

Les compétences en traduction englobent bien plus que la simple maîtrise d'une autre langue. Elles exigent une sensibilité culturelle profonde, une compréhension des subtilités et des nuances des langues utilisées, ainsi que la capacité de transmettre des contenus non seulement de manière littérale, mais aussi de manière contextuelle et idiomatique. Ces compétences permettent aux individus comme aux institutions de surmonter les barrières linguistiques et culturelles qui compliquent souvent la communication entre différentes communautés linguistiques.

Dans l'économie mondialisée, les entreprises dépendent de la traduction de contrats, documents ou supports marketing pour pénétrer de nouveaux marchés et maintenir des relations commerciales fructueuses. Une traduction précise et adaptée sur le plan culturel est essentielle pour éviter les malentendus. En politique internationale, les interprètes jouent un rôle clé. Ils ne se contentent pas de traduire entre les langues, mais servent également de médiateurs entre les cultures, contribuant ainsi au bon déroulement des négociations diplomatiques et des coopérations internationales. Les compétences en traduction sont également d'une grande importance dans le domaine scientifique. Grâce à la traduction de la littérature spécialisée, les chercheurs peuvent participer à des échanges mondiaux, ce qui accélère les progrès dans divers domaines de recherche.

Les développements technologiques ont révolutionné les compétences en traduction au cours des dernières décennies. L'intelligence artificielle et les systèmes de traduction automatique permettent de surmonter rapidement les barrières linguistiques. Ces outils offrent des traductions en temps réel, rendant la communication entre locuteurs de différentes langues plus simple et plus efficace. Avec la numérisation et la disponibilité croissante des outils de traduction, de plus en plus de personnes ont l'opportunité d'élargir leurs compétences linguistiques et de se connecter au niveau international. Les programmes éducatifs mettant l'accent sur les compétences en traduction aident les générations futures à acquérir ces capacités dès leur plus jeune âge, renforçant ainsi l'interconnectivité linguistique.

Malgré les progrès technologiques, les traducteurs et interprètes humains restent indispensables. Bien que les traductions automatiques soient des outils utiles, elles montrent leurs limites lorsqu'il s'agit de contenus complexes ou culturellement sensibles. En particulier pour les textes juridiques ou littéraires, une compréhension approfondie du contexte et des nuances culturelles est nécessaire, ce que les machines ne peuvent pas pleinement offrir. Les traductions automatiques deviennent imprécises lorsqu'elles sont confrontées à des textes complexes ou créatifs.

Des compétences approfondies en traduction renforcent non seulement l'interconnectivité linguistique, mais encouragent également les échanges culturels. La littérature, le cinéma et la musique issus de différentes cultures deviennent accessibles grâce aux traductions, ouvrant ainsi la voie à un dialogue international plus large. Un exemple marquant est la diffusion des œuvres de grands écrivains comme Gabriel García Márquez, Haruki Murakami ou Tolstoï, dont les textes ont été reçus dans le monde entier grâce aux traductions. Cette interconnectivité culturelle contribue à la compréhension et à l'appréciation des diverses identités culturelles. Les traductions créent des ponts entre les cultures et favorisent la tolérance, l'empathie et la prise de conscience de la diversité des formes d'expression humaine.

L'interconnectivité communicative du langage s'étend à la traduction, à l'évaluation, à la médiation et au conseil en politique internationale et lors des congrès. Les différences linguistiques et culturelles peuvent être à la fois des ponts et des barrières lors de ces événements. C'est pourquoi il est essentiel, dans les négociations et les conférences, de garantir que la communication entre les délégués, les acteurs politiques et les différentes parties prenantes soit fluide, précise et culturellement sensible. La traduction constitue l'épine dorsale de la communication lors des congrès internationaux. Elle permet à des interlocuteurs venus de différents pays et cultures de communiquer en transmettant des contenus écrits et oraux entre différentes langues. Il ne s'agit pas seulement de traduire les mots avec exactitude, mais également de transmettre les nuances, le contexte et les significations culturelles. La traduction ne se limite pas aux mots: elle implique avant tout l'esprit du texte, son sens, sa dramaturgie et son empathie.

Il est toujours étonnant de constater à quel point la pensée philosophique est cultivée dans les langues anciennes. Le latin et le grec ancien offrent de profondes perspectives sur les domaines de pensée et les traditions philosophiques du passé. Ils entraînent des compétences analytiques, favorisent la pensée critique et permettent de comprendre les fondements de la philosophie occidentale et orientale dans leur contexte historique. Cela fait des langues anciennes un outil précieux pour former et approfondir la pensée philosophique. La langue n'est pas seulement un moyen de communication, mais aussi un instrument de pensée. Dans les langues anciennes, la philosophie et la langue sont inextricablement liées. Pour comprendre véritablement les penseurs de l'Antiquité, il ne suffit pas de lire des traductions modernes. Comprendre la langue originale permet de saisir des significations plus profondes et des nuances subtiles souvent perdues dans la traduction. Ces penseurs ont façonné les fondements de la pensée philosophique et scientifique occidentale, et leurs œuvres ont été écrites dans la langue originale. Le latin, langue de l'Empire romain, est resté la lingua franca des érudits en Europe pendant des siècles. La philosophie, la théologie, les sciences naturelles et le droit ont tous été écrits en latin. Étudier des textes latins renforce la capacité à adopter consciemment des schémas d'argumentation logique et à penser avec précision. Johann Wolfgang von Goethe a déclaré à propos des langues anciennes qu'elles sont "les modèles de la rhétorique et tout ce que le monde a jamais possédé de digne". L'importance d'étudier les langues anciennes peut être comparée à la préparation minutieuse que les Marines britanniques subissent lorsqu'ils s'entraînent initialement avec des maîtres de navigation. Cette analogie illustre la valeur de la discipline, de la patience et d'une approche méthodique. Tout comme l'entraînement avec des maîtres de navigation crée une base pour des tâches plus complexes en mer, l'étude des langues anciennes établit un socle pour une compréhension plus profonde de la culture, de l'histoire et de la philosophie.

Tant que la langue est absente, la philosophie reste cachée, car la langue est l'outil principal par lequel les pensées peuvent être formulées, réfléchies et communiquées. Sans la capacité d'articuler des idées abstraites en mots, il serait difficile de saisir, de développer ou de partager des concepts philosophiques. La langue nous permet de penser au monde, de poser des questions et de chercher des réponses. C'est le médium par lequel la philosophie devient accessible et tangible. La philosophie, en tant que discipline qui traite des questions fondamentales de l'être, de la connaissance, de l'éthique et de la conscience, se confronte souvent à un contenu complexe et abstrait, soulignant la nécessité d'une expression précise. Sans la langue, les concepts et considérations qui ont préoccupé les philosophes pendant des siècles seraient difficiles à transmettre. Des termes comme "justice", "vérité" ou "existence" n'existent que parce que nous pouvons leur attribuer un sens et les définir par le biais de la langue. La langue nous permet de rendre l'invisible visible et d'exprimer ce qui est indicible. La philosophie, dans son essence, est une activité linguistique à travers laquelle nous réfléchissons à la réalité. C'est à la fois l'art de questionner et l'art de comprendre. Sans la langue, nous pourrions vivre ou ressentir certaines choses de manière intuitive, mais nous ne pourrions pas penser de manière consciente et systématique à leur sujet ou partager ces idées avec les autres. La langue nous permet de penser à propos du monde, de poser des questions et de chercher des réponses. C'est le médium par lequel la philosophie devient accessible et tangible.

Dans la philosophie, la formation des concepts joue un rôle central. Les philosophes créent et affinent des termes pour comprendre le monde et formuler des théories. Des termes comme "être" chez

Heidegger, "Cogito" ("je pense") chez Descartes, ou "Übermensch" chez Nietzsche sont des éléments centraux des systèmes philosophiques. Sans la langue, de tels termes ne pourraient pas exister. Ils sont le résultat d'un long processus de travail linguistique et intellectuel. Sans la langue, ces concepts ne pourraient pas émerger, et par conséquent, la philosophie resterait cachée, car les outils fondamentaux pour décrire la réalité feraient défaut. La langue crée l'opportunité de parler précisément des différences et des similitudes, des causes et des effets, ainsi que des possibilités et des nécessités.

Bien que la langue soit la base de la philosophie, certaines philosophies se demandent s'il existe une forme de pensée ou de compréhension qui dépasse la langue. Les traditions mystiques ou les philosophies contemplatives montrent qu'il existe des formes de connaissance qui ne peuvent pas être complètement saisies par le langage. Néanmoins, l'expression des idées, même dans ces traditions, reste généralement ancrée dans la langue. Car même l'ineffable est souvent suggéré ou décrit par le biais du langage. Ainsi, la philosophie sans langage demeure dans un état diffus et inarticulé. Dès que la langue entre en jeu, la philosophie prend vie ; elle devient visible, discutable et évolutive.

Les philologues classiques affirment que les langues anciennes se distinguent fortement des langues modernes par leur flexibilité et leur puissance expressive, en obligeant les apprenants à saisir les subtilités des termes philosophiques. L'étude des langues anciennes forme la compréhension de la tradition philosophique respective, ainsi que la capacité à penser la philosophie de manière interculturelle. De nombreux textes philosophiques ont été traduits et interprétés à plusieurs reprises au fil des siècles, ce qui a conduit à des changements ou à des interprétations différentes des concepts philosophiques. Par exemple, la traduction des textes grecs en arabe au Moyen Âge a fortement influencé la philosophie islamique, ce qui a à son tour marqué la scolastique européenne. Cette interaction constante entre les langues et les cultures montre que la pensée philosophique n'est pas statique, mais qu'elle grandit et évolue par le biais de l'engagement avec d'autres idées. Les langues anciennes possèdent souvent des structures grammaticales plus complexes que les langues modernes, ce qui oblige le cerveau à penser de manière flexible et à établir des connexions entre différents concepts. Ce défi intellectuel développe la pensée abstraite, améliore la capacité de résoudre des problèmes et favorise l'agilité mentale. De plus, la lecture et l'interprétation de textes anciens nécessitent patience, précision et pensée critique. Le cerveau est entraîné à comprendre les significations à un niveau plus profond, symbolique ou métaphorique. Ce type de lecture et de pensée est fondamental pour la philosophie, car les concepts philosophiques sont souvent exprimés sous forme métaphorique ou abstraite.

En contraste, les langues modernes reflètent les réalités actuelles et offrent un accès à un échange interculturel dynamique. Étant donné qu'elles sont en constante interaction dans un monde globalisé, elles permettent aux apprenants de vivre directement la diversité des cultures et des traditions de pensée d'aujourd'hui. Les discours modernes ne sont plus limités à une région géographique ou culturelle spécifique. Ils sont enrichis par l'échange international et l'accès à différents espaces linguistiques. Les philosophes et intellectuels de divers horizons culturels, qui écrivent et discutent dans ces langues, offrent des perspectives qui diffèrent souvent des modes de pensée ancrés dans la tradition occidentale.

Contrairement aux langues anciennes, dont les processus de traduction se sont souvent étalés sur des siècles, les traductions en langues modernes se font en temps réel. Les philosophes, écrivains et intellectuels de différents pays publient presque simultanément à l'échelle mondiale, ce qui entraîne une diffusion rapide de leurs idées. L'étude des langues modernes permet de se tenir informé de ces développements et de suivre directement les discussions actuelles. Un autre aspect de l'étude des langues modernes est la promotion de la pensée créative et innovante. Les langues évoluent constamment et sont ouvertes à de nouvelles expressions, créations de mots et significations. Contrairement aux formes statiques des langues anciennes, qui se concentrent sur des textes littéraires et philosophiques classiques, les langues modernes reflètent les évolutions actuelles et les changements sociétaux.

À travers le contact avec des discours contemporains menés dans des langues modernes, les polyglottes développent une plus grande sensibilité aux enjeux sociaux, politiques et culturels d'aujourd'hui. Des thèmes tels que la mondialisation, le changement climatique, la justice sociale, l'identité et la technologie sont discutés dans les espaces linguistiques les plus variés. Cela élargit la pensée et offre de nouvelles approches philosophiques qui répondent aux défis de notre époque. Les langues modernes sont par nature pragmatiques et orientées vers l'application. Elles favorisent encore plus la capacité de réagir de manière flexible et créative aux changements. La plurilinguisme et la compétence interculturelle développées par les langues modernes permettent d'agir avec succès dans un monde de plus en plus interconnecté. Elles permettent de répondre de manière innovante et créative aux défis sociétaux.

Il ne s'agit pas seulement de la communication mutuelle dans la communication transnationale. Les politiciens, mais aussi les gestionnaires, développent grâce à leurs compétences en langues multiples des capacités raffinées d'écoute et d'observation, d'évaluation des situations et de prise de décision objective. Cette polyvalence des perspectives permet une évaluation plus profonde des problèmes, des opportunités et des risques. Grâce à la maîtrise de plusieurs langues, les leaders acquièrent la capacité de comprendre et de gérer les relations transnationales à un niveau plus profond. Ils sont en mesure de mener des négociations plus efficaces et de prendre des décisions éclairées qui garantissent à la fois des succès à court et à long terme. La plurilinguisme est donc non seulement un outil de communication, mais aussi une composante essentielle d'une culture de leadership moderne et globale.

Sur les plateformes politiques internationales et lors de congrès où plusieurs langues sont utilisées, des traducteurs hautement qualifiés sont indispensables. Leur tâche va bien au-delà de la simple traduction ; ils doivent également saisir avec précision les nuances politiques, la rhétorique diplomatique et les connotations culturelles pour éviter les malentendus. Dans ce contexte, l'interconnexion entre la traduction et la médiation est particulièrement importante, car les traducteurs devront à l'avenir également jouer un rôle de médiation en plus de l'évaluation et du conseil. Les médiateurs agissent en tant qu'intermédiaires pour modérer des situations difficiles. Tous les acteurs impliqués dans les processus de prise de décision ne s'intéressent pas uniquement aux déclarations prononcées, mais également à la compréhension des intentions sous-jacentes et des implications culturelles. La capacité de la traduction et de l'évaluation à donner une compétence effective aux négociations et à garantir un dialogue fluide est cruciale. Un élément marquant de l'évaluation est l'examen de la manière dont les congrès se déroulent pour répondre aux objectifs communs d'avancement. Le conseil en politique internationale et lors des sommets se concentre sur le développement et la mise en œuvre de stratégies de communication qui tiennent compte des particularités culturelles, politiques et linguistiques des acteurs impliqués. Les délégués et les politiciens doivent être préparés aux défis de la communication interculturelle pour éviter d'éventuels malentendus ou conflits. Des conseillers professionnels analysent les processus de communication et proposent des améliorations qui facilitent la collaboration à l'échelle internationale. La bonne combinaison de traduction, de médiation, d'évaluation et de conseil peut améliorer la coopération politique et optimiser une compréhension mutuelle plus approfondie entre les parties aux négociations.

Un autre sujet est le rôle de l'intelligence artificielle et des technologies linguistiques futures. Les logiciels de traduction, les assistants vocaux et la génération automatique de texte pourraient donner l'impression que le besoin humain d'apprendre et d'utiliser la langue diminue. Les gens pourraient à l'avenir compter davantage sur ces technologies, ce qui pourrait affaiblir leurs propres compétences linguistiques. Cependant, en même temps, la technologie offre de nombreuses possibilités d'approfondir les connaissances linguistiques et d'élargir l'accès à l'éducation. De plus, la technologie facilite l'accès à des informations et à des connaissances d'une manière sans précédent. Le défi consiste à trouver un équilibre entre le progrès technologique et la préservation des compétences linguistiques fondamentales. Les systèmes éducatifs et les sociétés doivent veiller à ce que les nouvelles formes de communication ne nuisent pas à la capacité d'utiliser la langue comme un outil de pensée critique et d'expression créative.

Les changements au niveau de la langue, passant du formel à l'informel, du long au court, pourraient donner l'impression que la langue perd en complexité. Cependant, cela ne signifie pas la disparition de la langue, mais plutôt une adaptation à de nouveaux environnements de communication. La capacité humaine à exprimer et à communiquer des idées demeure, même si les formes évoluent. La façon dont nous utilisons la langue change, mais il existe effectivement des préoccupations concernant la perte des compétences linguistiques traditionnelles, en particulier dans le domaine de l'écriture et de la lecture. De nombreuses études montrent que la concentration pour des textes plus longs diminue, et la compétence en lecture, notamment chez les jeunes, pourrait se détériorer. La consommation accrue de textes courts et de contenus audiovisuels peut entraîner une pratique réduite de la lecture et de l'écriture complexes. Cela pourrait avoir des conséquences négatives sur la maîtrise de la langue à long terme.

Le terme d'analphabétisme décrit classiquement l'incapacité d'apprendre à lire et à écrire. Dans de nombreuses régions du monde, l'analphabétisme est toujours considéré comme un problème social et éducatif, et les efforts pour promouvoir l'alphabétisation se poursuivent. Dans les pays développés, où la lecture et l'écriture sont la norme, on pourrait parler d'une nouvelle forme d'analphabétisme fonctionnel. Cela concerne des personnes qui, bien qu'elles puissent lire et écrire de manière basique, ont des difficultés à comprendre des textes plus complexes ou à rédiger elles-mêmes des textes exigeants. Cette forme d'analphabétisme n'est pas rare et est encore renforcée par la numérisation rapide et les changements dans la consommation médiatique.

La lutte avec la langue conduit souvent à une simplification des pensées et des arguments complexes. Dans ce processus, émergent des mots-clés, des étiquettes issus de projections et de préjugés. Ces raccourcis linguistiques ne servent souvent pas à clarifier les situations, mais agissent comme des outils de pouvoir et de manipulation. Ils deviennent des armes rhétoriques visant à influencer les opinions, discréditer les adversaires ou dominer les discussions, sans encourager une véritable réflexion sur le fond des sujets. Les mots-clés, termes percutants et chargés d'émotion, sont fréquemment utilisés pour réduire des sujets complexes à des affirmations simplistes. Ces termes ont l'avantage d'être rapidement compris, mais l'inconvénient d'éliminer toute nuance et toute différenciation. Dès qu'un mot-clé est introduit dans un débat, il façonne l'image du discours et empêche souvent une analyse plus approfondie.

Les étiquettes jouent un rôle similaire dans l'argumentation. Elles attribuent à des personnes ou des idées une appartenance à des groupes ou des catégories spécifiques, permettant de les évaluer ou de les rejeter plus rapidement. Cependant, cela conduit souvent à des préjugés et simplifie les débats en masquant la diversité des opinions individuelles ou la complexité d'un sujet. Une fois qu'une personne est enfermée dans une caegorie, il devient difficile d'échapper à cette catégorisation rigide, car le discours reste bloqué à un niveau superficiel.

Les projections et les présupposés constituent un autre aspect de cette lutte linguistique. Les projections surviennent lorsque des individus projettent leurs propres peurs, préjugés ou convictions sur autrui, imposant ainsi leur propre vision sans réflexion critique sur leur interlocuteur. Cela déforme le dialogue, car il ne s'agit plus d'un échange authentique d'idées, mais d'une tentative d'imposer une opinion préconçue. Les présupposés vont encore plus loin. Ils consistent à attribuer à l'autre des motivations, des intentions ou des convictions non exprimées. Ces présupposés sont de puissants outils rhétoriques, car ils forcent souvent l'interlocuteur à se défendre au lieu de favoriser une discussion constructive. Ces mécanismes illustrent comment la langue, au lieu de servir à la communication, peut être utilisée à des fins de manipulation. Elle crée une pseudo-réalité dans laquelle le contenu réel passe au second plan et où le pouvoir sur le discours devient central.

Bien que la rhétorique soit traditionnellement l'art de convaincre, lorsque la langue devient une arme, il s'agit moins de persuasion que d'exercice du pouvoir. Dans les débats politiques et publics, la langue est intentionnellement utilisée pour rabaisser les opposants ou déformer les faits. Les mots-clés et les étiquettes contribuent à dominer certains récits et à polariser, tandis que les opinions nuancées sont étouffées. Par l'emploi d'armes rhétoriques, la langue devient un instrument de domination. Au lieu de promouvoir le dialogue et la compréhension, elle est utilisée pour contrôler le discours, faire avancer ses propres intérêts ou discréditer ses adversaires. Les présupposés et les projections sont particulièrement efficaces, car ils sont chargés d'émotion et empoisonnent le climat des discussions. Ces outils linguistiques appauvrissent souvent le débat. Au lieu d'un échange et d'une compréhension, ils mènent à une polarisation des positions, rendant le dialogue mutuel difficile.

Les sujets complexes sont réduits à des formules simplifiées, détruisant ainsi la profondeur et la richesse de la discussion. La lutte avec la langue se transforme en lutte de pouvoir, où il ne s'agit plus de vérité et de compréhension, mais de gagner dans le discours.

Par ailleurs, la qualité d'expression des commentateurs et animateurs télévisés contemporains varie, en raison principalement de deux facteurs : une formation insuffisante et un manque d'expérience. Cela se traduit par une expression moins professionnelle. Une préparation linguistique approfondie est essentielle pour assurer une présentation réussie au public. Négliger l'aspect phonétique, ce qui se traduit souvent par des tonalités aiguës et désagréables à l'écran, peut tourner en ridicule les débats politiques ou scientifiques. Il est également crucial de s'investir intensément dans le contenu du sujet à commenter. Sans cela, les productions risquent de rester superficielles ou désorganisées. Cela est aggravé par le fait que certaines chaînes se contentent de leur équipement technique sans accorder assez d'importance à la formation et à l'évaluation des animateurs. En l'absence de ces conditions, il est impossible d'assurer une présentation captivante et informative.

Il est intéressant de noter qu'en Allemagne, le manque de qualité dans l'expression linguistique et la déformation des contenus s'associent à un « genderisme » mal appliqué, entraînant une perte de naturel et de fluidité linguistique. Cette tendance suscite de l'incompréhension, notamment dans les échanges internationaux nécessitant une interprétation, et provoque la perplexité des esthètes et des experts en logique linguistique. Lorsque la capacité d'expression est altérée, cela affecte non seulement la pratique politique et économique, mais également, dans une moindre mesure, l'art et la culture. Une telle approche de la langue, marquée par une confusion logique et mentale, complique la communication publique.

8. EMPREINTE DES CULTURES

Les tentacules de l'interconnexion s'étendent même aux domaines instrumentalisés des sciences naturelles, de l'astronomie et de la cosmologie, de l'archéologie ou encore de la médecine. Elles transforment les spécialistes de leurs disciplines respectives en généralistes d'une vue d'ensemble. L'interconnexion exige une approche multiple de son essence: perception, idée, savoir et croyance en sont les étapes.

Comment les différents segments peuvent-ils être évalués dans leur singularité pour finalement établir leur poids dans le tableau global ? Comment un arbitrage raisonnable peut-il fonctionner sans une évaluation experte? Comment des jugements acceptables peuvent-ils émerger sur la base de plaintes collectives incessantes? Les bulles sociétales naissent d'un manque de transparence. Une solution réside dans les évaluations, véritables reflets de la réalité et des situations. Ce n'est pas une invention des politologues, mais une évidence basée sur des justifications factuelles.

Les dérives causées par les humains trouvent leur origine dans des opinions erronées. Ce qu'il faut, c'est l'interconnexion des capacités et compétences individuelles. L'interconnexion fonctionne au mieux lorsqu'elle peut élever le niveau intellectuel de la société. Pour cela, il est essentiel de regarder derrière les apparences et d'élaborer des conclusions cohérentes. L'interconnexion ne suit pas le principe de disposer des thèmes et des motifs côte à côte comme des timbres ou des papillons dans une collection. Une collection classe et conserve les objets, souvent sans lien entre eux, si ce n'est qu'ils appartiennent à une même catégorie. L'interconnexion, au contraire, met l'accent sur le principe des relations, des échanges et des interdépendances entre des éléments qui interagissent. Elle vise à comprendre que tout fait partie d'un réseau de connexions et d'interactions, et ne peut être considéré isolément.

L'argument que «la domination de l'inhumanité va de pair avec la dénaturation de la liberté humaine» soulève un problème profond observable dans de nombreuses sociétés et systèmes. Cette phrase indique que, dans des époques ou sous des régimes marqués par l'inhumanité - qu'il s'agisse d'oppression, de discrimination ou de violence . , la véritable liberté humaine est déformée ou complètement ignorée. Le défi consiste à ne pas comprendre la liberté comme une indépendance absolue, mais comme une capacité dynamique à agir et à s'épanouir à travers les relations avec autrui, les communautés et le monde. Dans un monde écologiquement et socialement interconnecté, la liberté individuelle ne peut se vivre aux dépens du bien-être de la collectivité ou de l'environnement. Une liberté sans responsabilité mène à l'aliénation et à la destruction des relations qui soutiennent la vie. La liberté ne naît pas uniquement de la rébellion, mais d'un choix conscient envers ce qui est essentiel. Elle prend racine dans la clarté des valeurs, des convictions et des objectifs qui nous guident en tant qu'individus et communautés. C'est l'attachement à ce qui nous définit profondément qui déploie la véritable liberté - une liberté ancrée non pas dans le simple rejet, mais dans l'adhésion à l'essentiel.

L'inhumanité peut se manifester sous de nombreuses formes: tyrannie politique, injustice sociale ou exploitation économique. Dans de telles conditions, la compréhension et l'exercice de la liberté sont souvent déformés. Les individus se sentent limités dans leurs droits fondamentaux et leur autodétermination. La dénaturation de la liberté humaine signifie, dans ce contexte, que les idéaux originaux de liberté et d'égalité sont pervertis ou inversés. Cette thématique est souvent abordée dans la philosophie politique, la critique sociale et la littérature. Elle invite à réfléchir sur l'état de la société, la signification des droits humains et les dangers d'un régime autoritaire ou inhumain. Pour y remédier, il est crucial de promouvoir une culture de l'humanité qui respecte et valorise la dignité de chacun.

L'interconnexion de la communication exprime le fait qu'une situation a atteint un stade où les arguments, points de vue et retours d'information s'entrelacent. Nous sommes ainsi entrés sur le terrain des débats, des opinions et des échanges. On pourrait dire que les différentes perspectives et réactions sont imbriquées de manière complexe, s'influençant mutuellement pour former une sorte de réseau d'opinions et de positions. Cela souligne que la discussion et l'échange ne sont pas isolés, mais fortement interconnectés et interdépendants. Transposé aux arguments, opinions et retours, cela signifie que chaque déclaration, opinion ou retour n'est pas considérée de manière isolée. Ces éléments s'influencent mutuellement et contribuent ensemble à l'élaboration d'une discussion ou d'un processus décisionnel.

Il existe de nombreux leviers pour renforcer la conscience de l'identité, de l'ethnicité et de la religion, tout comme il existe des obstacles qui bloquent la diversité et l'intégration. Ils influencent non seulement la l'image individuelle de soi, mais aussi les relations au sein de la société. Tandis que divers facteurs renforcent la sensibilisation à ces aspects, de multiples obstacles freinent la diversité et l'intégration. La mobilité accrue des personnes à travers les frontières a conduit à une plus grande conscience des différences ethniques, culturelles et religieuses. Les expériences migratoires et la vie dans des contextes transculturels mettent en avant la réflexion sur ses origines et son identité. Souvent, il s'agit de concilier la préservation de ses racines et l'intégration dans une nouvelle société.

Les débats sur la discrimination et les privilèges contribuent à aborder les questions d'identité et d'ethnicité dans le discours social. Le racisme et la discrimination basés sur l'appartenance ethnique ou religieuse restent de grands obstacles à l'intégration et à l'acceptation de la diversité. Le racisme structurel - dans le système éducatif, sur le marché du travail ou dans le logement - désavantage systématiquement certains groupes, renforçant les inégalités sociales et rendant difficile leur intégration. Cela mène à une ségrégation sociale qui freine l'intégration et peut exacerber les tensions ethniques. Une prise de conscience accrue de son identité peut, d'une part, renforcer l'engagement pour la diversité et l'inclusion, mais d'autre part, également conduire à l'exclusion d'autres groupes. Les politiques et mesures visant à promouvoir l'intégration doivent donc tenir compte de ces interactions complexes.

Grâce aux mouvements mondiaux, aux réseaux sociaux et à l'échange d'informations, une prise de conscience accrue des identités et cultures variées a émergé. Les individus explorent davantage leur propre identité et celle des autres, ce qui peut favoriser une appréciation de la diversité et une empathie renforcée. Cependant, ces sujets génèrent souvent des tensions, notamment lorsque des identités différentes se confrontent. Dans de nombreuses sociétés, des débats émergent sur les politiques d'intégration et les défis liés à des modes de vie et visions du monde divergents. Ces tensions peuvent provoquer des conflits sociétaux, particulièrement si les préjugés ou la discrimination sont attisés de manière irréfléchie. Une couverture médiatique sensationnaliste des conflits ethniques ou religieux ne fait qu'exacerber la méfiance et l'hostilité, tandis qu'une présentation positive de la diversité et de l'intégration peut favoriser compréhension et cohésion.

Les informations partagées à l'échelle mondiale, grâce à la globalisation et aux réseaux sociaux, sensibilisent davantage à la diversité des identités et cultures. Cela favorise une meilleure empathie et un enrichissement mutuel. Par exemple, la couverture mondiale des incendies en Amazonie a sensibilisé au lien entre déforestation et changement climatique, incitant les citoyens à faire pression sur les gouvernements et entreprises pour améliorer la protection de la forêt. Cependant, cette interconnectivité numérique présente aussi des risques : surcharge d'informations, diffusion de fausses nouvelles et simplification excessive des enjeux complexes. Ainsi, lors des manifestations Black Lives Matter aux États-Unis, une quantité importante de désinformation a circulé, visant à diffamer le mouvement ou à diviser les opinions.

Vivre dans un monde interconnecté pousse certains à développer des identités hybrides, intégrant divers éléments culturels dans leurs modes de vie, valeurs et visions du monde. Si cela enrichit la diversité et la flexibilité, cela peut aussi générer des incertitudes identitaires, rendant difficile l'établissement d'un sentiment d'appartenance clair. La capacité d'intégrer plusieurs cultures simultanément peut entraîner un relativisme excessif, diluant les repères moraux ou culturels et générant stress et désorientation psychologiques. L'éducation interculturelle aide cependant à comprendre les différences culturelles, à éviter les malentendus et à bâtir des ponts entre diverses cultures.

Dans un débat, chaque argument existe en relation avec d'autres points de vue. Un contre-argument remet en question, modifie ou soutient une affirmation initiale. Le feedback ouvre de nouvelles perspectives et renforce ou affaiblit les positions existantes. Les arguments, bases de toute discussion rationnelle, sont interconnectés et évoluent au fil des échanges. En politique, par exemple, les idéologies divergentes s'entrelacent, rendant parfois difficile de distinguer où commence ou finit une idée. Cette interactivité des arguments maintient le débat en constant mouvement, enrichissant les opinions et complexifiant les discours.

L'interconnectivité des points de vue enrichit les échanges, mais entraîne aussi des malentendus. Chaque individu apporte à une discussion ses expériences, valeurs et arrière-plans culturels uniques. Cette diversité stimule l'évolution des idées, mais elle peut aussi mener à des blocages lorsque certaines perspectives sont irréconciliables. Les plateformes numériques, en filtrant les informations via des algorithmes, favorisent parfois des chambres d'écho, où seules certaines opinions sont amplifiées, limitant ainsi la diversité des échanges.

L'afflux constant d'informations numériques change notre façon de traiter l'information. Le cerveau humain s'adapte à consommer des contenus rapides et superficiels, renforçant des comportements tels que le balayage rapide plutôt que la lecture approfondie. Cela peut diminuer la compréhension et la mémorisation à long terme. La surcharge cognitive rend difficile la distinction entre informations cruciales et secondaires, affectant également la capacité de prendre des décisions.

L'interconnectivité favorise le partage interculturel, enrichissant les expériences culturelles à travers la musique, l'art, la littérature et les traditions. Elle peut cependant entraîner une homogénéisation culturelle, où les modes de vie et valeurs deviennent uniformisés sous l'influence de grandes entreprises médiatiques et de tendances globales. Il est essentiel de préserver un équilibre entre ouverture aux influences externes et préservation des identités culturelles.

Depuis le XIXe siècle, les progrès technologiques dans les communications et le transport ont accru les interdépendances internationales. Aujourd'hui, les chaînes d'approvisionnement mondiales illustrent cette interdépendance, où des perturbations dans une région impactent l'économie mondiale entière. Les défis écologiques et politiques nécessitent une coopération internationale, car aucune nation ne peut résoudre seule des problèmes comme le changement climatique ou les crises migratoires. Cependant, cette interdépendance peut également atténuer les conflits, car les relations économiques rendent les guerres plus coûteuses.

La culture moderne, influencée par les médias et les idéologies, tend parfois à normaliser des comportements ou idées moralement discutables. Cela peut mener à une banalisation de la haine, de la violence ou d'extrémismes politiques, alimentée par un relativisme moral niant des principes éthiques fixes. En période de crise, ces idéologies trouvent un écho particulier, justifiant ou glorifiant des comportements destructeurs. Il est donc impératif de rester vigilant face à ces tendances et de s'engager activement dans des discussions critiques pour préserver les normes culturelles et morales.

L'interconnectivité mondiale offre d'immenses opportunités pour le progrès et la compréhension mutuelle, mais elle nécessite une attention continue pour éviter les pièges de la simplification, des malentendus et des extrêmes culturels ou politiques. Un dialogue réfléchi, basé sur des principes de respect et d'ouverture, est essentiel pour maximiser les avantages de cette ère connectée tout en minimisant ses dangers.

9. L'INTERCULTURALITÉ DE LA PHILOSOPHIE

La philosophie offre à la vie humaine des outils pour réfléchir à ses propres convictions, valeurs et à la vision générale du monde. Sans cette réflexion, on pourrait facilement sombrer dans le dogmatisme ou les opinions non réfléchies qui limitent la liberté de pensée. La confrontation aux questions philosophiques et le développement d'une pensée critique sont nécessaires pour mener une vie véritablement libre. La philosophie nous encourage à interroger notre existence, à affronter des dilemmes éthiques et à développer une opinion individuelle et éclairée. En ce sens, une vie sans philosophie est indéniablement une vie offrant moins d'espace pour l'épanouissement personnel et la réflexion critique.

Dans ce cadre, l'interconnectivité tend ses bras vers des domaines tels que l'étude des états psychologiques et des attentes en psychologie, ou les relations au sein de la société en sociologie, jusqu'à aborder l'histoire et la dynamique des événements mondiaux. La connexion entre les aspects politologiques et historiques est évidente, mais elle appelle à une orientation pratique et une gestion effective de la politique. Les fondements de toute connaissance, dans de nombreux domaines, restent ancrés dans la philosophie. Il est encore préférable de miser sur la prévoyance dans tous les domaines. Les répercussions sur les performances politiques sont graves lorsque les forces de la raison sont perdues pendant une période prolongée.

Les visions du monde proposées par la philosophie continuent de former la base de toute connaissance dans de nombreux domaines, car elles posent des questions fondamentales sur l'existence, l'éthique, la connaissance et le sens de l'action humaine. Dans le monde complexe d'aujourd'hui, la réflexion sur les bases de la connaissance, de la morale et de l'action reste cruciale pour réussir dans diverses disciplines. De la science à la politique, de nombreuses théories et systèmes modernes reposent sur des réflexions philosophiques développées depuis des siècles. Une approche significative, applicable à tous les aspects de la vie - en particulier en politique - est la prévoyance. En philosophie, la prévoyance est liée à des considérations éthiques axées sur la responsabilité, la vision à long terme et la protection contre les dangers futurs. Grâce à une planification stratégique, prenant en compte les risques potentiels, il est possible de prévenir les conséquences négatives dans les domaines sociaux, écologiques et politiques. Lorsque la raison et les actions éclairées sont négligées dans la gouvernance politique, les conséquences sont lourdes. La raison est essentielle pour permettre aux décideurs politiques de prendre des décisions rationnelles et responsables qui servent à la fois les intérêts du présent et ceux du futur.

L'absence de ces forces rationnelles entraîne des erreurs de jugement, un manque de prévention des crises et des réactions non coordonnées face à des problèmes complexes. La raison est étroitement liée aux valeurs fondamentales de la démocratie, telles que la transparence, la justice et la responsabilité. Si elles viennent à manquer, les institutions et les principes démocratiques risquent de s'éroder. L'abandon des mesures préventives, que ce soit en matière de politique environnementale, économique ou sociale, a souvent des conséquences irréversibles qui affectent les générations futures. La raison joue un rôle central dans la connaissance humaine et les actions qui en découlent. Ces idées rationnelles sont souvent considérées comme les bases de la philosophie, de l'éthique et de la politique.

De manière intéressante, bon nombre de ces idées et réflexions trouvent leur apogée ou leur point culminant en théologie, notamment en eschatologie - l'étude des choses dernières. Celle-ci tisse un réseau avec des philosophies spécifiques, comme la philosophie d'entreprise ou la philosophie du sport. Faut-il rester l'esclave de la philosophie matérielle et de ses défenseurs? L'importance de la philosophie et de la prévoyance en politique et dans d'autres domaines de connaissance ne doit pas être sous-estimée. Les dirigeants politiques qui négligent la raison et la prévoyance mettent en péril l'avenir de leurs sociétés. Il est donc essentiel que la réflexion philosophique et la prévoyance stratégique soient placées au centre du processus décisionnel politique pour relever de manière responsable les défis présents et futurs.

La philosophie n'est pas seulement un exercice intellectuel, mais une pratique nécessaire pour atteindre une véritable liberté. Sans philosophie, on pourrait dire que l'on tombe dans une forme d'esclavage mental, incapable de réfléchir aux questions fondamentales de la vie, de l'éthique, de la vérité et de l'existence. La philosophie nous permet de penser de manière critique au monde, d'accéder à l'autodétermination et de nous libérer des dogmes ou des suppositions non remises en question. Sans elle, on risquerait de rester prisonnier des routines, des opinions des autres ou des conventions sociales. Sans réflexion philosophique, on pourrait être enfermé dans les schémas de pensée et les conventions de la société. La philosophie permet de prendre du recul et de réfléchir de manière critique à sa propre vie, à la société et aux questions fondamentales. La pensée philosophique peut aider à découvrir le sens de la vie pour soi-même, plutôt que d'adopter des réponses toutes faites. Elle permet de remettre en question ses valeurs et objectifs et de choisir consciemment ce pour quoi l'on veut vivre. Cependant, trop de réflexion sur des questions existentielles peut également paralyser. Il est important de trouver un équilibre entre la réflexion philosophique et la vie active. Au final, il s'agit de parvenir à une vie plus authentique et autodéterminée grâce à la réflexion philosophique. La philosophie peut fournir une orientation sans donner de réponses toutes faites. Elle permet de percevoir et de façonner sa liberté de manière plus consciente. Une vie sans philosophie comporte le risque de suivre sans réflexion des contraintes extérieures. La pensée philosophique peut élargir les horizons et ouvrir de nouvelles perspectives. Elle aide à mener une vie plus libre et plus significative, en fonction de ses propres aspirations.

Les deux concepts de linéarité et de causalité circulaire incarnent des approches différentes de la quête de la vérité. La linéarité implique une séquence claire et progressive, tandis que la causalité circulaire évoque des relations cycliques, répétitives ou interdépendantes entre causes et effets. Lorsqu'on applique ces deux concepts à la recherche de la vérité, des implications intéressantes apparaissent. Le modèle linéaire part du principe qu'il existe un point de départ clair pour la recherche de la vérité. Cette perspective traditionnelle est particulièrement visible dans les systèmes scientifiques, rationnels et logiques. On avance pas à pas, cause après cause, vers un objectif. Cette approche perçoit la vérité comme un point fixe, objectif, à atteindre à la fin d'un processus continu. Chaque nouvelle connaissance s'appuie sur la précédente. À l'opposé, la causalité circulaire décrit une réalité où les causes et les effets ne suivent pas un parcours linéaire, mais sont entrelacés et s'influencent mutuellement.

Une synthèse entre la linéarité et la causalité circulaire pourrait conduire à une compréhension plus profonde de la quête de la vérité. Cette dialectique nous rapproche de la vérité à travers des cycles répétés de contradictions et de leur résolution, donnant au processus une apparence à la fois linéaire et circulaire. La quête de la vérité n'est donc pas l'objectif d'une ligne droite ou d'un cercle infini, mais le résultat d'un processus dialogique où les deux modes de pensée s'entrelacent. La question de la dualité ou de l'interconnectivité du binaire, et de ce qui va au-delà, touche des thèmes philosophiques, logiques et structurels profonds. Elle nous invite à dépasser les systèmes binaires pour explorer si une opposition inhérente existe ou si une forme d'interconnexion mutuelle prédomine. Cela peut être exploré dans divers contextes, de la logique et des mathématiques aux théories sociales et à l'ontologie.

La vérité et la réalité, qu'il s'agisse du passé, du présent ou de l'avenir, sont inévitables. Plutôt que de chercher à les rejeter ou à les nier, il est plus sage de les affronter consciemment. Ce n'est qu'en reconnaissant ce qui a été, ce qui est et ce qui pourrait être que nous pouvons réellement provoquer des changements et progresser de manière constructive. La négation conduit uniquement à des complications, tandis que l'acceptation et la conscience sont la clé d'un véritable progrès. Les sociétés qui refusent de confronter honnêtement leur passé restent souvent prisonnières de cycles de conflits ou d'injustices. La même chose s'applique au niveau individuel – des conflits personnels ou émotionnels non résolus reviennent inévitablement si on ne les traite pas. La réalité du présent est encore plus inéluctable, même si l'on tente de la refouler ou de la dissimuler. Le besoin humain de fuir les vérités désagréables - qu'il s'agisse de crises personnelles, de problèmes politiques ou écologiques - est courant. Même ce qui pourrait être à l'avenir est souvent difficile à ignorer. L'avenir apporte des possibilités et des défis influencés par le passé et le présent. Une négation consciente ou inconsciente des conséquences potentielles des développements futurs entraîne une augmentation des risques possibles. Une fixation excessive sur le présent ou le passé peut nous aveugler sur la nécessité de nous préparer à ce qui vient. Le langage prophétique de la Genèse laisse entendre que ce n'est pas la lumière qui est au commencement, mais que la lumière naît grâce au Verbe. L'interconnectivité entre l'espace, le temps et ce qui dépasse ces notions trouve son expression dans le christianisme à travers la personne de Jésus-Christ. Ainsi, il existe ici la distinction entre le Chronos, représentant le temps linéaire, et le Kairos, le moment particulier, une manière singulière d'exprimer l'interconnectivité de l'espace, du temps et de ce qui est «au-delà».

Il est intéressant d'observer qu'en Europe, la culture progresse à bien des égards grâce à la matérialisation, alors que dans d'autres parties du monde, notamment dans certains pays d'Afrique et d'Amérique du Sud, l'expérience culturelle est souvent davantage liée à des éléments spirituels et communautaires. Si les pays africains et sud-américains envoyaient maintenant davantage de missionnaires en Europe, il s'agirait d'une fertilisation à l'envers. Au cours des dernières décennies, on a constaté une augmentation de la diffusion du christianisme en Afrique, en Asie et en Amérique latine, alors que le nombre de membres de l'Église en Europe est en forte baisse. L'envoi de théologiens du Sud global en Europe peut entraîner une sorte de renversement de la température, car ils apportent une perspective différente sur la foi et l'Église, différente de la vision européenne traditionnelle. Cela ne signifie pas que la foi chrétienne est moins importante ou moins précieuse en Occident. Cela montre plutôt comment la foi se manifeste dans différentes cultures et différents contextes et comment elle peut avoir différentes significations et expressions.

Les gens perdent confiance dans les valeurs universelles lorsqu'ils voient que celles-ci sont systématiquement mises à mal. La pression constante peut conduire à l'épuisement professionnel et à une crise de sens. Dans un monde où les intérêts matériels dominent, les droits de l'homme sont souvent ignorés lorsqu'ils font obstacle à des objectifs économiques ou géopolitiques. Les médias et l'art peuvent contribuer à replacer les valeurs dans un contexte immatériel et porteur de sens. Une réflexion sur ce qui constitue le véritable accomplissement peut contribuer à déplacer l'attention du matériel vers des valeurs immatérielles telles que les relations et l'intégrité personnelle. Les valeurs éthiques ne doivent pas être négociées comme des marchandises, elles sont le pilier de l'humanité et d'un avenir commun pour l'humanité. Le pays de cocagne de la réalisation sans effort des objectifs n'existe pas, ni dans la recherche et la science, ni dans la politique et l'économie, et encore moins dans la philosophie, l'histoire et la religion. À partir de quand avons-nous découvert la vie?

Bien que la religion institutionnalisée soit en recul, de nombreuses valeurs chrétiennes demeurent au cœur de la culture européenne, même si elles ne sont souvent plus explicitement perçues comme religieuses. Les principes qui se sont retrouvés dans les droits de l'homme marquent le discours juridique et social. Mais il manque de plus en plus le backbone de l'éthique chrétienne. De ce fait, des valeurs spécifiques sans leurs racines perdent leur caractère obligatoire. Les symboles et rituels de la christianisation, tels que Noël ou Pâques, ont perdu leur caractère religieux dans de nombreuses régions d'Europe et sont devenus des événements culturels, en partie commercialisés. Alors que les pratiques religieuses traditionnelles diminuent, de nombreuses personnes recherchent de nouvelles formes de sens et de spiritualité dans les modèles indiens du polythéisme, du spiritisme ou de l'ésotérisme.

Vers quoi tend la déculturation de l'Europe? Sans bases claires, les principes moraux perdent leur caractère obligatoire. Ce qui était autrefois considéré comme universel par les enseignements religieux est aujourd'hui souvent interprété de manière subjective. Les sociétés qui misent sur des valeurs pluralistes sans racines claires risquent de se diviser en systèmes moraux concurrents. Les nouvelles influences culturelles ne doivent pas être considérées comme une menace, mais comme une opportunité de réinterpréter les anciennes valeurs. Que l'Europe perçoive ce changement comme une chance ou une menace dépend de sa capacité à mener un dialogue ouvert sur ses racines culturelles et ses visions d'avenir.

La préservation des valeurs marquées par le christianisme dépendra en fin de compte du degré d'intégration de ces valeurs dans l'identité moderne de l'Europe et de la manière dont elles seront vécues consciemment. La préservation des valeurs marquées est possible si elles sont perçues consciemment comme des éléments clés d'une identité européenne moderne et si elles sont vécues activement, non pas par contrainte, mais par intellect et conviction. En même temps, ce processus offre la possibilité de repenser les anciennes structures et de créer une société pluraliste, mais néanmoins unie. Il sera décisif de savoir si l'Europe peut intégrer ses racines culturelles et éthiques dans un cadre contemporain, comme base d'un avenir reposant sur des principes communs.

Dans un sens classique, le concept de binaire est intrinsèquement dualiste et opposé. Il repose sur l'idée de deux pôles qui s'excluent mutuellement: oui/non, un/zéro, lumière/obscurité, vérité/fausseté, etc. Cette logique binaire est fondée sur le principe du « soit... soit », où un état en nie un autre. Dans la logique aristotélicienne, qui sert également de base à la logique formelle moderne, une proposition est soit vraie, soit fausse. Il n'y a pas de nuances intermédiaires. Les ordinateurs fonctionnent sur des principes binaires, où tout est réduit à des uns et des zéros. Cette dualité fondamentale permet des processus complexes. Cependant, de plus en plus d'approches suggèrent qu'il faut aller au-delà du binaire pour développer une compréhension plus profonde et plus globale de la réalité. Bien que les oppositions binaires soient utiles dans de nombreux domaines, des théories et des modèles émergent qui mettent en avant l'interconnectivité des apparentes oppositions, voire leur dissolution dans des structures plus vastes et fluides. Dans la nature et dans les systèmes sociaux, il n'existe souvent pas de séparations binaires claires. De nombreux systèmes fonctionnent avec des gradations multiples ou dans des réseaux aux relations multidimensionnelles. Ainsi, le monde n'est pas strictement binaire, mais évolue dans une dynamique d'interaction et d'oppositions qui dépasse parfois ces dernières. Du 0 ou du 1, il peut naître de nombreux autres « 01 », en théorie jusqu'à l'infini.

L'avenir ne pourra pas se construire sans éthique. Aucun mouvement vers l'avant dans les stratégies européennes ne doit s'en détacher. La peur de perdre le contact avec le reste du monde ne doit pas en être le moteur. Être un «First-Mover», un pionnier, tout en avançant étape par étape est une approche qui porte ses fruits. L'éthique est indispensable, notamment dans la conception de stratégies européennes tournées vers l'avenir. Si l'Europe veut continuer à être un leader, la crainte de perdre son rang mondial ne doit pas supplanter les principes moraux qui sous-tendent ces stratégies. Dans un monde interconnecté, où les cultures et les valeurs se rencontrent inévitablement, il est essentiel de disposer d'une base éthique qui respecte tous les acteurs et favorise la coopération globale.

L'interconnectivité entre compétence et discernement joue un rôle central dans ce contexte. La compétence se réfère ici aux connaissances et aux capacités nécessaires pour faire face à des situations complexes, tandis que le discernement désigne la capacité à formuler des jugements réalistes et équilibrés. Ensemble, ils forment la base pour développer des stratégies d'action constructives et remettre en question les schémas de pensée négatifs. Lorsqu'une personne est capable d'évaluer ses compétences de manière réaliste, elle peut utiliser son discernement pour contrer des peurs irrationnelles. Quelqu'un qui sait qu'il possède des compétences et une expérience spécifiques peut aborder des situations difficiles de manière plus positive, ou du moins plus rationnelle. La connaissance de ses propres compétences peut considérablement réduire la tendance à imaginer le pire, car elle permet une évaluation plus objective de la situation.

Le noble et le primitif ne sont pas des opposés, mais des pôles complémentaires. Chaque civilisation puise dans ces deux aspects en associant les forces originelles, le primitif, à une aspiration supérieure, le noble. Ces termes sont en relation dialectique : le primitif fournit la base à partir de laquelle le noble s'élève, tandis que le noble organise et façonne les énergies brutes du primitif. Les progrès scientifiques, technologiques et éthiques tendent vers des idéaux nobles tels que la durabilité et la justice. Cependant, le primitif se manifeste également dans les conflits, dans la frénésie consumériste et l'exploitation des ressources naturelles.

Une révolte, perçue comme une lutte contre l'élément dégénéré de l'establishment et portée par l'intention destructrice des masses, exprime des oppositions sociales radicales. Ce phénomène, complexe, peut être analysé sous des angles sociologiques, politiques et philosophiques, car il découle souvent d'impulsions irrationnelles. Ces tendances favorisent une pensée extrémiste et créent un environnement dangereux dans lequel le nationalisme, sous sa forme destructrice bien connue, prospère. La révolte contre la rationalité, qui finit dans un chaos destructeur, pourrait être vue comme un avertissement : les actions irrationnelles et la dérive vers l'extrémisme non seulement déstabilisent la société, mais réduisent également le potentiel de progrès et de développement. À une époque où des défis comme le changement climatique, les migrations et les disruptions technologiques dépassent les frontières, il est plus crucial que jamais de transcender les limites nationales pour créer un espace dédié à des concepts universels et inclusifs.

Ce chemin exige cependant du courage et une volonté de remettre en question et de repenser les structures existantes. Plutôt que de se concentrer sur la séparation et la concurrence, le développement de valeurs et d'objectifs communs pourrait permettre un avenir plus durable et pacifique. Comme mentionné précédemment, les révoltes naissent souvent de l'effondrement de la légitimité des structures en place, qui ne répondent plus aux besoins de la société. L'intention destructrice des masses reflète le primitif, issu de la frustration face à l'injustice et aux abus de pouvoir. Le progrès ne peut être réalisé que si les civilisations élaborent et mettent en œuvre ensemble des valeurs universelles telles que la justice, la durabilité et la paix. Ce chemin exige une volonté de remettre en question les structures traditionnelles et de les remplacer par de nouveaux modèles basés à la fois sur la coopération et la concurrence.

10. INTERCONNECTIVITÉ DANS LE SPORT

Dans le monde globalisé d'aujourd'hui, le sport est devenu l'un des plus puissants liens unissant les peuples, les cultures et les nations. L'interconnectivité dans le sport englobe l'ensemble des interactions et connexions qui font du sport, au-delà de l'activité physique, un phénomène culturel, social et économique. Cette interconnectivité se manifeste à de multiples niveaux : par l'importance sociale du sport, son influence sur la politique et l'économie, jusqu'aux innovations technologiques qui transforment profondément notre manière de vivre le sport. Le sport ne se limite plus à une simple compétition entre athlètes : il s'impose comme un phénomène global qui façonne et influence la société dans son ensemble. Grâce à cette interconnectivité, il démontre sa capacité à unir et inspirer non seulement des individus, mais également des sociétés entières.

Depuis des siècles, le sport a influencé l'humanité de nombreuses manières et reste un moteur essentiel de développement social, culturel et économique. De la promotion de la santé au renforcement des relations internationales, en passant par l'impact moral et éthique sur les sociétés, le sport contribue à l'épanouissement du potentiel humain et à la construction d'un avenir coopératif, inclusif et durable. En connectant et en inspirant les gens à travers le monde, le sport continue de jouer un rôle irremplaçable dans l'évolution de l'humanité.

Le sport représente un facteur clé pour la santé humaine et aide à prévenir de nombreuses maladies. En favorisant l'exercice physique et en mettant en avant un mode de vie actif, il a sensibilisé les populations du monde entier à l'importance de vivre sainement et de manière plus consciente. Cet effet préventif allège les systèmes de santé et améliore durablement la qualité de vie. L'interconnectivité des qualités motrices sportives, vitesse, force et endurance, décrit l'étroite interaction de ces composantes fondamentales de la performance physique. Bien que chacune de ces qualités puisse être considérée et entraînée de manière indépendante, elles sont fortement interdépendantes dans la pratique. Leurs avantages spécifiques et la bonne accentuation dans l'entraînement dépendent de la discipline sportive, des conditions individuelles et des objectifs.

La vitesse est la capacité à effectuer des mouvements en un minimum de temps. Elle comprend la vitesse de réaction, la vitesse d'action et la vitesse de mouvement. Elle permet de réagir aux stimuli à la vitesse de l'éclair et de réaliser des actions rapidement. L'entraînement de la vitesse favorise l'efficacité neuronale et améliore le contrôle moteur. La force est la capacité à surmonter ou à s'opposer à des résistances. Elle est divisée en force maximale, force rapide et force d'endurance. Une musculature bien développée protège les articulations et les ligaments des blessures. La force constitue la base de la rapidité des mouvements explosifs en vitesse et stabilise la musculature pour la performance en endurance. L'endurance est la capacité à maintenir une performance physique et mentale sur une période prolongée. Une endurance bien entraînée accélère la récupération entre les efforts intenses. Un niveau d'endurance de base favorise la circulation sanguine et soutient la santé.

Le lien entre le sport et le développement mental est encore plus intéressant. Le sport ne se limite pas à des bienfaits physiques. Il a aussi un impact profond sur le développement cognitif, émotionnel et social. Les activités sportives, notamment celles qui nécessitent une réflexion stratégique, améliorent les capacités de concentration et de prise de décision. Par ailleurs, l'activité physique régulière stimule la libération de neurotransmetteurs tels que la dopamine, la sérotonine et les endorphines, ce qui améliore l'humeur et le fonctionnement cérébral. Le sport agit également comme un exutoire pour gérer le stress et l'anxiété. Il renforce l'estime de soi grâce aux réussites personnelles et à l'apprentissage de la persévérance. Les athlètes acquièrent une résilience mentale en apprenant à fixer des objectifs réalistes et à surmonter les échecs, des compétences applicables à tous les domaines de la vie.

Les éléments de base du sport tels que la vitesse, la créativité et le jugement sont étroitement liés et sont continuellement développés par un entraînement régulier et la compétition dans le sport. Les sportifs doivent souvent prendre des décisions rapides, créatives et éclairées sous une forte pression et dans des situations en constante évolution, des compétences qui sont utiles dans presque tous les domaines de la vie. La capacité de penser rapidement, d'agir de manière créative et de faire de bons jugements peut faire la différence entre le succès et l'échec. Les éléments de base du sport ne sont donc pas seulement un mécanisme d'entraînement pour le corps, mais aussi pour l'esprit, ce qui souligne encore plus leur importance dans le développement des dirigeants et des décideurs.

Les avancées technologiques transforment le sport de manière fondamentale et renforcent les connexions à l'échelle mondiale. La numérisation permet aux fans du monde entier de vivre en direct les événements sportifs comme s'ils étaient présents sur place. Des technologies telles que la réalité virtuelle (VR) et la réalité augmentée

(AR) enrichissent l'expérience des spectateurs et transforment les événements sportifs en événements globaux via les réseaux sociaux et les plateformes de streaming. Parallèlement, les athlètes et équipes bénéficient des progrès scientifiques et des méthodes d'entraînement basées sur les données, développées et partagées au niveau international.

L'interconnectivité dans le sport touche aussi bien les domaines sociaux que ceux de médecine. Des programmes sportifs dans le monde entier favorisent la sensibilisation à la santé et l'intégration sociale, en particulier dans les communautés défavorisées. Le sport est également un outil puissant pour l'inclusion, offrant des opportunités aux personnes marginalisées, y compris celles en situation de handicap. Ces projets renforcent la diversité et sensibilisent aux valeurs d'une société inclusive. Le sport joue un rôle déterminant dans l'éducation et le développement personnel. Chez les enfants et les jeunes, il enseigne la discipline, l'esprit d'équipe et la persévérance, des qualités essentielles pour réussir sur le plan scolaire et professionnel. De nombreuses écoles intègrent le sport dans leur programme éducatif pour promouvoir une éducation holistique et inculquer des valeurs positives. Le sport a le potentiel d'aller au-delà du terrain de jeu pour devenir un catalyseur de transformation sociale. Il remet en question les normes et valeurs sociétales et offre une plateforme pour promouvoir des changements positifs. Dans des moments de crise, il procure un exutoire émotionnel et joue un rôle clé dans la cohésion sociale.

L'économie du sport est devenue l'une des plus importantes industries mondiales. Elle crée des millions d'emplois et stimule les économies locales et nationales grâce aux grands événements sportifs. Ceux-ci génèrent des milliards de revenus par le biais de parrainages, de droits médiatiques et de produits dérivés. En parallèle, les besoins spécifiques liés au sport inspirent des innovations dans divers domaines, comme les équipements sportifs, la technologie médicale et la diffusion des médias, ayant des répercussions dans d'autres secteurs économiques.

Les grands événements sportifs s'appuient de plus en plus sur des initiatives environnementales, telles que des stades à faibles émissions, le recyclage et la conservation des ressources. Cette évolution influence la conscience environnementale des gens et montre que les événements sportifs peuvent être des plateformes pour aborder des problèmes mondiaux tels que le changement climatique et promouvoir des pratiques durables.

L'interconnectivité dans le sport reflète la complexité et la richesse de notre société. Le sport n'est pas seulement une activité de loisir ou une compétition: il est un espace d'interaction sociale, un moteur de développement personnel et un modèle d'intégration réussie.

Dans un monde de plus en plus fragmenté, le sport représente un contre-modèle, un lieu de connexion, de compréhension mutuelle et d'efforts communs vers l'excellence. En promouvant des valeurs comme la discipline, le travail d'équipe, la résilience et l'éthique, il nous aide à atteindre l'excellence, non seulement dans le sport, mais aussi dans la vie professionnelle et personnelle. Cette approche globale nous permet de mener une vie épanouie et réussie.

11. INTERCONNECTIVITÉ DANS LA POLITIQUE INTERNATIONALE

L'interconnexion dans la politique internationale se réfère aux relations de plus en plus interdépendantes et interconnectées entre les gouvernements et d'autres acteurs sur la scène mondiale. Ces liens peuvent être d'ordre politique, économique, social ou culturel. De la même manière que l'économie mondiale est de plus en plus liée grâce au libre-échange, aux investissements et à la technologie, il existe une interdépendance croissante dans les relations internationales, où les décisions d'un pays ont des répercussions sur de nombreux autres pays. De plus, des institutions supranationales telles que les Nations Unies, la Banque mondiale ou l'Organisation mondiale de la santé, ainsi que des sommets internationaux de grande envergure, offrent des forums pour le dialogue et la résolution des problèmes globaux. En effet, les défis mondiaux tels que le changement climatique, le terrorisme, les pandémies ou les migrations nécessitent des réponses collectives. Cette interconnexion se manifeste par la nécessité de stratégies communes et d'un consensus politique.

L'accent mis sur une interconnexion renforcée dans la politique mondiale est une discussion centrale face aux défis complexes auxquels la communauté internationale est confrontée. Cela inclut la coopération économique, la politique de sécurité, les questions de changement climatique et l'innovation technologique. L'idée selon laquelle les pouvoirs devraient être répartis de manière équilibrée reflète un déséquilibre dans la distribution du pouvoir global, qui persiste encore aujourd'hui, bien que sous des formes différentes. Dans l'ordre mondial actuel, quelques pays dominent la scène tant sur le plan économique que politique, comme les États-Unis, la Chine ou encore l'Union européenne. En conséquence, les intérêts des pays plus petits ou moins influents sont souvent sous-représentés, voire ignorés. Au lieu de décisions unilatérales prises par des grandes puissances, la politique internationale devrait se concentrer davantage sur le consensus et la coopération que sur de simples compromis. L'Europe, dans ce contexte, joue un rôle clé, en proposant avec son concept de « macro-régionalité » un modèle de construction de ponts. Elle a démontré, ces dernières années, sa compétence à travers son engagement pour un ordre international fondé sur des règles et pour des solutions collectives.

Les États du Sud global et les pays émergents attendent d'être davantage impliqués dans la structuration de la politique internationale, afin de contribuer à l'équilibre des intérêts. Les accords commerciaux, la coopération au développement et les politiques économiques globales doivent garantir à tous les pays la possibilité de participer équitablement au commerce mondial. Une répartition juste des ressources et des opportunités est essentielle pour assurer la stabilité sociale et économique dans le monde. De même, les responsabilités doivent être équitablement réparties. Les nations plus riches, qui ont historiquement eu une empreinte écologique plus importante, ont une responsabilité accrue dans la transition vers une économie mondiale durable. Les grandes puissances devraient veiller à une répartition équitable du pouvoir, des ressources et des responsabilités.

Les pays sont interconnectés non seulement à travers leurs relations politiques et économiques, mais aussi en matière de cybersécurité et de gestion des menaces numériques. L'influence de la culture, des valeurs et des idéologies se reflète dans la manière dont les gouvernements perçoivent et présentent leurs positions sur la scène internationale. Le soft power, à travers l'éducation, les arts et les médias, joue également un rôle important dans la poursuite des intérêts globaux et dans la formation des relations internationales. Les nombreuses questions politiques, sociales et économiques nécessitent des approches multilatérales. Les traités et accords montrent comment les États coopèrent. Les tensions géopolitiques et les rivalités ont des répercussions régionales et globales, influençant ainsi les relations internationales.

L'interconnexion entre les gouvernements, les organisations internationales et d'autres acteurs mondiaux constitue une caractéristique essentielle de la politique internationale. Les interrelations complexes et dynamiques, renforcées par la mondialisation, les innovations technologiques et la coopération internationale, ont des conséquences profondes sur la stabilité et la prospérité mondiales. Une gestion efficace de cette interconnexion est donc cruciale pour relever les défis mondiaux et garantir un progrès durable. Cette interdépendance façonne la manière dont les gouvernements et autres acteurs interagissent, échangent des informations et réagissent aux événements globaux. Les conséquences sont vastes, allant de l'économie mondiale à la sécurité internationale, en passant par les échanges culturels.

Le changement climatique est un exemple emblématique d'un défi mondial qui ne peut être relevé efficacement que par une coopération internationale. Ses impacts transcendent les frontières et nécessitent des actions coordonnées pour réduire les émissions de gaz à effet de serre, s'adapter aux nouvelles conditions environnementales et promouvoir un développement durable.

L'Accord de Paris illustre une approche multilatérale visant à renforcer l'interconnexion entre les États. De même, la distribution internationale de vaccins, l'échange d'informations et les efforts de recherche communs sont essentiels pour lutter contre les crises de santé. La pandémie a mis en évidence l'importance de gérer efficacement les réseaux d'information et de ressources pour minimiser les risques médicaux mondiaux.

Les menaces transnationales telles que le terrorisme, les cyberattaques et le crime organisé exigent une réponse internationale encore plus coordonnée. Les groupes terroristes sont soutenus pour semer le chaos, l'insécurité et la méfiance dans les sociétés démocratiques. En immobilisant les ressources de sécurité, ces groupes visent à déstabiliser les États et à influencer les décisions politiques. Les attaques et troubles visent également à ébranler la confiance dans les gouvernements et les institutions. Les frontières ouvertes facilitent la liberté de mouvement des individus, mais peuvent également être exploitées par des acteurs hostiles. La polarisation et les tensions sociales au sein de l'Europe fournissent un terreau propice à la manipulation. Outre les attaques directes contre les infrastructures et la société, la manipulation des processus politiques par la désinformation peut favoriser une instabilité à long terme. Les flux financiers soutenant les groupes terroristes doivent être surveillés, ce qui nécessite une coopération globale. Les réactions tardives aux crises sécuritaires sont souvent beaucoup plus coûteuses, car elles doivent être prises dans l'urgence et dans un environnement instable.

Les alliances de sécurité sont des exemples clés de stratégies pour faire face à de telles menaces grâce à une gestion efficace de l'interconnexion internationale. Les forums de dialogue, de négociation et de coordination peuvent contribuer à résoudre les problèmes mondiaux et offrir une plateforme pour la coopération. Une gestion efficace nécessite des systèmes robustes de gouvernance mondiale, qui garantissent que les intérêts de toutes les parties prenantes sont pris en compte et que les décisions sont prises de manière transparente et équitable. Cela inclut les accords internationaux, les conventions et les normes qui établissent les règles pour les interactions entre les États et autres acteurs. Le développement continu et l'intégration des nouvelles technologies doivent être accompagnés de mesures de sécurité et de politiques visant à garantir l'intégrité des réseaux internationaux. Les initiatives et accords internationaux pour protéger les infrastructures d'information sont essentiels pour minimiser les risques. Enfin, l'interconnexion économique mondiale nécessite des relations commerciales justes et la promotion d'une croissance inclusive. Les accords commerciaux, la protection des investissements et la coopération économique doivent être conçus de manière à respecter les intérêts de toutes les parties et à éviter des avantages unilatéraux.

Dans le contexte de la gestion, l'interconnectivité fait référence à l'interconnexion et à l'interdépendance croissantes des processus commerciaux. Ils sont soutenus par des unités organisationnelles, des parties prenantes et des marchés. Aujourd'hui, les cadres doivent être en mesure de comprendre et de gérer des systèmes complexes. Cela implique une pensée globale et systémique. Dans les relations internationales, l'interconnectivité se manifeste par des interdépendances économiques mondiales, des défis transfrontaliers, par exemple le changement climatique, des institutions et des régimes multilatéraux, des acteurs et des réseaux transnationaux. Dans les deux domaines, l'interconnectivité croissante exige de nouvelles compétences pour gérer la complexité, l'interconnexion et la pensée systémique. Les cadres et les décideurs politiques doivent apprendre à agir dans des systèmes interconnectés et à tenir compte des réciprocités.

La politique étrangère est étroitement liée aux relations

économiques et commerciales internationales. Les accords de libre-échange, les partenariats d'investissement et les chaînes d'approvisionnement mondiales rendent les États et les entreprises de plus en plus interdépendants. Les acteurs de la politique étrangère doivent donc travailler en étroite collaboration afin d'éviter les litiges commerciaux, de garantir la stabilité économique et de réguler les marchés mondiaux. Grâce à l'interconnexion, les acteurs de la politique étrangère peuvent réagir plus rapidement aux crises internationales et prendre des mesures communes.

La connectivité peut également aggraver les inégalités existantes, car les États puissants ou les grandes entreprises peuvent exercer une influence disproportionnée sur les décisions internationales. Une gestion efficace doit garantir que toutes les voix soient entendues et qu'aucun acteur ne soit désavantagé. L'interdépendance étroite entre les pays peut engendrer des vulnérabilités, notamment en cas de crises mondiales ou de turbulences économiques. Des stratégies de résilience et des mécanismes de réduction des risques sont nécessaires pour atténuer les effets de telles crises. Le paysage géopolitique est dynamique et peut évoluer rapidement. Une gestion efficace nécessite une capacité d'adaptation et de flexibilité pour répondre aux nouveaux défis et opportunités. Une gestion efficace de l'interconnectivité dans la politique international est essentielle pour promouvoir la stabilité et la prospérité mondiale. Grâce à une gouvernance mondiale solide, à l'innovation technologique et aux échanges culturels, les gouvernements et autres acteurs peuvent collaborer pour relever les défis mondiaux. Le développement continu de ces approches et la prise en compte des intérêts et besoins diversifiés sont cruciaux pour garantir un avenir équitable pour tous.

Il existe plusieurs points névralgiques de l'interconnectivité dans les relations internationales, qui sont particulièrement sensibles et susceptibles de conflits. Ces points névralgiques concernent les tensions politiques, économiques, militaires, culturelles ou technologiques. Il y a, tout d'abord, des zones géographiques de conflit comme le Moyen-Orient, l'Europe de l'Est, la mer de Chine méridionale ou la péninsule coréenne, qui ont le potentiel de déclencher rapidement des guerres internationales. La lutte pour l'influence entre grandes puissances entraîne des tensions, notamment dans les pays émergents et les régions stratégiques importantes. En outre, l'interdépendance économique et la dépendance aux matières premières provoquent des tensions susceptibles de dégénérer en guerres commerciales. Le développement de nouvelles technologies militaires et l'augmentation des cyberattaques génèrent de la méfiance et orientent vers une nouvelle course aux armements. L'accès aux ressources naturelles est exacerbé par le changement climatique, ce qui renforce les tensions. Les ambitions militaires dans l'espace, ainsi que les spéculations autour de la région arctique, ne sont pas des indicateurs rassurants pour la politique internationale. Les flux migratoires massifs, causés par la guerre, la pauvreté ou les catastrophes environnementales, sont au cœur des préoccupations. De même, la gestion des questions de santé peut aggraver les tensions existantes ou créer de nouveaux conflits.

D'une part, la vulnérabilité de notre monde devient de plus en plus évidente, qu'il s'agisse de crises mondiales ou d'instabilités géopolitiques. D'autre part, on constate parallèlement une recherche accrue de systèmes résilients, capables de résister aux chocs extérieurs et de s'adapter rapidement à des conditions changeantes. Cette quête de structures résistantes reflète le désir de mieux gérer les incertitudes et les risques du monde moderne. Un enthousiasme renforcé pour la résilience est nécessaire afin de faire face aux chocs extérieurs tout en s'adaptant aux nouvelles conditions. Cela ne concerne pas seulement la capacité de résistance, mais aussi celle d'adaptation et de régénération. Les entreprises visent à se prémunir contre les turbulences des marchés et les crises, les écosystèmes doivent maintenir leur fonctionnement malgré les perturbations, les systèmes techniques doivent être robustes face aux pannes et aux attaques, et la société doit pouvoir affronter les crises collectivement.

L'interconnexion des conséquences entre l'action et l'inaction en politique étrangère est particulièrement visible dans la manière dont les systèmes globaux sont liés et comment les actes ou omissions d'un pays affectent l'ensemble de la communauté internationale. Lorsqu'un État s'engage activement dans la prévention des conflits et le maintien de la paix, il contribue à réduire les tensions et à favoriser la stabilité. Des exemples incluent des interventions diplomatiques, des sanctions contre des gouvernements agressifs ou un soutien militaire à des États menacés. À l'inverse, l'absence de telles interventions peut entraîner une escalade des conflits, qui, à travers la répression, le trafic d'armes ou le terrorisme transnational, déclenchent une réaction en chaîne dans d'autres régions. Ces instabilités affectent également les alliés et la sécurité mondiale.

Les États qui investissent activement dans les relations économiques internationales favorisent la croissance et génèrent des avantages économiques partagés grâce à des accords commerciaux et des alliances. Le domaine environnemental est tout aussi crucial, car les défis mondiaux tels que le changement climatique ne peuvent être relevés qu'à travers une coopération internationale et des accords de protection du climat. Un retrait des coopérations économiques ou écologiques, tel qu'un refus de s'engager dans des objectifs climatiques, peut engendrer des effets domino négatifs sur les plans économique et écologique. Cela se traduit par des perturbations des chaînes d'approvisionnement, une aggravation des conditions environnementales et des crises mondiales qui provoquent des migrations incontrôlées, voire des famines.

Si la politique, l'économie et la science négligent la collaboration en matière de politique climatique et ne respectent pas les objectifs et mesures fixés, les conséquences seront profondes et étendues. Sans actions décisives, les températures mondiales continueront d'augmenter, entraînant des impacts climatiques catastrophiques. Cela inclut des phénomènes météorologiques extrêmes plus fréquents et plus intenses, comme des vagues de chaleur, des sécheresses, des inondations et des tempêtes. La perte de biodiversité, la fonte des glaciers et l'élévation du niveau de la mer s'accéléreront. La destruction des habitats et des écosystèmes augmentera, menaçant les moyens de subsistance de millions de personnes et d'animaux. Les coûts de l'inaction ou des mesures inadéquates en matière de protection du climat sont considérables. Les catastrophes naturelles entraînent des pertes économiques directes dues à la destruction d'infrastructures, aux pertes de récoltes et aux arrêts de production. À long terme, des secteurs entiers tels que l'agriculture, le tourisme et la pêche pourraient être fortement impactés, déstabilisant l'emploi et les économies locales. Des études montrent que les coûts de l'inaction sont bien plus élevés que les investissements nécessaires pour les mesures de protection du climat.

Les conséquences de la crise climatique touchent particulièrement durement les populations des régions les plus pauvres et les groupes vulnérables. Les sécheresses, les inondations et les pénuries alimentaires provoquent pauvreté, faim et migrations accrues dans de nombreuses régions du monde. Cela engendre des tensions sociales, des instabilités politiques et des flux migratoires dus au climat. Les inégalités entre les pays industrialisés, responsables historiques de la majorité des émissions, et les pays en développement, souvent plus touchés par les conséquences, se creusent. La crise climatique est un problème mondial qui nécessite des efforts communs, et les pays qui ignorent les objectifs climatiques risquent d'être isolés par la communauté internationale. Cela pourrait affecter leurs relations commerciales, leurs investissements et leurs relations diplomatiques, entraînant des désavantages économiques pour ces pays.

Une conséquence particulièrement inquiétante de l'inaction est la possibilité que le système climatique atteigne des points de basculement irréversibles, tels que le dégel du pergélisol, la fonte des calottes glaciaires ou la mort de la forêt amazonienne. Ces événements pourraient déclencher une réaction en chaîne menant à un réchauffement incontrôlable. De tels basculements ont des conséquences vastes et souvent irréversibles sur le climat mondial et le mode de vie humain.

Les mesures de politique étrangère veillent à la protection des droits de l'homme et améliorent les conditions de vie dans de nombreux pays. Par la coopération internationale et le transfert de technologies, les États renforcent leur capacité d'innovation. L'absence d'aide humanitaire aggrave les crises et accroît les risques de désastres sociétaux. En l'absence d'initiatives diplomatiques ou en ignorant les défis mondiaux, un État risque l'isolement et une diminution de son influence internationale. Non seulement en psychologie, mais aussi en politique internationale, les concepts de sécurité et d'absence de danger se distinguent clairement et façonnent les approches des États et des acteurs internationaux face aux menaces et aux risques. Ces différences se reflètent dans la manière dont les pays réagissent aux menaces, conçoivent leur politique étrangère et entretiennent leurs relations internationales. Cela passe par des stratégies habilement pensées en matière de politique de défense, de diplomatie et d'alliances. Du point de vue du réalisme politique, la sécurité est un aspect central du système international.

Les États cherchent à maximiser leur pouvoir et à protéger leurs intérêts sécuritaires. La sécurité est perçue comme un objectif réaliste et pragmatique, qui peut être atteint par la gestion des risques, la formation d'alliances et la dissuasion. Cependant, l'absence totale de danger est un concept idéaliste difficilement atteignable dans le monde réel. Dans un système mondial marqué par des intérêts concurrents et des risques constants - qu'ils soient liés aux conflits, aux catastrophes environnementales ou à d'autres menaces -, l'absence totale de danger reste un objectif inatteignable. Elle suppose qu'il n'existe aucun risque, qu'il soit militaire, économique, écologique ou diplomatique. Cependant, comme les États poursuivent des intérêts différents qui se concurrencent, un état d'absence de danger absolu est peu probable dans le monde réel. Les États et les organisations travaillent donc à contrôler et à minimiser les risques plutôt qu'à les éliminer complètement.

Grâce à la diversité des ressources, des acteurs et des stratégies, les systèmes bien organisés et de haute qualité sont mieux à même de réagir aux perturbations imprévues. Si une partie du système échoue, d'autres composants peuvent intervenir pour maintenir les fonctions. Le concept de biodiversité dans la nature ou la diversification des chaînes d'approvisionnement dans l'économie sont des exemples de cette approche. Les systèmes disposant de capacités supplémentaires peuvent s'appuyer sur ces réserves en période de crise. Cela empêche le système d'être submergé par des charges imprévues et assure sa stabilité.

Les progrès des technologies de communication, comme Internet, les réseaux sociaux et les moyens de communication modernes, permettent aux pays de communiquer en temps réel et d'échanger des informations. Ces technologies transforment la manière dont la diplomatie est conduite et comment les États transmettent leurs messages à la communauté internationale. Cela offre à la fois des opportunités et des défis, car la désinformation et les fausses nouvelles peuvent influencer l'opinion publique et les relations diplomatiques. La capacité d'un pays à promouvoir ses intérêts par l'attraction culturelle ou idéologique plutôt que par la contrainte ou la force militaire est un autre aspect de la communication interconnective. Cette interconnectivité modifie fondamentalement les dynamiques de communication dans les relations internationales. Elle ouvre de nouvelles possibilités d'échange, mais nécessite également des stratégies et des compétences adaptées de la part de tous les acteurs impliqués.

Les États peuvent utiliser les réseaux sociaux pour communiquer directement avec le public d'autres pays, complétant ainsi, voire remplaçant partiellement, la diplomatie traditionnelle. Les gouvernements peuvent rapidement expliquer leurs positions et politiques, influençant ainsi l'opinion publique tant sur le plan national qu'international. Cela pourrait favoriser une meilleure compréhension des différentes perspectives et contribuer à réduire les tensions. Des services spécialisés dans le conseil et l'évaluation offrent des outils pour renforcer la transparence et détecter la désinformation. Par ailleurs, les réseaux sociaux utilisent des algorithmes pour différencier les contenus véridiques des informations erronées et avertir les utilisateurs des contenus potentiellement trompeurs. Ces algorithmes analysent les publications en se basant sur des mots-clés, des sources et des modèles pour identifier les informations potentiellement fausses. Certains pays ont déjà adopté des lois contre la propagation de fausses nouvelles, notamment lorsqu'elles sont nuisibles ou dangereuses. L'évaluation des projets journalistiques de qualité et le soutien au journalisme d'investigation sont des méthodes précieuses pour contrer la désinformation. L'amélioration continue de ces stratégies est essentielle pour garantir la qualité de l'information.

Une réaction rapide est cruciale pour contrer la désinformation, car elle a le plus grand impact pour limiter sa propagation. Les solutions technologiques, la collaboration étroite entre divers acteurs et la surveillance constante des plateformes en ligne sont des outils essentiels pour stopper la désinformation avant qu'elle ne cause des dommages considérables. Les fausses informations se propagent particulièrement vite sur les réseaux sociaux, car elles suscitent souvent des émotions et sont ainsi davantage partagées. Si une correction tarde à arriver, la désinformation peut déjà avoir atteint des millions de personnes. Des études psychologiques montrent que les individus ont tendance à considérer comme véridiques les premières informations qu'ils reçoivent. Même si ces informations sont par la suite démenties, des traces de cette perception initiale demeurent, un phénomène connu sous le nom d'effet de vérité illusoire. Des corrections rapides permettent de minimiser cet effet en remplaçant les fausses informations par des faits vérifiés. Les systèmes en place peuvent marquer les contenus, les soumettre à une vérification ou, dans les cas extrêmes, les supprimer immédiatement. Certaines plateformes privilégient même les sources d'informations vérifiées dans leurs algorithmes pour garantir que les vérifications factuelles et les informations fiables apparaissent plus rapidement et plus visiblement que les contenus potentiellement erronés.

Le contrôle est un autre élément clé dans la politique internationale. Les États cherchent à exercer une influence et un contrôle sur les ressources, l'intégrité territoriale et leurs positions géopolitiques. Les récits qui mettent en avant la notion de contrôle peuvent justifier les actions d'un État, en particulier en période de crise. Par exemple, la rhétorique utilisée lors des conflits sert souvent à légitimer des interventions militaires ou des sanctions économiques. Ces actions sont présentées comme nécessaires pour garantir la sécurité nationale ou promouvoir la stabilité internationale. Les récits de réussite influencent directement la coopération internationale et les relations entre les États. Lorsqu'un pays parvient à bien communiquer ses performances et à affirmer son contrôle, il renforce sa position dans les négociations multilatérales et gagne le soutien d'autres nations. Ces récits influencent également l' appréhension des menaces et des risques, pouvant conduire à une polarisation entre des États qui adoptent des récits divergents.

La capacité à réagir rapidement et de manière coordonnée aux évolutions internationales, tout en poursuivant des objectifs stratégiques à long terme, est essentielle pour exercer une influence dans la politique mondiale interconnectée. L'interconnexion intellectuelle renvoie à la manière dont les connaissances, idées et informations circulent entre différentes cultures, nations et communautés. Dans un monde globalisé, cette interconnexion a des répercussions importantes à la fois sur les sociétés et sur les individus. L'échange mondial de savoirs et de découvertes scientifiques accélère l'innovation et les progrès dans les sciences et les technologies. Grâce à la collaboration internationale, les chercheurs et scientifiques peuvent développer plus rapidement des solutions aux problèmes globaux.

Les stratégies nécessaires à la gestion des organisations politiques et économiques reposent sur des techniques précises, acquises dans le cadre de formations spécifiques à différents niveaux. Cela inclut un éventail de méthodes pour analyser des données complexes et prendre des décisions éclairées. Par ailleurs, les « compétences douces » jouent un rôle clé : ces aptitudes, souvent acquises de manière informelle dans des contextes éducatifs ou professionnels, permettent d'identifier les options adéquates, d'utiliser efficacement les ressources et de motiver et diriger autrui grâce à une communication maîtrisée.

L'intensification de l'interconnexion dans la politique internationale exige de nouveaux modes de pensée et d'action. Les acteurs doivent apprendre à évoluer dans des réseaux mondiaux complexes et à trouver des solutions aux défis transfrontaliers. Cependant, des tensions subsistent entre coopération mondiale et intérêts nationaux, comme le montrent les tendances actuelles vers le protectionnisme et la renationalisation. L'interconnexion remet en question les théories classiques des relations internationales. La vision traditionnelle, centrée sur les États-nations, la politique de puissance et l'anarchie, est de plus en plus contestée par la globalisation et l'interconnexion. Des approches récentes, telles que le constructivisme, le transnationalisme et le concept de gouvernance mondiale, offrent une compréhension plus dynamique des relations internationales. Elles mettent en avant le rôle des normes, des identités et des réseaux transnationaux dans un monde marqué par des interdépendances mutuelles et des défis communs. Ces approches sont mieux adaptées pour expliquer les réalités d'un monde interconnecté, où l'État-nation reste un acteur clé mais doit coexister avec d'autres acteurs mondiaux. Si les États continuent d'exercer une influence majeure, ils sont désormais intégrés dans un réseau complexe de relations. Outre les États, des réseaux transnationaux d'élites, des organisations internationales et des acteurs de la société civile jouent également un rôle important. Ces réseaux permettent de représenter des intérêts et des valeurs à l'échelle mondiale, même s'ils ne peuvent pas refléter toutes les perspectives.

Alors que la politique internationale est de plus en plus structurée par des réseaux, sa marge de manœuvre dépasse les relations traditionnelles entre États. Cela exige de tous les acteurs une compréhension élargie des interconnexions globales et une prise en compte des impacts de leurs décisions. Le défi consiste à développer des formes de gouvernance mondiale efficaces et légitimes, adaptées aux exigences d'un monde interconnecté. Cela inclut des groupes comme le G20, des réseaux transnationaux ainsi que des initiatives et partenariats volontaires. La gouvernance mondiale souligne la nécessité d'une structure de coordination pour résoudre les problèmes globaux tels que le changement climatique, les migrations ou les pandémies. Cette approche montre que les défis mondiaux nécessitent une coopération transfrontalière. Les institutions et accords multilatéraux jouent un rôle crucial pour assurer une coexistence ordonnée.

Bien qu'en partie dépassé, l'État-nation continue à influencer l'ordre mondial. Parfois, il perturbe les règles du droit international et les cadres des organisations internationales comme l'ONU. Toutefois, dans de nombreux domaines, l'État-nation n'est plus l'unique acteur et doit faire face à des enjeux qu'il ne peut résoudre seul. De plus en plus de nouvelles constructions d'accords multilatéraux limitent la domination nationale. Malgré cela, on assiste à une sorte de « renaissance toxique » du nationalisme dans certaines régions, souvent en réaction à la mondialisation et aux migrations. Ces évolutions peuvent être interprétées comme une résurgence du nationalisme, comme en témoignent la politique « America First » de

Donald Trump, le Brexit ou la montée des partis populistes en Europe. Ces mouvements mettent en avant les intérêts nationaux, revendiquent la souveraineté nationale et s'opposent aux réponses supranationales. Ce nationalisme contribue non seulement à la déstabilisation de l'ordre international, mais aussi à celle des structures internes des États. Cela engendre des tensions entre États et compromet la coopération dans des domaines cruciaux tels que la lutte contre le changement climatique, la sécurité ou l'économie. Pour maintenir sa légitimité, l'État-nation doit s'intégrer dans un système interconnecté où pouvoir et prise de décision sont partagés. Bien que l'État puisse continuer à gérer certains aspects de son autorité exécutive, des formes réactives de nationalisme, telles que le protectionnisme et l'isolationnisme, risquent de nuire à la coopération internationale.

Le grand régionalisme favorise la coopération entre différentes régions, parfois même au-delà d'anciennes inimitiés. Il offre des opportunités de construction identitaire et d'échange culturel. Une histoire commune, même controversée, peut intensifier la coopération transfrontalière. Face à des défis comme les migrations, le changement climatique et le terrorisme, les coopérations régionales constituent la meilleure approche pour aborder ces problèmes de manière collective. Des alliances militaires comme l'OTAN démontrent comment l'interconnexion entre acteurs de politique étrangère soutient des stratégies de sécurité collective. Les pays collaborent, partagent des ressources militaires, des informations de renseignement et coordonnent leurs décisions stratégiques pour faire face aux menaces et développer des stratégies de défense communes.

En matière de politique de sécurité européenne, une défaite dans la lutte pour la liberté coûterait cher à la société civile. Cela illustre combien il est politiquement illogique de refuser à l'Ukraine des missiles en soutien dans son conflit. La violence ciblée contre les civils soude inévitablement le monde libre autour de tâches essentielles et existentielles. Il ne s'agit plus seulement de protéger un pays à la périphérie de l'Europe ; il s'agit de préserver les principes et la stabilité qui forment la base du système international. Ce conflit revêt une dimension mondiale et remet directement en question la sécurité de l'Europe ainsi que les fondements des valeurs occidentales. La stratégie géopolitique de la Russie suggère que le pays cherche à étendre davantage sa sphère d'influence. Une inaction pourrait permettre à la Russie d'imposer sa domination militaire sur d'autres régions d'Europe de l'Est et de tenter d'exercer une influence directe sur des États membres de l'Union Européenne et de l'OTAN.

L'intégrité territoriale et l'indépendance de l'Ukraine sont cruciales pour la sécurité de l'Europe. Un vide géopolitique en Ukraine, ou pire, une victoire russe menant à la prise de contrôle du pays, porterait gravement atteinte à l'architecture sécuritaire européenne. Les États d'Europe de l'Est, notamment les pays baltes, se sentiraient encore plus menacés, ce qui pourrait conduire à un retour de la guerre froide. Le soutien à l'Ukraine montre aux États voisins que la communauté européenne est prête à s'opposer aux agressions transfrontalières, ce qui constitue un signal de sécurité important dans la situation actuelle. En agissant de manière résolue et complète, l'UE se positionne comme un partenaire fiable et un défenseur de l'ordre international fondé sur des règles. Cela renforce non seulement la sécurité en Europe, mais envoie également un signal global en faveur de la défense de la liberté et de la démocratie.

Un manque de soutien pourrait, à long terme, se révéler être une erreur bien plus coûteuse, tant sur le plan sécuritaire qu'économique. Le soutien à l'Ukraine fait donc partie intégrante de la stratégie de défense européenne et répond aux intérêts fondamentaux de l'Europe. Il permet d'éviter une escalade qui pourrait avoir des conséquences encore plus graves pour l'Europe si la Russie avançait, sous quelque forme que ce soit, sur le territoire européen. La stabilité de l'Europe et la crédibilité de sa position internationale dépendent de la mise en œuvre du droit international. Un échec signalerait qu'il n'existe ni frontières ni principes fixes, ce qui compromettrait durablement la stabilité du système international.

C'est précisément ce que souhaitent certaines forces de gauche traditionnelles en Europe avec leurs visions de bouleversement de l'ordre mondial. Certaines fractions politiques de gauche en Europe, en particulier celles ayant des visions anticapitalistes et critiques envers le système, refusent un soutien clair à l'Ukraine. Certaines de ces forces voient en la Russie un contrepoids à l'influence occidentale et considèrent l'OTAN comme une puissance hégémonique contrariant leur vision d'un ordre mondial multipolaire. Certaines de ces parties ou mouvements sont prêts, au moins indirectement, à soutenir la Russie ou à traiter le conflit comme une affaire purement est-européenne, ce qui sert finalement les objectifs expansionnistes russes.

À l'autre extrémité du spectre, des cercles d'extrême droite éprouvent des sympathies pour le président Poutine, vu comme le représentant d'un modèle étatique fort et conservateur, véhiculant des valeurs autoritaires et nationalistes. Cette idéologie est particulièrement présente dans des pays comme la Hongrie, où le gouvernement de Viktor Orbán adopte une posture plutôt pro-russe, ou en Slovaquie, où des mouvements populistes soutiennent également l'influence de Moscou. Les groupes d'extrême droite soutiennent souvent le gouvernement de Poutine, considérant la Russie comme un rempart contre l'immigration, le libéralisme et l'Union Européenne. Cela conduit ces partis à s'opposer aux sanctions et au soutien militaire à l'Ukraine, ce qui affaiblit la situation sécuritaire de l'Europe et compromet l'unité de la stratégie de défense européenne.

Les sympathies des cercles d'extrême droite européens pour Vladimir Poutine, en tant que symbole d'une dictature forte incarnant des valeurs autoritaires et nationalistes, rappellent les alliances historiques et les rapprochements idéologiques des années 1930 entre des dirigeants autoritaires tels qu'Hitler, Staline et Mussolini. Ces alliances étaient marquées par une volonté commune de consolider leur pouvoir et leur idéologie tout en s'opposant à l'ordre démocratique libéral de l'Occident. On observe aujourd'hui certaines similitudes avec cette dynamique, lorsque des forces politiques extrêmes en Europe et dans le monde soutiennent un nationalisme autoritaire basé sur une prétendue force. Hitler, Mussolini et Staline rejetaient les principes libéraux et pluralistes de la démocratie, qu'ils considéraient comme faibles et inefficaces. Une pensée comparable se retrouve aujourd'hui dans certains courants d'extrême droite européens qui rejettent les valeurs libérales de l'UE et préfèrent des modèles autoritaires comme celui de la Russie.

Par leur éloignement de la stratégie de défense collective européenne, les groupes extrémistes de gauche comme de droite menacent la stabilité et l'intégrité du continent, ouvrant la porte à des puissances extérieures qui pourraient exploiter la faiblesse et la désunion de l'Europe. Le Kremlin utilise délibérément les médias sociaux, des réseaux et des canaux médiatiques pour promouvoir le soutien à ses politiques et approfondir les divisions en Europe.

La violence brutale contre les civils et la destruction ciblée des infrastructures essentielles visent à briser l'Ukraine physiquement et moralement. La communauté européenne et internationale doit donc non seulement soutenir militairement l'Ukraine, mais également fournir une aide humanitaire pour atténuer les conséquences de la crise et protéger les moyens de subsistance de la population civile. Le soutien à l'Ukraine n'est pas seulement une obligation morale, mais aussi une nécessité stratégique pour l'Europe et le monde libre. En ce sens, le combat pour l'Ukraine est un combat pour l'avenir de l'Europe et l'ordre international fondé sur des règles.

Les interconnexions des contradictions dans la manière dont l'Europe gère la crise ukrainienne montrent à quel point les actions de diverses mouvances politiques sont imbriquées, poursuivant parfois des objectifs diamétralement opposés et influençant ainsi l'architecture sécuritaire et les valeurs de l'Europe. Ces positions contradictoires entre les forces pro-russes et pro-européennes, ainsi qu'entre les mouvements extrémistes de gauche et de droite, créent un champ de tensions complexes qui menacent l'unité de l'Europe et soulignent en même temps la nécessité de valeurs et de stratégies communes.

L'incapacité à résoudre ces contradictions de manière constructive affaiblirait la position européenne et mettrait en péril l'unité nécessaire pour protéger la sécurité, la démocratie et les valeurs du continent. Cette interconnexion des contradictions invite l'Europe à se recentrer sur une stratégie de défense commune et un canon de valeurs clair, tout en abordant les tensions internes. À défaut, les pays européens pourraient se retrouver dans une situation inconfortable où des missiles s'amasseraient à leurs frontières immédiates. Cela n'empêche pas certains acteurs politiques anachroniques de souhaiter l'avènement d'une telle situation menaçante. Une retenue illogique et politiquement dangereuse pourrait, à long terme, compromettre la sécurité de l'Europe. En sachant qu'il n'existe aucun système de défense aérienne entièrement hermétique, il est urgent de se concentrer sur la fourniture à l'Ukraine de missiles défensifs. L'interconnexion des facteurs de résolution des problèmes de sécurité et de liberté incite à ne pas attendre trop longtemps pour combler les lacunes dans la défense. Des solutions intermédiaires rapides peuvent prévenir des dommages à long terme. La livraison d'armes et de systèmes de missiles est considérée comme une mesure nécessaire pour renforcer les capacités militaires de l'Ukraine et se défendre contre l'agression du Kremlin. Ce soutien vise à préserver la souveraineté d'un État et son intégrité territoriale. La décision des pays occidentaux, en particulier des membres de l'OTAN, de fournir des armes est accompagnée de débats politiques intenses, où l'on discute encore une fois de la juste mesure du soutien.

Ce qui, autrefois, n'était ni nécessaire ni envisageable peut soudain devenir d'une importance capitale. Mais tandis que certains se réveillent, d'autres, indifférents aux questions de sécurité, se détournent, se replient sur eux-mêmes et continuent de dormir dans leurs illusions. Après tout, nous avons tous entendu dire que l'ignorance est un excellent bouclier. Pourquoi s'efforcer de se préparer aux menaces quand on peut tout simplement miser sur l'espoir ? Peut-être que le président Poutine viendra avec des biscuits au lieu de missiles.

Si la communauté internationale et les États ne prennent pas suffisamment en compte les menaces géopolitiques actuelles, les conséquences pourraient être graves. Les dynamiques des rapports de force mondiaux, les dépendances économiques et les progrès technologiques ne permettent aucune passivité, car les menaces deviennent de plus en plus complexes et interconnectées. Les répercussions d'un engagement insuffisant ou d'une réponse inadéquate face à ces menaces seraient multiples.

Si l'on ne s'attaque pas à la résolution et à la prévention des conflits, les conflits régionaux prendraient rapidement de l'ampleur et conduiraient à des conflits militaires majeurs entre États. Si aucun mécanisme n'est en place pour y faire face, on se retrouve sans défense face aux conflits entre grandes puissances. Une telle escalade conduit à des crises sécuritaires mondiales, aux conséquences humaines, économiques et politiques considérables. Sans mesures ciblées visant à désarmer et à créer des mécanismes de confiance, une nouvelle course aux armements entre grandes puissances, notamment dans les domaines des armes nucléaires, des cyberarmes et d'autres technologies militaires modernes, ne pourra plus être évitée. Cela mettrait non seulement en danger la sécurité internationale, mais drainerait également d'immenses ressources économiques nécessaires dans d'autres domaines importants tels que la santé, l'éducation et l'environnement.

Si les gouvernements ne prennent pas de mesures efficaces pour améliorer la cybersécurité et la défense, les infrastructures critiques, depuis l'approvisionnement en énergie et en eau jusqu'aux systèmes financiers, les peuples seront menacés de leur eistence. Les groupes de pirates informatiques et les criminels d'État pourraient recourir aux cyberattaques pour déstabiliser les États, paralyser les systèmes économiques ou fomenter des troubles politiques. Cette menace devient de plus en plus grave avec la numérisation de l'économie mondiale. Ne pas agir dans la lutte contre le changement climatique aggraverait encore davantage les catastrophes environnementales. Des catastrophes naturelles plus fréquentes et plus intenses, telles que les sécheresses, les inondations, les tempêtes et l'élévation du niveau de la mer, forceraient des millions de personnes à fuir leur foyer et déclencheraient des crises migratoires mondiales. La rareté des ressources, notamment en termes d'eau et de nourriture, exacerbe les conflits dans la société mondiale. Sans mesures cohérentes contre le terrorisme mondial et contre les réseaux extrémistes, les forces pourraient devenir incontrôlables.

En particulier dans les systèmes instables ou défaillants, les forces destructrices trouvent un espace pour étendre leurs activités. Sans une coopération internationale active pour faire face aux menaces mondiales, les institutions internationales telles que l'Organisation mondiale du commerce ou l'OTAN seraient désespérément démantelées. Retirer les associations des processus et institutions multilatéraux nuirait à la capacité de la communauté internationale à répondre efficacement aux menaces. Cela aboutit inévitablement à une approche du « chacun pour soi », où les intérêts nationaux sont prioritaires sur la coopération internationale. L'impact de crises mondiales non résolues, qu'elles soient causées par le changement climatique, l'instabilité économique ou les tensions politiques, serait incommensurable.

12. DICTATURE ET AUTORITARISME DANS L'INTERCONNECTIVITÉ

Le sujet met en lumière l'interaction complexe entre les formes de gouvernement autoritaires et l'interconnexion croissante dans un monde globalisé. Voici quelques aspects et considérations à ce sujet. Une fois que des traumatismes collectifs émergent en politique, il est souvent déjà trop tard pour un nouveau départ. Pourtant, l'accent est toujours mis sur les attentes de la majorité, qui, bien souvent, ignore que ces problématiques la concernent. Ainsi, l'enquête sociétale et politique devient inévitable.

Les dictateurs et les tyrans ont tendance à jouer des rôles cachés pendant de longues périodes avant de développer, dans l'ombre, des personnalités complètement différentes. Au départ, dans un "petit théâtre", les silences et les éliminations se font discrètement, jusqu'à ce qu'un point de bascule soit atteint, rendant la violence irréversible. Très rapidement, leurs régimes se distinguent par un contrôle centralisé, la restriction des libertés politiques, la répression de l'opposition et une réduction de la séparation des pouvoirs. La fraude électorale, la censure et les violations des droits humains deviennent des caractéristiques fréquentes. Comment ce cycle d'erreurs commence-t-il ? Et pourquoi les psychopathes - ou peut-être surtout eux - réussissent-ils souvent à obtenir un pouvoir politique sans limites?

Dans l'arène politique, un domaine où le pouvoir, l'influence et la manipulation se mélangent, les malfaiteurs politiques prospèrent grâce à leur capacité à manipuler ou à leur manque d'empathie. Ils influencent habilement leurs pairs à leur avantage, souvent sans que ceux-ci s'en rendent compte. En particulier lorsqu'il s'agit de mobiliser du soutien ou d'éliminer des adversaires politiques, ils exploitent leur ténacité pour atteindre des objectifs alignés sur leurs ambitions de pouvoir. Au départ, par manque de réflexion approfondie, ils sont perçus comme des leaders forts et déterminés.

Un paradoxe apparaît entre les revendications morales telles que la justice, la liberté et la dignité humaine, et les principes éthiques que les dirigeants autoritaires ignorent ou déforment pour justifier leur pouvoir ou dans le cadre de leurs philosophies politiques. Ils s'appuient souvent sur le principe de l'utilitarisme "la fin justifie les moyens" pour valider des mesures autoritaires. Cela représente un scénario cauchemardesque, car le discours éthique de l'utilitarisme est abusé. Une stratégie courante de ces régimes est de tenter systématiquement de supprimer ou de manipuler le discours moral. La liberté d'expression, la réflexion philosophique sur les questions éthiques et la critique des actions gouvernementales sont fortement limitées, voire criminalisées.

Dans un monde façonné par des jeux de pouvoir impitoyables, des manœuvres sournoises et des dirigeants autoritaires, l'approche de l'Europe ressemble souvent à celle d'un élève mal préparé pris dans une bagarre violente dans la cour de récréation. Tandis que des pays comme la Russie ou la Chine imposent leurs intérêts avec une main de fer et des provocations calculées, les dirigeants européens apparaissent souvent incertains et maladroits sur la scène politique. La question de savoir comment l'Europe - et en particulier l'Allemagne - peut survivre dans cet environnement devient de plus en plus pressante. Face aux stratégies sophistiquées et aux actions audacieuses des dirigeants autoritaires, les politiciens européens semblent souvent être des idéalistes diplomatiques, dépourvus des outils nécessaires à la survie géopolitique.

Les dirigeants autoritaires fonctionnent selon un principe clair : consolider le pouvoir, intimider les opposants, et se soucier le moins possible des normes morales ou des conventions internationales. Ils excellent dans l'exploitation des incertitudes et dans l'enlisement de leurs adversaires dans des négociations prolongées et infructueuses, tout en poursuivant sans relâche leurs objectifs, peu importe les conséquences. Les dirigeants européens, en revanche, semblent souvent enfermés dans leur croyance que la diplomatie seule suffit à naviguer dans ce monde brutal. Ils sous-estiment régulièrement la détermination et l'ingéniosité de leurs adversaires.

Un exemple frappant peut être trouvé dans les relations avec la Russie. Vladimir Poutine, alternant entre ruse et agressivité ouverte, a maintes fois démontré qu'il accorde peu de considération aux sensibilités occidentales. Que ce soit lors de l'annexion de la Crimée ou de l'invasion de l'Ukraine, les réponses de l'Europe ont souvent été tardives, trop timorées et trop basées sur l'espoir que le dialogue et les sanctions suffiraient à contraindre Poutine à faire marche arrière. Cet espoir s'est à maintes reprises révélé illusoire, et pourtant, un changement de stratégie reste difficilement perceptible.

La Chine joue un jeu similaire, bien que de manière plus subtile. En utilisant la dépendance économique comme levier, le pays agit comme un homme d'affaires de type mafieux, manipulant ses partenaires jusqu'à ce qu'ils n'aient d'autre choix que de jouer selon ses règles. Les relations commerciales de l'Europe avec la Chine illustrent comment les États autoritaires exploitent leur pouvoir économique pour obtenir des concessions politiques. Pourtant, même ici, l'Europe reste piégée dans un récit contradictoire : d'un côté, elle exige le respect des droits de l'homme et des principes démocratiques ; de l'autre, elle hésite à imposer des conséquences claires lorsque ces principes sont violés.

Les points d'attaque dans l'interconnexion entre éthique et morale chez des dirigeants autoritaires comme Poutine, Xi Jinping, Kim Jong-un, Bachar el-Assad, ou chez des aspirants dictateurs tels qu'Orbán, Erdogan, Trump, ainsi que chez des figures historiques bien connues comme Hitler, Staline, Lénine, Franco, Mussolini, Khrouchtchev ou Fidel Castro, reposent sur l'instrumentalisation des principes moraux au service du pouvoir politique, la redéfinition de la morale par l'idéologie, la suppression du discours éthique et un relativisme moral qui érode les fondements des droits de l'homme et de la justice. Ces éléments illustrent à quel point le conflit entre les réflexions éthiques et les réalités politiques peut être profond. Ces dirigeants cherchent à élargir leur pouvoir et leur influence sur la scène internationale. Un aspect clé de leurs relations est la quête d'influence géopolitique. Pour ce faire, ils exploitent souvent les faiblesses du système international existant et remettent en question les normes établies. Face à ces signes d'inculture morale et politique, on peut se demander comment réagit le monde libre et comment il réagira à l'avenir. La capacité à agir de manière coordonnée et à mettre en œuvre une stratégie commune malgré des défis multiples sera déterminante.

Les régimes autoritaires exploitent généralement les faiblesses des sociétés libres et les regardent avec un certain mépris. Ils perçoivent dans l'ouverture, les principes démocratiques et la liberté d'expression du monde libre des points faibles qu'ils peuvent exploiter stratégiquement. La lenteur souvent associée à la prise de décision dans les démocraties est interprétée comme un signe d'inefficacité et de faiblesse. Les conflits politiques dans les sociétés libres sont intentionnellement utilisés pour démontrer la prétendue stabilité et supériorité de leurs propres systèmes, en avançant l'idée qu'ils agissent de manière plus efficiente. L'ouverture du monde libre est délibérément exploitée pour des campagnes de propagande et de désinformation, dans le but de semer la méfiance à l'égard des institutions démocratiques et de provoquer des divisions sociales. Ce droit démocratique à la diversité d'opinions est instrumentalisé pour éroder la confiance et ternir l'image des valeurs démocratiques. Les dictatures ciblent également les intérêts économiques des sociétés libres, en pariant sur le fait qu'elles pourraient sacrifier leurs valeurs en échange d'avantages économiques. Cette instrumentalisation est souvent commentée avec cynisme par les régimes autoritaires, qui remettent en question les priorités des pays occidentaux.

La connaissance scientifique est généralement le fruit de longues années de recherche et d'une expertise collective fondée sur des faits, visant à comprendre objectivement la réalité. Cependant, lorsque des acteurs politiques, en particulier des personnalités autoritaires ou fortement idéologiques, ignorent les découvertes scientifiques, cela freine, voire met en danger la société dans de nombreux domaines. Une caractéristique récurrente des figures politiques autoritaires est leur confiance excessive dans leur propre vision du monde et leurs convictions, accompagnée d'un rejet systématique de toute information contredisant leurs objectifs ou leur idéologie. La science, avec son exigence d'objectivité et de neutralité, devient parfois un obstacle pour ces dirigeants, car les conclusions scientifiques peuvent remettre en question leur pouvoir ou leur contrôle. Ces conclusions ne sont pas seulement ignorées, mais souvent activement sapées ou discréditées afin de promouvoir certains agendas ou de préserver une image d'infaillibilité.

Cette attitude a des conséquences considérables. Lorsque les connaissances scientifiques sont négligées ou réprimées, des décisions peuvent facilement être prises au détriment de la société sur le long terme. Un exemple en est la politique climatique : malgré des preuves scientifiques accablantes sur les conséquences du changement climatique, certaines autorités politiques hésitent ou refusent de prendre des mesures nécessaires, mettant ainsi en péril l'avenir de générations entières. Par ailleurs, les politiciens autocratiques sapent la confiance envers les scientifiques et les experts en les décrivant comme élitistes ou déconnectés, tout en se présentant comme les porte-paroles supposés de la volonté populaire. Cette rhétorique non seulement discrédite la communauté scientifique, mais encourage également la méfiance envers les institutions scientifiques. Cela conduit des segments de la société à se détourner des connaissances objectives pour adhérer à des informations erronées ou à des récits populistes.

À long terme, l'ignorance envers la science constitue un jeu dangereux, menaçant les bases mêmes du progrès, de l'innovation et de la résolution des problèmes sociétaux. La science nous permet de comprendre des systèmes complexes, d'évaluer les risques de manière réaliste et de développer des solutions viables face aux défis urgents de notre époque. Cependant, lorsque des acteurs politiques autocratiques ou orientés vers des intérêts économiques s'emparent des découvertes scientifiques, cela se fait souvent de manière sélective, uniquement lorsque ces dernières servent leurs intérêts. Les principes scientifiques et les normes éthiques, fondés sur le bien commun, la durabilité et la responsabilité globale, sont alors ignorés ou manipulés pour promouvoir des objectifs économiques ou politiques. Or, on oublie souvent que la science est par essence universelle : ses découvertes et ses méthodes n'ont pas de frontières nationales. De même, les principes éthiques requis dans l'application des découvertes scientifiques ne devraient laisser aucune place à l'égoïsme ou au nationalisme.

Les acteurs autocratiques tendent à accepter les découvertes scientifiques uniquement lorsqu'elles s'intègrent dans leurs stratégies économiques ou politiques. Cela est particulièrement évident dans des domaines comme la biotechnologie, les technologies de surveillance ou le secteur énergétique. Ces technologies sont souvent utilisées de manière à renforcer leur influence et à apporter des avantages économiques, tout en minimisant ou en ignorant les risques potentiels et les responsabilités envers la société et l'environnement. Cette approche néglige souvent le danger que représentent les développements scientifiques intégrés de manière incontrôlée dans des hiérarchies économiques de pouvoir, ce qui peut entraîner des dommages sociaux ou écologiques. Ce que ces acteurs méconnaissent, c'est que la science repose sur des principes de coopération, d'ouverture et d'échange de connaissances, des principes qui doivent nécessairement transcender les frontières pour répondre aux défis mondiaux. Ces approches nationalistes et égoïstes vont non seulement à l'encontre des fondements de la science, mais aussi de l'obligation éthique d'utiliser les découvertes scientifiques au bénéfice de toute l'humanité. Dans un monde globalisé, l'éthique de l'application scientifique est cruciale, car les impacts des avancées technologiques et des développements scientifiques touchent un nombre croissant de personnes, de nations et d'écosystèmes. Les régimes dictatoriaux ignorent souvent les principes éthiques pour exercer un contrôle absolu sur les développements économiques et scientifiques. Ils rejettent toute ingérence morale ou éthique. Cependant, la science et les droits humains ne connaissent pas de frontières nationales.

La concentration du pouvoir entre les mains du dirigeant chinois Xi Jinping est immense, et de nombreuses politiques et stratégies sont fortement influencées par ses convictions et objectifs personnels. La structure du Parti communiste chinois (PCC) et des institutions étatiques repose sur un principe hiérarchique où la loyauté et le soutien envers Xi et ses décisions sont essentiels. Dans ce contexte de pouvoir centralisé, il y a peu de place pour des opinions divergentes au sein de la direction du Parti ou des institutions de l'État. Le style de leadership de Xi Jinping, marqué par une insistance sur un contrôle centralisé fort, est emblématique du paysage politique actuel en Chine.

Sous Xi Jinping, la répression de la dissidence et de l'opposition s'est intensifiée. Cela se manifeste particulièrement dans la persécution des Ouïghours au Xinjiang, la répression des manifestations à Hong Kong et le renforcement de la surveillance numérique de la population. La répression accrue des activités religieuses touche non seulement les chrétiens, mais aussi d'autres groupes religieux. Le gouvernement mène une politique de "sinisation" des religions, visant à placer les pratiques religieuses sous un contrôle étatique strict et à les aligner sur l'idéologie officielle. Cela inclut des exigences d'enregistrement pour les églises et les temples, l'autorisation d'activités religieuses et la surveillance des cérémonies religieuses. Les rassemblements non enregistrés ou non autorisés sont considérés comme illégaux et peuvent entraîner des arrestations et des fermetures. Le gouvernement utilise des technologies modernes pour surveiller les activités religieuses, notamment des caméras de surveillance et des analyses de données pour contrôler le comportement des croyants. Ces mesures visent à identifier et à réprimer les menaces potentielles contre l'autorité de l'État. Cette sinisation a conduit à une persécution accrue des minorités religieuses, notamment des Ouïghours, des bouddhistes tibétains, des pratiquants de Falun Gong et des communautés chrétiennes. Des rapports font état de violations des droits humains, notamment des détentions, des travaux forcés et des programmes de rééducation.

L'interconnexion entre des dirigeants autoritaires ou dictatoriaux comme Donald Trump, Vladimir Poutine, Xi Jinping, Viktor Orbán et Recep Tayyip Erdoğan montre comment ces derniers, malgré des contextes géographiques, historiques et culturels différents, partagent souvent des intérêts communs et se soutiennent mutuellement. Ces relations ne reposent pas toujours sur une alliance classique, mais souvent sur des calculs pragmatiques, axés sur des spéculations sur le pouvoir, des intérêts géopolitiques et la quête de maintien au pouvoir. Voici quelques aspects centraux de ces liens.

Trump et Poutine, par exemple, ont une méfiance profonde envers les institutions mondiales et libérales comme l'OTAN ou l'Union européenne et prônent une politique qui met l'accent sur la souveraineté nationale. Trump a fréquemment critiqué les membres de l'OTAN, tandis que Poutine poursuit une stratégie à long terme visant à affaiblir cette alliance. De nombreux indices montrent que la Russie a tenté, lors des élections présidentielles américaines de 2016, d'influencer les résultats à travers la désinformation et des cyberattaques pour soutenir Trump, dont la politique concordait souvent avec les intérêts de Poutine. Trump a à plusieurs reprises exprimé son admiration pour le style de leadership de Poutine, le qualifiant de fort et habile. Cela contraste avec le rejet habituel de Poutine par les dirigeants occidentaux. Admirer un Poutine, dont le credo est que l'Ukraine n'existe pas et doit être intégrée à la Russie, révèle une vision monstrueuse du pouvoir. Un dirigeant politique qui assimile le pouvoir à l'influence par la peur et affirme agir à sa guise pourrait entraîner un désastre sociétal aux États-Unis.

La relation entre Poutine et Xi Jinping repose sur un partenariat stratégique et une opposition commune à l'Occident, en particulier aux États-Unis. Les deux dirigeants partagent une forte opposition à l'influence occidentale dans les affaires mondiales. La Russie et la Chine ont considérablement renforcé leurs relations économiques ces dernières années, notamment dans les secteurs de l'énergie et de la technologie. La Chine est un important acheteur des ressources naturelles russes, notamment le pétrole et le gaz. La coopération militaire croissante entre les deux pays est perçue par les analystes comme une alliance stratégique répondant aux tensions géopolitiques avec l'Occident. Ces deux nations ont récemment mené des exercices militaires conjoints et coordonné leurs programmes d'armement. Ce rapprochement militaire crée une nouvelle dynamique dans l'architecture de sécurité mondiale et accentue davantage les tensions géopolitiques. Les répercussions de cette coopération sont vastes, touchant non seulement les relations entre ces deux pays et l'Occident, mais aussi les questions de sécurité régionale, l'approvisionnement énergétique et le commerce mondial. La communauté internationale continuera de surveiller attentivement l'évolution de cette alliance et les stratégies que les nations occidentales mettront en œuvre en réponse.

Putin et Orbán sont liés par une coopération pragmatique, motivée principalement par des intérêts géopolitiques. Les deux hommes politiques adoptent une approche autoritaire en matière de politique intérieure et s'opposent à des principes démocratiques libéraux tels que la liberté de la presse et une justice indépendante. Orbán s'est lui-même qualifié de « démocrate illibéral » et s'oppose aux valeurs libérales de l'UE. Orbán est connu pour son attitude critique envers l'UE, un sentiment qui le rapproche de Poutine, qui considère l'UE comme un rival géopolitique et tente d'affaiblir son unité.

Les relations entre Erdoğan et Xi Jinping reposent sur des intérêts communs, notamment dans les domaines économique et de la sécurité, mais également sur des tensions, en particulier concernant la minorité ouïghoure en Chine. La Chine est un partenaire commercial important pour la Turquie, notamment dans le cadre de l'initiative « Belt and Road », qui joue un rôle stratégique dans le développement des infrastructures turques. Les deux dirigeants optent pour des formes de gouvernement autoritaires et ont pris des mesures pour réprimer l'opposition politique et consolider leur pouvoir. Cela crée une base idéologique pour leur coopération. La Turquie a initialement soutenu les droits des Ouïghours, une minorité musulmane turcophone en Chine. Cependant, pour des motifs économiques et diplomatiques, Erdoğan a considérablement réduit ces critiques concernant le traitement des Ouïghours par la Chine au cours des dernières années. Cela montre à quel point ces relations sont pragmatiques. Grâce à ces coopérations, les régimes autoritaires obtiennent une légitimité internationale apparente. Ils utilisent ces relations comme des exemples pour démontrer que des systèmes politiques alternatifs à la violence, en dehors des démocraties libérales, peuvent fonctionner et réussir. Ils partagent une rhétorique anti-occidentale et s'opposent à un ordre mondial libre. Les méthodes de contrôle des médias, de propagande et de désinformation se ressemblent dans leur approche fondamentale. Les technologies et les techniques ne sont pas seulement utilisées pour maintenir le pouvoir interne, mais aussi pour déstabiliser la démocratie.

Particulièrement en temps de crise, lorsque la population cherche des dirigeants déterminés, les psychopathes exercent une attraction particulière. En tant que maîtres de la manipulation, ils savent influencer autrui sans que celui-ci s'en rend compte. En politique, cette capacité peut être avantageuse, surtout lorsqu'il s'agit de mobiliser du soutien ou d'éliminer des opposants politiques. Historiquement, de nombreux exemples existent de dirigeants autoritaires ayant accédé au pouvoir en période d'incertitude politique et économique. Ils ont su exploiter les peurs et les préoccupations de la population pour obtenir du soutien et consolider leur pouvoir.

Pourquoi les électeurs, même dans les zones occidentales, tombent-ils si souvent dans ces manipulations dissimulées? Premièrement, de nombreuses personnes ont du mal à distinguer les émotions authentiques des émotions feintes. En période de crise, les électeurs cherchent des figures de leadership fortes et déterminées. Leurs tactiques manipulatrices sont difficiles à déceler pour les profanes. En fin de compte, de nombreux électeurs ont tendance à percevoir la réalité non pas de manière objective, mais à travers des filtres émotionnels. Ces distorsions sont exploitées par des politiciens manipulateurs. La première impression et les premières informations peuvent influencer la perception. Les politiciens manipulateurs mettent l'accent sur des titres émotionnels forts pour façonner l'opinion publique, sachant que les messages émotionnels sont plus convaincants que les arguments rationnels. En attisant la peur, ils créent un sentiment d'insécurité, ce qui augmente souvent la demande de dirigeants « forts». Les masses s'identifient facilement à des groupes qui leur ressemblent. Les despotes exploitent ces identités de groupe pour promouvoir une mentalité de « nous contre eux ». Cela conduit à une polarisation, où les électeurs sont généralement prêts à ignorer les erreurs de leur propre groupe et à accepter de fausses informations tant qu'elles profitent à ce groupe. Ils utilisent à la fois les médias traditionnels et les réseaux sociaux pour semer des fausses informations ou des doutes, discréditer les opposants ou exagérer leurs propres capacités. Cette tactique vise à maintenir les électeurs dans une bulle d'information où ils ne perçoivent que la perspective souhaitée.

Sur les réseaux sociaux, les utilisateurs ont tendance à se connecter avec des personnes partageant les mêmes idées et à partager des informations qui reflètent leurs suggestions. Cela renforce les biais cognitifs et conduit à une diffusion fréquente d'informations fausses ou manipulatrices, souvent sans vérification. Les politiciens manipulateurs exploitent cette dynamique pour diriger leurs messages vers des groupes réceptifs. Dans un contexte où la confiance dans les médias, la science et les institutions politiques établies diminue, ils trouvent une opportunité favorable. Ils peuvent semer le doute, diffuser des théories du complot et se présenter eux-mêmes comme une «alternative» à un système soi-disant incompétent. Comprendre ces mécanismes est le premier pas pour se prémunir contre les tactiques manipulatrices et pour prendre des décisions politiques de manière plus consciente et critique.

Les régimes autoritaires veulent donner l'illusion d'une stabilité politique à court terme, mais se retrouvent souvent en crise lorsqu'ils ne s'adaptent pas aux conditions sociales et économiques changeantes. Ils se tournent alors vers les technologies modernes pour surveiller les citoyens, censurer l'information et contrôler les réseaux sociaux. Ces technologies sont également utilisées pour manipuler les élections et diffuser de la propagande.

L'interconnexion est un produit de la mondialisation, où les pays, les cultures et les marchés sont plus étroitement liés par la technologie et le commerce. Cela entraîne une augmentation des échanges de connaissances et de collaborations au-delà des frontières nationales. Les réseaux sociaux, Internet et la communication mobile permettent aux individus de diffuser des informations rapidement et de s'organiser, ce qui peut conduire à une mobilisation politique et à un échange d'idées. Ainsi, l'interconnexion peut contrecarrer le pouvoir usurpé des gouvernements autoritaires, car les citoyens ont accès à une variété d'informations et de perspectives. Cela peut favoriser des résistances, comme ce fut le cas lors du Printemps arabe ou des manifestations à Hong Kong.

Les gouvernements autoritaires tentent de restreindre l'interconnexion en contrôlant l'accès à Internet, en censurant les réseaux sociaux ou en surveillant les communications à l'aide d'un système de contrôle étatique. Des organisations de la société civile et des militants des droits de l'homme mobilisent l'interconnexion pour faire pression sur les gouvernements autoritaires. Alors que l'interconnexion est considérée comme un outil de liberté et de démocratie, les régimes autoritaires cherchent également à s'en servir, mais uniquement pour renforcer leur contrôle. À cet égard, des technologies telles que la reconnaissance faciale sont utilisées pour la surveillance, tandis que la désinformation et la propagande sont également diffusées.

Le concept de «mentalité d'esclave» dans les régimes autoritaires ainsi que dans les programmes d'extrémisme de droite ou de gauche décrit une attitude de soumission, de conformité et de loyauté inconditionnelle envers les dogmes idéologiques. Une telle mentalité apparaît lorsque les libertés individuelles sont réprimées et que la pensée collectiviste est glorifiée. L'autoritarisme n'autorise pas l'indépendance de l'individu et entrave la réflexion critique autant que possible. Ces systèmes de pouvoir reposent sur des mécanismes qui écrasent la volonté des citoyens et les contraignent à accepter sans critique les instructions du leadership. La pression pour se soumettre à la volonté de ceux qui détiennent le pouvoir est intensifiée par la peur de la répression, de l'arrestation ou du harcèlement. Ces régimes utilisent stratégiquement les médias et d'autres institutions pour propager une vision du monde unilatérale qui justifie leurs propres structures de pouvoir. L'impression de la réalité est progressivement déformée pour assurer la dépendance envers le leadership. Cela contribue à l'émergence d'une mentalité d'esclave, où les libertés et les droits personnels sont dévalués.

Les idéologies extrémistes, qu'elles soient de droite ou de gauche, reposent sur ces structures et sur l'accent mis sur les dogmes. La dissidence n'est pas tolérée. Les gens sont encouragés à suivre aveuglément sans remettre en question. Cela diminue la responsabilité individuelle et favorise la dépendance envers les figures de leadership. Les mouvements d'extrême droite tendent à soutenir un ordre social hiérarchisé dans lequel certains groupes sont placés au-dessus des autres. Ils exigent une loyauté aveugle de la part de leurs partisans envers un leader fort ou la pression de la nation. Les images de l'ennemi représentent une mentalité de "nous contre eux" qui entrave la réflexion critique. La violence devient alors un moyen légitime de maintenir le pouvoir, renforçant davantage la soumission à l'idéologie.

D'autre part, l'extrémisme de gauche appelle à une restructuration radicale de la société, proclamant l'abolition des distinctions de classe et visant à éradiquer les structures capitalistes. Ces idéologies prennent également des traits autoritaires, car elles ne tolèrent aucune dissidence et poussent à un ordre coercitif stricte du collectif. Tout le monde est contraint de se sacrifier pour le bien commun, ce qui restreint inévitablement l'autonomie personnelle. La lutte des classes est considérée comme un élément central, la classe dirigeante étant vue comme l'ennemi. L'adhésion aux objectifs collectifs est priorisée par rapport à la liberté d'expression individuelle. Les mouvements d'extrême gauche établissent également des structures dogmatiques où les déviations individuelles ou la critique de l'idéologie sont punies. Dans les deux cas, que ce soit dans l'extrémisme de droite ou de gauche, presque les mêmes mécanismes sont employés pour promouvoir une forme de mentalité d'esclave.

Les groupes extrémistes ont besoin d'un ennemi commun pour créer une cohésion interne et insuffler le récit "nous contre eux". Ces images de l'ennemi servent à projeter la responsabilité des problèmes sociétaux sur des groupes spécifiques. Cela simplifie les problèmes sociaux et politiques complexes en oppositions binaires. La peur de la surveillance interne et de l'exclusion sociale pousse les partisans à se conformer aux règles autoritaires. Dans de tels systèmes clos, aucune alternative à l'idéologie imposée n'est tolérée. Le manque de diversité dans la formation des opinions renforce encore la mentalité d'esclave. L'interconnectivité de la négativité décrit la dynamique entre les idéologies extrémistes, les théories du complot et les concepts de terrorisme. Différentes formes d'extrémisme et de radicalisme se soumettent à des schémas communs, multipliant les menaces pour la société. En particulier, l'histoire politique récente en Allemagne montre comment ces phénomènes sont interconnectés et représentent une menace sociétale dans son ensemble. Bien que l'extrémisme de droite et de gauche poursuive des objectifs idéologiques différents, il existe des parallèles remarquables dans leur comportement. Les deux extrêmes rejettent l'ordre constitutionnel démocratique. Tandis que certains continuent de se cacher derrière les bureaux des parlements, d'autres prônent ouvertement la violence. Les deux groupes flirtent avec la radicalité des théories du complot et du terrorisme. Un exemple illustratif de cela est l'augmentation du discours anti-système, qui dénonce le système actuel comme répressif et corrompu. Dans la communication sur les réseaux sociaux, les groupes extrémistes de droite et de gauche utilisent des récits complotistes dirigés contre un ennemi commun : l'État et ses mesures. Ils créent une vision du monde en noir et blanc qui confirme leur idéologie et diabolise l'opposant politique.

Une conséquence particulièrement alarmante de l'inaction est la possibilité que le système climatique atteigne certains points de basculement qui sont irréversibles. Cela inclut le dégel du permafrost, la fonte des calottes polaires ou la déforestation de la forêt amazonienne. De tels événements pourraient déclencher une réaction en chaîne, conduisant à une spirale de réchauffement incontrôlable. Ces points de basculement ont des conséquences de grande portée et souvent irréversibles pour le climat mondial et le mode de vie humain.

Pourquoi la société permet-elle à des dictateurs de jouer avec elle? Est-ce peut-être les masses, le peuple lui-même, qui sont à blâmer? Ce fut le cas dans la Rome antique également. En réfléchissant sur l'interconnectivité de l'histoire, il est parfois plus facile pour les gens d'accepter l'ordre existant que de lutter activement pour le changement. Cela peut conduire à une forme de passivité collective, où le peuple est incapable ou refuse de se lever contre un régime autoritaire. La passivité collective est un facteur crucial expliquant pourquoi les régimes autoritaires restent au pouvoir. Il existe de nombreuses raisons pour lesquelles les gens restent passifs dans de telles situations. Les gens s'habituent aux conditions existantes, même si elles sont injustes ou répressives. Le changement implique souvent de l'incertitude et des risques, amenant beaucoup à accepter le statu quo, même s'ils sont insatisfaits. Dans les cas où les gens sont en minorité, des alternatives claires ou crédibles à un régime autoritaire font souvent défaut. S'ils estiment qu'un changement de leadership ou de système ne conduirait pas à une amélioration, ils sont moins enclins à s'engager. Après des années ou des décennies de répression, ils deviennent désillusionnés et sentent que le changement est impossible. Cette attitude les pousse à abandonner l'espoir d'un avenir meilleur et à se retirer.

Dans les sociétés répressives, la peur des représailles peut empêcher les gens d'exprimer ouvertement leurs opinions et croyances. Pour surmonter cette passivité, il est essentiel de soutenir les communautés, de promouvoir l'échange d'informations et de sensibiliser aux droits et aux opportunités. L'éducation, les mouvements sociaux et le soutien international peuvent également jouer des rôles cruciaux pour encourager les individus à plaider pour le changement et à devenir des participants actifs. Les masses ont tendance à se conformer aux normes et comportements des groupes dominants. Dans les régimes autoritaires, cela peut signifier que les gens, par peur de l'isolement social ou de la répression, répriment leurs propres croyances et s'alignent avec la majorité, même s'ils détiennent en privé des opinions différentes. C'est la capitulation de la minorité de rationalité devant la majorité de la violence.

Les régimes autoritaires utilisent des appels émotionnels pour consolider leur pouvoir. En incitant à la peur, au nationalisme ou en créant des ennemis, ils maintiennent les masses dans un état d'agitation émotionnelle, ce qui entrave la pensée rationnelle et la réflexion critique. Lorsque certains groupes ou individus sont « déshumanisés », il devient plus facile de les opprimer ou de les persécuter ; cette déshumanisation réduit l'empathie générale et amène les gens à rester passifs pendant que des injustices se produisent. À un moment donné, une réponse doit être apportée, et cela ne peut fonctionner que si l'on attaque robuste. Il est alarmant que l'urgence d'agir ne soit pas reconnue. Sans modèles inspirants, les gens continueront à rester passifs. L'ignorance n'est pas seulement une forme de bonheur, mais aussi un puissant moyen d'éviter des pensées inconfortables. Après tout, il est beaucoup plus facile de parler de la météo ! L'effet « nous » est un outil puissant. Si la majorité soutient la dictature, cela doit être juste, n'est-ce pas ? La logique est surestimée! Levons un verre à la capitulation de la rationalité!

Pas de parallèles, mais des analogies historiques : durant la République de Weimar, il y avait une augmentation des mouvements populistes qui promettaient souvent des solutions simples à des problèmes complexes. La rhétorique de Donald Trump et sa capacité à mobiliser à travers des messages simples et accrocheurs montrent des similitudes. Les deux phénomènes utilisent les émotions pour gagner du soutien et saper la confiance dans les institutions établies. Vladimir Poutine y a également réussi depuis longtemps. Les institutions et les normes protégeant la démocratie ont connu un déclin lent mais régulier, en raison du mépris des règles et de l'acceptation croissante des tactiques autoritaires. Les critiques soutiennent que des tendances similaires sont observables aux États-Unis, notamment en ce qui concerne le respect de l'état de droit et l'indépendance de la justice.

Dans la République de Weimar, certains groupes, tels que les Juifs et les communistes, étaient présentés comme des boucs émissaires des problèmes de la société. Poutine a mis la population civile ukrainienne sur la liste des cibles. Trump a également fréquemment attaqué des minorités et des opposants politiques, les blâmant pour divers problèmes sociétaux. Cela peut conduire à une division de la société et à une augmentation de l'intolérance. La République de Weimar avait une variété de médias, souvent polarisés, qui contribuaient à la diffusion de la propagande. Dans le contexte actuel, les médias sociaux et la diffusion de la désinformation représentent un problème similaire. L'utilisation par Trump des médias sociaux pour communiquer directement avec ses partisans a changé la façon dont l'information est diffusée et consommée. Dans la République de Weimar et à l'heure actuelle, il existe des incertitudes économiques qui servent de terreau fertile pour les mouvements populistes. Les crises économiques peuvent rendre les gens plus sensibles aux vues extrêmes et miner la confiance dans la démocratie. De telles comparaisons fournissent des éclairages précieux sur les dynamiques de pouvoir et d'autoritarisme. Elles nous rappellent l'importance de défendre les valeurs démocratiques et de rester vigilants face aux signes de répression et d'érosion des institutions.

À la lumière des élections d'État dans les Länder de l'Est allemand en 2024, les souvenirs des résultats électoraux à l'aube de la national-socialisme allemand en l'année fatidique de 1932 refont surface. À l'autre extrémité du spectre extrémiste, des images altérées révèlent qu'une politicienne de gauche, provenant du parti communiste SED de l'ancienne RDA, a fondé un nouveau parti en s'inspirant de l'exemple notoire de Rosa Luxemburg du début du XXe siècle. Avec une approche très idiosyncratique du gouvernement central révolutionnaire tout en rejetant les principes démocratiques dans une Europe moderne, elle s'immisce maintenant dangereusement dans la politique. La vision méprisante du monde de l'humanité de Lénine est-elle à nouveau au centre de la politique sociétale allemande ? L'intention explicite de saper les capacités de défense du monde libre et, par la porte de derrière, d'affaiblir la stabilité financière de l'Europe, peut-être même au profit du Kremlin, ne doit pas être négligée. De simples discours du dimanche annonçant des pare-feux ne suffiront pas à contenir les dangers pour la société. Les extrémistes de gauche ont gagné une attention accrue ces dernières années, notamment en lien avec la désinformation, les activités subversives et la diffusion d'idées radicales dans les canaux médiatiques, y compris les talk-shows ou les réseaux sociaux. Il est crucial de surveiller de manière critique l'influence de ces acteurs sur la stabilité des démocraties occidentales, car ils utilisent souvent des mécanismes similaires à ceux de l'extrême droite pour poursuivre leurs objectifs.

Ceux qui incitent à la lutte des classes, ou qui sont même coupables de collaboration avec des régimes dictatoriaux ou de sabotage de l'ordre occidental, appartiennent sans aucun doute au banc des accusés. De telles transgressions menacent non seulement la stabilité et la cohésion sociale, mais sapent également la confiance dans les processus et institutions démocratiques. L'incitation délibérée à la lutte des classes est une forme particulièrement insidieuse de division, car elle s'appuie sur les peurs sociales et économiques les plus profondes de la population. La polarisation entre «en haut» et «en bas», «pauvres» et «riches» n'est pas accidentelle, mais intentionnellement alimentée pour poursuivre des buts politiques ou idéologiques. Au lieu de trouver des solutions à l'inégalité, le conflit est intensifié pour canaliser le mécontentement, souvent à son avantage. La société se déchire, et le danger grandit que la lutte des classes puisse conduire non seulement à une instabilité sociale, mais aussi à une instabilité politique. Le sape systématique de l'ordre occidental par la désinformation et les appels dans les talk-shows constitue des attaques directes contre la souveraineté et la stabilité des valeurs occidentales, visant à saper la confiance dans les institutions et les processus démocratiques. Les médias pourraient jouer un rôle crucial pour exposer les pratiques subversives et mettre en lumière ceux qui en sont responsables.

Lorsque les polarizations s'ancrent dans la société et la politique, cela conduit à un durcissement des fronts qui complique le dialogue constructif et compromet la cohésion sociale. La polarisation se solidifie souvent lorsque différentes idéologies évoluent dans des espaces discursifs isolés et perçoivent de plus en plus l'autre côté comme un ennemi. Les effets de ce phénomène sur les sociétés, les démocraties et les relations internationales sont d'une portée considérable et problématique. Une mentalité rigide de camps favorise l'intolérance et diminue la capacité à apprécier d'autres perspectives. Dans une démocratie fondée sur l'échange d'idées et la recherche de compromis, cela est particulièrement dangereux. Lorsque les fronts sont durcis, certaines personnes et groupes sont enclins à la radicalisation. Cela rend les actions plus probables, mettant encore en danger la sécurité et la stabilité de la société. Les sociétés polarisées ont souvent une méfiance vis-à-vis des médias traditionnels et des institutions d'État, car elles sont perçues comme biaisées ou faisant partie du camp opposé. Cela favorise la diffusion de fausses informations et entraîne la fragmentation de la perception de la vérité et de la réalité.

Il est bien connu que les mouvements populistes, tant de gauche que de droite, occupent les scènes publiques pour diffuser leurs messages et mobiliser des partisans. Cette situation engendre le risque que des messages simplistes s'immiscent dans le discours public. La critique des valeurs occidentales, comme l'ordre économique international ou l'Union européenne, constitue un élément central des programmes politiques de certains mouvements. Bien que la critique des systèmes existants soit tout à fait légitime et nécessaire, il y a un danger que des forces suspectes s'orientent vers une direction qui remet en cause la légitimité des valeurs et structures communément acceptées.

La prise de décision ne peut être justifiée éthiquement, si les points de basculement sont ignorés ou négligés. Cela est particulièrement vrai en raison des aspirations de joueurs sournois tels que Viktor Orban en Hongrie, l'ancien Jarosław Kaczyński en Pologne, R.T. Erdogan en Turquie ou le réélu Donald Trump aux États-Unis. Il ne sert à rien de se concentrer uniquement sur les personnalités. Il est beaucoup plus pertinent de prêter attention aux idéologies qui sont diffusées insidieusement. Elles doivent être dénoncées, non seulement de manière abstraite dans des discussions théoriques. Ces idéologies, qui reposent souvent sur le nationalisme, des valeurs autoritaires ou le renforcement du sentiment "nous contre les autres", représentent une menace sérieuse pour les sociétés démocratiques. Il est crucial de révéler les mécanismes et les récits qui se cachent derrière l'érosion insidieuse des valeurs démocratiques. Critiquer et exposer ouvertement de telles idéologies est particulièrement important, car elles agissent souvent très subtilement. Elles ne se présentent pas comme une attaque directe contre la démocratie, mais exploitent habilement les peurs et les besoins de la population. Une exposition ciblée empêche que de telles mentalités s'ancrent de plus en plus au sein de la société.

Il est tout à fait juste de parler des horreurs du nazisme et du fascisme, mais les conséquences catastrophiques du communisme et d'autres formes de totalitarisme de gauche ne sont pas à négliger. La souffrance infligée au nom de ces idéologies à des millions de personnes est tout aussi choquante et démontre que l'extrémisme sous toutes ses formes est dangereux. Il a engendré des régimes totalitaires qui ont eu recours à une violente répression contre les dissidents, les opposants et les minorités. Le dénominateur commun des deux idéologies est la prétention à une vérité absolue qui n'a pas sa place dans le domaine séculier. Cependant, l'extrémisme combat toute déviation comme une menace et la réprime avec brutalité. Un aspect tragique de la pensée de gauche réside dans la déformation et l'inversion des idées de justice sociale et de solidarité, que l'on transforme en leur opposé. Au lieu de libérer les gens, ils furent contraints dans des systèmes répressifs qui ne permettaient ni la liberté individuelle ni la diversité des opinions. Ironiquement, dans les deux mécanismes du totalitarisme de gauche et de droite, il y a des similitudes inquiétantes. Elles s'appuient sur des ennemis collectifs et sur le culte de la personnalité des dirigeants autoritaires présentés comme les sauveurs infaillibles de la nation ou de la révolution.

Dans un monde où ignorer l'histoire est devenu une tradition, on pourrait presque soupçonner que nous sommes à la recherche du prochain grand scandale, seulement pour nous rendre compte que, dans cette quête des «pires criminels», nous avons négligé l'ignorance elle-même. Peut-être devrions-nous simplement commencer par chercher des faits, au lieu de reléguer les souffrances passées dans un coin du grand livre de l'histoire. Ironiquement, cela pourrait bien être ce dont la société civile a besoin pour engendrer un changement durable.

Les acteurs politiques extrémistes se positionnent généralement en faveur de tendances autoritaires, d'une rhétorique populiste et remettent en question les valeurs démocratiques libérales. Un moyen d'action efficace à long terme contre la montée des politiques extrémistes est la promotion de l'éducation politique. Les acteurs populistes, qu'il s'agisse d'Erdogan, d'Orban, de Le Pen ou de Wagenknecht, s'adressent souvent spécifiquement aux électeurs qui se sentent négligés par l'élite politique ou vivent dans l'incertitude. Ils instrumentalisent les peurs sociales et économiques et proposent des solutions simples, souvent nationalistes, à des problèmes complexes. En particulier en ce qui concerne l'unification européenne et la défense des valeurs de liberté, des méthodes de défense subtiles sont nécessaires. Grâce à une éducation politique approfondie, le public peut être habilité à percer la rhétorique des extrémismes et à les remettre en question de manière critique. Des programmes éducatifs qui promeuvent la compréhension de la démocratie, des droits de l'homme et du pluralisme peuvent affaiblir la montée des mouvements dangereux. Des programmes de discussion et de communication intensifs qui favorisent la compréhension de la démocratie européenne, des droits humains et du pluralisme peuvent contribuer à affaiblir l'essor des mouvements extrémistes. Pour faire face aux politiciens extrémistes, il est crucial que les mouvements démocratiques agissent de manière unie. Souvent, ces politiciens utilisent la faiblesse ou la division des forces démocratiques à leur avantage. Par conséquent, les forces démocratiques doivent travailler ensemble pour formuler des alternatives convaincantes aux positions de division sociale et les représenter de manière unie. Une stratégie claire et cohérente pour défendre la démocratie est essentielle.

Lorsque l'identité nationale est poussée à l'extrême et que la diversité est perçue comme une menace, cela entraîne inévitablement discrimination et persécution. Cela déstabilise inévitablement tout tissu social. Les gouvernements autoritaires se présentent souvent comme des victimes d'attaques externes, ce qui amène la population à «protéger» le régime. Ainsi se développe une hystérie collective pour un système qui est en réalité répressif. En politique internationale, les concepts de soutien et de rejet sont particulièrement pertinents, car ils façonnent la dynamique entre États, organisations internationales et autres acteurs. Ainsi, le soutien aux interventions humanitaires est parfois utilisé pour escalader les tensions lorsque les États rejettent que de telles mesures soient prises sans leur accord ou contre leurs intérêts. Cela démontre comment les différentes conceptions des droits de l'homme et de la souveraineté peuvent engendrer des conflits en politique internationale. Le soutien et le rejet en politique internationale sont étroitement liés et influencent considérablement les relations entre

États ainsi que la formation des normes et institutions internationales. Comprendre ces dynamiques est essentiel pour analyser et gérer les conflits et coopérations internationales.

Lorsque, en février 2022, la population civile en Ukraine a d'abord été bombardée sans relâche, personne ne se doutait encore d'un prochain massacre à Boutcha. Mais très vite au printemps, cela s'est concrétisé. Les images de civils gisant dans la rue, ligotés et atteints par des balles dans le dos, n'ont plus quitté la mémoire collective du monde libre. Ces événements terribles incitent à réfléchir sur la responsabilité de la communauté internationale et à veiller à ce que de tels crimes ne restent pas impunis. Car il ne s'agissait pas d'un crime isolé d'inhumanité. Suivant, les envahisseurs russes ont progressivement commis des viols, des déportations d'enfants, des tortures - comment qualifier autrement des actes où, d'abord, on coupe les mains et les pieds puis on décapite, ou où des épouses doivent voir leurs maris enterrés vivants ? Les atrocités sont inimaginables et illustrent les crises humanitaires profondes qui peuvent surgir lors de conflits comme celui en Ukraine. Ces événements horribles mettent non seulement en question l'intégrité morale de la communauté internationale, mais réclament aussi une action urgente et une profonde réflexion sur la responsabilité des États et des organisations internationales.

Le fait qu'un État, responsable de graves violations des droits humains comme dans le cas de la Russie dans le conflit ukrainien, soit membre du Conseil de sécurité de l'ONU et dispose d'un droit de veto soulève de sérieuses questions morales et juridiques. Cela mine la crédibilité des Nations Unies dans son ensemble et entraîne une perte de confiance envers les institutions internationales. Des coalitions multilatérales, prêtes à agir ensemble même en cas de désaccord au sein du Conseil de sécurité, devraient assumer la tâche d'agir sur la base de valeurs et d'intérêts communs, que ce soit pour mener des interventions humanitaires ou des missions de paix. *)

La protection des droits de l'homme et le respect de la dignité de toutes les personnes devraient être au cœur de tous les efforts internationaux. L'interconnectivité de la justice dans ce contexte est cruciale, car elle comprend différentes dimensions qui doivent interagir pour garantir une solution durable. La communauté internationale doit adopter une stratégie globale qui inclut à la fois des mesures préventives et réactives, afin de s'attaquer aux causes

*) „POLITICS $^{@}$Global.World . INTL"; ISBN 9783759706041

complexes de ces conflits et de protéger les droits des victimes.

Pour créer une véritable boîte noire de supervision, des réformes sont nécessaires pour renforcer l'indépendance et le pouvoir des instances internationales de surveillance et de contrôle. On pourrait envisager des instances supranationales dotées de prérogatives claires, capables de transcender les intérêts nationaux et de promouvoir la responsabilité mondiale. Cependant, ces instances doivent être démocratiquement légitimées pour être acceptées internationalement et ne pas être perçues comme une menace à la souveraineté nationale, un exercice d'équilibre qui demeure jusqu'à présent non résolu dans la politique internationale.

Cela souligne que la justice est un concept multidimensionnel qui s'entrecroise dans divers domaines. Pour développer des solutions efficaces et durables, il est essentiel de reconnaître ces connexions et de promouvoir une approche inclusive. La guerre d'agression de ce dictateur n'est pas le seul accusé de génocide; il a déjà pratiqué des actes similaires contre d'autres peuples. Les actions des dictateurs contre des groupes ethniques font partie d'un schéma plus large de violence et d'oppression. Ces continuités historiques doivent être reconnues et examinées pour comprendre comment de tels comportements s'institutionnalisent et quelles idéologies les motivent. Le génocide et l'anéantissement systématique de groupes entiers de la population sont des signes d'alerte urgents pour prévenir des violations similaires dans le présent.

L'art de la dictature, une œuvre maîtresse de répression, assaisonnée d'une pincée de génocide et d'une touche de mégalomanie? Mais ne vous inquiétez pas, chère communauté mondiale! Comme chacun sait, les « mécanismes éprouvés » pour empêcher de telles atrocités fonctionnent impeccablement. Il suffit de fermer les yeux très fort et de chanter « Lalala, je ne te vois pas! Déjà, comme par magie, ils veulent faire oublier les problèmes. Sinon, comment la célèbre organisation mondiale de l'ONU aurait-elle pu guetter les horribles atrocités commises sur des femmes et des bébés aux membres et aux têtes brutalement coupés, qui ont ensuite été diffusées sur Internet pour le plaisir lors du raid en Israël. Dans les suites officielles de ces prises de position, les rôles de bourreau et de victime ont encore été violemment déformés. Quelle sublime ironie du sort - nous voilà face à la crème de la crème de la diplomatie internationale, les Nations-Unies, cet exemple ambigu et brillant d'arrogance et d'incompétence. Comme ils sont passés maîtres dans l'art de fermer les yeux sur l'horreur, d'ignorer le droit à l'autodéfense et d'entonner à la place une joyeuse chanson de paix et d'harmonie! Qui a besoin de faits quand on a de l'imagination pour déformer les faits? Pourquoi se débattre avec une réalité inconfortable quand on peut si merveilleusement regarder le monde à travers les lunettes roses des fakes? Après tout, il est bien plus agréable de mélanger allègrement bourreaux et victimes comme dans un jeu de bingo cosmique. Aujourd'hui, tu es le méchant, demain tu seras le héros - comme c'est excitant!

Cependant, la responsabilité ne doit pas cesser de se manifester. Pas seulement ceux qui donnent des ordres, mais aussi ceux qui, dans l'Europe prétendument tranquille, se sont tus, ont toléré et soutenu, voire collaboré ouvertement avec les forces néfastes, doivent être dénoncés. Si nous cherchons à rendre compte des crimes de guerre, il est logique que ces figures soient également tenues responsables. Il est intéressant de noter que ce sont précisément ceux qui ont poussé des cris lorsque l'OTAN a soi-disant intervenu de manière inappropriée dans la guerre des Balkans alors que la population civile était massacrées. Ou bien les femmes enceintes dont on a arraché le fœtus et dont les blessures ont été cousues avec du fil barbelé ne sont-elles pas des victimes de violences abominables ? Ces débats ne sont pas uniquement académiques, mais ont des répercussions directes sur l'action présente de la communauté internationale. Il est vital d'apprendre du passé et de mettre en avant les impératifs moraux de protection des civils.

Les systèmes démocratiques sont confrontés au défi d'être à la fois pluralistes et inclusifs, tout en restant vigilants face aux forces antidémocratiques. Il existe un risque que des acteurs extrémistes profitent des libertés démocratiques pour les saper. Les collaborateurs avec le régime actuel de la Russie cherchent manifestement à influencer les concurrents politiques, que ce soit par le biais de lobbyisme, de soutien financier ou d'autres moyens. Ils entendent orienter les décisions politiques et la rhétorique dans une direction qui sert les intérêts des agresseurs. C'est la manière typique d'initier un bouleversement sociétal. Dans un monde où les acteurs politiques, par ignorance ou approbation passive, permettent des guerres et leurs atrocités, il est crucial de développer une conscience de la complexité de la responsabilité. Toute forme de complicité, qu'elle soit active ou passive, devrait être remise en question et dénoncée pour finalement promouvoir la justice et la responsabilité dans un sens plus large.

« Se défendre ne signifie pas éviter le contre-attaquer», ni d'une manière rationnelle et militaire, ni éthiquement. A cet égard, certains politiciens, même à des postes de responsabilité élevée en Europe, semblent en être inconscients. D'où l'urgence de recourir à des outils d'évaluation. On pourrait presque penser que certains acrobates politiques, qui se considèrent comme les mains directrices de l'Europe, n'ont jamais entendu parler de la réalité en vigueur dans le reste du monde. Ou pire encore, ils croient avoir réécrit tout le manuel de la défense, mais sur les pages lisses d'un carnet à notes effaçable. La question de pourquoi une stratégie de défense claire est traitée comme un terme tabou dans l'une des principales capitales européennes ne peut être répondue qu'avec un regard un peu humide porté sur les récents débats politiques. Alors que le monde évolue dans l'esprit de la mondialisation, mais aussi dans les élans d'une révolution géopolitique, les marionnettes politiques, qui manient les fils de certains gouvernements européens, semblent être embourbées dans un état permanent de refus de la réalité. Les objections, parfois avancées contre une réponse militaire ou politique renforcée, constituent la cerise sur le gâteau des absurdités. Ceux qui choisissent de défendre activement sont souvent étiquetés comme barbares, comme si le fait de ne rien faire avait une supériorité morale. En tournant le dos à un conflit ouvert, on crée davantage d'espace pour le contraire de ce qu'on cherche à préserver. Le principe européen d'attendre le prochain progrès diplomatique a trop souvent le goût amer de l'échec. C'est comme attendre sans fin le train qui ne vient jamais, alors que la gare est déjà en flammes.

13. INTERCONNECTIVITÉ DES GUERRES

Les guerres ne sont pas des événements isolés. Elles ont des répercussions à différents niveaux - local, régional et mondial – et sont intégrées dans des réseaux politiques, économiques, sociaux et technologiques. L'interconnexion des guerres montre qu'elles ne peuvent pas être considérées séparément. Elles exigent plutôt une compréhension approfondie des dynamiques mondiales et des diverses connexions entre les acteurs et les régions.

Cela souligne la nécessité d'approches multilatérales et d'une diplomatie flexible. L'interconnexion se manifeste également dans la façon dont les acteurs internationaux réagissent aux conflits, que ce soit par des interventions militaires, une aide humanitaire ou des sanctions économiques. La manière dont les relations géopolitiques influencent la dynamique d'un conflit peut être observée dans la formation d'alliances. Les affrontements dans une région ont souvent des répercussions directes sur des zones géographiquement éloignées. Le conflit persistant entre Israël et le Hamas au Moyen-Orient, ainsi que la crise associée dans la mer Rouge, illustrent clairement cette interconnexion. Les conséquences vont bien au-delà des zones immédiatement touchées et affectent le commerce mondial et la sécurité internationale. Le conflit hégémonique dans le golfe Persique entre l'Iran, l'Irak et l'Arabie saoudite montre comment les puissances régionales luttent pour de l'influence, tandis que des acteurs mondiaux comme les États-Unis sont indirectement impliqués. Cette dynamique a conduit à des guerres, notamment la guerre Iran-Irak, la seconde guerre du Golfe et la guerre d'Irak en 2003. Le soutien de ces puissances à différents groupes prolongent ou intensifient les conflits et peuvent parfois enflammer des zones voisines ou bien des régions lointaines. Il ne faut pas non plus ignorer que les attaques militaires entraînent des crises humanitaires, qui à leur tour ont des répercussions internationales. La situation humanitaire catastrophique dans la bande de Gaza et les défis liés à la reconstruction soulignent la complexité des conséquences des conflits et comment elles obligent la communauté internationale à agir.

Les guerres génèrent des flux migratoires qui ne concernent pas seulement la région immédiate, mais provoquent aussi des turbulences sociales et politiques dans des pays lointains. La crise des réfugiés déclenchée par la guerre civile syrienne a eu des conséquences majeures sur la politique européenne. L'utilisation stratégique des flux migratoires comme outil politique, notamment par le Kremlin, pour influencer la politique européenne et occidentale, témoigne de la manière dont la Russie utilise ces flux pour agir contre l'Occident et le monde libre. Ce type de guerre hybride, où des moyens non militaires sont utilisés pour déstabiliser et influencer des régions et des continents, montre l'interconnexion des conflits locaux et des dynamiques politiques mondiales.

En outre, la modernisation des arsenaux nucléaires et la prolifération des technologies militaires avancées augmentent les tensions mondiales. Le transfert de technologies entre des pays comme la Russie et la Corée du Nord montre comment les coopérations militaires influencent les conflits existants et créent de nouveaux risques sécuritaires. La formation d'un « nouveau rideau de fer » le long de l'aile est de l'OTAN symbolise le fossé idéologique et stratégique qui se creuse entre différents blocs de pouvoir. Cette fracture s'étend de l'Arctique à la Méditerranée orientale et influence la dynamique géopolitique d'une large région. L'interconnexion des guerres se manifeste ainsi dans le tissage des conflits régionaux avec les dynamiques de pouvoir mondiales, l'extension des conflits au-delà des frontières et les combinaisons complexes d'acteurs et de régions. Ces interconnexions rendent de plus en plus difficile de considérer ou de résoudre les conflits de manière isolée et exigent une compréhension globale du paysage géopolitique mondial.

Le changement climatique aggrave les conflits existants pour les ressources rares comme l'eau et les terres agricoles. Les sécheresses, les inondations et d'autres phénomènes climatiques extrêmes déstabilisent les régions et créent des conditions favorables aux conflits. Ces liens soulignent à quel point les facteurs écologiques sont liés aux développements sociaux et politiques. Les guerres ont indéniablement des conséquences économiques à grande échelle qui vont bien au-delà de la région directement touchée. Grâce à la mondialisation, les économies nationales sont étroitement liées, de sorte qu'un conflit peut avoir des répercussions sur les chaînes d'approvisionnement mondiales et les marchés. La propagation de l'information et de la désinformation via les médias sociaux et les canaux d'information influence la manière dont les guerres sont perçues et comprises. La prudence et l'alerte sont de mise, car la propagande, les fake news et les campagnes d'information ciblées influencent l'opinion publique. Ainsi, la guerre de l'information autour du conflit Russie-Ukraine a eu des répercussions sur les positions des populations occidentales. La société doit être renforcée dans sa formation d'opinion afin de mieux réagir aux impacts des conflits.

Il convient également de mettre en place des mesures pour l'intégration économique, le renforcement de la société civile dans un monde libre et l'adaptation aux changements environnementaux. De nouvelles technologies comme l'intelligence artificielle modifient la conduite de la guerre. Les systèmes d'IA sont utilisés pour identifier des cibles et pour d'autres fins militaires. Cela soulève de nouvelles questions de droit international, notamment en ce qui concerne le respect des principes humanitaires. L'accélération et la potentielle déshumanisation des conflits par l'IA sont un sujet de discussion critique. L'interconnexion des guerres se reflète ainsi dans ses impacts multiples sur la société et l'économie, ainsi que dans la manière dont elle est étudiée, analysée et menée. Une compréhension holistique de ces connexions est essentielle pour la prévention des conflits et la promotion de la paix.

Pour anticiper et mieux comprendre l'émergence des guerres et des conflits armés, il est nécessaire de collecter et d'évaluer de manière systématique des données. Divers instituts de recherche les recueillent pour tirer des conclusions sur les causes, l'intensité et la durée des conflits ainsi que sur les tendances mondiales. Les résultats servent à une détection précoce d'une escalade et à l'évaluation des mesures de prévention. Les thèmes abordés soulèvent de nombreuses questions qui se situent dans les domaines de la politique, de l'économie, de la société, de la technologie et de l'environnement. En dépit des crises actuelles, il existe des raisons d'être prudemment optimiste et de nourrir des perspectives positives pour l'avenir.

L'appel à la violence de régimes douteux ne peut pas être répondu en laissant des peuples se soumettre. La perte des droits humains et de la liberté reste, sur le plan éthique, inacceptable. Les développements historiques récents montrent comment certains acteurs politiques tentent de déstabiliser les sociétés, de soumettre les peuples et de briser leur résistance. Les droits humains et la liberté individuelle sont les pierres angulaires d'une société juste. Ils garantissent la dignité de chaque individu, protègent contre l'arbitraire et la répression étatique et permettent une vie en autodétermination et en dignité. Ces droits sont universels et inaliénables, indépendamment de l'origine, de la religion ou des convictions politiques. Ils comprennent non seulement le droit à la vie, à la liberté et à la sécurité, mais aussi la liberté d'expression, de la presse et de réunion, ainsi que le droit à un procès équitable.

La liberté, en particulier la liberté d'expression, est indispensable au progrès intellectuel, culturel et politique d'une société. Elle permet l'échange d'idées, la remise en question des relations existantes et la création de solutions innovantes pour les défis sociétaux. Sans liberté, une société s'étouffe dans le dogmatisme et la stagnation. La capitulation du droit à la liberté d'expression est une vision inquiétante, qui montre la perte progressive ou ouverte de l'un des droits fondamentaux. Le droit à la liberté d'expression est essentiel au progrès social. Limiter ce droit peut avoir des conséquences profondes pour la société. Mais comment une telle "capitulation" survient-elle?

Une raison fréquente de la restriction de la liberté d'expression est la consolidation du pouvoir par des gouvernements autoritaires. La censure, le contrôle des médias et la persécution ciblée des dissidents sont sur le point d'étouffer la diversité des opinions. Dans de nombreux pays, ce droit est systématiquement sapé, que ce soit par la violence directe, les menaces ou des formes subtiles d'intimidation. En plus de la censure étatique, l'autocensure sociale conduit à une perte progressive de la liberté d'expression. Les gens font souvent preuve de retenue dans l'expression de leurs opinions par crainte de l'ostracisme social, de la diffamation ou des conséquences professionnelles. Dans les espaces numériques, des phénomènes comme les "shitstorms", la culture de l'annulation et le cyberharcèlement amplifient cette tendance. Cela crée une atmosphère où les discussions controversées mais nécessaires sont régulièrement supprimées. Bien que la liberté d'expression soit un droit fondamental de l'homme, il existe également des limites légitimes. Celles-ci incluent les discours de haine, les appels à la violence ou la diffusion d'idéologies extrémistes qui violent les droits des autres. Une société ouverte exige que la liberté d'expression ne soit pas utilisée comme un permis de diffuser la haine ou la désinformation. Il s'agit de trouver un équilibre entre la défense de la liberté d'expression et la protection contre la propagande nuisible et l'extrémisme.

Les droits de l'homme sont non négociables. Ils sont universels et s'appliquent à tous les êtres humains, indépendamment des circonstances politiques ou culturelles. Toute tentative de relativiser les droits de l'homme ou de les nier à certains groupes constitue une violation de la dignité humaine et une atteinte aux fondements du droit international et de la morale humaine. L'acceptation des violations des droits de l'homme par des régimes autoritaires constitue non seulement un danger pour les populations concernées, mais aussi pour la stabilité mondiale et le système juridique international. Elle crée des précédents dangereux que les gouvernements autoritaires dans le monde entier utilisent pour justifier leurs propres mesures répressives. Cela conduit à l'érosion progressive de l'universalité des droits de l'homme et présente le risque que les pratiques autoritaires restent impunies à l'échelle mondiale. Pour contrer cette menace, l'application du « ius ad bellum », le droit de mener une guerre pour défendre un objectif légitime, est justifiée dans des cas extrêmes.

Les escalades suivent généralement une dynamique auto-renforcée. Un conflit en escalade attire d'autres acteurs, les implique dans le réseau et provoque de nouveaux conflits. Les escalades parallèles se stimulent mutuellement et s'accélèrent. Les conflits limités au départ s'étendent souvent à d'autres sujets ou zones, ce qui entraîne une multiplication des points de discorde. Par exemple, un conflit sur des ressources peut facilement dégénérer en conflits politiques ou culturels. Cette expansion attire de plus en plus d'acteurs et de sujets dans le conflit, renforçant ainsi l'interconnexion de l'escalade.

Au fil du temps, les parties au conflit ont tendance à maximiser leurs moyens, que ce soit par une violence accrue, des sanctions plus sévères ou une rhétorique plus agressive. Cette escalade des moyens a un impact direct sur d'autres zones, car elle crée des effets d'imitation ou incite les alliés à participer à l'escalade. En conséquence, les conflits se nourrissent mutuellement et créent un réseau de tensions de plus en plus vaste. Cela rend d'autant plus urgent d'intervenir tôt dans les processus d'escalade et de comprendre l'interconnexion des crises afin de prévenir une escalade à l'échelle mondiale. Une guerre à grande échelle ne se termine généralement pas en un an. Les guerres modernes impliquent généralement plusieurs acteurs et ont des dimensions géopolitiques complexes. De plus, la résistance des parties au conflit, surtout lorsque leurs systèmes reçoivent un soutien extérieur, prolonge le conflit.

Dans le cas de l'Ukraine, il est clair que la confrontation directe, déclenchée par l'invasion brutale de la Russie contre son pays voisin, s'est transformée en une guerre prolongée. Le conflit est devenu une guerre d'usure, où les deux parties insistent sur leurs objectifs malgré des pertes considérables. La Russie considère les territoires qu'elle contrôle comme essentiels pour ses intérêts géopolitiques, tandis que l'Ukraine insiste sur la nécessité de respecter le droit international et de restaurer ses frontières pour parvenir à la paix. Ce conflit – au départ, le Kremlin avait interdit de l'appeler guerre – a des répercussions mondiales et implique des pays du monde entier, que ce soit par des livraisons d'armes, des sanctions ou des efforts diplomatiques.

La guerre en Ukraine a également des répercussions sur des régions éloignées comme le Pacifique Sud, notamment en ce qui concerne la compétition géopolitique entre les États-Unis et la Chine. Dans cette région, elle a exacerbé les tensions existantes et modifié l'environnement stratégique. Alors que les pays occidentaux sont politiquement, militairement et économiquement fortement impliqués dans le soutien à l'Ukraine, la Chine utilise cette distraction pour accroître son influence dans le Pacifique Sud et la mer de Chine méridionale. Parallèlement, la Chine pourrait voir la guerre en Ukraine comme un terrain d'apprentissage pour ses ambitions vis-à-vis de Taïwan. Les observateurs voient des parallèles entre l'approche de la Russie en Ukraine et les plans potentiels de la Chine pour envahir militairement Taïwan. La guerre en Ukraine fournit à la Chine des informations précieuses sur la manière dont les pays occidentaux réagissent aux invasions ou attaques, sur l'efficacité des sanctions et sur le rôle que pourraient jouer le soutien international et les livraisons d'armes. Un aspect important est de savoir si les États-Unis seraient capables d'agir militairement en Ukraine et dans le cas d'un conflit concernant Taïwan. Cela pourrait encourager la Chine à adopter une position plus agressive vis-à-vis de Taïwan dans les années à venir, si elle considère que l'Occident est distrait et accablé. L'alliance occidentale est donc confrontée à un exercice d'équilibre, soutenant à la fois la guerre en Ukraine et s'assurant qu'il reste suffisamment de capacités militaires et diplomatiques pour protéger des régions stratégiquement importantes telles que le Pacifique Sud ou Taïwan.

L'effet d'imitation du négatif est une conséquence grave de l'interconnexion de la violence et constitue un risque important dans les conflits mondiaux. Il décrit la tendance à ce que la violence dans un contexte particulier ou par un groupe donné serve d'exemple ou d'inspiration pour d'autres acteurs, qui commettent des actions similaires agressives ou destructrices. Tous les actes de violence qui se produisent dans une partie du monde sont vus, analysés et perçus par les gouvernements comme des modèles possibles d'action. Cela signifie que l'utilisation de la violence dans un conflit motive d'autres acteurs dans différentes régions à appliquer des tactiques similaires. De même, les organisations terroristes adoptent des stratégies de violence les unes des autres. Les attentats commis par des groupes comme l'État islamique ou Al-Qaïda ont déclenché des effets d'imitation dans d'autres régions, car ces tactiques attirent l'attention des médias et suscitent une réaction publique. L'interconnexion de la violence s'adapte à la normalisation et à la légitimation des moyens violents. Lorsque des solutions militaires ou violentes sont recherchées de manière répétée dans des conflits, plutôt que des approches diplomatiques et pacifiques, la violence est perçue comme un élément accepté et normal des relations internationales ou des conflits internes. Cela crée et perpétue des précédents dangereux que d'autres parties au conflit peuvent utiliser pour justifier l'emploi potentiel de la violence. L'interconnexion de la violence renforce, dans ce cas, l'effet d'imitation, en présentant les solutions violentes comme quelque chose de répandu et de légitime, ce qui accélère l'escalade des controverses guerrières.

Un conflit dans lequel une partie exprime le désir de la paix ou du calme, tout en mettant en avant son droit à la légitime défense, tandis que l'autre partie insiste explicitement sur la guerre, constitue un cas extrêmement difficile et complexe. Il est difficile à résoudre par de simples négociations diplomatiques, car les positions semblent irréconciliables. Cependant, des solutions doivent être recherchées. Les médiateurs pourraient expliquer aux parties belligérantes que la guerre est, à long terme, destructrice tant économiquement que moralement, et ainsi proposer des moyens alternatifs pour défendre leurs intérêts. La partie défensive devrait être convaincue que la sécurité peut également être atteinte par des solutions diplomatiques ou contractuelles. Une partie qui souhaite explicitement la guerre doit être amenée à évaluer réalistement les conséquences à long terme de ce choix. Cela peut être illustré par des exemples de sanctions économiques ciblées. Les guerres sont souvent déclenchées par une mauvaise évaluation, sans une compréhension complète de l'ampleur des conséquences. L'isolement international s'accompagne fréquemment de la destruction d'infrastructures et même de la perte de vies humaines.

Dans ce cas précis, la situation est bloquée par le facteur psychologique de la psychopathie d'un dictateur et par le soutien d'autres régimes autoritaires. Lorsqu'un conflit est bloqué par la psychopathie, la solution devient particulièrement difficile. La psychopathie se caractérise par un froid émotionnel, un manque d'empathie, des comportements égocentriques, un faible contrôle des impulsions et la volonté de franchir des frontières morales et éthiques pour atteindre des objectifs personnels. Ces caractéristiques compliquent considérablement le processus de négociation, car ces dirigeants ont peu d'intérêt pour les solutions de paix.

Une stratégie efficace pourrait consister à retourner l'opinion publique contre les dictateurs, en utilisant la contre-propagande, la guerre psychologique et économique pour saper leur crédibilité et leur pouvoir aux yeux de leurs propres populations. Les campagnes d'information qui mettent en lumière les crimes, la souffrance ou les insuffisances du régime pourraient aider à affaiblir la légitimité du régime. Lorsqu'un dictateur est confronté au fait que son pouvoir s'effrite ou que ses actions sont publiquement délégitimées, il pourrait être contraint de reconsidérer sa position pour assurer sa propre survie. Toutefois, cela nécessiterait la mise en place de mesures de force considérables pour préparer le terrain et créer l'espace nécessaire aux campagnes d'information. Dans de telles situations, il est nécessaire que les stratégies intègrent à la fois des dimensions militaires et psychologiques. Les mesures militaires sont indispensables pour contrer la menace immédiate des régimes agressifs et brutaux, tandis que les campagnes d'information visent à long terme à saper la confiance de la population dans son propre régime et à mobiliser le soutien pour des structures de leadership alternatives.

Pour rompre l'interconnexion négative des agresseurs, il est crucial de construire des réseaux de soutien et de coopération positifs. La fonction de contrôle international dans les situations de guerre est essentielle pour garantir la paix et la sécurité. Une fonction de contrôle international a pour but de protéger les civils et de contrer l'efficacité des attaques. Les surveillances internationales devraient être en mesure de garantir que les crimes de guerre tels que le génocide, les purges ethniques et d'autres violations graves des droits de l'homme soient poursuivis et punis. Après un conflit, la reconstruction de la confiance et de la stabilité est essentielle. Les contrôles internationaux devraient contribuer à assurer que les négociations de paix se déroulent avec succès et qu'une paix durable soit atteinte.

14. LA DÉMOCRATIEAU ROND-POINT
DES FORCES LIBÉRALES ET ILLIBÉRALES

Le terme «dégradation démocratique» désigne un état dans lequel les processus et institutions démocratiques existent encore formellement, mais ont perdu en substance et en efficacité. Ironiquement, cette dégradation peut également être exacerbée par des formes excessives ou déformées de démocratisation. Cela soulève la question de savoir si un excès de démocratisation ou une mauvaise compréhension de celle-ci peut finalement affaiblir la démocratie. Un autre aspect est le danger du populisme, qui accompagne souvent une forme superficielle ou simplifiée de démocratisation. Les mouvements populistes réduisent des questions politiques complexes à des slogans simples ou à des visions du monde en noir et blanc et font souvent appel directement au «peuple"» en tant qu'entité homogène.

La démocratie semble être arrivée à un point où le calme et la vastitude revendiquent à nouveau leur place. La dégradation démocratique est également un phénomène dont il faut se méfier en période de démocratisation excessive. Les charges environnementales et de santé résultent de la pollution sonore, de la pollution de l'air, du bétonnage des terres, et même du nivellement intellectuel collectif, ce qui peut conduire à des mécanismes de violence provenant des dictatures et des mouvements de masse. Lorsque la violation du potentiel intellectuel humain est glorifiée à travers le substrat de masse du primitif, que ce soit par de grands rassemblements ou, dans d'autres cas, par une surabondance de bruit, le risque devient évident.

Dans les démocraties modernes, au-delà des élections traditionnelles, il existe de plus en plus de possibilités de participation directe des citoyens, souvent facilitées par des plateformes en ligne professionnelles et crédibles. Bien que cela favorise l'engagement démocratique, une implication trop fréquente ou excessive peut entraîner une surcharge. Les citoyens peuvent se sentir obligés de voter constamment ou d'exprimer des opinions sur des questions complexes sur lesquelles ils manquent souvent d'informations ou d'expertise suffisantes. Bien que la démocratie soit théoriquement renforcée par un meilleur accès à l'information, elle devient en pratique plus vulnérable à la manipulation, à la polarisation et à la radicalisation.

La démocratie moderne dans le contexte de l'interconnexion peut être comprise comme un examen d'un monde de plus en plus interconnecté et mondialisé. Dans ce monde, les processus politiques, les développements économiques, les mouvements sociaux et les influences culturelles sont étroitement liés au-delà des frontières nationales. Cela a des implications profondes pour le fonctionnement de la démocratie et soulève des questions cruciales. À travers l'interconnexion croissante du monde, que ce soit par internet, le commerce mondial ou les institutions politiques internationale, les démocraties nationales sont de plus en plus influencées par des facteurs externes. Les décisions prises au niveau mondial ont un impact direct sur les démocraties locales. Des exemples en sont les accords commerciaux internationaux, les mesures de protection du climat ou le rôle des organisations supranationales.

Quel est le rôle de la société civile européenne? La majorité des citoyens européens se sent ancrée dans un environnement progressiste basé sur des valeurs démocratiques, l'éducation et la sécurité sociale. Il existe une forte confiance dans la science, la technologie et l'innovation. Beaucoup sont conscients des défis écologiques et considèrent la lutte contre le changement climatique comme une partie importante du progrès sociétal. La confiance dans les institutions étatiques, l'État de droit et les droits de l'homme est particulièrement mise en avant. Cependant, lorsque le progrès et la sécurité sont remis en question par l'instabilité politique ou des défis mondiaux, ce sentiment est ébranlé. Les Européens s'accrochent à leur progrès comme à une tasse d'espresso – elle leur donne de l'énergie et leur permet de prétendre qu'ils ont tout sous contrôle. En réalité, beaucoup se sentent plutôt comme un croissant qui se désagrège sur le chemin du bureau, entre smartphone, trottinette électrique et vidéoconférences. Un simple coup d'œil aux nouvelles suffit à montrer que la sécurité est un terme relatif. On ne peut qu'espérer que les politiciens continuent à jongler avec les ballons de la politique de crise, de sorte qu'aucun ne tombe au sol ou, pire encore, n'éclate. Balayer les morceaux, ils laissent volontiers cela au reste de la société. Pour les grandes questions de notre temps, il faut de l'espace pour prendre des décisions éclairées. Il ne sert à rien de se laisser emporter par l'agitation du quotidien ou par les gros titres, comme si tous les problèmes n'étaient que des feuilles au vent. Une politique responsable doit déjà créer un peu plus d'espace, un peu comme lorsqu'on réorganise le salon pour installer une nouvelle et énorme bibliothèque de progrès.

Là où l'éthique politique joue un rôle de plus en plus central, l'Europe se trouve dans une position où elle doit non seulement défendre ses propres valeurs et intérêts, mais aussi protéger ceux de ses alliés. Cela est décrit à la fois comme une opportunité et un mandat. Ce qui compte, c'est la pertinence d'avoir des objectifs clairement définis et de les poursuivre de manière cohérente, plutôt que d'hésiter ou de s'enliser dans une fausse sécurité. L'histoire a maintes fois montré que l'absence d'actions claires et ciblées conduit généralement à des résultats négatifs. Cela signifie que les risques et les défis auxquels l'Europe est confrontée ne peuvent pas être considérés isolément. Les menaces et dangers mondiaux sont de plus en plus interconnectés, ce qui nécessite une compréhension plus profonde et une stratégie cohérente et globale. L'interconnexion du design dans les événements mondiaux suggère que, malgré une interconnexion et une dépendance croissantes, les différents éléments d'un système global ne sont pas simplement des copies identiques les uns des autres. Il existe plutôt une diversité d'acteurs, de perspectives et de stratégies qui interagissent dans un ensemble dynamique et complexe. En ce qui concerne les relations internationales, cela signifie que, bien que des valeurs et principes communs soient recherchés, leur mise en œuvre et leurs expressions varient en fonction des contextes locaux, des cultures et des traditions politiques. L'idée de simples photocopies serait donc insuffisante pour expliquer les relations complexes et différenciées entre les acteurs mondiaux.

Comment les démocraties peuvent-elles s'assurer que les intérêts des citoyens sont préservés dans un contexte mondialisé, où les décisions sont souvent prises par des acteurs internationaux ? Une condition urgente est la participation accrue des citoyens aux processus décisionnels mondiaux au sein de forums internationaux basés sur des principes démocratiques. Les réseaux sociaux ont changé la façon dont les gens reçoivent des informations, s'organisent et participent aux processus politiques. Les citoyens peuvent se connecter au-delà des frontières et participer en temps réel aux débats et mouvements politiques. La politique a un impact essentiel sur notre vie. Elle détermine comment les sociétés sont organisées, quelles lois s'appliquent et quels droits les gens ont. Sans structures politiques, de nombreux aspects sociaux et économiques seraient chaotiques ou inefficaces. La politique façonne la vie communautaire dans de nombreux domaines, de l'éducation à la santé en passant par les services sociaux. Un certain degré d'engagement et de participation aux processus politiques est nécessaire afin que le public soit entendu et puisse participer activement à la construction de la société.

Les institutions démocratiques doivent créer des mécanismes pour contrôler l'influence des acteurs externes tout en tirant parti des avantages de la coopération internationale. Cela nécessite plus de transparence et de responsabilité dans la politique étrangère et de sécurité. Une possibilité serait de démocratiser les organisations internationales par le biais de représentants directement élus des États membres ou de lier de plus en plus leurs processus décisionnels à l'opinion publique nationale. La démocratie se trouve aujourd'hui sur un fil ténu entre glorification et dénigrement. Comment la société réagira-t-elle ? L'interconnexion des questions d'existence et de sens est inévitable. La raison ne pourra pas se déconnecter de cela. Les préoccupations de l'espoir émotionnel sont accompagnées d'une foi rationnelle.

La transparence dans les affaires internationales est essentielle pour la confiance entre les acteurs et la légitimité des décisions prises. Dans un monde où l'information est de plus en plus accessible et vérifiable, la transparence des gouvernements, des organisations internationales et des entreprises devient un facteur décisif pour l'acceptation publique des mesures mondiales. L'interconnexion entre la répartition des rôles et la transparence se reflète dans la manière dont les acteurs mondiaux assument leurs responsabilités et contribuent à la création d'un système mondial transparent et responsable.

La question de savoir comment « mobiliser les masses » tout en permettant un discours public constructif est centrale pour la stabilité et le développement de la démocratie. Elle pose le problème de la manière de maintenir la tension entre la dynamique émotionnelle des masses et la nécessité de décisions rationnelles et éclairées. Dans les systèmes démocratiques, le défi consiste à non seulement mobiliser les gens sur un plan émotionnel, mais aussi à les intégrer dans des processus décisionnels rationnels. La référence à l'attrait des mouvements de masse et au danger de «l'effondrement» aborde précisément cet équilibre. Pour concentrer le discours public sur des alternatives constructives, une société doit élever le niveau de l'éducation politique et des compétences médiatiques. Il est important que les citoyens ne soient pas seulement touchés sur le plan émotionnel, mais qu'ils possèdent également les connaissances et les compétences nécessaires pour comprendre et discuter des questions politiques et sociales complexes.

L'interconnexion entre les connaissances démographiques, comme les sondages d'opinion, et les réalités factuelles montre à quel point la qualité et la crédibilité de l'information, de la communication et de l'éducation sont essentielles dans une démocratie. En effet, il existe souvent des écarts entre ce que les sondages présentent comme opinion publique et les faits réels. Ces divergences peuvent être attribuées à divers facteurs et influencent la manière dont certains sujets sont acceptés ou rejetés. Parfois, les médias mettent en avant des priorités qui ne reflètent pas fidèlement les réalités factuelles. Les contenus sensationnels ou émotionnellement chargés trouvent plus d'écho, tandis que les faits sobres passent souvent au second plan. Les faits ont souvent moins d'impact que les appels émotionnels. Les résultats des sondages peuvent donc être influencés par des récits émotionnels.

L'acceptation ne se construit pas uniquement par la transmission de faits, mais aussi par la confiance dans les sources de ces faits, les valeurs culturelles et l'implication personnelle des individus. De plus, les gens ont tendance à rechercher des informations qui confirment leurs croyances existantes, même si elles sont factuellement incorrectes. Par exemple, bien que la science puisse démontrer les avantages économiques de la migration, l'acceptation dans la population reste souvent faible si la peur de l'insécurité sociale prédomine. Un autre exemple est la transition énergétique : malgré le consensus scientifique sur sa nécessité, il existe des résistances lorsque les gens perçoivent des coûts ou des désavantages plus importants.

Lorsque les acteurs de la politique internationale se contentent d'arguments superficiels ou manipulés, tels que la propagande, des récits biaisés ou des données incomplètes, leurs décisions mènent souvent à des résultats illusoires - des «résultats d'apparence». Ces résultats peuvent suggérer des succès à court terme, mais ils ne sont souvent pas viables à long terme et peuvent même avoir des conséquences destructrices. Par exemple, les unités politiques qui fondent leur politique environnementale sur des mesures cosmétiques et des succès apparents, comme le greenwashing, risquent d'aggraver les défis écologiques réels. Les résultats peuvent paraître bons sur le papier, mais ne résolvent pas les problèmes de manière durable. Lors de négociations de paix, où des compromis symboliques sont recherchés au lieu d'une véritable résolution des conflits, des accords instables émergent. Ils peuvent être présentés comme des succès, mais s'effondrent rapidement, les problèmes sous-jacents restant non résolus. Les gouvernements qui se posent en pacificateurs ou défenseurs des droits humains à travers des arguments fallacieux, alors que leurs actions révèlent le contraire, ternissent leur réputation internationale. Un exemple en est la divergence entre la rhétorique en politique étrangère et les véritables intérêts économiques ou militaires.

15. POLITIQUE DE PARTI MALSAINE

La politique toxique désigne une approche qui utilise délibérément des stratégies et comportements politiques basés sur l'hostilité, la division et l'irrationalité. Ce type de politique vise à polariser le discours social, à délégitimer les opposants et à remplacer les débats rationnels par des manipulations émotionnelles. Elle repose souvent sur l'attisement des peurs, la création de récits «nous contre eux» et la diffusion de méfiance envers les institutions et les médias.

L'hostilité est fréquemment utilisée comme outil en politique partisane pour affaiblir les adversaires et mobiliser sa propre base. Cela peut se manifester par des discours haineux, des attaques personnelles ou la diabolisation de certains groupes ou individus. L'hostilité sert à alimenter des émotions telles que la colère et la haine, empoisonnant ainsi l'atmosphère politique. Les politiciens populistes exploitent cette rhétorique polarisante pour mobiliser leurs partisans en affirmant que « l'élite » ou « les étrangers » sont responsables de tous les problèmes. Cela conduit à une dangereuse fracture au sein de la société. Les partis tendent à polariser les opinions politiques en radicalisant leurs positions pour séduire les électeurs. Cela divise la société, rendant les débats politiques de plus en plus binaires et le consensus plus difficile à atteindre. Ce phénomène est clairement observable aux États-Unis ainsi que dans les pays européens.

La politique toxique prospère le long de lignes ethniques, religieuses, sociales ou idéologiques. Au lieu de mettre en avant les points communs, ce type de politique accentue les différences et approfondit le fossé entre les divers groupes sociaux. Dans des discussions mal informées, la question de la migration est souvent exploitée pour exacerber les tensions sociales. Ainsi, les agitateurs divisent la société en présentant la migration comme une menace pour la culture, l'économie ou la sécurité, alimentant ainsi les peurs. Cette méthode repose fréquemment sur l'irrationalité et la déformation des faits pour manipuler les gens. Plutôt que de promouvoir des débats factuels, la vérité est intentionnellement déformée ou ignorée. Les faits sont relativisés, et les récits émotionnels dominent le discours politique. Par exemple, les climatosceptiques diffusent de fausses informations pour discréditer les découvertes scientifiques et empêcher la mise en œuvre de mesures contre le changement climatique. Cette stratégie repose sur la désinformation et sème le doute à l'égard des faits scientifiques établis.

Dans le contexte de la migration, il est rarement expliqué qu'elle a été une constante de l'histoire humaine. Depuis l'expansion de l'Homo sapiens sur les continents jusqu'aux grandes migrations de l'Antiquité et aux mouvements migratoires économiques des temps modernes, la migration a toujours existé. Il faudrait davantage mettre en lumière qu'après des périodes de déclin économique, la migration a souvent été suivie d'un essor notable, que ce soit dans l'Antiquité, dans la Rome antique, au Moyen Âge ou à l'époque moderne. En effet, les déficits ont souvent engendré des innovations, de la croissance et des bénéfices. Il est probable que ce phénomène se reproduira au 21e siècle. Il serait d'autant plus important d'accompagner la migration avec des stratégies réussies. Par une segmentation, une évaluation et une pondération planifiées, un nouveau progrès pourrait être initié. Le repli nationaliste, comparé à une « consanguinité » culturelle, doit être évité à tout prix, car il mène à une idiotie politique. Une société qui se concentre uniquement sur elle-même et évite les échanges avec d'autres cultures ou nations s'appauvrit intellectuellement et politiquement. Cette « consanguinité » métaphorique empêche de nouveaux élans et conduit à une atrophie de la culture politique, ce qui peut être qualifié d'idiotie politique. Le nationalisme, qui s'accompagne souvent d'un désir de pureté et de séparation des autres peuples, est toujours contre-productif. Au lieu d'enrichir la société, il entraîne un repli sur des idées étroites, souvent obsolètes, qui freinent le progrès et limitent la capacité au dialogue global.

La politique destructrice joue délibérément sur les peurs et les préoccupations des citoyens pour obtenir leur soutien. Cela rend les discussions rationnelles plus difficiles et simplifie à outrance des problèmes complexes. Un récit est alors construit, dans lequel son propre groupe est présenté comme une victime, tandis que les opposants sont décrits comme de puissants ennemis. Les dirigeants autoritaires se présentent souvent comme les derniers défenseurs de leur nation contre des ennemis externes et internes, afin de gagner du soutien et de consolider leur pouvoir. Cela a pour conséquence de diminuer la confiance dans les processus démocratiques, conduisant à l'apathie politique ou à la radicalisation. Lorsque les adversaires politiques ne sont plus perçus comme des acteurs légitimes, mais comme des ennemis, le risque de violence politique augmente.

Les groupes extrémistes, qui tirent profit de la rhétorique toxique, gagnent en influence et alimentent l'escalade de la violence. Les pays divisés par une politique toxique risquent de glisser vers des systèmes autoritaires, car la pression sociale pour protéger les normes démocratiques diminue. Les sociétés polarisées tendent à être instables, ce qui freine les investissements et l'innovation, entraînant des dommages économiques à long terme. Il est donc crucial de s'appuyer sur des faits et des informations solides. Les médias indépendants, les scientifiques et les institutions politiques doivent travailler ensemble pour exposer la désinformation et mieux informer la population. L'éducation politique peut aider les citoyens à traiter les informations politiques de manière critique et réfléchie.

Les partis politiques sont dépassés. En tant que modèle anachronique hérité de l'histoire, ils incarnent le népotisme politique et la jalousie. De plus en plus, les citoyens se disent frustrés lorsqu'ils ont l'impression que les partis ne sont pas en mesure de résoudre efficacement les problèmes urgents de la société. Les partis traditionnels utilisent notoirement leur pouvoir pour des conflits internes, du lobbying et des conflits d'intérêts qui ne servent pas le bien commun. Ils adaptent leur rhétorique aux circonstances politiques actuelles, ce qui donne l'impression qu'ils se livrent à l'opportunisme politique au lieu de rester fidèles à des principes fermes. Cela crée le sentiment que leurs paroles ne sont pas prises au sérieux, qu'elles ne sont qu'un moyen d'arriver à leurs fins et seront rapidement révisées après les élections ou dans d'autres contextes. Dans cette optique, des modèles politiques alternatifs, tels que des initiatives d'intérêts, des mouvements ou des approches démocratiques discursives, pourraient apparaître comme des solutions contemporaines. Ces alternatives pourraient être potentiellement plus flexibles et mieux capables de répondre aux besoins de la population sans être contraintes par les structures rigides des systèmes établis.

Le contraste entre la pensée bureaucratique ordo-politique et la gestion axée sur la résolution des problèmes reflète un conflit fondamental dans les systèmes politiques modernes. Ce conflit se manifeste dans la tension entre la recherche de stabilité et la nécessité d'une adaptation flexible. Une tâche centrale des instances intermédiaires consiste à fournir des traductions entre le monde vécu et le système. Elles aident à rendre compréhensibles les différentes rationalités d'action, modes de communication et cadres de sens des divers acteurs. En tant qu'amplificateurs de résonance, les institutions intermédiaires activent et remettent en question les structures établies. Elles jouent le rôle de médiateurs politiques de la modernisation en identifiant les dysfonctionnements et en initiant des processus de modernisation. On les trouve dans des ONG, les médias, les agences de conseil, d'évaluation et de notation. Elles deviennent des liens indispensables dans des sociétés complexes, en renforçant la cohésion sociale. Leur influence nécessite un haut degré de transparence et de responsabilité pour remplir leur rôle au service de la société de manière optimale. Les acteurs intermédiaires occupent une position entre l'assimilation au système et l'orientation vers le conflit. Ils pratiquent une coopération conflictuelle, combinant une confiance critique et une conciliation agressive.

La forme classique d'organisation des partis est perçue par beaucoup comme trop rigide et inflexible. À une époque de changements politiques et sociaux dynamiques, ils donnent l'impression de perdre le contact avec les réalités de la vie. Alors que les partis, avec leurs statuts clairement définis, continuent à évoluer lourdement dans la scène publique, on observe que le public préfère de plus en plus les philosophies de mouvements politiques ou des regroupements lâches. Cette tendance reflète un désir de flexibilité, de diversité et de possibilité de participation directe, des aspects que les structures traditionnelles des partis ne parviennent souvent plus à offrir. Les regroupements politiques encouragent la coopération au-delà des frontières idéologiques ou organisationnelles traditionnelles.

Un inconvénient potentiel est leur dépendance au consensus, qui peut être difficile à atteindre. C'est là qu'un management politique moderne doit intervenir. Le défi consiste à former un mélange organisationnel pour rendre la démocratie plus résiliente et inclusive. Une telle symbiose pourrait au moins temporairement répondre aux exigences d'une société de plus en plus fragmentée et dynamique, tout en restant orientée vers l'unité. Un système sans parti serait moins vulnérable aux luttes idéologiques. Les groupes pourraient se concentrer pragmatiquement sur les meilleures solutions à des problèmes spécifiques, au lieu de mettre en avant des intérêts partisans. L'idée de considérer des « groupes de responsabilité » comme alternative aux partis vise à réformer la démocratie en permettant davantage de flexibilité et de coopération dans le travail gouvernemental. Cette approche pourrait offrir plusieurs avantages par rapport au système partisan existant.

Il s'agit de regrouper les responsabilités en fonction des compétences et des intérêts, au lieu de se concentrer sur des distinctions idéologiques, comme c'est le cas avec les partis politiques. Alors que les partis sont engagés dans une compétition pour le pouvoir, les groupes de responsabilité pourraient viser à coopérer et à travailler ensemble à la résolution des problèmes. Une autre forme moderne de démocratie pourrait impliquer des gouvernements centraux avec des compétences réparties. Cette forme pourrait favoriser la spécialisation, chaque sous-gouvernement ou département se concentrant sur des sujets spécifiques. Cela pourrait conduire à des décisions plus approfondies, plus compétentes et plus rapides. Le personnel dans ces nouveaux formats démocratiques devrait être inclusif de tous les mécanismes d'adaptation, bien formé et au-delà du simple niveau moyen. À ce stade, une évaluation professionnelle des compétences et des aptitudes devient essentielle. Bien sûr, même les grandes entreprises ne sont pas à l'abri de la mauvaise gestion, comme l'a démontré l'industrie automobile. Peut-être un niveau inattendu de saturation a-t-il conduit à accorder moins d'attention au potentiel de gestion. En politique, jusqu'à présent, les paramètres de popularité ont été privilégiés par rapport au savoir-faire et au charisme de la personnalité. Il n'est donc pas surprenant que certaines figures aient accédé aux plus hautes fonctions.

Une réforme vers un processus de sélection basé sur des faits et axé sur les compétences est absolument nécessaire dans les deux domaines. Sans ce changement, les structures démocratiques risquent de perdre en crédibilité et les entreprises de ne pas suivre les tendances futures. Il s'agit de promouvoir une pensée à long terme et une action durable, plutôt que de mettre au premier plan la popularité à court terme ou la simple recherche de profit.

Les émotions doivent être intégrées dans le cadre de la gestion rationnelle de la politique. C'est une tâche exigeante mais nécessaire pour rendre les processus politiques à la fois plus humains et plus efficaces. Les émotions font partie intégrante de l'expérience humaine et influencent non seulement la perception de la politique, mais aussi la prise de décision et la dynamique sociale. Elles ne doivent donc pas être réprimées, mais intégrées de manière significative. Les émotions sont une ressource puissante dans la politique qui doit être canalisée de manière consciente au lieu d'être supprimée. Le cadre de la gestion rationnelle doit veiller à ce que les émotions n'agissent pas de manière manipulatrice ou destructrice, mais soient constructives et en accord avec des arguments basés sur des faits. Il s'agit donc de trouver un équilibre, en affirmant que les émotions sont une force motrice et que la rationalité est un instrument directif. La politique devient ainsi beaucoup plus simple lorsque les sentiments s'inscrivent dans le cadre de la rationalité. Ce qui est dérangeant, c'est que les émotions de masse ne savent parfois pas qu'elles devraient être guidées. Le souhait que la résistance intérieure des forces de la raison prévale sur la spéculation et la manipulation émotionnelle est d'une grande urgence, tant dans le domaine politique que dans le débat social. La raison et la objectivité, jadis les pierres angulaires des discours publics, sont de plus en plus sous pression. Il est impératif de remettre ces principes au premier plan, sans pour autant occulter la dimension émotionnelle de l'interaction humaine. La raison peut parfois être éclipsée, mais sa force réside dans sa durabilité et dans sa capacité à maintenir sa pertinence lorsque les conflits s'intensifient.

Comment se présente la démocratie directe à l'ère moderne ? Plutôt que d'avoir des conseils citoyens ou des tribunaux populaires basés sur des schémas du passé, où des mouvements de masse souvent émotionnels et idéologiquement motivés dominent les discussions, une démocratie moderne requiert une participation à travers des mécanismes rationnels tels que des métriques basées sur des preuves et des évaluations, qui seraient ensuite discutées discursivement. Cela mettrait l'accent sur des données objectives, vérifiables et favoriserait un débat discursif sur une base factuelle. Cela améliorerait la qualité des processus électoraux et renforcerait la confiance dans les procédures démocratiques. Grâce à des indicateurs clairement discutés, le public pourrait mieux comprendre quelles mesures politiques sont efficaces et lesquelles ne le sont pas. La numérisation a considérablement accéléré l'interconnectivité. Les opinions d'experts et les résultats de recherche sont plus facilement accessibles et peuvent être directement diffusés par des professionnels ou des institutions via les réseaux sociaux ou lors de tables rondes publiques.

Dans un tel processus de communication, où l'interconnectivité des expertises et des opinions publiées est au premier plan, le public intéressé est mieux informé et peut se préparer pour les élections politiques. Cela représenterait un changement fondamental dans la culture politique, où le savoir rationnel, basé sur des données, est davantage placé au centre. Si le public a l'impression qu'il peut en réalité faire un choix éclairé grâce à des informations précises et facilement accessibles sur les sujets qui les concernent, cela pourrait augmenter la participation électorale. De nombreux électeurs qui se sentent dépassés par le manque d'informations fiables ou par des sujets complexes pourraient être motivés par un tel processus.

Qui sont les électeurs timides? Ils pourraient avoir une influence plus grande que les inébranlables, dès qu'ils sont correctement informés. Étant assez intelligents, ils peuvent aussi se former grâce à des connaissances. Ils pourraient s'éloigner des discussions politiques et des campagnes, souvent par frustration, désintérêt ou insatisfaction face aux options proposées. Ils sont moins idéologiquement fixés et abordent souvent les sujets politiques de manière neutre ou indécise.

En raison de leur scepticisme, ils pourraient mieux réagir à la question de savoir dans quelle mesure leurs intérêts sont représentés par les acteurs politiques. Cependant, s'ils étaient atteints et mobilisés par une information ciblée et fondée, ils joueraient un rôle décisif dans le choix électoral. Comme ils sont potentiellement plus réceptifs aux arguments et aux informations objectives, ils peuvent souvent être mieux convaincus par des connaissances que les électeurs qui ont déjà des opinions figées ou extrêmes.

Par la diffusion de connaissances basées sur des faits et l'inclusion forte d'opinions d'experts dans le débat public, les sujets politiques complexes sont discutés d'un point de vue objectif. Cela crée une atmosphère où les déclarations radicales et chargées d'émotions trouvent moins d'écho parce qu'elles ne concordent pas avec des faits vérifiables. Étant donné que les partis radicaux exploitent les peurs, les incertitudes, et les tensions économiques ou sociales pour mobiliser les électeurs, une information transparente permettrait de relativiser rapidement de telles préoccupations. Dans un environnement politique fondé sur des informations rationnelles et des faits, tous les partis politiques, y compris ceux radicalisés, doivent justifier leurs positions. Ils ne peuvent plus simplement faire des affirmations vagues ou des promesses fallacieuses sans être tenus de rendre des comptes. Les médias et le public pourraient dans un tel système les tenir plus efficacement responsables en exigeant des preuves solides et des faits. Les partis radicaux profitent souvent des bulles de filtre dans les réseaux sociaux, qui leur permettent de cibler leurs messages extrêmes vers des groupes spécifiques. Si l'ensemble du processus démocratique repose de plus en plus sur des tables rondes réalistes, ces bulles de filtre pourraient être brisées.

Les populistes et les partis radicaux fonctionnent souvent avec le concept de boucs émissaires, c'est-à-dire des groupes ou des facteurs spécifiques rendus responsables de tous les problèmes sociétaux, comme « les élites » ou la mondialisation. Cependant, si les discours politiques reposent sur une argumentation rationnelle et des connaissances scientifiques, de tels récits de boucs émissaires peuvent être rapidement réfutés. Le public comprendrait mieux que les problèmes sociétaux sont plus complexes et ne peuvent pas être résolus simplement en blâmant des groupes particuliers. Dans ce contexte, la professionnalisation des agences de notation et des think-tanks semble plus importante que les projections et les indices de popularité. Ceux-ci ne reflètent souvent que l'impression à court terme du public et sont fortement influencés par des émotions ou des médias. Ils disent peu sur l'efficacité réelle des mesures politiques et sont vulnérables aux tendances et aux humeurs à court terme. Des think-tanks professionnels et des agences de notation s'appuieraient sur des analyses basées sur des preuves et des méthodes scientifiques pour évaluer l'efficacité des programmes politiques. Cela permettrait au public de faire de meilleures comparaisons et de prendre des décisions de vote plus éclairées, plutôt que de se fier à des campagnes médiatiques ou à des sentiments populaires.

L'idée que le marché libre et des agences indépendantes représentent une alternative plus efficace pour évaluer la capacité d'innovation et le climat d'investissement présente des arguments convaincants. Les agences politiques indépendantes sur le marché libre sont moins sensibles aux influences politiques et au lobbying, ce qui promet des évaluations plus objectives et impartiales. Les organisations basées sur le marché réagissent plus vite aux changements économiques et politiques et capturent mieux les tendances actuelles. Lorsque plusieurs agences sont en concurrence, cela conduit à une qualité de reporting et d'analyse supérieure. Les agences doivent donc développer des méthodes innovantes et précises afin de se démarquer de la concurrence.

Qu'est-ce que la politique fondée sur des preuves ? L'approche qui consiste à fonder les décisions politiques sur des connaissances scientifiques crée des bases rationnelles et vérifiables pour les mesures politiques. Ceci est particulièrement important dans des domaines comme la politique climatique, la santé ou l'éducation, où des liens complexes et des effets à long terme requièrent une analyse approfondie. Une tâche essentielle des recommandations issues des résultats de futures conférences professionnelles est de rendre ces connaissances accessibles et compréhensibles pour le public et les décideurs politiques. Les conférences d'avenir, généralement organisées par des experts de divers domaines, offrent une plateforme structurée pour discuter des développements à long terme, des opportunités et des défis dans la politique, l'économie et la science. L'importance de telles conférences réside non seulement dans l'analyse des défis actuels et futurs, mais aussi dans le développement commun de solutions et de stratégies innovantes. Leurs résultats fournissent des aperçus et des orientations précieux qui influencent la prise de décisions politiques et établissent ainsi un pont entre la science, l'expertise et les mesures politiques concrètes. Grâce à une publication ciblée dans des rapports, des articles scientifiques ou des débats publics, il est assuré que les propositions élaborées sont transparentes et compréhensibles, et qu'elles servent de base à des décisions politiques fondées sur des preuves. Étant donné que les problèmes sociétaux sont multidimensionnels et exigent des approches interdisciplinaires, la politique reçoit l'opportunité d'exploiter les synergies entre les différentes disciplines et de décider ordonnancement lorsque différents paradigmes se rencontrent. Les plateformes en ligne et les initiatives d'e-démocratie permettent à un large public de participer aux débats politiques. Le défi réside dans la garantie que cette participation est de qualité et représentative.

Pour favoriser l'acceptation et la compréhension de la politique fondée sur des preuves, une communication des connaissances claire et compréhensible est précieuse. Des accès faibles et des échanges informels favorisent la compréhension des sujets scientifiques et la communication directe entre la science et la société. Des problèmes complexes doivent être présentés de manière à ce qu'ils soient compréhensibles pour les non-experts, sans perdre la précision scientifique. Les institutions concernées doivent agir de manière transparente et ouverte pour instaurer la confiance dans leurs déclarations et recommandations. Il est important également de rendre compte des incertitudes et du processus d'acquisition de connaissances.

Ces approches pourraient être plus flexibles et adaptables pour répondre aux défis dynamiques de notre époque. Les organisations basées sur des projets permettent de se concentrer sur des défis spécifiques et de développer des solutions créatives, plutôt que de se perdre dans des débats idéologiques. Les personnes politiquement intéressées pourraient s'engager dans des projets qui correspondent à leurs intérêts et valeurs, ce qui pourrait conduire à une communauté et à une collaboration plus crédibles. Les mouvements de projet sont prédestinés à rassembler des experts de différents domaines pour trouver des solutions plus complètes et innovantes. Contrairement aux structures politiques rigides, les mouvements de projet réagissent rapidement aux changements et aux besoins sociétaux. En se concentrant sur des sujets spécifiques, des solutions durables sont plus faciles à atteindre. Une réorientation vers une approche plus dynamique, inclusive et efficace des problèmes sociétaux ne peut qu'être bénéfique pour la société et sa politique. Il serait passionnant de voir comment de tels mouvements évoluent et quels projets concrets en découlent.

16. PSYCHOLOGIE DES RELATIONS INTERNATIONALES

La politique internationale est marquée par un jeu constant d'opposition et d'équilibre, car différents États, acteurs et intérêts entrent en concurrence ou coopèrent. Ces deux dynamiques – la résistance aux ordres, normes ou rapports de force existants d'une part, et la tentative de créer un équilibre ou un consensus d'autre part – façonnent les événements géopolitiques de manière complexe. Les notions de frustration et d'abandon en politique se réfèrent à la relation réciproque entre le sentiment de frustration et la décision d'abandonner une tâche ou un objectif. Ces deux phénomènes peuvent être liés dans une boucle de rétroaction, en particulier dans des situations difficiles. Dans les relations internationales, l'interconnexion entre frustration et abandon est particulièrement visible dans le cadre des négociations et des résolutions de conflits. Cette dynamique survient lorsque des gouvernements et leurs acteurs tentent pendant longtemps d'atteindre des objectifs politiques, mais rencontrent des obstacles et des blocages.

Dans les négociations internationales, des frustrations peuvent émerger lorsqu'il y a peu de progrès ou un blocage prolongé. Des exemples en sont les négociations de paix ou les accords commerciaux de longue durée, où les intérêts des parties impliquées divergent. En l'absence de solutions, le sentiment de frustration augmente. Une frustration persistante peut amener un acteur à interrompre les négociations, jugeant le processus trop lourd ou sans espoir. Cela conduit souvent à une rupture des relations diplomatiques ou à une escalade des conflits. Le conflit au Proche-Orient est un exemple classique où des décennies de frustration liées à l'absence de progrès ont fréquemment conduit à l'interruption des discussions ou à l'abandon des négociations. Dans les conflits militaires, la frustration peut se développer des deux côtés lorsque les objectifs ne sont pas atteints ou que le conflit dure plus longtemps que prévu. Cela se produit notamment dans les occupations, les guerres de guérilla ou les conflits asymétriques, où la résilience de l'adversaire provoque une frustration face à la puissance militaire. La coopération internationale pour lutter contre les effets du changement climatique est souvent empreinte de frustration, car de nombreux pays n'adoptent pas les mesures nécessaires pour atteindre les objectifs climatiques globaux. Cette frustration peut se manifester aussi bien chez les pays plaidant pour des mesures ambitieuses que chez ceux qui estiment que les coûts économiques de ces mesures sont trop élevés.

Les accords internationaux comme l'Accord de Paris sur le climat et les lois nationales sur le climat établissent des lignes directrices contraignantes qui offrent une sécurité de planification. En mettant en place des programmes de soutien pour les technologies durables et les énergies renouvelables, en créant des incitations pour des solutions à faible émission et en introduisant des réglementations strictes, les gouvernements définissent le cadre de la transformation climatique. Les modèles climatiques, la recherche sur les énergies renouvelables et le développement de technologies innovantes fournissent une orientation scientifique sur laquelle les décisions peuvent s'appuyer. Pour atteindre les objectifs climatiques, la science doit être étroitement liée à la politique et fournir régulièrement des conseils basés sur les connaissances scientifiques. Des projets tels que les partenariats public-privé ou les coopérations entre instituts de recherche et entreprises industrielles offrent des espaces pour expérimenter et innover. Sans mesures décisives, les températures mondiales continueront d'augmenter, entraînant des conséquences climatiques catastrophiques. Cela inclut des phénomènes météorologiques extrêmes plus fréquents et plus intenses tels que les vagues de chaleur, les sécheresses, les inondations et les tempêtes. La perte de biodiversité, la fonte des glaciers et l'élévation du niveau de la mer s'accélèrent également. La destruction des habitats et des écosystèmes augmente, menaçant les moyens de subsistance de millions de personnes et d'animaux.

Les coûts de l'inaction ou des mesures insuffisantes en matière de protection du climat sont considérables. Les catastrophes naturelles entraînent des pertes économiques directes en raison des infrastructures détruites, des récoltes perdues et des interruptions de production. À long terme, des secteurs économiques entiers comme l'agriculture, le tourisme et la pêche seront si gravement touchés que les emplois et les systèmes économiques locaux seront déstabilisés. Les sécheresses, les inondations et les pénuries alimentaires conduisent à la pauvreté, à la faim et à une augmentation des migrations. Cela se reflète également dans les tensions sociales, les instabilités politiques et une augmentation des flux de réfugiés climatiques. La crise climatique est un problème mondial qui nécessite des efforts conjoints, et les pays ignorant les objectifs climatiques devraient être isolés par la communauté internationale. Cela pourrait avoir des conséquences sur les relations commerciales, les investissements et les relations diplomatiques, entraînant ainsi des désavantages économiques pour les pays concernés.

La demande mondiale de produits et de services respectueux de l'environnement augmente, et les entreprises qui adoptent précocement des stratégies durables bénéficient d'avantages concurrentiels à long terme. Une conséquence particulièrement menaçante de l'inaction est la possibilité que le système climatique atteigne certains points de basculement irréversibles. Cela inclut le dégel du pergélisol, la fonte des calottes glaciaires ou le dépérissement de la forêt amazonienne. Ces événements pourraient déclencher une chaîne de réactions qui ferait entrer le climat dans une spirale de réchauffement incontrôlable. Ces points de basculement ont des conséquences vastes et souvent irréversibles pour le climat mondial et le mode de vie humain.

Quand est-ce que les anomalies des gouvernements ou des dirigeants sont-elles reconnues? Certains mécanismes, institutions et acteurs se concentrent sur les normes existantes, en fonction des cadres politiques, sociaux et juridiques. Dans les sociétés dotées d'une presse libre, les médias indépendants ont pour mission de révéler les abus de pouvoir ou les comportements illégitimes. Les journalistes enquêtent sur la corruption, les abus de pouvoir ou les comportements illégaux des gouvernements et les rendent publics. Cela se produit en temps réel, lorsque des décisions inhabituelles sont prises ou que des accusations de corruption deviennent connues. Dans les systèmes politiques dotés d'une opposition fonctionnelle, cette dernière surveille également les événements. Les partis ou politiciens d'opposition peuvent signaler des anomalies en dénonçant publiquement les actions inappropriées du gouvernement, en lançant des enquêtes parlementaires ou en engageant des poursuites judiciaires. Une justice indépendante est un autre mécanisme clé pour détecter et examiner les anomalies. Les tribunaux peuvent vérifier la conformité des décisions gouvernementales à la constitution.

Au niveau international, des organisations comme l'ONU, l'OSCE ou Transparency International sont chargées d'identifier et de rapporter les anomalies. Cela inclut des indications sur des dysfonctionnements graves tels que les fraudes électorales, les violations des droits humains ou les infractions aux accords internationaux. Les citoyens peuvent également s'impliquer en participant à des protestations, des manifestations ou d'autres formes de résistance civile. Parfois, les gouvernements réagissent à la pression populaire, en particulier lorsque de larges segments de la population dénoncent et s'opposent massivement aux dysfonctionnements. Les anomalies dans les régimes autoritaires ou en cas de violations graves des droits humains sont également traitées grâce à l'attention internationale, par exemple à travers des sanctions ou des pressions diplomatiques d'autres États ou organisations internationales. Dans certains cas, les anomalies ne sont reconnues qu'après coup, lorsque des historiens ou des commissions analysent en détail les gouvernements ou dirigeants passés. Cela se produit souvent après un changement de gouvernement ou la fin d'un régime autoritaire, lorsque des analyses systématiques des erreurs et dysfonctionnements passés deviennent possibles.

La psychologie politique est intégrée pour comprendre les relations internationales et les processus décisionnels en politique étrangère. Elle fournit des informations précieuses sur les facteurs cognitifs, émotionnels et sociaux qui influencent le comportement des États et des acteurs politiques. Les facteurs culturels, sociaux et psychologiques qui façonnent le comportement des individus et des groupes sont essentiels pour comprendre les conflits, la diplomatie et la coopération au niveau mondial. L'intégration des perspectives psychologiques dans l'analyse des relations internationales élargit le cadre explicatif des théories politiques. Elle permet une compréhension plus approfondie de la complexité des processus décisionnels en politique étrangère et des interactions entre États.

L'objectivité et la technocratisation ne peuvent se passer d'émotionnalité et de prise en compte des sentiments. Les émotions ne doivent donc pas être considérées uniquement comme des facteurs perturbateurs, mais jouent un rôle fondamental dans les décisions humaines. Elles aident même à évaluer rapidement et à réagir à des situations complexes. L'intelligence émotionnelle en politique est tout aussi mesurable et analysable. Un équilibre entre rationalité et émotion est nécessaire. Alors que les approches purement technocratiques négligent souvent la dimension humaine, il est essentiel de trouver une approche équilibrée.

Pour la pratique de la diplomatie et de la coopération internationale, la psychologie politique offre des informations importantes. Elle aide à optimiser les stratégies de négociation et à développer des formes de coopération plus efficaces. La prise en compte des facteurs psychologiques, et surtout empiriques, dans l'analyse des relations internationales offre ainsi des perspectives précieuses pour la pratique politique. Elle complète les approches explicatives structurelles et institutionnelles par la dimension essentielle du comportement et de l'expérience humains. Une compréhension approfondie de ces mécanismes psychologiques est indispensable en science politique pour appréhender la complexité des actions internationales et développer des stratégies efficaces pour la résolution des conflits et la coopération.

Les politologues autoproclamés se complaisent souvent à errer dans les sphères de la réflexion idéologique, sans jamais se soumettre à une évaluation de leurs propres compétences. Chez les philosophes et sociologues, cette tendance se manifeste particulièrement par une arrogance qui consiste à voir dans un diplôme universitaire une légitimité suffisante. On les trouve en abondance parmi les modérateurs, commentateurs, philosophes et autres narrateurs des médias publics. Cette description semble toucher un point sensible chez un groupe enthousiaste à se perdre dans des considérations idéologiques. Ils emploient des mots grandiloquents et affichent une forte conviction, mais manquent souvent d'expérience pratique et de connaissances solides. Il semble qu'ils se réjouissent de mettre en scène leur point de vue sans s'efforcer de mener une réflexion approfondie. Ce phénomène peut également être interprété comme un symptôme de notre époque, où l'accès aux plateformes est devenu plus facile, où les opinions se diffusent rapidement et où les connaissances spécialisées ne se distinguent souvent pas du savoir général. Dans les médias classiques, ils participent activement à la "compétition pour le plus grand verbiage".

Lors de débats éclatants, des slogans magiques résonnent comme des mantras auprès de ceux qui, à juste titre, ne comprennent pas le charabia. Les philosophes des dernières décennies, en particulier, excellent à transformer une phrase simple comme "J'aime le café" en une dissertation sur l'ontologie de la caféine — tout cela avec un sérieux exagéré qui ferait rire le barista le plus sérieux. En tant que modérateurs, ils deviennent les stars de leurs émissions. Avec leur rhétorique mystérieusement floue, ils naviguent à travers les méandres des débats politiques comme des capitaines d'un navire se dirigeant droit vers le néant. Et tandis qu'ils flottent dans leurs utopies idéologiques, nous, les spectateurs, restons les pieds sur terre, une tasse de café à la main et un sourire amusé aux lèvres. Après tout, si la vie nous gratifie de tels commentateurs, autant en rire!

Sur la table d'analyse repose une discipline qui pourrait enrichir l'interconnexion entre psychologie, politologie et gestion politique. Mais à la place, des transmetteurs d'idéologies ésotériques et révolutionnaires infiltrent les débats. Est-ce ce qui rend la tâche facile aux dilettantes, qui se profilent avec des prises de position artificielles dans l'espace public ? Ils volent la vedette aux véritables experts. Cependant, ces derniers ne doivent pas se décourager, car ils sont indispensables. Les vrais spécialistes apportent non seulement des connaissances, mais aussi une pensée critique et une compréhension approfondie des mécanismes politiques. Ils peuvent identifier des relations complexes et formuler des arguments nuancés basés sur des données empiriques et des fondations théoriques. À une époque où la désinformation et les opinions superficielles prédominent souvent, les voix des chercheurs spécialisés et des experts sont plus cruciales que jamais. Ils peuvent aider à éclairer le public d'apprentissage et de réorientation. Pour y parvenir, il est essentiel de poser les bonnes questions et de trouver les réponses les plus rationnelles. Une crise oblige à affronter ses propres faiblesses et dérives. Qu'elles soient économiques, politiques ou écologiques, les crises exposent des dysfonctionnements longtemps ignorés. Elles permettent de remettre en question des schémas de pensée figés et d'élaborer de nouvelles perspectives. Les questions légitimes sont: «Où des erreurs ont-elles été commises?» Et «Quels changements sont nécessaires pour éviter une répétition? Chaque fois que les structures existantes ne fonctionnent plus, un espace s'ouvre pour de nouvelles approches créatives».

Les concepts politiquement raisonnables exigent une combinaison de pragmatisme, de morale et de vision à long terme. Ils ne devraient pas seulement viser à résoudre le problème à court terme, mais aussi à éviter la répétition des erreurs passées. Pour y répondre efficacement, les décisions doivent s'appuyer sur des données solides et des analyses approfondies. Les actions émotionnelles ou idéologiques aboutissent rarement à des solutions viables à long terme. Ce n'est que par un effort collectif que des solutions acceptées et soutenues par tous peuvent être trouvées. Ces solutions ne doivent pas seulement répondre aux besoins présents, mais aussi tenir compte des générations futures et de leurs besoins.

Une interconnexion saine nécessite une diversité dans les réseaux. Plutôt que de trop dépendre d'un seul acteur, pays ou région, il est essentiel de cultiver des relations variées pour répartir les risques. Cela s'applique aussi bien aux relations commerciales qu'aux alliances en matière de sécurité. L'accès aux ressources - qu'il s'agisse de savoir, de technologies ou de ressources naturelles - devrait être réparti équitablement dans un système interconnecté. Ce n'est qu'à cette condition que tous les acteurs peuvent jouer un rôle significatif et profiter de cette interconnexion. L'interconnexion repose sur une prise de décision multilatérale bien coordonnée entre les acteurs internationaux, bénéficiant à toutes les parties.

Ces processus sont essentiels dans les relations internationales. Les concepts de polarisation des groupes et l'influence psychosociale des dirigeants y jouent un rôle important. Les négociations diplomatiques sont influencées par des stratégies psychologiques, où la confiance, l'empathie et la compréhension sont fondamentales pour réussir. Le concept d'approche "gagnant-gagnant" favorise la coopération internationale. L'approche politologique commence par analyser les dynamiques complexes au sein des sociétés internationales. Une perspective holistique prend en compte les différentes dimensions, qu'elles soient politiques, économiques, sociales, psychologiques ou philosophiques. Cette approche interdisciplinaire permet de comprendre le comportement des acteurs et la genèse des décisions politiques dans un contexte sociétal plus large. Prendre du recul pour observer une situation sans implication directe peut fournir des perspectives précieuses et un regard plus clair. Cette distanciation réduit les biais émotionnels. En situation de conflit, ce recul peut contribuer à désamorcer les tensions et à engager un dialogue plus constructif. Avec une vision plus claire, il devient plus facile de concevoir des solutions innovantes, auxquelles on n'aurait pas pensé au début. Cette observation renforce également les contreparties en leur donnant l'espace nécessaire pour réfléchir.

Les caractéristiques psychologiques et les expériences personnelles des chefs d'État influencent considérablement leurs décisions en politique étrangère. La manière dont gouvernements ou acteurs perçoivent leurs adversaires et alliés impacte la naissance et la résolution des conflits internationaux. Les facteurs psychologiques comme les biais cognitifs, la pensée de groupe et les émotions jouent un rôle dans le processus décisionnel politique. Il n'est pas rare que les décideurs politiques utilisent des raccourcis cognitifs pour simplifier des problèmes complexes, ce qui peut entraîner des erreurs, particulièrement en période de crise. Souvent, ils s'appuient sur des informations confirmant leurs opinions préconçues ou les plus facilement accessibles.

Une confiance excessive dans ses propres connaissances peut conduire à des décisions risquées en matière de politique étrangère. Les gouvernements ne réagissent pas toujours de manière rationnelle face aux menaces. En situation de crise, ils prennent parfois des décisions précipitées sous l'effet des émotions. Des tactiques psychologiques sont également employées pour influencer l'opinion publique. Dans les régimes autoritaires, la propagande est utilisée pour créer des ennemis imaginaires ou renforcer l'identité nationale. Dans les démocraties, l'opinion publique peut être manipulée par les médias et des encadrements politiques, influençant ainsi les décisions en politique étrangère.

Les facteurs psychologiques comme le stress et la pression

temporelle augmentent en période de crise, ce qui peut paralyser les activités. Dans de telles situations, les leaders ont tendance à simplifier et commettre des erreurs dans leur raisonnement. Reconnaître objectivement les mécanismes psychologiques derrière les décisions politiques permet d'analyser et de mieux traiter les conflits internationaux. L'utilisation d'argent pour influencer les décisions ou promouvoir certains intérêts, même dans un but éthique, peut éroder la confiance dans la sincérité du processus.

Cela est particulièrement visible aux États-Unis, notamment dans les campagnes électorales et l'influence de l'économie sur la politique. On ne sait souvent pas si les dons sont motivés par un désir sincère de progrès social ou par des intentions dissimulées, comme l'expansion du pouvoir politique ou de l'influence. Les termes «ethics washing» ou « greenwashing" sont souvent utilisés pour décrire ces pratiques, où des entreprises prétendent se soucier d'enjeux éthiques tout en visant principalement le profit ou l'augmentation de leur pouvoir. Le problème fondamental est que de telles pratiques donnent une impression d'hypocrisie, sapant la perception de pureté des causes éthiques. On peut se demander si des progrès éthiques authentiques peuvent être réalisés lorsque les moyens pour y parvenir reposent sur une influence financière inégale et souvent opaque. Lorsque les gens pensent que l'argent guide les décisions morales, ils risquent de perdre confiance dans l'intégrité de la cause éthique elle-même et à favoriser des discussions fondées.

La lutte de la cupidité en politique internationale est un thème significatif qui façonne le monde depuis des siècles. La cupidité, comprise comme un désir insatiable de pouvoir, de ressources ou de domination économique, a motivé de nombreux conflits et décisions politiques. Elle influence les relations internationales et conduit souvent à l'exploitation, à l'injustice et au désespoir, tant au niveau étatique qu'humain. La cupidité se manifeste fréquemment dans les conflits géopolitiques, où des États cherchent à accroître leur pouvoir ou leur influence dans certaines régions. Cette soif de pouvoir et de ressources, qu'il s'agisse de territoires, de richesses naturelles, de domination économique ou de supériorité militaire, a engendré d'innombrables guerres au cours de l'histoire. Un exemple classique est le colonialisme, lorsque les puissances européennes ont occupé et exploité des pays en Afrique, en Asie et dans les Amériques pour maximiser leurs intérêts propres et la richesse de leurs nations. Pour les peuples concernés, cela signifiait souvent désespoir et abandon, car ils étaient privés de leur liberté, exploités et culturellement détruits.

Aujourd'hui encore, la cupidité se manifeste dans les luttes de pouvoir mondiales. La course aux ressources comme le pétrole, le gaz et les terres rares provoque des tensions politiques et des destructions environnementales. Dans les pays riches en ressources, comme certaines régions d'Afrique ou du Moyen-Orient, la cupidité pour ces ressources entraîne souvent des conflits internes et des guerres civiles. Les grandes puissances s'immiscent dans les affaires internes de ces pays pour protéger leurs propres intérêts économiques, aggravant souvent le désespoir des populations locales, piégées dans un cercle de violence. De plus, la cupidité pour la domination économique à l'échelle internationale crée des relations commerciales inéquitables et une exploitation économique. Les pays industrialisés poussent souvent les nations plus pauvres à accepter des accords commerciaux injustes ou à s'endetter, freinant leur développement et creusant davantage l'écart entre riches et pauvres. Ces pratiques entraînent une stagnation économique et un désespoir social dans les pays concernés, tandis que la cupidité des nations plus riches continue de croître. À l'échelle humaine, la lutte mondiale pour la cupidité se traduit souvent par un sentiment d'abandon et de désespoir, non seulement pour les populations des régions en conflit, mais aussi pour les acteurs impliqués dans la politique de pouvoir et de ressources.

La philosophie des asymptotes est un concept fascinant, qui trouve son origine dans les mathématiques mais qui acquiert également une signification métaphorique et conceptuelle profonde en philosophie. En mathématiques, une asymptote est une ligne qu'une courbe approche indéfiniment sans jamais la toucher. Cette idée peut être appliquée aux questions philosophiques, notamment en ce qui concerne l'infini, la connaissance, la perfection et la quête d'objectifs qui semblent inatteignables. L'asymptote peut être vue comme une métaphore de la quête humaine d'objectifs, d'idéaux ou de vérités qui sont fondamentalement inaccessibles. En éthique, par exemple, cela pourrait symboliser la recherche de la perfection morale. Les individus tentent d'incarner des principes éthiques idéaux, tout en sachant qu'ils ne pourront jamais agir de manière totalement morale. Pourtant, la poursuite de cet idéal stimule le comportement humain.

En épistémologie, théorie de la connaissance, cette idée s'applique à la quête de la connaissance ou de la vérité absolue. Tout comme une courbe approche une asymptote sans jamais l'atteindre, l'esprit humain peut accumuler toujours plus de connaissances et de compréhension, sans jamais parvenir à une compréhension complète et absolue. Les asymptotes symbolisent le paradoxe de l'infini et de la limitation en même temps. La courbe s'approche de la ligne, mais il y a toujours une distance qu'elle ne peut franchir, peu importe à quel point elle s'en rapproche. Cela pourrait être interprété en ontologie ou en philosophie existentielle comme un symbole de l'existence humaine: les humains sont des êtres finis, mais ils vivent dans un monde rempli de possibilités infinies et d'objectifs inaccessibles.

En philosophie du temps, l'asymptote représente l'idée que le présent est toujours déjà dans le passé, tandis que l'avenir se rapproche constamment sans jamais arriver pleinement. Le temps s'écoule continuellement, mais il n'y a pas de fin tangible qui représenterait la fin du temps ou un présent absolu. Chez Platon, l'asymptote est une image symbolique de la relation entre le monde imparfait et sensible et les idées ou formes parfaites et inaccessibles. Les choses physiques dans le monde tentent de se rapprocher le plus possible des idées pures, mais ne peuvent jamais les atteindre entièrement.

Les humains peuvent tenter de se rapprocher d'un idéal ou d'une forme parfaite, mais la réalisation effective de cet idéal est intrinsèquement impossible. Cependant, cette quête a de la valeur, car elle favorise le progrès, le développement et l'autoréflexion. Dans les traditions philosophiques existentielles et postmodernes, l'asymptote est un symbole de la tension entre ce que nous recherchons et ce que nous pouvons réellement atteindre. Il existe une tension éternelle entre le désir et la réalité, entre ce qui pourrait être et ce qui est. En philosophie existentielle, comme chez Sartre ou Kierkegaard, l'être humain est condamné à chercher un sens, bien qu'il sache qu'il ne pourra jamais le trouver sous une forme définitive ou absolue. Cependant, de telles conclusions ne conduisent pas directement au nihilisme. Cette tension est non seulement une source de désespoir, mais aussi de sens dans la vie. La conscience que l'objectif absolu est inaccessible confère à la vie une certaine liberté et ouverture. Les humains peuvent continuer à chercher un sens et une satisfaction sans avoir l'impression d'être limités par une fin prédéterminée et inévitable.

Une approche asymptotique peut également être interprétée de manière dialectique : le mouvement vers un objectif est simultanément une reconnaissance que l'objectif, dans sa forme pure, est inatteignable. Cette dialectique s'applique à de nombreux discours philosophiques, qu'il s'agisse de la relation entre le sujet et l'objet, l'homme et la nature, ou le soi et le monde. L'asymptote représente une relation dynamique dans laquelle s'approcher d'une limite signifie en même temps accepter l'existence et l'infranchissabilité de cette limite. Cela peut s'exprimer dans la relation entre savoir et ignorance, ou entre liberté et déterminisme.

La métaphore des asymptotes peut également être appliquée aux scénarios réels de la politique internationale pour décrire l'interaction complexe entre pouvoir, idéaux, réalisme politique et intérêts géopolitiques. Les États, en particulier les grandes puissances, s'efforcent d'étendre leur influence pour façonner l'ordre mondial. Cependant, l'idée de l'asymptote illustre que l'hégémonie totale, soit un contrôle absolu du système international, reste un objectif inatteignable. Même les superpuissances comme les États-Unis, la Chine ou la Russie ne peuvent qu'approcher une domination globale complète, sans jamais atteindre un point où elles contrôlent tout et tous.

La quête de l'hégémonie est donc asymptotique. Les grandes puissances tendent vers cet objectif, mais se heurtent constamment à des limites sous forme de puissances régionales, d'institutions internationales ou de crises globales qui restreignent leur pouvoir. La guerre froide est un exemple typique où les États-Unis et l'Union soviétique ont cherché à obtenir la suprématie mondiale sans jamais y parvenir pleinement. Leur ambition s'est heurtée à une limite asymptotique définie par l'équilibre des forces et la dissuasion nucléaire réciproque.

Un autre exemple est la quête de la paix et de la stabilité mondiales. Les organisations internationales telles que les Nations unies visent à promouvoir une paix durable et des relations stables entre les États. Pourtant, malgré ces efforts, une paix mondiale complète semble être un idéal inatteignable. La communauté internationale peut s'en rapprocher, mais des conflits, des divergences d'intérêts ou des tensions géopolitiques entraînent régulièrement des reculs. Les progrès dans la prévention des conflits et la diplomatie sont entravés par de nouveaux défis tels que le changement climatique, les guerres régionales ou la compétition pour les ressources, empêchant ainsi la réalisation complète de cet idéal.

La politique internationale aspire également à faire respecter les droits de l'homme universels et à promouvoir la justice mondiale. Des institutions comme la Cour pénale internationale ou des ONG comme Amnesty International œuvrent pour garantir le respect des droits humains à travers le monde. Mais ici encore, la nature asymptotique est évidente : la mise en place d'un système mondial où tous sont traités de manière équitable et juste reste un idéal théorique, auquel le monde peut seulement tendre sans jamais l'atteindre entièrement. Les violations des droits humains persistent malgré les accords et les lois internationales. Des régimes autoritaires, des inégalités économiques, des intérêts géopolitiques ou des institutions supranationales faibles entravent l'application complète des droits humains. La politique internationale progresse dans cette direction, mais il est improbable qu'elle atteigne un jour cet idéal.

La diplomatie mondiale peut être comprise comme un processus continu de rapprochement entre nations. Le dialogue diplomatique, en particulier entre puissances ennemies ou concurrentes, est une tentative permanente de parvenir à un accord. Mais, à l'image d'une asymptote, ce processus atteint rarement un point final de totale concorde ou harmonie. Les États se rapprochent mais restent toujours à distance les uns des autres. Cela se manifeste clairement dans les négociations sur les traités de désarmement, les accords commerciaux ou les mesures de lutte contre le changement climatique. Bien que les États convergent souvent vers un accord, la réalisation complète d'objectifs communs, comme le désarmement nucléaire total ou la limitation du réchauffement climatique, reste presque inatteignable dans la réalité.

Le phénomène de la mondialisation, où les nations s'interconnectent de plus en plus sur les plans économique, culturel et politique, peut également être perçu sous un angle asymptotique. En théorie, la mondialisation pourrait aboutir à une économie mondiale équitable, où tous les pays bénéficieraient de marchés ouverts et d'un commerce sans entrave. Mais en réalité, cet idéal reste hors d'atteinte en raison des intérêts nationaux, des inégalités économiques et des tensions géopolitiques. La recherche d'intégration économique et de prospérité mondiale est donc asymptotique : l'économie mondiale progresse dans cette direction, mais une organisation économique globale parfaitement équitable et harmonieuse demeure hors de portée.

Ce caractère asymptotique montre que les processus politiques, tout comme en mathématiques, sont une tentative constante de se rapprocher d'idéaux qui, pour des raisons structurelles, historiques et humaines, ne sont jamais entièrement réalisables. Cela crée une tension permanente entre ce qui est politiquement possible et ce qui est réellement atteignable. Comment résoudre ce dilemme? Une voie prometteuse consisterait à adopter un idéal pragmatique. Cette approche reconnaît l'importance des objectifs idéalistes tout en tenant compte des réalités pratiques de la politique internationale.

Plutôt que de chercher à atteindre immédiatement ces objectifs idéalistes, il faudrait se concentrer sur un rapprochement progressif. De petits progrès constants peuvent conduire à des changements significatifs à long terme. Le développement de stratégies flexibles permet de réagir aux circonstances changeantes et aux obstacles imprévus, sans perdre de vue les objectifs généraux. Cultiver une conscience globale pourrait atténuer la tension entre les intérêts nationaux et les idéaux internationaux. Une compréhension internationale et une compétence interculturelle pourraient poser les bases théoriques d'un ordre mondial plus coopératif.

Un premier pas consiste à développer des attentes réalistes quant aux possibilités et aux limites de la politique internationale. Cela implique d'accepter dès le départ la complexité et l'interconnectivité des défis globaux. Comprendre la complexité des problèmes mondiaux aide à éviter des solutions simplistes. Une perspective à long terme, c'est-à-dire l'acceptation internationale que des changements importants prennent du temps, peut réduire les frustrations et maintenir la motivation pour des efforts continus. En combinant ces approches, il devient possible de traiter de manière constructive le dilemme entre idéaux et contraintes réalistes.

Les faits seuls sont rarement totalement objectifs dans leur impact sur les relations internationales. Ils n'acquièrent de signification et de priorité qu'à travers des jugements de valeur. Ces derniers influencent donc l'interprétation et la pondération des faits, ce qui peut conduire à des perspectives et des stratégies différentes. Par exemple, un changement de régime dans un État sera évalué différemment selon qu'il est conforme aux principes démocratiques ou perçu comme une menace pour la liberté. Les jugements de valeur et les jugements de fait entrent souvent en conflit lorsque les intérêts internationaux et les principes éthiques ne coïncident pas. Une relation commerciale motivée par des intérêts économiques avec un État autoritaire est un fait, mais il peut entrer en conflit avec le jugement de valeur selon lequel la démocratie et les droits de l'homme doivent être protégés. Les jugements de valeur et de fait influencent les négociations et la communication diplomatique. Il ne s'agit pas seulement d'échanger des faits, mais aussi d'expliquer les jugements de valeur pour rendre sa position compréhensible.

L'interconnexion entre l'abstraction en théorie et la praticabilité dans la mise en œuvre est un thème central dans la science, la politique, l'économie et d'autres domaines d'application. Elle décrit la tension, mais aussi la connexion nécessaire entre des idées conceptuelles souvent abstraites et leur faisabilité dans un contexte pratique. L'abstraction théorique repose sur des principes, modèles et idées générales, indépendants des cas concrets. Les approches pratiques, quant à elles, répondent à des défis et des besoins actuels, avec des résultats directement mesurables et utilisables. Pourtant, des solutions sans base théorique solide ne sont, au mieux, que temporaires et inefficaces à long terme.

L'abstraction et la praticabilité ne s'opposent pas, mais se complètent. Leur connexion est essentielle au progrès. Les modèles abstraits offrent une base pour comprendre les interconnexions et formuler des stratégies. Les théories fournissent de nouvelles approches testables en pratique. La pratique, quant à elle, valide les théories, testant leur pertinence. Elle montre également comment adapter des modèles universels à des réalités locales. Cette interconnexion est un processus dynamique nécessitant un échange constant : la théorie sert de vision, et la pratique traduit cette vision en réalité. Des modèles réussis émergent lorsque ces deux dimensions sont équitablement prises en compte et apprennent l'une de l'autre.

Karl Popper, l'un des philosophes les plus influents du XXe siècle, résume dans cette citation son approche du rationalisme critique : « On arrive à de bonnes théories par des essais et par l'élimination des mauvaises théories. Il n'y a pas de chemin prévisible vers les bonnes théories, tout comme on arrive à de bonnes formes grâce à l'imagination et en rejetant les mauvaises formes. » Cette philosophie offre une base épistémologique pour gérer l'interconnexion entre théorie et pratique, en insistant sur la manière dont les théories doivent être développées, testées et affinées. Les théories scientifiques, comme la théorie de la relativité d'Einstein, n'émergent pas d'une pensée linéaire, mais d'imaginations spéculatives. Les innovations pratiques, comme le design technologique, se fondent souvent sur une imagination initiale avant d'être testées. Dans les sciences, ce processus se reflète dans l'approche itérative impliquant hypothèse, expérience et révision. Les mauvaises hypothèses sont rejetées, tandis que les théories robustes résistent à l'épreuve du temps.

Les théories doivent rester ouvertes à la critique et aux ajustements pour atteindre une applicabilité pratique. Théories et applications pratiques traversent des cycles de développement, de test et d'adaptation. Cette méthode évite la stagnation et permet un progrès continu. La phase initiale de la formation des théories exige une pensée créative. Cependant, la pratique joue un rôle crucial en testant la validité des théories. La philosophie de Karl Popper nous rappelle que les erreurs ne sont pas des échecs, mais des étapes intégrantes sur le chemin vers la vérité et la mise en œuvre pratique des idées.

Le dialogue entre différents pays et cultures est essentiel. Construire la confiance et promouvoir la coopération peuvent contribuer à apaiser les tensions et à identifier des valeurs communes. Les forums et organisations internationales jouent un rôle clé à cet égard. Une éducation accrue sur la complexité des relations internationales et les défis liés à la réalisation d'objectifs idéalistes peut renforcer la compréhension et la conscience. Si des idéaux comme la paix et la justice sont perçus comme des processus plutôt que comme des états finaux, le simple fait de s'en approcher pourrait être considéré comme un succès. Une approche plus flexible, adaptée aux réalités géopolitiques changeantes, pourrait favoriser l'acceptation de l'idée que l'objectif n'est pas la perfection, mais le progrès.

Dans les relations internationales, le fond et la forme sont étroitement liés. Un contenu convaincant peut être affaibli par une mauvaise présentation, tandis qu'un style diplomatique habile peut faciliter l'acceptation d'un contenu politiquement sensible. Les différences culturelles, les expériences historiques et les attentes des parties prenantes jouent un rôle crucial. Par exemple, certains États privilégient une communication diplomatique formelle et respectueuse, tandis que d'autres préfèrent des négociations plus informelles et pragmatiques. Un style diplomatique trop agressif ou arrogant peut miner même un contenu pertinent en sapant la confiance entre les partenaires de négociation. Par exemple, la rhétorique des grandes puissances dans des conflits géopolitiques se traduit souvent par une escalade, avec des paroles dures suivies d'actions concrètes.

La médiatisation croissante de la politique internationale renforce encore l'importance du style. Dans le paysage médiatique moderne, chaque interaction diplomatique, conférence de presse ou discours international est presque immédiatement diffusé et analysé à l'échelle mondiale. Les dirigeants politiques en sont conscients et adaptent souvent consciemment leur style pour promouvoir ou éviter certains récits. Le fond et la forme entretiennent une relation symbiotique. Un acteur politique efficace doit non seulement développer des positions substantielles et des solutions, mais également choisir le style approprié pour les communiquer et les faire accepter. La politique internationale n'est donc pas seulement un affrontement d'intérêts et de pouvoirs, mais aussi une scène où le style peut être aussi déterminant que le contenu pour assurer le succès.

Différentes écoles de pensée se sont développées dans ce domaine, chacune mettant l'accent sur des aspects spécifiques du contenu et cultivant un style distinctif. Par exemple, l'idéalisme, qui repose sur la foi dans le progrès et la raison, adopte un langage optimiste et coopératif. En revanche, le réalisme privilégie une rhétorique sobre et axée sur le pouvoir. La manière dont les États projettent leur puissance est indissociable du contenu de leur politique. Le concept de «soft power», par exemple, souligne l'importance de la culture, des valeurs politiques et de la politique étrangère comme instruments d'influence. Ici, le contenu et le style fusionnent dans une approche globale des relations internationales. De même, dans l'analyse académique de la politique internationale, on observe la relation étroite entre contenu et style. Les débats métathéoriques sur les relations internationales reflètent non seulement des positions de fond différentes, mais également des approches variées dans l'analyse des phénomènes mondiaux.

Tout comme en mathématiques, où les courbes asymptotiques s'approchent d'un objectif sans jamais l'atteindre, la politique internationale pourrait tirer parti d'une approche pragmatique axée sur des ajustements et corrections constants. L'objectif n'est pas de parvenir à une fin parfaite, mais à une amélioration continue. Cette méthode itérative permet de répondre aux changements dans la dynamique mondiale et d'obtenir des progrès progressifs. Peut-être que la solution ne réside pas dans la résolution complète du dilemme, mais dans son acceptation. La reconnaissance que les idéaux politiques resteront toujours asymptotiques pourrait encourager un nouveau réalisme en politique. Cette acceptation pourrait conduire à une gestion plus rationnelle et moins émotionnelle des échecs politiques et réduire la pression pour trouver des solutions parfaites.

L'idée selon laquelle la paix avec un agresseur implacable ne peut être obtenue qu'avec la conscience de la force, voire par des menaces, est bien ancrée dans la psychologie politique et historique. Cette vision repose sur l'expérience selon laquelle les agresseurs profitent de la faiblesse perçue des autres et sont donc plus enclins à réagir à la force ou à la pression qu'à des négociations ou concessions. Souvent, les tentatives d'apaiser des agressions par des concessions ont conduit à une escalade du conflit plutôt qu'à sa désescalade. La stratégie de la domination, y compris la force militaire ou la pression économique, peut dissiper les impressions légitimes de menace et réduire le risque d'agressions. Un comportement agressif qui n'est pas puni ou contesté tend à s'étendre. Ce phénomène repose sur des principes de renforcement positif : si un agresseur ne subit pas de conséquences négatives pour son comportement, celui-ci est perçu comme un succès et est susceptible d'être répété.

La menace en tant qu'outil diplomatique ou militaire est souvent essentielle pour dissuader les agresseurs. Elle signale qu'une escalade entraînera de graves conséquences. Il s'agit d'un classique jeu de crédibilité. Une menace n'est efficace que si elle est crédible, c'est-à-dire si l'autre partie est convaincue qu'elle sera mise en œuvre en cas de transgression. Dans des situations de conflit, qu'il s'agisse de politique internationale ou de relations personnelles, les menaces peuvent contribuer à établir un équilibre. Lorsque l'autre partie sait que certaines actions entraîneront de fermes représailles, elle est moins susceptible d'adopter un comportement agressif.

Un exemple marquant est la politique de dissuasion pendant la guerre froide. La menace de l'utilisation d'armes nucléaires des deux côtés, les États-Unis et l'Union soviétique, a empêché toute confrontation militaire directe, car les dommages potentiels étaient trop importants. Ici, la menace est devenue un outil, certes effrayant, pour maintenir la paix. Pourtant, la peur a toujours été, et cela est démontré, un mauvais conseiller en politique internationale. Il est bien plus efficace de compter sur une diplomatie ferme et des négociations, plutôt que de prendre des décisions sous l'emprise de la peur. Un dialogue ouvert peut clarifier les malentendus et établir la confiance entre les parties adverses. Une « diplomatie ferme" fait référence à la fermeté et à l'adhésion à des principes clairs, tandis que « la diplomatie sans crainte» implique que les négociations et relations se déroulent sans manipulation par la peur ou la pression.

Depuis la fin de la guerre froide, la stratégie de l'OTAN vis-à-vis de la Russie repose sur un équilibre entre diplomatie et menace par une capacité de défense militaire. Bien que le dialogue et les négociations jouent un rôle, la possibilité d'une réponse militaire reste toujours présente pour dissuader les dictateurs de mener d'autres actions agressives. Une paix conclue sans équilibre des forces ni menace crédible est illusoire. Cela encouragerait une partie à exploiter les faiblesses de l'autre. Le réalisme en politique internationale soutient cependant que les considérations morales ne doivent pas primer sur la nécessité de la préservation de soi. Dans un système où les agresseurs ne respectent que la force, une position pacifiste pourrait à long terme entraîner davantage de souffrances.

17. CONTENU ET COMMUNICATION

La communication politique vise à générer de l'attention et de l'adhésion. Pour cela, elle utilise des moyens rhétoriques, des mots-clés et d'autres techniques de communication stratégique. Les messages doivent être adaptés au public cible et au canal de communication utilisé. Les réseaux sociaux ont transformé de manière massive les structures de communication politique. Ils offrent de nouvelles possibilités d'interaction entre les acteurs politiques et les citoyens, tout en imposant des exigences accrues en matière de compétence communicationnelle. L'augmentation de la communication via les médias numériques implique également des responsabilités accrues pour les utilisateurs - tant du côté des citoyens que des acteurs politiques. En fin de compte, il apparaît que la gestion efficace des contenus et de la communication est une tâche essentielle de la politique moderne. Seuls ceux qui maîtrisent ces deux aspects peuvent établir un lien durable avec le public et participer activement au discours politique.

Les techniques de communication stratégique sont utilisées pour exercer une influence, atteindre des objectifs diplomatiques et façonner l'opinion publique. La diplomatie publique vise à influencer l'opinion publique à l'étranger en établissant une communication directe avec des institutions étrangères. Cela se fait en utilisant des canaux médiatiques internationaux ou des plateformes propres, comme *Russia Today* ou *Al Jazeera*, pour diffuser leur point de vue. La diplomatie narrative, quant à elle, cherche à établir un récit cohérent et convaincant qui promeut les intérêts et les valeurs d'un gouvernement ou d'un pays. Ces techniques incluent la création d'un récit clair et émotionnellement engageant, mettant en avant les valeurs et les objectifs d'une politique. Les décisions et événements politiques sont présentés sous un certain jour pour générer une compréhension souhaitée, comme par exemple représenter des conflits comme une défense de la démocratie face à l'autoritarisme.

L'interconnexion des échanges d'idées dans la communication internationale fait référence à l'interaction et à l'interdépendance entre idées, informations et perspectives de différentes cultures, pays et communautés à travers le monde. Ces échanges favorisent une compréhension culturelle approfondie et renforcent la coopération mondiale. L'interconnexion crée des espaces où différentes perspectives sur des questions comme la politique, l'économie, la science et la société peuvent être partagées. Cette communication conduit à une meilleure compréhension des défis mondiaux et au développement de solutions communes.

Le *soft power* désigne la capacité d'un acteur politique à exercer une influence par l'attraction et la persuasion plutôt que par la contrainte ou l'argent. La diffusion de la culture influe sur les attitudes du public. Les investissements dans les établissements d'enseignement et la coopération académique améliorent l'image d'un pays et établissent des liens durables. L'aide financière et humanitaire renforce la confiance et les relations avec d'autres pays. Bien que souvent connotée négativement, la propagande reste une technique centrale dans la politique internationale. Il s'agit de diffuser délibérément des informations pour influencer l'opinion publique nationale et internationale. Les formes modernes de propagande négative incluent la diffusion intentionnelle de fausses informations ou de données trompeuses pour semer le doute ou discréditer les positions adverses. Les technologies numériques, notamment les réseaux sociaux et les campagnes en ligne ciblées, sont utilisées pour manipuler les opinions à l'échelle mondiale. Des alliances sont formées pour renforcer des positions communes, en mobilisant diverses formes de négociation et de consensus.

En plus des canaux diplomatiques officiels, il existe des canaux informels où des acteurs non étatiques, tels que des scientifiques, artistes ou leaders d'opinion, sont impliqués. Ces techniques peuvent réduire les tensions et renforcer la confiance. L'influence des leaders d'opinion réside dans leur capacité à interpréter des informations et à les transmettre à un large public. Ils bénéficient de la confiance de certains groupes de population et sont perçus comme des sources crédibles et authentiques en raison de leur autorité et de leur expertise. Cette base de confiance les rend efficaces pour transmettre des idées et des positions politiques. Les leaders d'opinion agissent comme des multiplicateurs, car leurs opinions et déclarations sont reprises et amplifiées par leurs auditoires. Les universitaires et les experts introduisent les questions politiques dans des cercles spécialisés et favorisent un débat éclairé qui peut ensuite s'intégrer aux discussions plus larges.

En période de crise, une communication cohérente et rapide est essentielle pour maîtriser la situation. Le moment où les informations sont publiées est crucial pour éviter les rumeurs et la panique. Les décideurs politiques doivent trouver un équilibre entre transparence et protection de leurs positions stratégiques. Les rencontres personnelles entre dirigeants peuvent favoriser des avancées diplomatiques. Des leaders charismatiques peuvent, grâce à leur personnalité et leur style de communication direct, avoir un impact significatif sur les relations internationales.

Ce ne sont pas seulement les réactions hésitantes qui sont perçues comme maladroites, mais aussi la manière de communiquer. L'utilisation répétée d'une rhétorique davantage axée sur le consensus que sur une position claire a conduit ces dernières années à une banalisation croissante de la politique étrangère allemande. Cela s'est manifesté non seulement dans les débats autour du gazoduc Nord Stream 2 ou du soutien militaire à l'Ukraine, mais aussi dans une position de plus en plus incohérente vis-à-vis des partenaires européens et internationaux. La politique étrangère allemande a trop souvent été caractérisée par l'idée de jouer un rôle de médiateur neutre entre les fronts politiques, plutôt que d'agir en tant qu'acteur capable avec des intérêts bien définis.

Les attitudes des dirigeants allemands sur la scène internationale ont souvent donné l'impression qu'ils cherchaient à se cacher derrière la façade d'un acteur modéré, presque innocent. Cela a conduit non seulement à une passivité, mais aussi à une insécurité parmi les partenaires européens et les acteurs internationaux. La réaction politique face à des défis internationaux tels que la crise énergétique, les problèmes migratoires ou les tensions géopolitiques avec la Chine a souvent révélé une tendance à « gérer les crises » plutôt qu'à prendre l'initiative pour les orienter activement. La direction allemande semblait souvent plus préoccupée par son image politique que par la résolution proactive des problèmes.

Un autre sujet est la propagation des récits sur les réseaux sociaux. Les médias sociaux ont révolutionné la manière dont les histoires, les opinions et les informations sont diffusées et consommées. Les récits diffusés par ces canaux ont des impacts profonds sur la société, la politique et la culture. La vitesse et l'ampleur avec lesquelles ces récits se propagent sont sans précédent. Ils permettent aux utilisateurs de partager des contenus en temps réel, ce qui conduit à ce que des histoires et informations atteignent des millions de personnes en un temps record. Ce flux rapide d'informations présente à la fois des avantages et des risques.

D'un côté, cela permet une diffusion plus rapide et plus large des messages importants soutenant le changement social. De l'autre, cela alimente également la désinformation, la manipulation et les tendances extrémistes, qui sapent la confiance dans les institutions et la cohésion sociale. Les utilisateurs ont tendance à extraire des récits les éléments qu'ils jugent pertinents ou significatifs pour leur propre situation et vision du monde. Ils ne retiennent d'abord pas tous les aspects d'un récit, mais seulement ceux qui leur semblent adaptés et émotionnellement engageants.

Les récits sont souvent propagés comme des visions simplifiées, occultant les réalités politiques et manipulant ainsi la perception du monde. Dans des situations polarisées, ils deviennent un puissant outil d'influence, comportant divers dangers. Les gouvernements, partis ou groupes d'intérêt peuvent utiliser des slogans pour obtenir un soutien à des mesures qui ne servent pas nécessairement le bien commun. Par exemple, l'idée de liberté économique peut être invoquée comme prétexte pour des dérégulations qui profitent principalement aux plus riches, tout en exacerbant les inégalités sociales. Les politiciens populistes exploitent fréquemment des valeurs universellement respectées pour exagérer des promesses irréalistes ou attiser des peurs. Cela aboutit à une polarisation des cibles, nourrie par des solutions simplistes qui trouvent davantage d'acceptation émotionnelle que rationnelle.

Les influenceurs, à ne pas confondre avec les multiplicateurs d'opinion, possèdent une large audience sur les réseaux sociaux. En matière de questions socio-politiques, ils manquent souvent de connaissances solides et fondées, mais se démarquent par des compétences communicationnelles frappantes, jouant un rôle actif dans le domaine de l'influence. Leurs opinions et récits exercent une grande influence sur leurs abonnés, modifiant les tendances, les opinions et les discours. Par ailleurs, leur portée leur permet aussi de diffuser des désinformations, des produits douteux ou des opinions politiques extrêmes, souvent sans contrôle rigoureux.

Des contenus trompeurs et des fake news sont régulièrement diffusés à grande échelle via des plateformes populaires, ce qui fausse l'opinion publique. Les algorithmes piègent les utilisateurs dans des «chambres d'écho» ou des «bulles de filtre», où ne leur sont présentés que des contenus confirmant leurs convictions existantes, renforçant ainsi la polarisation et la radicalisation. Les opinions divergentes sont isolées, facilitant la diffusion sans entrave de récits extrémistes. La perception subjective détermine quels éléments sont intégrés à une situation. Les termes disponibles pour un individu influencent son interprétation des récits. Les rôles actualisés dans diverses situations façonnent la compréhension des contextes. Ces récits offrent des interprétations correctes ou biaisées aux récepteurs et dominent ainsi la narration. Ce sont les lectures intentionnelles qui orientent la perception, servant de points de repère pour des questions complexes dans la connaissance collective. Le traitement de l'information est orienté vers l'identification du récit. La responsabilité des récepteurs et des utilisateurs est immense, mais difficile à assumer sans soutien cognitif.

Face à ces défis, l'appel à des évaluations et analyses professionnelles devient de plus en plus urgent. Leur mission dans les médias sociaux sera d'analyser les récits. Elles peuvent déceler les effets intentionnellement cachés et contextualiser les faits de manière fondée sur des preuves. Ce service est une véritable avancée pour l'univers des réseaux sociaux, car il aide à distinguer les faits de la fiction. Grâce à des méthodes empiriques éprouvées et désormais à l'aide d'algorithmes, d'intelligence artificielle et d'outils de vérification des faits, il devient possible d'identifier rapidement les récits faux ou trompeurs. Cela est crucial pour stopper la propagation des désinformations avant qu'elles ne deviennent virales. De telles évaluations favorisent la transparence, permettant de tenir responsables les acteurs politiques ou économiques cherchant à manipuler l'opinion publique. Elles permettent également de détecter rapidement les tendances extrémistes.

18. ORIENTATION « NEXT-GENERATIONS »

La conceptualisation de la « nouvelle génération » dans le contexte de la planification stratégique implique la prise en compte des nouvelles technologies, de l'environnement changeant ainsi que des besoins et des attentes des générations futures. Il s'agit de conditions préalables qui servent de prédispositions pour des plans stratégiques efficaces. Ils doivent également être considérés dans plusieurs dimensions. Les technologies telles que l'intelligence artificielle, l'informatique quantique, la blockchain et l'énergie verte sont des game changers qui vont radicalement changer la manière dont les États gèrent leur économie, communiquent et gèrent les conflits. Ces technologies sont fortement liées entre elles. Par exemple, l'avenir des énergies vertes dépend des progrès réalisés dans les technologies de stockage et la numérisation. Les leaders dans ces domaines peuvent déplacer les structures de pouvoir géopolitiques, car la supériorité technologique crée de nouveaux types de dépendance et remet en question les centres de pouvoir traditionnels.

Le changement climatique est peut-être le facteur de transformation le plus important pour la prochaine génération, car il affecte la sécurité mondiale, la migration, l'économie et la santé.

L'interconnexion entre la raréfaction des ressources, les catastrophes environnementales et les tensions géopolitiques est évidente. Un pays touché par une pénurie d'eau peut devenir un foyer de conflits régionaux ou de migrations massives, ce qui aggrave l'instabilité politique mondiale. Par ailleurs, le changement climatique accélère l'innovation dans les technologies vertes, qui entrent en concurrence directe avec les sources d'énergie fossiles, provoquant des bouleversements économiques et politiques profonds.

Qu'il s'agisse de nouvelles technologies, d'alliances géopolitiques, de mutations économiques ou de mouvements sociaux, les facteurs de transformation agissent dans un réseau complexe d'influences et d'interactions. Les nouvelles technologies modifient non seulement les marchés du travail, mais influencent également les stratégies militaires, le commerce international et les relations diplomatiques. La maîtrise de l'intelligence artificielle confère un avantage stratégique dans plusieurs domaines à la fois: économique, militaire et en termes d'influence mondiale. Cela intensifie la course technologique entre les grandes puissances, comme les États-Unis et la Chine, et engendre de nouvelles tensions géopolitiques.

Les changements dans le discours politique agissent également comme des catalyseurs de transformation, car ils influencent fortement la dynamique des processus politiques. Ces changements concernent tant le contenu des débats que la manière dont les acteurs politiques et les citoyens communiquent. Si le discours évolue d'un langage technocratique ou élitiste vers une rhétorique populiste ou émotionnelle, cela peut transformer le paysage politique. Une telle évolution du langage atteint de nouvelles audiences et peut soit déstabiliser soit consolider les structures de pouvoir traditionnelles. Un changement dans le discours peut remettre en question les équilibres de pouvoir en place. Lorsque de nouveaux récits ou idéologies dominent, ils transforment les institutions et les structures politiques, tant au niveau national qu'international. Les réseaux sociaux deviennent ainsi des catalyseurs de bouleversements politiques en mobilisant des acteurs connectés à l'échelle mondiale et en influençant l'opinion publique en temps réel. De plus, l'agenda politique d'un pays peut changer en un instant lorsqu'un événement imprévu, comme une sécheresse ou un ouragan, déstabilise des régions entières.

L'intelligence artificielle et l'automatisation joueront un rôle clé dans ces processus, en augmentant l'efficacité. La politique devra s'adapter à un monde de plus en plus numérique, notamment en ce qui concerne les investissements. Les générations futures orienteront probablement leurs plans stratégiques vers des objectifs de durabilité afin de réduire leur empreinte écologique et de répondre au changement climatique. Ce n'est qu'en mettant en place des stratégies d'utilisation efficace des ressources que l'on pourra rester compétitif à long terme dans les domaines économique et politique.

La mondialisation impose d'adapter les stratégies pour réussir dans des contextes culturels et économiques variés. Comprendre la concurrence mondiale et ses stratégies sera crucial pour rester pertinent sur la scène internationale. Avec des technologies disruptives comme l'intelligence artificielle, la 5G ou l'informatique quantique, les règles du jeu changent dans de nombreux secteurs. Les entreprises, tout comme les gouvernements, doivent non seulement comprendre ces technologies, mais aussi les intégrer dans leurs plans stratégiques pour rester dans la course. Ces technologies ouvrent de nouvelles possibilités, mais augmentent également la complexité et nécessitent des stratégies flexibles et innovantes. Il faudra anticiper les tendances pour attirer et fidéliser les talents de la prochaine génération, qu'il s'agisse de la "génération Z" ou des millennials. Des aspects tels que l'équilibre entre vie professionnelle et personnelle, une économie durable et les compétences numériques apporteront de nouvelles valeurs et attentes. Les concepts dotés de bases technologiques, économiques et culturelles solides s'implanteront plus rapidement et plus efficacement dans les nouvelles stratégies.

La portée mondiale des plateformes numériques rend leur régulation difficile. Les questions de sécurité des données, de vie privée et de contrôle des infrastructures numériques sont particulièrement pertinentes. Les gouvernements doivent trouver des moyens de préserver leur souveraineté numérique sans freiner l'innovation. Des règles claires sont nécessaires pour encadrer l'utilisation des plateformes numériques et des données afin de prévenir les abus et la manipulation. Des commissions d'éthique et des cadres juridiques doivent garantir que les innovations numériques respectent les valeurs sociétales.

La compétence numérique est une condition essentielle pour participer à la société connectée. Promouvoir la littératie médiatique et la pensée critique aide à filtrer les fausses informations et à utiliser le monde numérique de manière responsable. L'interconnexion offre le potentiel de créer de nouvelles formes de cohésion sociale basées sur des réseaux mondiaux. On peut envisager des modèles où des communautés numériques transcendent les frontières culturelles et nationales pour poursuivre des intérêts communs et relever des défis globaux, comme le changement climatique ou la justice sociale.

Qu'est-ce qui maintient la cohésion d'une société? Des «générateurs de sens» essentiels pour l'identité collective et individuelle, comme la famille et la communauté, semblent perdre de leur pouvoir de lien. Des valeurs communes, telles que la justice, la liberté et la solidarité, créent un sentiment d'appartenance. Dans un monde de plus en plus interconnecté, ces valeurs peuvent être diffusées et débattues à travers des plateformes numériques, ce qui globalise le discours sur les normes sociales. Les institutions comme les écoles, les médias et les organisations politiques jouent un rôle clé dans la transmission d'objectifs communs et la construction de la confiance. Leur fonction évolue constamment, car les structures traditionnelles sont souvent complétées ou remises en question par de nouvelles formes, souvent décentralisées. Cette interconnexion peut toutefois aussi conduire à une fragmentation et à une isolation sociale, lorsque des individus évoluent dans des bulles filtrantes ou des communautés isolées. Cela peut exacerber les tensions sociales et politiques existantes.

Plutôt que d'être perçue comme une menace, la diversité culturelle peut devenir une source de créativité et d'innovation. Les villes et les pays qui favorisent et intègrent consciemment la diversité créent souvent des sociétés dynamiques et vivantes, capables de développer une identité pluraliste. Malgré une sécularisation croissante dans de nombreuses régions du monde, les religions continuent d'offrir des récits porteurs de sens, des rituels et des formes de communauté qui donnent aux individus orientation et soutien. Dans des sociétés pluralistes, la religion peut être une source de réflexion éthique et d'engagement social. Les dialogues multireligieux et les coopérations interreligieuses contribuent à promouvoir la compréhension entre différents groupes et à façonner des valeurs communes.

Pour rendre justice à la vérité historique, ce n'est pas seulement la Charte des Nations Unies ou la Déclaration universelle des droits de l'homme qui, en réponse aux horreurs de la guerre et du génocide de la Seconde Guerre mondiale, ont affirmé le caractère inviolable de la dignité humaine. Cette idée trouve ses origines dans le christianisme, où elle a été formulée dès les débuts de la théologie et de la philosophie chrétiennes. La notion que chaque être humain possède une dignité inaliénable est centrale pour une vision renouvelée de l'humanité et a contribué de manière significative au développement des concepts modernes des droits de l'homme. Ses bases historiques remontent au livre de la Genèse dans la Bible, où il est dit que l'homme a été créé « à l'image de Dieu ». Cette idée implique que chaque personne possède une dignité inaltérable, inhérente, indépendante de ses caractéristiques extérieures ou de ses capacités. À l'époque, cependant, cette interconnexion était surtout perçue entre le « peuple élu » et la toute-puissance divine. Dans le Nouveau Testament, selon la compréhension chrétienne, « le Verbe fait chair » entre dans le monde et souligne la dignité et la valeur de chaque être humain, en insistant sur l'importance de l'autre, y compris les exclus et les faibles.

L'humanité dispose ainsi d'un riche héritage éthique et social qu'elle peut intégrer dans les débats contemporains. Des valeurs comme la dignité de chaque individu continuent de constituer une base pour l'engagement social. Les sciences sociales et humaines offrent des perspectives précieuses sur les dynamiques sociétales, la diversité culturelle et le comportement humain. Ces connaissances sont essentielles pour comprendre la complexité des sociétés modernes et relever les défis de manière constructive. Ces évolutions signalent de nouvelles voies d'engagement et de communication. Dans un monde en quête d'orientation et de leadership moral, le christianisme demeure une voix importante appelant à une gestion éthiquement responsable des relations humaines et de la nature. L'interconnexion avec les questions éthiques et le rôle à jouer dans l'avenir ne doivent pas être sous-estimés. Cette interconnexion se manifeste dans divers domaines, qu'il s'agisse de promouvoir la justice sociale, d'assumer une responsabilité mondiale ou de fournir une orientation morale dans un monde de plus en plus complexe.

Malgré de nombreuses distorsions au fil du temps, l'histoire revient sans cesse aux caractéristiques fondamentales de son contenu. Elle suit certains principes de base qui réapparaissent continuellement, qu'il s'agisse de conflits de pouvoir, de la quête de liberté, de mouvements sociaux ou de la recherche de justice. Ces caractéristiques agissent comme un fil rouge traversant les différentes époques et sociétés. Cette idée rappelle la conception dialectique de l'histoire, où les processus historiques évoluent à travers un échange entre thèse, antithèse et synthèse. La confrontation avec des résistances et des contradictions génère une nouvelle forme, qui s'appuie sur les caractéristiques originelles tout en intégrant de nouveaux éléments. Les sociétés et cultures traversent des phases de progrès et de revers, apprennent de leurs erreurs et tentent de s'appuyer sur les aspects positifs des développements antérieurs. Malgré les distorsions, l'histoire montre souvent, à long terme, une évolution vers plus de liberté, de justice ou de savoir. Comprendre que l'histoire, malgré ses déviations et distorsions, revient toujours à ses caractéristiques fondamentales, offre un sentiment de continuité et d'objectif. Cela montre que les actions humaines et les valeurs ont une signification durable et qu'il est possible de façonner l'avenir sur la base de ces caractéristiques. Cette vision offre l'espoir qu'en temps d'incertitude et de bouleversements, certains fondamentaux peuvent perdurer et évoluer. Elle met également en lumière la responsabilité de contribuer activement à façonner l'histoire et à réaliser ces caractéristiques fondamentales. Cela pourrait être interprété comme un appel à reconnaître ces caractéristiques pour orienter l'histoire dans une direction positive. Car, en fin de compte, chaque génération a la responsabilité de défendre et de développer les valeurs et principes fondamentaux de l'existence humaine.

Traditionnellement, la famille est le premier et le plus important lieu de transmission des valeurs et des normes. Elle forge les convictions et comportements fondamentaux d'un individu avant qu'ils ne soient développés par des influences extérieures telles que l'éducation ou la société. Toutefois, ce lien familial semble menacé de se dissoudre. De plus en plus d'enfants naissent hors mariage, et la diversité des formes familiales ne cesse de croître : familles recomposées, partenariats de même sexe avec enfants, et bien d'autres. Malgré une évolution des perceptions dans divers domaines, la famille reste pour beaucoup le contexte de vie principal, avec une signification constante pour l'identité et la spiritualité. Lorsqu'elles transmettent des valeurs de communauté et de solidarité à leurs membres, les familles contribuent au tissu social. Si leurs structures évoluent, elles ne disparaissent pas pour autant. Surtout dans les pays du Sud global, les communautés de foi se manifestent à travers des rites intenses. Des formes consolidées et adaptées d'identité se développent. Le défi réside dans la prise en compte et le soutien de ces nouvelles réalités. Les rencontres et coopérations interreligieuses peuvent réduire les préjugés et favoriser le développement social. Malgré les nombreuses transformations et défis auxquels les familles sont confrontées aujourd'hui, leur rôle en tant que lieu de transmission des valeurs et de stabilité sociale demeure. Elles ne sont pas seulement un refuge en temps de changement, mais aussi des acteurs actifs de l'évolution sociale, contribuant de manière significative à façonner positivement l'avenir.

19. INTERCONNECTIVITÉ DE LA PENSÉE ET DE LA CROYANCE

L'interconnexion entre philosophie et théologie, qui se manifeste dans l'exploration des questions les plus profondes sur l'existence et le sens de la vie humaine, démontre que les découvertes rationnelles ne peuvent être pleinement comprises sans référence à un fondement théologique. Cela ne concerne pas uniquement des réflexions abstraites sur la morale ou l'éthique, mais aussi la manière dont la finitude humaine et sa relation à un objectif supérieur et transcendant sont comprises. Cette imbrication entre raison et théologie soulève également la question de savoir dans quelle mesure la capacité de connaissance humaine suffit pour saisir des vérités transcendantes et dans quelle mesure la foi doit intervenir en complément ou en correction.

La connaissance et la foi cherchent toutes deux à répondre aux questions fondamentales sur la vie, l'univers et la place de l'homme en leur sein. La foi est essentielle car elle permet de pénétrer la réalité. Toutefois, « croire sans réfléchir » peut refléter une attitude où la foi est acceptée aveuglément et sans examen critique. Une telle foi risque de devenir dogmatique ou fanatique, car elle n'est pas soumise à une réflexion critique. Théologiquement, cette posture est critiquée, car une foi non examinée est vulnérable à l'abus ou à la manipulation. Des penseurs comme Augustin ont souligné la nécessité de remettre en question et de comprendre la foi : *credo ut intelligam*, « je crois pour comprendre ». La foi ne doit pas s'opposer à la raison, mais plutôt la stimuler et l'inspirer.

Dans le domaine scientifique, on s'appuie sur des principes axiomatiques comme la validité des lois naturelles ou la stabilité des principes mathématiques. Ces principes, bien qu'empiriquement non prouvés, sont acceptés par foi pour construire des connaissances. Avant de savoir, nous devons accepter certaines choses comme acquises: par exemple, la fiabilité de nos perceptions pour comprendre le monde extérieur ou la validité de la logique pour tirer des conclusions. Philosophes et scientifiques montrent que foi et connaissance ne sont pas toujours opposées mais parfois interdépendantes. Karl Popper considère la science comme un processus de falsification, où les théories sont testées et peuvent être réfutées, tandis que Ludwig Wittgenstein perçoit la foi comme un langage capable d'exprimer certains aspects de la vie mieux que la science. William James, défenseur du pragmatisme, met en avant l'importance de la foi dans la prise de décision et l'action face à l'incertitude. Lorsque le savoir est incomplet, nous devons souvent agir en nous fondant sur une foi provisoire.

René Descartes, en introduisant le doute méthodique, montre que même la connaissance repose sur un acte de foi en la validité du raisonnement. De même, pour Immanuel Kant, la connaissance est conditionnée par la structure de notre pensée : nous ne pouvons connaître les choses en elles-mêmes, mais seulement telles qu'elles se présentent à nos sens et à notre esprit. Cette confiance dans nos capacités cognitives est un acte de foi. Sur le plan psychologique, le cerveau humain fonctionne sur la base de croyances et d'hypothèses avant que des preuves complètes ne soient disponibles.

Dans l'interconnexion entre providence, politique et action humaine, la question se pose de savoir quel est l'espace laissé à l'homme dans un univers où certaines choses sont prédestinées. La providence peut être perçue comme un grand plan, tandis que la politique représente la mise en œuvre pragmatique des objectifs humains, et l'action humaine est le levier individuel ou collectif du changement. La doctrine sociale catholique cherche à harmoniser la providence et l'action humaine, soulignant l'obligation morale d'intervenir activement pour le bien commun, même face à l'incertitude sur la place de la providence.

Les thèmes eschatologiques comme le sens, la mort, l'infini et la justice exigent une réflexion qui transcende les limites de la philosophie. Des penseurs comme Thomas d'Aquin et Augustin ont cherché à concilier raison et foi, arguant que la raison peut être un moyen d'accéder aux vérités théologiques. La philosophie sert souvent d'outil pour baliser le chemin vers ces vérités. L'eschatologie confère aux actions humaines une dimension supplémentaire en les situant dans un cadre de responsabilité ultime. Les décisions rationnelles prennent une nouvelle signification lorsqu'elles sont éclairées par la perspective de l'éternité.

Ce cadre eschatologique a des implications éthiques et politiques profondes, puisqu'il élargit la notion de responsabilité au-delà du temporel. Dans la quête des questions ultimes, philosophie et théologie ne peuvent être séparées. Les réflexions philosophiques sur l'éthique, la justice et le bien se prolongent souvent dans une dimension théologique. Cette dynamique enrichit la raison en l'élargissant au domaine de la foi et du spirituel, offrant à l'humanité un horizon de compréhension et d'action qui transcende les limites de l'existence immédiate.

L'interconnectivité du temps et de son dépassement dans le contexte de l'« alpha et de l'oméga » renvoie à une profonde réflexion philosophique et métaphysique sur la nature du temps, l'éternité et le mystère de l'existence. Elle incarne l'ensemble de l'existence, le cycle de naissance et de mort, de commencement et d'accomplissement. Ces concepts proviennent de l'Apocalypse de Jean dans le Nouveau Testament, où le Christ déclare : « Je suis l'Alpha et l'Oméga, le premier et le dernier, le commencement et la fin. » Cependant, l'Alpha et l'Oméga ne sont pas seulement des symboles de temporalité linéaire ; ils renvoient à une sur-temporalité où début et fin se fondent dans une totalité transcendante, un mystère qui dépasse le temps lui-même.

L'existence humaine est fondamentalement liée à une compréhension linéaire du temps. Nous expérimentons le passé, le présent et le futur comme des moments successifs. Pourtant, dans de nombreuses traditions mystiques, existe le concept d'une transcendance du temps, un moment d'éveil ou d'expérience où la succession linéaire des instants s'évanouit, révélant l'éternité, non comme une durée infinie, mais comme un état hors du temps. Cette vision de la dissolution du temps en une réalité intemporelle est particulièrement présente dans la philosophie de Platon, qui explore cette idée à travers le contact direct avec l'intemporel. Dans cette dimension, l'Alpha et l'Oméga ne sont plus perçus comme deux points distincts mais comme des aspects unifiés d'un tout supérieur. Les théories modernes de la physique suggèrent également que le temps pourrait être moins fondamental qu'il n'y paraît. La relativité d'Einstein conçoit le temps comme une dimension relative, imbriquée avec l'espace, pouvant s'étirer ou se contracter selon le cadre de référence, ce qui remet en question la perception quotidienne du temps. Le mystère de l'Alpha et l'Oméga reflète ainsi la quête humaine de sens, invitant à penser au-delà des limites linéaires de l'expérience humaine et à s'ouvrir à une réalité plus élevée et intemporelle. Cette quête peut s'opérer par des voies philosophiques ou religieuses, mais elle demeure en dernier ressort un mystère qui échappe à l'expression verbale complète.

Une synergie entre foi et raison se manifeste dans l'idée que la foi peut nourrir et élargir la réflexion, tandis que la pensée approfondit et clarifie la foi. Le principe de *fides quaerens intellectum* (la foi en quête de compréhension), issu de la pensée d'Anselme de Cantorbéry, établit cette interaction entre foi et savoir. Il souligne que la foi stimule une recherche de compréhension plus profonde, au lieu de se reposer uniquement sur des croyances émotionnelles ou culturelles. Dans les débats philosophiques et scientifiques contemporains, il apparaît que la pensée purement rationnelle, dépourvue de toute forme de croyance, qu'elle soit métaphysique, morale ou spirituelle, rencontre ses limites, notamment sur des sujets comme la conscience, l'éthique et le sens, où les données empiriques seules ne suffisent pas à saisir toute la richesse de l'expérience humaine.

L'interconnectivité de l'être est une notion profondément religieuse, qui exprime une unité fondamentale. Elle invite chacun à reconnaître les liens qui unissent l'individu à l'univers, au divin et aux autres êtres vivants. Cette idée traverse les pratiques religieuses, les convictions éthiques et le quotidien, en affirmant que chaque acte individuel affecte l'ensemble de l'existence. Dans le christianisme, l'idée d'interconnectivité est enracinée à la fois sur les plans théologique et éthique. La notion de création révèle des connexions entre l'individu, la communauté et le surnaturel, suggérant que l'être humain est doté de dons, de capacités et d'une responsabilité morale. Cette responsabilité concerne aussi bien ses actions personnelles que son rapport à la création elle-même, qu'il s'agisse de protéger la nature ou de cultiver des valeurs sociales et éthiques. La liberté individuelle est ainsi envisagée comme un don et un défi, accompagné d'une conscience accrue des responsabilités qui en découlent.

L'interconnectivité de l'univers souligne les relations profondes et souvent complexes entre toutes les choses du cosmos, des particules subatomiques aux galaxies. Cette idée est explorée dans des disciplines scientifiques comme la physique, la biologie et la philosophie. Toute matière et toute énergie obéissent aux mêmes lois physiques, ce qui permet une constance et une interaction universelles. Par exemple, la gravitation agit aussi bien sur les objets terrestres que sur les mouvements des planètes et des galaxies. La notion d'universalité, qui postule que certains concepts, principes ou lois s'appliquent indépendamment du lieu ou du temps, ouvre des perspectives fascinantes pour la recherche scientifique. Elle incite également la philosophie et la religion à réfléchir aux liens entre conscience, expérience et connaissance, soulevant des questions sur la nature de la réalité et le rôle de l'humanité dans l'univers.

La symbolique du chiffre trois occupe une place particulière, représentant l'équilibre, la complétude et l'harmonie. Cette triade se retrouve dans de nombreux concepts, tant en philosophie, en science qu'en religion, qui insistent sur la stabilité et le progrès. Dans la dialectique hégélienne, par exemple, la progression en trois étapes – thèse, antithèse, synthèse – illustre comment les contradictions peuvent être résolues pour atteindre une unité supérieure. En architecture et en ingénierie, la structure triangulaire est la plus stable, capable de résister à l'instabilité même sur des surfaces inégales. Dans les sociétés, Montesquieu a adapté ce principe à la théorie de la séparation des pouvoirs entre législatif, exécutif et judiciaire, un modèle garantissant équilibre et justice.

Dans la religion et la spiritualité, la trinité est un exemple frappant de cette triade. Le christianisme la traduit dans le principe de la Trinité - Père, Fils et Saint-Esprit - une union dynamique entre trois aspects distincts mais inséparables. Cette idée transcende la théologie et pénètre dans des concepts éthiques et pratiques, comme la relation entre foi, espérance et charité, qui forment une triade fondamentale pour un cheminement spirituel et moral équilibré. Dans le cadre de la philosophie de l'être et de l'identité, l'interconnectivité du "Moi" et du "Nous" devient un enjeu clé. L'individu n'existe pas en isolement mais est façonné par ses relations avec autrui et l'univers. Des traditions comme le bouddhisme et l'hindouisme vont plus loin, en considérant que l'individualité est une illusion, suggérant que la vraie libération consiste à transcender cette séparation apparente pour retrouver l'unité avec le Tout. Enfin, dans un monde de plus en plus interconnecté mais aussi fragmenté, ces réflexions sur l'interconnectivité de l'être et du cosmos offrent des pistes pour surmonter l'aliénation moderne, restaurer le lien entre l'individu et le collectif, et chercher un sens dans un réseau plus vaste de relations.

La confrontation avec le « Moi » et l'« Être » soulève aussi la question de la relation de l'individu à la communauté. La philosophie, la psychologie et la religion soulignent que l'homme ne peut pas exister de manière isolée, mais qu'il est toujours en relation avec les autres. Des réseaux sociaux, culturels et spirituels façonnent l'individu et l'aident à trouver sa place dans le monde. Dans le monde moderne, l'interconnexion de l'être est également discutée en relation avec l'environnement et la nature. Les mouvements écologiques et spirituels insistent sur le fait que l'homme fait partie d'un système écologique plus vaste et qu'il a la responsabilité de préserver ces liens.

Un problème central de l'existence moderne est le sentiment d'aliénation, l'expérience d'être séparé de l'être, du monde ou des autres. Ce sentiment naît souvent des développements sociaux, économiques et technologiques qui isolent l'individu et interrompent les connexions naturelles. L'aliénation peut se manifester à plusieurs niveaux : entre l'homme et la nature, entre homme et homme, ou entre l'homme et lui-même. Le défi de l'aliénation consiste à rétablir l'interconnexion perdue. Cela peut se faire par la réflexion consciente, une pratique métaphysique ou le développement de communautés qui font l'expérience d'un sentiment d'appartenance et de coexistence.

Les réseaux numériques relient les gens à l'échelle mondiale et créent de nouvelles formes d'échange et d'interaction. Cependant, la question se pose de savoir si ces connexions favorisent réellement l'interconnexion plus profonde de l'être ou si elles génèrent plutôt des liens superficiels qui satisfont le sentiment d'aliénation. La société recherche de nouvelles formes de recherche de sens qui dépassent les systèmes religieux et philosophiques traditionnels. L'interconnexion de l'être offre une possibilité de trouver un sens, en favorisant la compréhension que l'individu fait partie d'un réseau plus large, que ce soit au niveau physique, social ou métaphysique. L'interconnexion de l'être ouvre à une compréhension de la relation étroite entre le Je, la communauté et l'être universel. Cette réflexion met en évidence que l'individu n'existe pas de manière isolée, mais qu'il est toujours en relation avec un ensemble plus vaste. Ces connexions sont centrales à l'identité humaine, à la recherche de sens et au sentiment d'appartenance. Dans un monde de plus en plus complexe et interconnecté, l'interconnexion de l'être peut servir de guide pour surmonter l'aliénation et favoriser d'autres formes d'épanouissement personnel et communautaire.

Le sens de la vie est une question qui préoccupe l'humanité depuis des millénaires. Sartre et Camus, par exemple, soutiennent que la vie n'a intrinsèquement pas de sens et qu'il nous incombe de créer du sens. L'homme est condamné à être libre et à assumer la responsabilité de ses choix. Certaines religions fournissent à leurs adeptes des directives et des réponses à la question du sens, souvent en lien avec une puissance supérieure ou un objectif ultime. L'humanisme met l'accent sur les valeurs humaines et les expériences. Le sens peut ici résider dans la quête de savoir, dans les relations interpersonnelles et dans l'amélioration de la société.

L'être est un concept central de la philosophie. Certains de ses représentants, comme Martin Heidegger, considèrent le concept d'« être » comme quelque chose qui doit être continuellement remis en question et interprété. Son approche met l'accent sur l'« être-dans-le-monde » de l'homme et la relation constante avec son environnement. L'interconnexion de l'être décrit l'aspect selon lequel le moi individuel, le sens de la vie et l'être sont indissociablement liés. Nous n'existons pas isolément. Notre compréhension de nous-mêmes et notre quête de sens sont influencées par les relations que nous avons avec les autres et avec le monde. L'exploration de ces thèmes ouvre un vaste espace de réflexion et de compréhension sur l'existence humaine. En examinant les liens entre le sens, le moi et l'être, nous pouvons non seulement mieux comprendre notre propre vie et nos valeurs, mais aussi les dynamiques qui façonnent notre société.

L'interconnexion de l'être est un thème profond dans la christologie. La connexion de l'être est représentée par la pensée centrale de l'incarnation, du sens de communauté et de la rédemption, qui unit le Christ à l'humanité. Cette thématique parcourt des aspects essentiels de l'enseignement chrétien et offre un cadre abrangant pour comprendre la relation entre Dieu, l'individu et la communauté. En Christ, l'interconnexion de l'être se manifeste de manière unique, car Dieu participe à l'existence humaine par l'incarnation. Cet acte établit le lien entre l'être divin et l'être humain. Le Christ est le lien qui unit de manière indissoluble la sphère divine et la création. Ainsi, le christianisme n'est pas simplement une institution, mais une communauté. Chaque croyant est une partie du principe de vie centré sur le Christ. Cette connexion spirituelle souligne l'idée que l'être ne se limite pas à l'existence terrestre, mais s'étend au-delà de l'existence physique. Par conséquent, dans le Christ, l'être acquiert une dimension universelle et transcendante.

Quand l'état de péché est défini comme une aliénation du divin, perturbant l'harmonie initiale de l'être et provoquant chez l'homme une perte de la connexion profonde avec le principe divin, cette séparation entraîne une rupture existentielle dans l'être. Dans la christologie, ce n'est que par la rédemption, annoncée par la mort et la résurrection du Christ, que cette aliénation est surmontée et que l'interconnexion initiale de l'être est rétablie. La christologie cosmique renvoie à l'idée que tout l'univers est lié par ce Christ, et que sa présence imprègne tous les aspects de l'être. Cette conception de l'interconnexion va bien au-delà du domaine humain et englobe l'ensemble de la création, le visible et l'invisible. L'espérance en la résurrection des morts reflète l'interconnexion de l'être dans une perspective eschatologique. L'éthique chrétienne, fondée sur l'amour- tant l'amour du prochain que l'amour du surnaturel - souligne l'interconnexion pratique de l'être. Par l'incarnation et la rédemption dans le Christ, la séparation entre l'être divin et l'être humain est révoquée, rétablissant une profonde connexion universelle. Cette connexion se manifeste aussi bien sur le plan individuel que cosmique et constitue la base d'une orientation éthique et spirituelle qui imprègne la vie dans toutes ses dimensions.

L'interconnexion des religions et le syncrétisme des croyances sont deux concepts différents souvent confondus, mais ayant des significations et des implications très différentes. Il est important de comprendre cette distinction pour interpréter correctement les relations entre les religions. L'interconnexion fait référence au dialogue, à l'échange et à l'influence mutuelle entre différentes religions et communautés de croyance. Elle décrit la manière dont les religions interagissent en contact, à travers des idées, des théologies, des pratiques ou des concepts éthiques, sans renoncer à leurs croyances fondamentales ou à leur identité. Un exemple est le dialogue interreligieux entre chrétiens, juifs et musulmans sur le monothéisme ou des thèmes éthiques comme la justice sociale. Bien que les religions aient des approches théologiques différentes, elles peuvent promouvoir le respect et la compréhension mutuels grâce au dialogue. Cette interconnexion permet aux religions de coexister pacifiquement et de collaborer dans des domaines tels que les droits de l'homme, la protection de l'environnement ou l'engagement social, sans que leurs enseignements centraux ne soient mélangés. Elle s'explique par le respect des différences entre les traditions religieuses. Il ne s'agit pas de fusionner ou d'abandonner les doctrines de foi, mais de mieux les comprendre et d'élucider leurs différences. Avec la mondialisation, les communautés religieuses sont aussi déjà interconnectées dans la pensée. Cette interconnexion permet l'échange d'idées et de pratiques religieuses au-delà des frontières géographiques et culturelles, mais sans la nécessité de fusionner les croyances.

À l'inverse, le syncrétisme consiste à combiner des éléments de différentes religions dans le but de donner naissance à une nouvelle expression religieuse. Cependant, cela ne correspond plus aux systèmes de croyance originaux. Lorsqu'une religion comme le Vaudou à Haïti mélange des religions traditionnelles d'Afrique de l'Ouest avec des rituels et pratiques chrétiennes, l'élément d'essence chrétienne n'est naturellement plus présent. Lorsque le syncrétisme vise à unir des éléments de différentes religions et à les fusionner en un nouveau système de croyance hybride, il risque d'entraîner des résultats peu crédibles, voire pervers. Alors que l'interconnexion des religions stimule le dialogue et renforce la compréhension et la coopération entre les différentes communautés de foi, sans qu'elles aient à abandonner leurs convictions fondamentales, le syncrétisme crée un maximum de contradictions qui finissent par entraîner des tensions inutiles. Des différences fondamentales dans les questions théologiques, comme la nature du divin, la compréhension du salut ou les préceptes des pratiques religieuses, ne peuvent pas être combinées sans un examen sérieux. Ces contradictions engendrent des conflits, tant au sein des communautés de foi qu'au sein de la foi individuelle des gens. Elles commencent par une considération selon laquelle les axiomes religieux sont relatifs, ce qui procure aux croyants l'impression que leurs convictions sont arbitraires ou interchangeables. Cela entraîne inéluctablement une perte de foi, car la distinction claire entre différentes vérités est levée. Le syncrétisme n'a déjà pas fonctionné chez les anciens Romains, lorsque le principe de Dieu unique du judaïsme, puis du christianisme, est venu s'opposer au corset du principe romain et a brisé le corset de l'empire puissant.

20. INTERCONNECTIVITÉ DU « BIEN » ET DU « MAL»

Depuis toujpurs, les concepts de «bien» et de «mal» ont façonné la pensée humaine. Ils se trouvent au centre des débats éthiques, religieux et philosophiques, et leur relation a été le sujet d'une réflexion intense. À première vue, le bien et le mal apparaissent comme des forces opposées clairement séparées. Cependant, en y regardant de plus près, il devient évident que ces deux concepts existent souvent dans une relation complexe et interdépendante. Cette interdépendance entre le bien et le mal soulève des questions profondes: l'un est-il concevable sans l'autre? Peuvent-ils se conditionner ou même se définir l'un l'autre? L'état des affaires mondiales, tant en termes de maladie que de guérison, repose sur ces questions. Tout comme dans les vies individuelles, il fait partie de la politique mondiale de se préparer à ce qui est à venir. Par conséquent, la question "Que vient-il ensuite ?" est également un appel à la vigilance, à la réflexion et à une préparation ciblée. Il devient clair que comprendre et intégrer ces opposés représente un chemin que l'humanité doit encore explorer. Cette polarité nous met au défi d'assumer la responsabilité de nos actions ainsi que de notre propre conscience éthique et politique et de nous préparer à un changement constant.

L'interdépendance du bien et du mal conduit à l'idée qu'un état idéal sans conflit ni opposition peut non seulement être inaccessibile mais aussi inimaginable. C'est précisément la tension entre ces forces qui stimule le mouvement, le développement et, finalement, la maturation, tant pour les individus que pour les sociétés. Sur un plan politique, cela se reflète dans la nécessité de répondre aux défis et de se préparer aux menaces futures. Il semble que l'existence du mal ravive sans cesse la quête du bien, créant un cycle qui force l'humanité et la société à entrer dans un état de mouvement perpétuel.

Les philosophies et religions classiques considèrent le bien et le mal comme des forces dualistes qui existent dans un état de tension l'une avec l'autre. Des exemples de cela peuvent être trouvés dans le zoroastrisme, avec sa lutte éternelle entre lumière et obscurité, ou dans de nombreuses formes de christianisme qui comprennent la lutte comme un drame moral fondamental. Une opinion commune est que le mal ne peut exister que dans l'absence du bien. Dans la théologie chrétienne, le mal n'existe pas indépendamment mais plutôt comme une distorsion ou une négation du mien. Thomas d'Aquin soutenait que le mal n'a pas de substance propre, mais apparaît comme une déficience ou un manque de bien. Cela conduit à la notion que le mal ne peut être conçu sans le bien et ne peut exister que par rapport à celui-ci.

En même temps, de nombreux penseurs voient le mal comme quelque chose qui défie le bien et lui fournit une forme d'existence. Sans le mal, le bien serait donc une notion purement abstraite et sans contenu. Dans la perspective du philosophe allemand Friedrich Nietzsche, le mal n'est pas seulement une menace, mais aussi un défi nécessaire. De nombreux dilemmes moraux montrent que le bien et le mal ne sont pas toujours clairement séparables. Dans la guerre, par exemple, le concept de guerre juste» est souvent invoqué pour justifier que tuer des ennemis peut être permis dans certaines circonstances. Pourtant, la violence déchaînée dans une guerre reste moralement discutable, mettant en lumière la difficulté de porter des jugements moraux absolus. En médecine, la décision de sauver une vie humaine dans certaines situations peut clairement exiger, comme on le voit dans le «triage», de mettre la vie d'un autre en danger. De telles situations illustrent que ce qui semble «bon» peut parfois nécessiter l'existence du «mal».

La question de ce qui est considéré comme bon ou mauvais a été façonnée par des circonstances culturelles et historiques au fil du temps. Les communautés ethniques et religieuses ont développé différentes notions de ce qui est moralement acceptable. Ce relativisme culturel conduit à un flou supplémentaire des frontières entre le bien et le mal. Ce qui est considéré comme juste et bon dans une société peut être jugé comme moralement répréhensible dans une autre. Ce relativisme souligne l'interconnexion des concepts. Particulièrement dans un monde pluraliste, le bien et le mal se définissent souvent l'un par rapport à l'autre, en fonction de normes sociales et culturelles spécifiques.

Dans la nature, le mouvement du soleil entraîne un changement constant entre le jour et la nuit, entre la lumière et l'obscurité. Ce changement cyclique reflète également la vie elle-même, où les phases de succès, de joie, de clarté, de crise, de doute et d'incertitude s'entrelacent. Ce changement constant souligne que la lumière et l'ombre ne sont pas des états statiques mais s'influencent et se transforment mutuellement. Le passé n'est pas simplement une séquence d'événements, mais aussi le cadre dans lequel le développement humain et culturel se déploie. L'histoire influence les manières dont les sociétés s'organisent, comment elles réagissent à leur environnement et comment elles s'adaptent aux nouveaux défis.

Le développement humain s'appuie sur des expériences antérieures qui sont enregistrées dans l'histoire. Le progrès technologique et les réalisations culturelles d'une civilisation reposent souvent sur les accomplissements des générations passées. Chaque époque hérite des connaissances accumulées tout au long de l'histoire et les utilise pour continuer à croître. Le temps est un concept abstrait inéluctable qui imprègne tout l'univers, fournissant la dimension dans laquelle la croissance, le changement et l'adaptation se produisent.

Qu'il s'agisse de processus biologiques ou culturels, le développement se produit sur de longues périodes. Les processus évolutifs, les innovations technologiques ou les changements sociétaux sont tous ancrés dans des cycles temporels. L'histoire et le développement humain ne peuvent être compris que dans leur contexte temporel. Ils se trouvent dans l'interconnexion du bien et du mal. Beaucoup de ces développements historiques et humains se produisent de manière cyclique. Les cycles économiques, les mouvements sociaux ou les régimes politiques sont soumis à des schémas récurrents qui peuvent être observés sur de longues périodes. L'histoire influence l'avenir, mais en même temps, le passé est interprété à travers le prisme de la manière dont les gens l'expérimentent et le comprennent au fil du temps. Ces effets rétrospectifs façonnent les récits historiques, qui à leur tour influencent la compréhension de soi et les développements futurs des sociétés. Alors qu'elles existent dans l'interconnexion du bien et du mal, les dimensions éthiques et morales des développements historiques et sociétaux deviennent cruciales. Cela est essentiel pour comprendre comment les jugements moraux influencent les actions des individus et des communautés, et comment l'histoire est perçue comme un espace pour la lutte continue entre le bien et le mal.

Ce qui est considéré comme « bon » ou « mauvais » est une question de perspective morale, façonnée par la culture, la religion, la philosophie et les normes sociales d'une époque donnée. Ces catégories ne sont toutefois pas rigides, mais évoluent avec le temps. La manière dont les sociétés définissent «le bien» ou «le mal» a une influence directe sur les actions humaines et les développements. Mais ont-elles encore une ligne directrice uniforme et immuable? L'une des théories les plus anciennes soutenant l'idée d'une morale universelle est le concept de droit naturel. Ce principe repose sur l'idée que certaines lois morales sont ancrées dans la nature de l'homme et du monde. Ces lois s'appliquent indépendamment des conditions culturelles ou historiques et peuvent être reconnues par la raison. Des exemples en sont l'interdiction du meurtre, le commandement de la justice ou la protection de la vie. Dans certains cas, l'évaluation morale d'un acte dépend des circonstances spécifiques, ce qui nécessite un équilibre entre des principes universels et les conditions particulières d'un acte. Un exemple est le concept de « guerre juste », où les guerres peuvent être considérées comme moralement justifiées dans certaines conditions, bien que le meurtre soit généralement considéré comme mal.

Un exemple moderne de principes moraux universels sont les droits de l'homme. Ils sont reconnus par des organismes internationaux tels que l'ONU, considérés comme universels et inaliénables, et devraient avoir force de loi indépendamment des conditions politiques ou culturelles spécifiques d'une société. Malheureusement, les institutions de l'ONU, dans leur configuration actuelle, ont perdu la légitimité morale de défendre ces valeurs. Ce reproche est apparu lorsque l'ONU a commencé à critiquer publiquement les violations des droits de l'homme dans certaines régions tout en semblant ignorer des violations similaires dans d'autres parties du monde. Ce traitement inégal a conduit à des accusations de sélectivité et de double moralité. Cela sape l'idée fondamentale de l'universalité des droits de l'homme, telle qu'elle est énoncée dans la Déclaration Universelle des droits de l'homme. Une position cohérente serait nécessaire pour que les Nations Unies soient reconnues comme une instance morale indépendante dans les conflits internationaux.

La cause délibérée de la souffrance est considérée comme fausse ou immorale dans de nombreux systèmes éthiques et moraux. En général, la philosophie soutient que le but des actions et des décisions, en particulier dans des contextes sociaux, politiques ou personnels, devrait être de promouvoir le bien-être et le bonheur et de prévenir la souffrance. La distinction entre les actions qui causent de la souffrance et celles qui favorisent le bien-être est cruciale pour la réflexion éthique. Elle aide à assumer la responsabilité et à reconnaître les conséquences potentielles d'une action donnée. L'institution des Nations Unies semble avoir abandonné ce principe depuis longtemps.

La question provocante qui traverse l'histoire de la philosophie est donc de savoir si le mal est nécessaire à l'existence du bien. Cette idée trouve ses racines à la fois dans la philosophie antique et dans des écoles de pensée plus modernes. L'écrivain russe Fiodor Dostoïevski a posé dans ses œuvres la question du sens de la souffrance et du mal dans un monde créé par un Dieu tout-puissant. Le mal peut-il être considéré comme une partie nécessaire du libre arbitre et du développement humain? Dostoïevski a reconnu dans les expériences tragiques des hommes que la vertu morale, la compassion et le pardon émergent souvent de la confrontation avec le mal. Cette perspective suggère que le mal n'existe pas seulement en opposition au bien, mais comme un catalyseur pour le développement moral et spirituel. Dans la dialectique du philosophe allemand Friedrich Hegel, le progrès de l'histoire est compris comme un processus d'affrontement de forces opposées. Le bien et le mal pourraient être dans une relation dialectique, où le mal est nécessaire pour permettre le progrès du bien. Dans cette perspective, le bien ne se développe pas dans l'isolement, mais dans une relation de tension constante avec le mal. De cette confrontation émergent de nouvelles synthèses morales qui conduisent à une plus grande justice et vertu.

Dans un contexte religieux, la relation entre le bien et le mal n'est pas seulement considérée comme une question éthique ou philosophique, mais comme une lutte existentielle profondément enracinée dans l'âme humaine. Des religions comme le christianisme ou l'islam soulignent souvent le combat dualiste entre le bien et le mal. Satan dans le christianisme ou Iblis dans l'islam incarnent le mal et tentent de séparer l'homme de Dieu et du bien. Cependant, le combat entre ces forces est compris comme une partie nécessaire de l'existence humaine, l'homme devenant, par ses choix moraux, une partie de ce drame éternel. Le psychanalyste suisse C.G. Jung a développé le concept de « l'ombre » comme le côté sombre de soi, englobant tous les aspects refoulés et négatifs de la personnalité. Jung soutenait que l'ombre est une partie intégrante de l'esprit humain et doit être intégrée plutôt que ignorée ou réprimée. Cette idée s'oppose aux approches religieuses traditionnelles qui voient le mal comme une force à combattre.

Que ce soit dans la philosophie, l'éthique ou la religion, le bien et le mal se définissent et se façonnent mutuellement. Dans de nombreux cas, le bien ne peut être clairement discerné qu'à travers la confrontation avec le mal, et inversement, le mal n'existe souvent que comme négation ou défi du bien. L'interconnectivité de ces deux concepts exige une compréhension nuancée de la nature humaine, des décisions morales et du développement spirituel. En fin de compte, il apparaît que la confrontation avec le bien et le mal est une partie essentielle de la vie humaine, et que cette relation dynamique nous permet non seulement de définir notre identité morale, mais aussi notre place dans le monde.

Dans un contexte global et international, la dynamique du bien et du mal se manifeste de manière particulièrement frappante. Les relations internationales, les conflits, les alliances politiques et l'interconnexion mondiale des idéologies et des intérêts montrent que le bien et le mal ne sont souvent pas clairement séparables. Les États, les institutions et les acteurs politiques agissent dans un réseau complexe de convictions morales, de nécessités pragmatiques et d'intérêts géopolitiques, rendant les décisions morales souvent un exercice d'équilibre entre principes éthiques et contraintes réalistes. Cette relation réciproque entre le bien et le mal est omniprésente dans les relations internationales. Les intérêts nationaux, le pouvoir et la sécurité influencent considérablement le comportement des états et amènent à considérer des actions bonnes ou mauvaises sous des perspectives différentes. Ce phénomène est particulièrement observable dans les alliances géopolitiques, où des États s'associent avec des régimes douteux pour poursuivre leurs propres intérêts stratégiques.

Un exemple en est le soutien apporté aux régimes autoritaires pendant la guerre froide par les États-Unis ou l'Union soviétique afin de garantir des objectifs idéologiques ou économiques. Ce qui est considéré comme « mal » dans un contexte, la suppression des droits de l'homme ou un régime dictatorial, est considéré dans un autre contexte comme un mal nécessaire pour protéger des intérêts géopolitiques plus vastes. Même les organisations internationales telles que les Nations Unies ou le Fonds monétaire international, qui agissent souvent de manière irrationnelle en raison de leurs structures non corrigées, sont néanmoins confrontées à ce dilemme moral : prendre des décisions qui ont des conséquences négatives à court terme, mais qui semblent nécessaires et justifiées à long terme. Les sanctions, les interventions militaires ou les restrictions commerciales servent d'une part à contrecarrer les régimes répressifs, mais d'un autre côté elles peuvent aussi avoir de graves conséquences sur la population civile.

La politique internationale est toujours caractérisée par une tension entre idéaux moraux et décisions pragmatiques. Même si les acteurs internationaux tels que les États et les organisations souhaitent souvent agir selon des principes moraux, leur comportement est déterminé par la réalité des relations de pouvoir et des intérêts sécuritaires. Dans la pratique, il s'avère que même une politique étrangère idéaliste entre en conflit avec la réalité de la politique de puissance. Citons à titre d'exemple la « guerre contre le terrorisme » après les attentats du 11 septembre 2001, présentée par les États-Unis comme une défense contre le mal, mais qui a conduit à des violations généralisées des droits de l'homme et à une déstabilisation dans diverses régions. L'attaque brutale de l'organisation terroriste Hamas contre des colonies rurales israéliennes en octobre 2023 et ses conséquences constituent également un phare dans l'histoire mondiale.

Ne plus écouter les informations n'est pas une solution adaptée à l'intelligence humaine. Fermer les yeux sur le mal serait la chose la plus stupide qu'un être humain puisse faire. Même les aveugles physiques gardent leurs sens ouverts avec véhémence pour ne pas passer à côté des événements. Dans la lutte pour sauver l'ordre mondial, la première priorité est de rejeter et d'éliminer les dictatures et, aussi macabre que cela puisse paraître, d'affaiblir l'influence des États-Unis. L'escargot se dessèche jusqu'à ce qu'il soit prêt à sortir de sa coquille et à s'aventurer sur la scène internationale en aspirant de l'air et du liquide. Le mieux est de laisser les dictatures s'essouffler. Le mieux sera de continuer à courir et de continuer à construire ses propres constructions à côté. Du moins, cette variante mériterait d'être étudiée, car il faut aussi regarder tout ce qui pourrait arriver en 2030.

Quel que soit leur nom, les fantômes du malheur de l'humanité que sont le Hezbollah, le Hamas, l'IS, les talibans, etc. ne peuvent tout de même pas être une image irréversible de l'humanité sur cette planète ? En Afghanistan, les femmes n'ont pas le droit de sortir dans les rues, ni même de rire en public. Si elles le font quand même, elles sont immédiatement arrêtées, battues ou violées par les talibans, et on ne veut pas se lever contre cela, se défendre ? Qu'est-il advenu de l'homo sapiens? L'humanité a pourtant prouvé à maintes reprises qu'elle était capable de se dresser contre l'injustice et l'oppression.

Pourquoi les Européens devraient-ils se considérer d'emblée comme perdants? Après les nombreuses déclarations de guerre verbales, ils pourraient passer aux actes. Dans le cadre d'une alliance stratégique d'un genre nouveau, comme nous le verrons au chapitre 33, une nouvelle réalité pourrait se développer. Pour le bien ou le mal de qui? D. Trump ne devrait toutefois pas réussir à laisser le déluge derrière lui et à s'éclipser lâchement. S'il parvenait à laisser le monde dans une situation plus instable et à se défausser de ses responsabilités, l'insécurité s'en trouverait renforcée à l'échelle mondiale. C'est pourquoi il serait d'autant plus important que l'Europe soit prête à définir son propre agenda stratégique et ne se considère pas comme un simple partenaire junior dépendant de n'importe qui. La clé réside dans la capacité à combiner réalisme et optimisme stratégique. L'Europe doit comprendre qu'une indépendance et une responsabilité accrues impliquent des risques et des coûts - mais l'alternative serait de rester le jouet d'autres puissances.

La résignation est-elle simplement une recette extérieure, et de surcroît une mauvaise? Avec un peu d'intelligence, on devrait déjà savoir quand le mal entraîne des conséquences négatives à long terme. Dans de nombreux cas, la résignation est le résultat d'un sentiment d'impuissance qui se manifeste lorsqu'un individu croit que le problème est trop grand pour être maîtrisé. Ce sentiment est renforcé lorsqu'on lutte contre des forces écrasantes, que ce soit dans le domaine politique, dans des systèmes sociaux ou contre des maux moraux dans la société.

Dans certains cas, la résignation peut également être comprise comme une forme d'acceptation, non pas dans le sens où l'on considère le mal comme juste, mais dans l'idée de l'accepter comme une partie immuable de la réalité. Ce type de résignation a souvent des racines philosophiques, comme dans le stoïcisme ou le bouddhisme, où la quête de la paix intérieure passe par l'acceptation des choses que l'on ne peut pas changer. Dans le domaine politique, cela est inacceptable, car une bonne politique nécessite la capacité d'agir, la responsabilité et la volonté de changement, même face à des défis majeurs.

Les acteurs politiques globaux doivent être en mesure de prendre des décisions indépendantes, sans pression excessive d'autres acteurs. Les capacités commerciales, la stabilité économique, mais aussi un arrière-plan militaire influencent l'efficacité avec laquelle la politique peut être mise en œuvre. Les technologies modernes, en particulier dans le domaine numérique et militaire, améliorent la capacité d'action. Un autre facteur est la capacité à exercer une influence spécifique par le biais de négociations internationales et d'alliances. Les actions perçues comme légitimes et justifiées favorisent généralement l'acceptation et le soutien sur la scène internationale. Dans les zones d'influence autoritaires, cependant, la contrainte et l'argent jouent un rôle considérable.

La capacité d'agir dans la politique internationale est la base pour participer de manière efficace et durable dans un monde globalisé. Elle dépend des ressources internes, de la planification stratégique et de la capacité à collaborer avec d'autres. Une perte de capacité d'action signifie qu'un acteur ne peut plus que réagir à des développements extérieurs, au lieu de les façonner activement. La gestion de la capacité d'action en politique internationale est cruciale pour relever les défis complexes d'un monde globalisé. Un engagement excessif incontrôlé ou des initiatives non coordonnées peuvent gaspiller des ressources et diminuer la crédibilité. Une grande capacité d'action nécessite flexibilité et résilience. Les structures de gestion devraient être conçues pour réagir rapidement et efficacement à des situations imprévues, sans perdre de vue les objectifs à long terme. La gestion des crises et les mesures préventives sont un élément intégral de l'interconnexion de la politique internationale. Le pouvoir seul ne suffit pas à garantir la capacité d'action. La légitimité et la capacité de convaincre d'autres acteurs par la persuasion, les valeurs et l'attractivité culturelle sont également importantes. En revanche, un manque de légitimité peut entraîner des résistances et une isolation, même en présence de ressources matérielles. Étant donné qu'il existe d'importantes disparités de pouvoir entre les acteurs dans la politique internationale, il sera donc crucial de bien calibrer l'équilibre entre les intérêts propres et le bien commun global.

Dans le paysage politique, on observe un changement remarquable, qui passe du populisme au défaitisme. Ce changement décrit la transition d'une phase d'engagement débordant, souvent simpliste, et de mobilisation émotionnelle vers un sentiment de résignation et de pessimisme. Pour comprendre cette dynamique, il convient d'examiner plusieurs aspects. Dans la phase initiale, le populisme semble être un souffle nouveau pour beaucoup, offrant de fausses promesses de changement et de renouveau. Cependant, cet espoir est souvent déçu lorsque les promesses s'avèrent irréalistes ou que les problèmes sont trop complexes pour des solutions simples.

Lorsque les promesses populistes échouent ou que peu de changements substantiels se produisent, un sentiment de frustration émerge : les citoyens réalisent que les exigences et les mesures populistes sont souvent inefficaces ou contre-productives. La division de la société provoquée par la rhétorique populiste a déjà conduit à un éloignement croissant et à un affaiblissement de la cohésion sociale. La déception face à l'incapacité de résoudre des problèmes peut alors se transformer en resignation. À ce stade, le populisme n'est pas nécessairement surmonté, mais plutôt remplacé par une acceptation passive des crises et des maux, une sorte de défaitisme qui affaiblit l'engagement politique et sapent la confiance dans toute forme de politique. La dictature en profite.

Pour interrompre cette transition du populisme au défaitisme à temps, un contre-courant politique et sociétal conscient est nécessaire. Les acteurs politiques doivent développer des stratégies crédibles à long terme et communiquer de manière transparente pour regagner la confiance des citoyens. Une société civile active peut servir de contrepoids à la résignation politique et inciter les citoyens à s'engager. La capacité de remettre en question les simplifications populistes et les récits destructeurs est essentielle pour lutter contre les manipulations. En Ukraine, cela a jusqu'à présent fonctionné, mais à des coûts énormément élevés. En ne cédant pas au défaitisme, la résilience démocratique peut jouer un rôle dans la recherche d'un chemin durable hors de la crise, mais cela nécessite à la fois une force intérieure et extérieure.

Le fatalisme ou l'acceptation du statu quo, tels qu'ils sont mis en avant par ces doctrines, s'oppose à la nécessité d'agir politiquement pour promouvoir la justice et lutter contre le mal. Dans des situations où l'injustice est clairement identifiable, la résignation est comprise comme un abandon de l'action morale. Cette passivité permet au mal de prospérer, car il n'existe pas de résistance. Avec un peu d'intelligence, les acteurs politiques devraient être en mesure de discerner les conséquences négatives à long terme du mal. Cela signifie que le mal ne cause pas seulement des dommages immédiats, mais qu'il engendre également souffrance, injustice et d'autres problèmes. La responsabilité morale incombe principalement à ceux qui détiennent le pouvoir ou la capacité d'y faire face.

Dans ce cas, la résignation pourrait être perçue non seulement comme une défaite personnelle, mais comme une forme de complicité. L'idée selon laquelle l'intelligence devrait permettre de discerner le négatif à long terme du mal souligne le rôle de la pensée rationnelle. Les politiciens intelligents devraient être en mesure de comprendre les conséquences de leurs actions ou de leur inaction et d'apercevoir les effets du mal sur la société, sur l'avenir et sur l'humanité dans son ensemble. En ce sens, l'intelligence est liée à la responsabilité. La conscience que le mal est destructeur à long terme devrait inciter les personnes intelligentes à faire preuve de proactivité et à ne pas tomber dans la résignation. En même temps, il existe un risque que l'intelligence mène à la résignation, lorsqu'elle est associée au cynisme ou au pessimisme. Parfois, la prise de conscience de la complexité et de l'ampleur du mal amène les gens à croire qu'il est vain de lutter contre. Ce cynisme peut amener des personnes intelligentes à penser que leurs actions ne font aucune différence, ce qui conduit à la résignation. Cependant, cela constituerait finalement une mauvaise interprétation de la responsabilité morale, car la lutte contre le mal est précieuse même lorsque le succès est incertain.

Quand on considère la résignation comme une mauvaise recette, se pose la question: quelle est la meilleure recette? Une alternative à la résignation est l'engagement actif face au mal et la recherche du changement, même lorsque la situation est difficile ou que les chances de succès sont incertaines. Même les individus peuvent avoir un impact positif lorsqu'ils s'opposent au mal. Le changement commence souvent à petite échelle, grâce à des actions individuelles qui créent une forte conscience et inspirent des mouvements plus larges.

Dans le contexte de la politique internationale, les intérêts de pouvoir, les dilemmes éthiques, les stratégies géopolitiques et la lutte pour des valeurs s'entrelacent. Dans des cas comme la guerre en Syrie, le génocide au Rwanda ou la crise persistante au Yémen, les acteurs internationaux ont été critiqués pour leur inaction face à des atrocités manifestes. Cela a créé l'impression que la communauté internationale capitule devant l'ampleur du problème. La résignation peut également être considérée comme une décision de tolérer ou même d'ignorer le mal lorsque les intérêts géopolitiques priment sur les valeurs morales. Cela se produit lorsque des États décident de ne pas intervenir parce qu'ils craignent qu'une intervention nuise à leurs propres intérêts nationaux. Un exemple typique est l'inaction de nombreux États face à la guerre en Ukraine avant 2022, alors que la Russie agit comme un agresseur. Certains États ont préféré ne pas s'impliquer dans le conflit pour protéger leurs relations économiques ou diplomatiques.

Dans l'ensemble, il existe dans la politique internationale moderne de nombreux exemples montrant que le mal entraîne des conséquences négatives à long terme s'il n'est pas pris en charge à temps. L'inaction dans des conflits tels que la guerre civile syrienne ou la persécution des Rohingyas en Birmanie a non seulement causé des millions de morts et de déplacés, mais a aussi engendré d'importantes crises de réfugiés, mettant l'Europe et les pays voisins face à d'énormes défis. Cela démontre que la résignation internationale face aux atrocités et aux crises est non seulement moralement problématique, mais entraîne également des problèmes globaux.

Les États qui luttent contre le mal non seulement envoient un signal d'intégrité morale, mais soulignent également leur crédibilité internationale. Des pays comme l'Allemagne, qui se sont forgés une réputation par leur engagement en faveur des droits de l'homme et de la diplomatie, perdent leur crédibilité lorsqu'ils cèdent à la résignation dans des moments où des principes moraux devraient être défendus. La direction morale à l'échelle mondiale signifie, même dans des situations difficiles, prendre position, même si cela a des conséquences financières.

Les gouvernements qui refusent d'agir contre le mal s'exposent eux-mêmes à des risques à long terme. Le mal, sous la forme de régimes autoritaires, de terrorisme d'État ou de violations systématiques des droits de l'homme, entraîne inévitablement une instabilité ayant des répercussions au-delà des frontières nationales. Le terrorisme, la criminalité organisée et les flux de réfugiés ne sont que quelques-unes des conséquences qui surviennent lorsque le mal prospère sans entrave. Un autre champ de tension dans la politique internationale réside dans la question de savoir si les dirigeants et les acteurs politiques ne voient vraiment pas les conséquences négatives à long terme du mal ou s'ils agissent par calcul politique. Il arrive souvent que les acteurs pressentent le danger, mais n'agissent pas pour autant, car ils privilégient des avantages à court terme par rapport à des principes moraux. Un exemple en est la réticence des pays occidentaux à s'exprimer sur les violations des droits de l'homme en Chine. Malgré l'oppression manifeste des Ouïghours et d'autres minorités, de nombreux gouvernements peinent à adopter une position claire, de peur que cela ne compromette leurs relations économiques avec la Chine. Cela montre qu'il ne s'agit pas toujours d'un manque d'intelligence pour détecter le mal, mais souvent que des intérêts économiques et politiques priment. Ou est-ce justement la preuve d'un manque d'intelligence et de prévoyance? Enfin, la politique internationale illustre que la résignation, lorsqu'elle est moralement erronée, renforce à long terme les conséquences négatives. «Qui tolère le mal en silence charge l'avenir d'un plus grand chagrin». La fermeté morale et la volonté de s'opposer au mal, même si c'est politiquement impopulaire ou économiquement risqué, sont essentielles pour garantir la stabilité, la justice et la paix à long terme.

La guerre en soi n'est certes pas une chose positive, mais parfois inévitable pour se protéger et se sécuriser. Lorsque, pendant la Seconde Guerre mondiale, des dizaines de milliers de réfugiés venaient de l'Est en passant par la ville de Dresde, celle-ci fut néanmoins bombardée et réduite en cendres. L'argument émerge :

que serait-il advenu dans le monde si les Alliés n'avaient pas endigué la dictature d'un fou par tous les moyens ? Aujourd'hui, même dans des zones de guerre, chaque mesure minutieusement calculée pour protéger les populations civiles est dénoncée. De plus, les organisations internationales critiquent les violations des droits de l'homme et les maux dans des pays considérés comme des adversaires géopolitiques, tandis que des infractions similaires de la part de bailleurs de fonds alliés sont excusées. Cette application sélective de la morale renforce la connexion négative entre le bien et le mal, là où des jugements éthiques sont emportés par des intérêts politiques et stratégiques. Ici, il devient évident que les actions qui, à première vue, apparaissent comme bonnes ou mauvaises, sont souvent motivées par des motifs plus profonds et plus complexes.

Les interventions humanitaires, qui visent à protéger les droits de l'homme et à prévenir les génocides ou les nettoyages ethniques, sont souvent accompagnées de la question de la mesure dans laquelle l'usage de la force est justifié pour éviter des maux plus grands. Bien que ces interventions soient souvent justifiées par un élan moral, par exemple pour sauver des civils ou rétablir l'ordre international, elles engendrent également des destructions supplémentaires. Un exemple en est l'intervention de l'OTAN en

Libye en 2011. Bien que l'intervention ait commencé comme une action humanitaire pour renverser le dictateur libyen Mouammar Kadhafi et protéger le peuple, elle a finalement conduit à un vide de pouvoir et à une instabilité persistante dans le pays. La tentative de combattre le "mal" peut également engendrer des actions moralement discutables, telles que des violations des droits de souveraineté ou des pertes civiles.

La mondialisation a, d'une part, contribué à plus de prospérité et de développement dans de nombreux pays, mais, d'autre part, elle a aussi entraîné l'exploitation des travailleurs et l'aggravation des inégalités mondiales. Les entreprises multinationales opérant dans les pays en développement créent des emplois, mais contribuent également à l'exploitation des travailleurs. Ce que certains considèrent comme un moteur de progrès et de prospérité est perçu par d'autres comme moralement répréhensible et injuste.

Le changement climatique est un autre exemple de l'interconnexion du bien et du mal à l'échelle mondiale. Les pays industrialisés, qui sont responsables d'une grande partie des émissions mondiales de CO_2, ont souvent basé leur prospérité sur le coût de l'environnement et des moyens de subsistance des générations futures. Ce sont alors souvent les pays les plus pauvres qui souffrent le plus des conséquences du changement climatique, bien qu'ils y aient contribué le moins. Cela soulève la question de la répartition de la responsabilité et des causes à l'échelle mondiale, et de la façon dont l'impératif moral de protéger la planète peut être aligné avec les intérêts économiques et sociaux. L'ONU et ses missions de paix ont joué un rôle important dans la restauration de la paix et de la stabilité dans de nombreuses régions en conflit par le passé. Cependant, lors du génocide au Rwanda en 1994, où les troupes de l'ONU n'ont pas pu empêcher les meurtres, les limites morales des organisations internationales, telles qu'elles sont actuellement établies, ont été mises en lumière. Elles devraient être l'acteur central pour établir des normes morales mondiales et protéger le bien dans la communauté internationale.

Dans le contexte international, le maillage du bien et du mal se manifeste de manière particulièrement frappante. Les États, les institutions internationales et d'autres acteurs évoluent dans un rapport permanent entre idéaux éthiques et contraintes de la realpolitik. Les décisions morales à l'échelle mondiale sont rarement simples et souvent traversées d'intérêts contraires. L'interconnexion du bien et du mal est une réalité en politique internationale et dans un monde globalisé, qui nous oblige à poser des questions morales complexes et à chercher des solutions qui soient à la fois éthiquement défendables et pratiquement réalisables.

Les civilisations, telles que l'Occident, le monde islamique, la Chine et d'autres, ayant des valeurs et des visions du monde fondamentalement différentes et risquant de connaître des conflits, font face prochainement à une lutte? En raison du développement rapide de la mondialisation et de la technologie, notamment des médias sociaux, un autre point de vue émerge. Ce dernier ne considère pas le conflit entre civilisations, mais une transformation fondamentale des structures de pouvoir mondiales, marquée par un affrontement entre une nouvelle civilisation mondiale et des élites traditionnelles, souvent nationalistes, cherchant à conserver leur pouvoir. Peut-être la homogénéité à l'intérieur des cercles culturels est-elle surestimée tandis que les différences internes sont sous-estimées. L'interconnexion mondiale rend douteuses les frontières nettes entre les cultures. Parfois, les conflits se manifestent davantage à l'intérieur qu'entre les cercles culturels.

21. CHARISME ET POUVOIR

Les charismatiques ont la capacité de gagner d'autres personnes à leur vision et de les mobiliser. Par conséquent, une personne qui atteint des positions de pouvoir est perçue comme encore plus charismatique, indépendamment de sa personnalité réelle. Par conséquent, le charisme présente également des aspects négatifs, notamment lorsque les dirigeants abusent de leur pouvoir ou mettent en place des systèmes totalitaires. Ainsi, le charisme et la perception du pouvoir dépendent fortement des normes culturelles et des contextes sociaux. Parfois, les hommes politiques essaient d'être charismatiques sans en avoir le don. Leurs tentatives de médiation ou d'attraction ont l'effet inverse et provoquent un comique involontaire.

Ce qu'implique l'art de la politique. Où peut-on danser si élégamment entre les extrêmes pour finir spectaculairement dans le fossé? Les dirigeants politiques semblent parfois oublier qu'ils ne devraient pas se tenir en équilibre sur une piste de course, mais sur la fine ligne de la raison. L'accélérateur du pouvoir, qui n'en a pas fait l'expérience? Assis au volant d'une voiture de luxe politique, le moteur de l'idéologie ronronne de manière séduisante. Il n'y a pas de mal à appuyer sur l'accélérateur. Avant même de s'en rendre compte, on roule à 200 km/h dans les méandres de l'opinion publique. Qui a besoin du code de la route quand on a la voie rapide de l'exagération pour soi?

Mais la réalité intervient. Elle se tient là comme une barrière impitoyable, attendant simplement que les pilotes politiques dépassent le virage. Avec un grand «bang»! et une pluie de voix électorales, un grand volant se retrouve soudain la tête la première dans le fossé. Du moins, de là, il y a tout un nouveau point de vue sur le paysage politique, à condition qu'on parvienne à sortir la tête du sable. Bien sûr, il y a toujours l'option d'un frein d'urgence politique. Un coup déterminé sur le frein de la raison, un tirage brusque sur le volant de la modération, et... cela ne fonctionne pas du tout. Comme s'il n'y avait que l'accélérateur et le klaxon en politique. Peut-être que certains dirigeants politiques devraient suivre un cours de conduite défensive, ou mieux encore : pourquoi ne pas faire une promenade tranquille au milieu de la société ? Bien que cela puisse être moins palpitant, au moins, on dérape moins souvent. Une chose est certaine : tant que les politiciens s'engagent dans la surenchère et la conduite désordonnée en tant que sport national, les fossés de l'échec le long des autoroutes politiques ne manqueront jamais. Après tout, ils fournissent des titres accrocheurs - et cela vaut bien quelque chose pour les masses, n'est-ce pas?

Avec la position de pouvoir qui est associée à une autorité légitime, une sorte de charisme est produit, qui n'est souvent pas authentique. Tous les présidents américains n'ont pas possédé de charisme, qui est relationnel - non inhérent, mais attribué par les suiveurs. Il peut être perdu ou s'estomper avec le temps, notamment lorsque le leadership ne répond pas aux attentes ou perd sa crédibilité. Le charisme peut être décrit comme une attirance ou une aura spéciale qui entoure une personne. Il est associé à l'énergie et à l'enthousiasme qui peuvent être contagieux. En tout cas, les dirigeants charismatiques sont capables de communiquer une vision claire qui motive les autres. Le charisme de John F. Kennedy, par exemple, était renforcé par sa vision et sa capacité à se connecter émotionnellement avec le public. Son héritage a ensuite été marqué par l'admiration comme par la critique. Barack Obama a également été loué pour son charisme, attribué à son éloquence et à sa capacité à communiquer une vision positive. Néanmoins, il y a eu des moments pendant sa présidence où son charisme a été remis en question. La perte de charisme peut se produire rapidement lorsque les attentes ne sont pas satisfaites ou lorsque la crédibilité est remise en cause. Pour les dirigeants, il est crucial de rester authentique et de représenter vigoureusement les attentes et les valeurs changeantes. Le leadership authentique ne signifie pas dire ou faire tout ce qui vient à l'esprit sans filtre. Au contraire, il s'agit d'exprimer des pensées et des sentiments de manière appropriée. Les dirigeants doivent être conscients qu'ils occupent une position où certaines responsabilités pratiques sont requises.

Les dirigeants charismatiques jouent souvent un rôle encourageant dans les négociations de paix, tout comme Metternich et Talleyrand l'ont fait autrefois. Dans un passé plus récent, Nelson Mandela est un exemple dont la personnalité et la vision ont contribué à la fin de l'apartheid en Afrique du Sud. Mandela n'était pas seulement un leader charismatique, mais aussi un lien symbolique entre différents groupes de population. Sa capacité à communiquer avec empathie et son engagement en faveur de la réconciliation en ont fait un facteur crucial pour la paix. Les leaders charismatiques pointent généralement vers une vision claire de l'avenir et démontrent leur passion pour ce qu'ils font. Cette vision peut servir d'étoile polaire qui inspire les suiveurs et les partenaires. Elle transmet de l'espoir et de la motivation, ce qui est inestimable dans le domaine des relations internationales. Cependant, cela nécessite également que l'environnement immédiat puisse absorber et traiter les idées ; sinon, on ne fait que piquer dans le vide, comme Emmanuel Macron, qui, en tant qu'Européen convaincu et intelligent, a été confronté à l'immobilisme morne des chancelleries allemandes de son époque avec ses idées innovantes. La faiblesse du leadership se manifeste par un manque d'initiatives propres et une volonté d'assumer des responsabilités.

La réponse résolue à l'engagement mutuel, qui a été refusée à la France, a également été déniée à son voisin polonais de manière déjà vue en 2024. Comment le célèbre Triangle de Weimar peut-il fonctionner dans de telles conditions? Lorsque l'Allemagne adopte une posture de retenue ou d'hésitation envers la Pologne ou la France pendant des moments décisifs, cela sape la confiance au sein de l'alliance. Un manque de solidarité peut s'avérer grave, en particulier en matière de sécurité ou de politique étrangère, car un front uni est crucial dans ces domaines. Si la Pologne estime que l'Allemagne ne prend pas ses préoccupations en matière de sécurité au sérieux, la confiance dans le concept même du Triangle de Weimar s'effrite. Le Triangle de Weimar ne peut fonctionner que si les trois pays sont prêts à agir ensemble de manière décisive quand cela est nécessaire. Cependant, si un pays hésite pendant des moments clés, les fondations de cette alliance ne sont pas suffisamment solides. L'hésitation et les réponses inadéquatement coordonnées peuvent avoir des conséquences fatales. Les fondations d'une alliance ou d'un gouvernement deviennent particulièrement évidentes pendant des moments cruciaux, qu'il s'agisse de crises telles que des guerres, des catastrophes naturelles ou des effondrements économiques.

Lorsque les décisions sont prises trop tard, elles ne sont pas seulement inefficaces mais se transforment souvent en erreurs irréversibles dont les conséquences demeurent permanentes. De plus, l'hésitation entraîne souvent des coûts de suivi plus élevés : les interventions ultérieures sont généralement plus coûteuses, plus difficiles et plus risquées, tandis qu'une action précoce et décisive est souvent l'option la moins chère et la plus efficace. Une action hésitante, en particulier en situation de crise, n'est pas seulement un signe d'incertitude, elle a également des effets négatifs concrets. L'aide qui est donnée avec prudence et de manière fragmentée non seulement paraît moralement irrespectueuse envers les personnes touchées, mais est également contre-productive dans la pratique. Le soutien fragmenté diminue l'efficacité des mesures et manque souvent le moment crucial où il aurait pu avoir une influence décisive.

Une aide retardée ou hésitante permet aux agresseurs de consolider leurs objectifs et aggrave la souffrance de ceux qui sont touchés. Les conséquences sont non seulement tragiquement humaines mais ont aussi un impact durable sur la stabilité géopolitique. Des décisions à moitié prises ou des mesures tardives nuisent non seulement à ceux qui sont touchés mais aussi à ses propres intérêts économiques. L'incertitude et l'incohérence déstabilisent les marchés et sapent les investissements. Un problème central des décisions tardives est qu'elles cement le statu quo. Ce qui semble initialement être un retard peut rapidement devenir une réalité permanente. Si, par exemple, un agresseur continue de réussir en raison du manque de soutien de ses adversaires, cette réalité est de facto acceptée, souvent au détriment de l'ordre mondial. D'abord, on hésite jusqu'à ce que la pression externe devienne insupportable; ensuite, une aide suffisante est fournie simplement pour éviter d'être considéré comme complètement hors-jeu, mais jamais assez pour créer l'impression qu'on est réellement en train de diriger. Ce n'est pas de l'inaction, c'est de l'acrobatie diplomatique de «niveau mondial».

Dans la crise ukrainienne, il est apparu qui est considéré comme un maître des «décisions pondérées», ou, comme le qualifieraient les critiques, du laisser-aller prudent avec parfois un peu de réaction. D'abord, il y avait de grands discours sur une solidarité indéfectible en temps de changement, si retentissants qu'on aurait presque pu ignorer les bruits de retournement au bureau du Chancelier de la République fédérale. Ensuite, des décisions ont été prises en doses homéopathiques : un peu d'aide ici, quelques chars là, bien sûr, seulement avec l'accord des voisins et une demi-douzaine d'examens internes. Qui aurait pensé que la géopolitique rime aussi avec la rigueur allemande dans la déclaration fiscale ? Le célèbre principe «Livrer, mais pas trop, et surtout pas trop vite» a été appliqué de manière cohérente. Après tout, on ne souhaite déranger personne trop intensément - ni l'Ukraine, qui attend désespérément un soutien, ni la Russie, qu'on ne veut apparemment pas trop provoquer. Pourquoi ne pas mener les négociations et les livraisons de manière innovante en tant qu'Europe?

Lorsque, à l'interface des décisions européennes, les acteurs politiques restent dans une posture défensive et échouent, il serait temps de soumettre également les «CEO» politiques à une évaluation accessible au public et basée sur des preuves. Les acteurs politiques devraient se poser des questions sur leur compétence, leur capacité décisionnelle et leur pensée stratégique. «Monsieur X, pourriez-vous nous expliquer pourquoi vous avez agi de cette manière dans la situation de crise géopolitique Y, alors que les données étaient clairement contre vous ? Et avez-vous un objectif à long terme ou vous contentez-vous de gérer les urgences?» La compétence se reflète dans l'évaluation de «savoir si l'on peut faire plus que ce que l'on est autorisé à faire ou si l'on est autorisé à faire plus que ce que l'on sait faire».

C'est particulièrement frappant dans la réaction aux crises mondiales telles que la guerre en Ukraine, les tensions avec la Russie ou la rivalité géopolitique avec la Chine. Bien qu'il y ait souvent des mots forts, les actions demeurent souvent en deçà des attentes. Les Chanceliers qui façonnent les relations internationales de l'Europe donnent, dans ces moments, l'impression d'être plus préoccupés par l'évitement des conflits que par la mise en place d'une politique étrangère résolue et réfléchie. On dirait qu'ils portent le bon "tenue diplomatique" pour leur apparition internationale, mais qu'ils manquent de la condition physique nécessaire lorsqu'il s'agit d'agir. Dans un monde de plus en plus dominé par des acteurs autoritaires, les chefs de gouvernement européens ne peuvent se permettre d'autres faux pas sur le tapis rouge, ni au sens propre ni au sens figuré. La sécurité formelle, la précision rhétorique et une attitude confiante ne sont pas des détails, mais des outils essentiels pour la concurrence géopolitique. Ceux qui ne maîtrisent pas ces bases risquent non seulement de perdre de l'influence en tant que personnes, mais aussi en tant que représentants politiques d'un pays. La force de l'Europe ne commence pas seulement par des contenus clairs, mais par la capacité de les transmettre de manière décisive et sans incertitudes.

La base de la preuve peut être illustrée par des graphiques montrant le nombre de promesses non tenues. Des tableaux concernant les occasions manquées expliquent ouvertement le célèbre «coût de l'hésitation» dans des situations décisives. Que le CV ait des lacunes intéresse moins, mais la colonne "Occasions manquées de gestion de crise» serait sans aucun doute mise en évidence en rouge. Au final, il y aurait la note: «Résultats en gestion de crise, planification à long terme, dans l'art de l'apaisement... Peut-être que les véritables «performants »politiques seraient finalement célébrés comme «CEO de l'année». Pour les autres, il y aurait alors la solution classique: «Outplacement » et une dernière poignée de main avec «Merci de votre temps, Monsieur le Ministre. Nous apprécions vos efforts, mais les sondages nous disent qu'il est temps de changer!». Le résultat officiel serait ensuite finalement présenté à l'urne électorale. Le public des électrices et électeurs sera intéressé par les faits, qu'il s'agisse d'une manipulation.

Au lieu de façonner activement l'agenda de politique étrangère, les acteurs faibles en management ont tendance à réagir uniquement aux événements. Cette attitude est destinée à prévenir le pire plutôt qu'à poursuivre des objectifs positifs. Dans la politique européenne, cette faiblesse en matière de leadership se manifeste par l'incapacité à coordonner et à trouver un consensus entre les États nationaux. Elle conduit directement à la fragmentation des positions de politique étrangère et à une perte d'influence globale. Mais comment et sur quoi reconnaît-on ces acteurs?

En conséquence, une interconnectivité se cristallise entre la lâcheté politique et l'ignorance se dessine. La lâcheté politique se manifeste souvent par la peur des conséquences. Ce type de lâcheté amène fréquemment les politiciens à agir de manière à éviter les risques et à esquiver des décisions inconfortables, même lorsqu'elles sont nécessaires. Au lieu de cela, ils recourent à des mesures populistes ou reportent les problèmes à l'avenir. Le manque de décisions courageuses peut entraîner une stagnation ou une dégradation de la situation, donnant l'impression d'ignorance, alors que la véritable raison est la lâcheté. L'ignorance dans les décisions politiques peut se manifester par une incapacité à analyser des structures complexes et un manque de jugement. Elle se traduit par une pensée à court terme, la méconnaissance des conséquences ou l'ignorance des connaissances scientifiques et des avis éclairés.

Les politiciens démontrent délibérément de la lâcheté lorsque ceux-ci prennent de mauvaises décisions ou ignorent des informations cruciales. Ils évitent de prendre des mesures difficiles mais nécessaires, par crainte de réactions négatives. Cela conduit à des décisions prises sur un terrain soi-disant sûr, mais qui, en raison de l'évitement des risques, apparaissent souvent comme ignorantes. Les décideurs qui, par peur de perdre des électeurs, repousse des réformes désagréables mais nécessaires peuvent se retrouver face à un problème encore plus grand, ce qui rend alors leur décision initiale idiote. Un exemple bien connu de l'interconnexion entre lâcheté et ignorance en politique est le populisme. Les politiciens populistes s'évitent les décisions qui, bien que raisonnables à long terme, sont impopulaires, et recourent plutôt à des messages simples et émotionnels. Cette stratégie est à la fois un signe de lâcheté, car ils se dérobent devant des mesures impopulaires, et un signe d'ignorance, car ils ignorent les dommages à long terme de leur politique.

En particulier dans des systèmes hiérarchiques, ces deux éléments se combinent, où le processus de décision laisse peu de place à la critique. Dans de tels systèmes, les représentants politiques ont peur de prendre des décisions fautives, car cela pourrait mettre en péril leur carrière. Cela les pousse à s'accrocher à des concepts éprouvés, mais souvent obsolètes ou inappropriés. La lâcheté devient institutionnalisée et entraînée dans des décisions «idiotes», car il manque des approches innovantes et courageuses.

L'interconnexion entre le savoir et l'expérimentation joue dans les relations internationales avec les cartes de la diplomatie, des négociations et de la coopération internationale. Il s'agit de la manière dont les acteurs internationaux utilisent les connaissances existantes pour prendre des décisions stratégiques et comment ils apprennent de leurs erreurs par essai et erreur. Cette dynamique a des conséquences significatives sur la configuration de l'ordre international et la résolution de problèmes mondiaux. La réponse aux crises ou aux guerres repose en partie sur des connaissances historiques, mais de nombreuses mesures sont également testées en temps réel et ajustées si nécessaire pour trouver des solutions plus efficaces. Après chaque crise, il y a un ajustement institutionnel. Des exemples en sont les réformes du Fonds monétaire international après des crises financières ou les ajustements de l'Organisation mondiale de la santé après des crises mondiales de la médecine.

Le paradoxe de l'empathie et de la fermeté dans la politique internationale est un sujet complexe. Les gouvernements se disputent les ressources, l'influence et la sécurité. Des actions fermes sont nécessaires pour défendre certains intérêts. Dans les situations de conflit, la fermeté est cruciale pour protéger la population, les pays et les valeurs mondiales. Le contraste entre empathie et fermeté devient évident lorsque la politique internationale dépend à la fois de la compréhension et de décisions stratégiques. Le défi est d'intégrer ces deux éléments de manière à ce qu'ils s'animent mutuellement, plutôt que de se heurter.

L'influence moderne de la performance favorise aussi en politque internationale une culture dans laquelle la valeur est définie par la productivité, le succès et l'efficacité. Les individus sont soumis à une pression constante pour faire leurs preuves et obtenir une reconnaissance par la performance. En politique internationale, la métaphore de la « marche entre les rochers » peut s'appliquer à la navigation complexe et souvent incertaine entre les défis, les intérêts et les structures de pouvoir. Cette image décrit avec justesse la dynamique et les tensions auxquelles sont confrontés les États, les institutions et les acteurs sur la scène mondiale. Au lieu de s'enliser dans des luttes de pouvoir destructrices ou des malentendus, il est possible de trouver ensemble des solutions viables en faisant preuve de bon sens. L'interaction des différents talents et perspectives des différentes parties crée une dynamique qui va au-delà de la somme des contributions individuelles.

En période de changement fondamental dans les relations internationales, comme celle qui prévaut actuellement, le charisme peut jouer un rôle central. Ces changements sont souvent marqués par la dissolution des structures existantes et l'émergence de nouveaux formats. Dans ces phases, les personnalités charismatiques peuvent agir comme des catalyseurs de changement ou comme des ancrages de stabilité. Des exemples de charisme efficace se trouvent dans des figures de leaders qui remportent parfois des débats ou dirigent des mouvements sociaux significatifs. Cependant, lorsque la loyauté envers un leader charismatique eclipse l'analyse rationnelle et l'examen critique, cela entraîne une surestimation excessive de la figure dirigeante. De tels points de vue non réfléchis mènent malheureusement souvent à des décisions irraisonnables et destructrices, ayant des impacts négatifs sur les relations internationales.

Le charisme-management relève de la capacité à promouvoir le changement économique et organisationnel par un leadership visionnaire, l'inspiration et une présence personnelle. Dans le contexte du management et de l'économie, le charisme est souvent perçu comme une forme de pouvoir doux qui repose sur des qualités personnelles et des compétences en leadership. Les dirigeants charismatiques établissent des liens émotionnels avec un impact transformateur sur la politique et les marchés. Leurs visions servent de repères pour leurs employés et parties prenantes, renforçant la confiance et l'engagement de toutes les forces. Ils émane habituellement de la confiance en soi et sont perçus comme authentiques par les employés. Dans le meilleur des cas, ils restent fidèles à leurs valeurs et agissent de manière cohérente, leur conférant crédibilité et respect.

Les personnalités dirigeantes utilisent leur charisme non seulement pour façonner leurs entreprises, mais aussi des secteurs entiers. Cela leur confère un avantage décisif lors des négociations. Leur capacité à inspirer et convaincre peut influencer de manière significative l'issue des affaires. Ils possèdent d'excellentes compétences en communication et peuvent transmettre leurs messages de manière éloquente et convaincante. Grâce à leur expressivité sociale, ils parviennent à engager les autres dans des conversations et à créer une atmosphère positive. Dans ces cas, le charisme n'est pas seulement une qualité personnelle, mais aussi un outil stratégique pour renforcer la confiance, promouvoir le changement et soutenir les réseaux. En revanche, le charisme peut également détourner d'une évaluation lucide de la réalité et être la cause de l'ignorance des risques, car la foi en un leader charismatique peut être trop importante. Lorsque les visions ne sont pas suffisamment traduites en stratégies opérationnelles, cela devient problématique à long terme pour le système concerné.

Le leadership charismatique est également un instrument puissant pour mobiliser et façonner des communautés et des mouvements sociaux. Cette forme de leadership s'accompagne d'une grande responsabilité, car elle possède le pouvoir d'influencer les masses et de définir des orientations qui peuvent avoir des répercussions sociétales considérables. Les dirigeants charismatiques en politique possèdent un degré élevé d'intelligence émotionnelle, leur permettant de se connecter avec leurs partisans à un niveau plus profond. Ils savent éveiller et orienter les émotions, ce qui est souvent plus efficace que les arguments purement rationnels. Les politiciens charismatiques ont souvent une forte voix dans le discours public et influencent la manière dont les problèmes sociaux sont débattus. Ils doivent cependant être conscients du fait que leurs paroles peuvent avoir des conséquences considérables.

L'influence des politiciens charismatiques ne se fait pas dans le vide, mais par l'interaction avec d'autres alliés et adversaires. Les critiques et les opposants les défient, les partisans diffusent leurs messages, et les médias relaient leurs déclarations positivement ou négativement. La capacité de susciter des émotions et d'inspirer les gens ne devrait pas être utilisée pour approfondir les divisions ou promouvoir des idéologies destructrices. Des débats constructifs peuvent renforcer la cohésion sociale.

Ce pouvoir implique la responsabilité de prendre des décisions dans l'intérêt de la société et d'éviter l'abus de pouvoir. Les personnalités charismatiques peuvent diriger la société dans une direction positive ou, si elles n'assument pas leur responsabilité, causer des dommages considérables. Une responsabilité particulière réside dans le fait de ne pas seulement prendre en compte les besoins présents des gens, mais aussi d'envisager les répercussions à long terme des décisions sur les générations futures. Cela est particulièrement vrai pour des questions telles que la sécurité, la protection de l'environnement, l'éducation et la justice sociale.

Les acteurs politiques de haut niveau risquent de se laisser guider par leur propre popularité et la croyance en leur propre infaillibilité. Cela peut aboutir à une conduite irresponsable lorsque des décisions sont prises sans être suffisamment remises en question ou examinées en fonction de leurs conséquences à long terme. Pour y remédier, les acteurs politiques devraient régulièrement réfléchir à leurs orientations normatives et subir des évaluations, adopter un pragmatisme basé sur des connaissances et être conscients de leur responsabilité systémique. Qu'est-ce que les personnalités charismatiques perçoivent comme un savoir caché ou difficile d'accès?

Il existe des personnes qui ont un sens particulier de la présence et de l'action surnaturelle dans le monde et dans leur propre vie. Le charisme de la sagesse leur permet d'avoir une compréhension spirituelle profonde et d'appliquer pratiquement cette connaissance. Cela leur permet d'expliquer des concepts théologiques complexes de manière à la fois facilement compréhensible et profondément spirituelle. Cette interconnexion concerne la relation et l'interaction entre le monde visible physique dans lequel nous vivons et la dimension transcendente invisible qui dépasse le matériel. Comprendre cette interconnexion confère au vécu humain une signification particulière. En étant conscients de leur relation avec une autre dimension, les individus réalisent que la vie terrestre n'est pas seulement déterminée par des valeurs matérielles, mais par l'orientation vers le transcendant. En se référant à une réalité supérieure, la société apprend à percevoir la vie humaine comme significative et orientée vers un but. Cela offre également l'occasion de trouver orientation et soutien en période difficile.

22. VÉRIFICATION DE COMPÉTENCE

Les titres académiques sont aujourd'hui presque comme des cartes de club: ils ouvrent quelques portes. Cependant, pour vraiment jouer dans le secteur VIP des compétences, cela ne suffit pas à lui seul. Même si quelqu'un a Dr., Dipl.-Ing. ou Prof. devant son nom, cela ne signifie pas nécessairement que la personne est préparée pour chaque poste de haut niveau. Un diplôme académique montre que l'on peut acquérir des connaissances et réussir des examens, mais savoir appliquer ces connaissances de manière efficace et les transférer à de nouvelles situations complexes - c'est une autre histoire. C'est à ce point que les assessments entrent en jeu: elles agissent comme un test de réalité pour le CV.

Le pouvoir décisionnel ou les compétences sociales ne s'apprennent pas dans une salle de lecture. Un titre montre de l'engagement et de l'intellect, mais une évaluation peut montrer si la personne est vraiment capable de prendre les rênes, surtout quand la tempête se lève. Passer un assessment n'est pas un déclin pour quelqu'un avec des titres, au contraire. Une telle démarche signale la volonté de s'interroger et de faire évoluer ses propres capacités. Dans le monde du travail d'aujourd'hui, cette ouverture d'esprit est souvent la véritable clé des qualifications les plus élevées.

Imaginons qu'il existe un tour d'évaluation obligatoire pour tous les politiciens. Quelle serait la promesse si l'on pouvait tester spécifiquement leurs compétences en gestion de crise, leurs stratégies de résolution de conflits et leur capacité à penser de manière logique et factuelle ? Au lieu de cela, nous nous fions généralement à des promesses électorales et à des discours de campagne qui ressemblent plus à des arguments de vente qu'à des approches de résolution de problèmes établies. Certains pays scandinaves comme le Danemark ou la Suède sont connus pour leur transparence et leur volonté de se remettre en question. Ils accordent une grande importance à la mesurabilité et à la proximité des citoyens, et effectuent régulièrement des évaluations de la performance gouvernementale. Cependant, celles-ci ne sont généralement pas aussi intensives qu'une évaluation de style entrepreneurial, mais plutôt des bilans publics sur les succès gouvernementaux. De même, en Nouvelle-Zélande, les gouvernements et leurs ministères se voient régulièrement assigner des objectifs spécifiques qui sont ensuite vérifiés. Ainsi, les pays qui se rapprochent le plus d'une évaluation sont ceux qui rendent leurs politiciens responsables par des mesures de performance détaillées.

Cependant, le gouvernement fédéral allemand n'est pourtant que rarement évalué avec la transparence que l'on trouverait dans les entreprises. Au lieu de cela, les électeurs comptent sur les analyses électorales, les rapports médiatiques et la critique de l'opposition.

Le concept d'interconnexion des personnes dans la vie publique montre la multitude de liens et de réseaux qui relient des individus dans les domaines social, politique et économique. Ces connexions sont en partie informelles, par exemple par le biais de réseaux sociaux et de relations personnelles, ou formelles, comme à travers des institutions, des organisations ou des fonctions politiques. Dans ce contexte, le pouvoir et l'influence se manifestent, car les liens entre individus et groupes sont souvent organisés de manière hiérarchique et influencent l'accès aux ressources ainsi que le pouvoir décisionnel.

Dans les sociétés connectées, le pouvoir est distribué à travers le contrôle de l'information, des ressources ou des réseaux. Les individus positionnés à des nœuds stratégiques au sein de ces réseaux peuvent parfois exercer un pouvoir disproportionné. Ceux qui sont connectés à des personnes influentes peuvent plus facilement accéder aux structures de pouvoir ou aux ressources. Le soi-disant "capital social" devient crucial dans les réseaux de pouvoir, car des liens étroits avec les décideurs peuvent élargir le champ d'action d'un individu. Ils peuvent servir d'interfaces entre différents groupes ou réseaux, leur offrant un avantage informationnel compétitif. Les processus de décision dépendent souvent des opinions et des recommandations de ces acteurs centraux. Leur position les rend importants dans le processus décisionnel dont l'approbation ou la désapprobation peut influencer l'issue des projets et des initiatives.

Dans un monde numérisé et mondialisé, les acteurs politiques sont de plus en plus interdépendants. Cette interdépendance renforce la signification de l'interconnectivité, car les décisions prises par une seule personne ou un groupe peuvent avoir des effets d'une portée considérable sur les autres. Les évaluations jouent un rôle important dans l'analyse et l'évaluation des structures de pouvoir et des réseaux en rendant visibles différentes dimensions du pouvoir et de l'influence. Elles évaluent les compétences, l'influence et la position stratégique des individus au sein d'un réseau. Dans les contextes politique ou économique, ces évaluations identifient les acteurs clés dont les décisions impactent significativement les interactions sociétales.

Les évaluations politiques et économiques se concentrent sur la manière dont le pouvoir est distribué, qui sont les acteurs dominants et quels facteurs sont décisifs. Cela devient particulièrement pertinent dans les zones grises des luttes de pouvoir sociétales. Des analyses systématiques peuvent rendre visibles les structures de pouvoir informelles et permettre une influence ciblée sur celles-ci. Cela peut être utilisé à la fois pour la consolidation et le changement des relations de pouvoir existantes. Communiquer effectivement les qualifications issues de clusters d'intérêts est essentiel dans divers domaines de développement personnel et dans le déploiement des capacités professionnelles. Cela implique de transmettre les compétences et les aptitudes qui émergent de clusters spécifiques pour anticiper les qualifications appropriées pour certains postes ou projets.

L'évaluation fait également référence à une méthode systématique et structurée pour évaluer les politiciens afin de minimiser les influences aléatoires tout en obtenant une image holistique des responsabilités personnelles. L'objectif est de capturer systématiquement et objectivement les compétences, les potentiels et les performances des individus, plutôt que de se fier à des impressions subjectives ou à des facteurs aléatoires. En même temps, il est souligné que la personnalité individuelle des personnes intervenantes doit être reconnue et renforcée. Le but est d'utiliser des critères clairs et compréhensibles plutôt que de s'en remettre au hasard ou aux préférences personnelles. Malgré cette approche structurée, la personnalité des participants ne devrait pas être réprimée mais plutôt favorisée. Les évaluations visent à identifier les potentiels et à les développer de manière ciblée.

Un élément central d'une évaluation continue basée sur les connaissances est la définition claire des responsabilités. Il doit être compréhensible qui est responsable d'actions spécifiques et quelles conséquences découlent des décisions. Cela rend plus difficile l'évasion ou le transfert de responsabilité à autrui. Lorsque les acteurs politiques sont conscients que leurs décisions seront régulièrement examinées et évaluées, il y a un plus grand incitatif à agir avec prudence et durabilité, car ils sont conscients des conséquences et doivent en être responsables. De plus, la mise en œuvre de mécanismes d'évaluation et de boucles de rétroaction peut aider à garantir que les stratégies politiques soient ajustées et améliorées en continu. En communiquant ouvertement sur les succès et les échecs, des insights importants peuvent être tirés qui profitent non seulement à l'itération politique actuelle, mais aussi aux futurs décideurs.

L'interconnectivité entre la compétence et l'incompétence décrit l'interaction et les relations entre ces deux concepts, en particulier dans les contextes social, organisationnel et individuel. Il peut être découvert que la compétence et l'incompétence ne se manifestent souvent pas isolément, mais sont imbriquées de manière complexe. Parfois, la compétence émerge même comme une réponse directe à l'incompétence. Un individu ou une organisation confronté à des erreurs ou des déficits développe des mécanismes de résolution de problèmes et d'évitement des erreurs.

Ce phénomène psychologique décrit comment les individus avec une faible compétence ont tendance à surestimer leurs capacités, tandis que les personnes compétentes ont souvent tendance à sous-estimer leurs compétences. L'incompétence conduit à une mauvaise évaluation de ses propres capacités, tandis que la compétence peut entraîner une autocritique et une volonté d'amélioration continue. Les individus incompétents échouent souvent à reconnaître leurs lacunes, tandis que les individus compétents développent une compréhension plus claire de leurs propres limites. Dans les organisations, l'interconnexion entre compétence et incompétence peut se manifester par l'équilibre des faiblesses et des forces au sein des équipes. Un membre de l'équipe peut être compétent dans un domaine mais incompétent dans un autre. L'équipe dans son ensemble bénéficie lorsque les compétences de ses membres sont complémentaires, permettant de compenser les faiblesses par les forces des autres.

En revanche, des dirigeants incompétents à des postes clés entravent le développement de la compétence à des niveaux inférieurs. La compétence et l'incompétence sont parfois liées par une boucle de rétroaction précaire. Les erreurs fournissent des informations précieuses qui peuvent mener à une amélioration, applicables aux processus d'apprentissage individuels comme aux organisations. À l'inverse, un manque de rétroaction peut renforcer l'incompétence, car il n'y a aucun incitatif à l'amélioration. Dans certains contextes sociaux et culturels, l'incompétence au niveau du leadership peut être masquée par des réseaux, du pouvoir et du statut, tandis que des individus véritablement compétents demeurent à des rangs inférieurs. Cela entraîne une interconnexion dysfonctionnelle où l'incompétence est dominante et la compétence reste inexploitées. Les structures sociétales et les systèmes éducatifs jouent un rôle clé dans le développement de la compétence. Une éducation inadéquate ou de mauvaise qualité favorise l'incompétence, tandis que des systèmes éducatifs bien organisés promeuvent l'amélioration continue de la compétence.

Un „assessment" continu examine régulièrement les actions politiques des personnes au pouvoir, tandis que l'évaluation, par analogie, traite des situations. Ce processus itératif permet aux politiques politiques de rester dynamiques, leur permettant de répondre à des circonstances changeantes. Il facilite la détection précoce de problèmes significatifs pour adapter rapidement et précisément les mesures avant que des dommages plus importants n'apparaissent. Les mécanismes de surveillance et de retour d'information rendent la politique plus flexible et empêchent que des erreurs inutiles ne deviennent enracinées. Des évaluations continues garantissent que les programmes et les mesures d'urgence sont ajustés à mesure que de nouvelles informations deviennent disponibles ou que le contexte change. L'évaluation continue place la planification à long terme sous les projecteurs politiques. Les décisions politiques apparaissent ainsi dans un contexte à long terme, complété par l'efficacité d'un système de gestion des risques capable d'identifier et d'atténuer en temps opportun les résultats négatifs potentiels. Les analyses de scénarios et les prévisions à long terme, qui sont partie intégrante d'un système d'évaluation basé sur les données, garantissent la conception de programmes politiques, veillant à ce qu'ils puissent résister aux crises et maintenir leur efficacité positive même en temps calme.

Le sujet de l'interconnexion entre l'orientation vers la performance et la désensibilisation psychologique dans la politique internationale est envisagé sous divers angles, car il touche à des dimensions psychologiques et de science politique. D'une part, il montre la recherche de l'efficacité maximale, de la productivité et du succès. D'autre part, il conduit à la désensibilisation tant au niveau individuel que structurel. L'«orientation vers la performance » met l'accent sur l'efficacité et repose sur des résultats mesurables. Les acteurs internationaux se livrent concurrence pour le pouvoir, les ressources et l'influence sur des bases économiques, militaires et géopolitiques, situation alimentée par la quête de la supériorité nationale. La désensibilisation psychologique, quant à elle, réduit la capacité à réagir aux stimuli émotionnels ou à ressentir de l'empathie, priorisant les intérêts publics sur des considérations humanitaires ou éthiques. Cela crée une forme de cynisme institutionnalisé, qui nécessite également d'être mesuré et évalué.

Des «assessments» justes signifient que l'évaluation des acteurs politiques doit mettre l'accent sur la transparence. Leurs décisions devraient être accessibles et compréhensibles au public, permettant à tous les citoyens de comprendre comment et pourquoi certaines mesures ont été prises. Cela renforce la confiance dans les processus et assure en outre que les politiciens peuvent être tenus responsables lorsque leurs décisions causent des dommages. Dans la politique internationale, une évaluation obligatoire pour les politiciens serait rien de moins qu'une révolution. Ici, des personnalités prétendent souvent maîtriser la politique mondiale mais s'engagent fréquemment dans un jeu sophistiqué d'influence, de vanité et, bien sûr, des meilleures images de presse.

Les auditeurs externes ont l'avantage d'apporter des approches diverses, des perspectives nouvelles et une expertise spécialisée, permettant une évaluation nuancée. Comme plusieurs acteurs externes concurrencent dans l'arène de l'opinion publique, le processus d'évaluation devient dynamique et orienté vers les résultats. Cette compétition entre agences favorise l'innovation et l'amélioration continue des méthodes d'évaluation, car les agences doivent optimiser leurs approches pour réussir. Dans un tel modèle, les agences peuvent présenter publiquement leurs résultats et rivaliser pour la reconnaissance, conduisant à une plus grande transparence et permettant au public et aux décideurs politiques de choisir les meilleures recommandations parmi une variété de perspectives et d'analyses. Cette pluralité permet l'examen de situations politiquement complexes sous plusieurs angles plutôt que de s'appuyer sur une seule perspective institutionnelle.

Un autre avantage des agences externes est leur capacité à répondre de manière flexible à de nouveaux développements et à améliorer continuellement leurs méthodes d'évaluation et d'évaluation. Parce qu'elles ne sont pas contraintes par des structures institutionnelles, il y a moins de risque qu'elles ne tombent dans des habitudes bureaucratiques, comme c'est souvent le cas avec les structures internes. Elles doivent rester compétitives pour survivre sur le marché public, ce qui exige une innovation constante et une adaptation aux nouvelles découvertes scientifiques et aux avancées technologiques.

Cela peut sembler futuriste, mais plus l'IA est impliquée dans des décisions importantes, plus il est probable que les algorithmes devront eux-mêmes être soumis à des processus d'évaluation. Peut-être verrons-nous bientôt des audits et des évaluations pour la responsabilité de l'IA, où les algorithmes seront testés pour leur équité, leur éthique et leur impartialité. À l'avenir, les évaluations pourraient devenir semblables à un label de qualité. Les gens voudront savoir à qui faire confiance, et ainsi ces évaluations pourraient bientôt devenir une exigence routinière non seulement pour les politiciens, mais aussi pour de nombreuses professions. Les universités, les think tanks et les agences de notation pourraient également faire l'objet d'un examen plus approfondi à l'avenir. Après tout, ils influencent considérablement les connaissances, l'économie et les processus décisionnels.

Les universités jouissent d'un prestige élevé, mais la confiance dans leur travail repose souvent sur leur réputation plutôt que sur des preuves objectives de qualité et d'innovation. Que se passerait-il si les universités devaient subir des évaluations régulières qui évaluent non seulement la qualité de leurs recherches mais aussi leur pertinence sociétale et leurs responsabilités éthiques? Les programmes de diplôme pourraient démontrer, à travers des évaluations pratiques, qu'ils préparent réellement les étudiants au marché du travail actuel et pas seulement qu'ils semblent modernes sur le papier. Les think tanks sont les moteurs cachés de nombreux

413

développements politiques et économiques. Mais qui sait vraiment à quel point leurs recommandations sont objectives et quels intérêts se cachent derrière? Une évaluation pourrait clarifier cela, en évaluant à quel point les think tanks sont indépendants et factuels dans leur travail, quelle transparence ils maintiennent concernant leurs finances et leurs partenariats, et s'ils représentent vraiment le bien public ou plutôt celui de leurs sponsors.

Dans les «assessments» aux entreprises, on pourrait bien se demander comment la formation des aspirants à la direction se rapporte à la notation ou à la certification régulière des universités concernant la compatibilité professionnelle de leurs diplômés. Après tout, il devrait être garanti que les universités répondent véritablement aux exigences élevées de l'économie. Si une université mérite vraiment le label de
«prête pour les affaires», cela pourrait se baser sur l'utilisabilité immédiate de ses diplômés, car au final, seule l'évaluation mesurable lors du centre d'évaluation compte. En réalité, de nombreux départements des ressources humaines accordent souvent moins d'importance aux classements universitaires formels qu'aux compétences interpersonnelles, à l'expérience pratique et, souvent, à des compétences spécifiques pertinentes pour le poste. Les stages,

l'expérience de projet et les qualifications supplémentaires sont donc souvent considérés comme plus précieux, car ils fournissent des aperçus sur la pertinence pratique des candidats. Pour les évaluations du personnel, il existe également la possibilité d'accréditation du personnel.

Les entreprises ont-elles vraiment besoin d'une notation universitaire quand il est supposé que chaque diplômé est "prêt pour les affaires" par nature? Qu'il s'agisse de philosophie, d'économie ou d'histoire, les entreprises savent que tous les diplômés viennent avec une «solidité de compatibilité professionnelle» une fois qu'ils détiennent leur diplôme. Pourquoi même se donner la peine de jeter un coup d'œil plus attentif aux programmes de diplômes ou aux universités? Tant que le CV est attirant et que les compétences interpersonnelles peuvent être vérifiées avec quelques mots à la mode, qui pourrait douter qu'un diplôme prépare effectivement les étudiants à la réalité des entreprises? On pourrait tout aussi bien laisser faire, en affirmant que l'apprentissage sur le tas après l'université avec des séminaires supplémentaires est tout aussi bon qu'une préparation élaborée.

Dans la compétition mondiale actuelle, la gestion de la réputation est devenue une partie indispensable de la stratégie d'entreprise. Les entreprises reconnaissent de plus en plus que leur réputation et la compétence perçue jouent un rôle crucial dans la concurrence. Sans une stratégie ciblée pour améliorer leur réputation, les entreprises risquent de rester à la traîne et de perdre leur attrait pour les professionnels qualifiés et les partenariats internationaux. Pour rester compétitives, les entreprises doivent non seulement maintenir leurs capacités et qualifications internes, mais aussi les développer en continu. C'est ici que les évaluations entrent en jeu. Elles permettent d'identifier de manière ciblée les critères et les domaines de développement pour les dirigeants. Cela permet aux entreprises d'investir dans les compétences de leurs managers et employés, les qualifiant ainsi davantage pour relever les défis futurs.

De tels efforts stratégiques nécessitent des managers compétents. Ils sont responsables non seulement de la direction opérationnelle quotidienne, mais aussi de la conduite des innovations et du maintien du cap des entreprises. Grâce aux évaluations, les entreprises peuvent identifier quels dirigeants possèdent le potentiel et les compétences nécessaires pour réussir dans un environnement en rapide évolution. Une vue d'ensemble claire des compétences existantes permet à la direction de mettre en œuvre des mesures de formation ciblées et de réagir de manière flexible aux nouveaux défis.

La demande de compétences et de stratégies de développement n'est pas seulement une caractéristique de l'économie, mais est également d'une importance cruciale en politique. Tout comme les entreprises sécurisent leur position sur le marché grâce à une amélioration continue et à une adaptation, les institutions et les dirigeants politiques doivent également développer en permanence leurs compétences afin de répondre aux exigences complexes d'un monde globalisé. Dans le monde des affaires, il est clair que les entreprises sans innovation, structures flexibles et connaissance précise de leurs forces et faiblesses tomberont rapidement derrière leurs concurrents. Il en va de même pour la politique. Les dirigeants politiques doivent être capables de répondre rapidement aux défis mondiaux. Pour prendre des décisions stratégiquement éclairées, un processus d'apprentissage continu est nécessaire, soutenu par des évaluations en cours. Dans un monde dynamique, les acteurs politiques doivent être aussi flexibles et adaptables que les entreprises. La crédibilité et la confiance que le public accorde à ses dirigeants politiques dépendent de leur capacité à bien remplir leurs tâches. Ce n'est qu'à travers une culture de développement continu et d'auto-réflexion que cette adaptabilité peut être maintenue. Grâce à des stratégies de développement des compétences ciblées, les institutions politiques peuvent améliorer leur capacité d'action et garantir leur position à long terme dans la compétition mondiale des systèmes politiques.

23. LES CONCEPTS CLÉS DE L'EVALUATION

L'évaluation et l'évaluation sont des outils essentiels pour mesurer l'efficacité des politiciens, de leurs programmes et de leurs projets. L'interconnexion de l'évaluation et de l'évaluation est cruciale, car elle influence de manière significative le processus décisionnel et la mise en œuvre de politiques effectives. L'évaluation documente les progrès, identifie les défis émergents et augmente ainsi la responsabilité. Cela permet aux décideurs de tirer des conclusions éclairées sur la base d'aperçus solides. Grâce à des évaluations systématiques, les gouvernements et les organisations internationales découvrent comment leurs actions politiques se positionnent par rapport aux normes et objectifs internationaux. Cela leur permet de déterminer si des ajustements sont nécessaires pour s'aligner sur les évolutions mondiales. Une approche holistique de l'analyse est requise, dépassant les simples solutions standardisées.

L'alerte « Attention, vous n'êtes pas aussi performants que vous pourriez l'être» illustre l'objectif de l'évaluation. Un élément clé est la distinction entre les facteurs connus et inconnus. Les facteurs connus incluent ceux identifiés et documentés par la recherche empirique, la formation théorique ou les analyses historiques. Ceux-ci sont généralement mesurables et peuvent être utilisés dans des modèles et théories politiques. En regardant dans le passé, la première question est de savoir si les efforts ont effectivement été entrepris ou si tout a stagné sans aucune activité. Deuxièmement, elle évalue si l'effort était réellement dirigé vers une action productive ou si des enchevêtrements nuisibles étaient simplement amalgamés. Les données connues sont analysées, tandis que les facteurs inconnus se rapportent aux dynamiques futures, aux nouvelles technologies, aux événements politiques inattendus ou au comportement des acteurs dans des conditions spécifiques. Choisir de ne pas mesurer ces facteurs crée de l'incertitude et complique la prévisibilité de l'évolution politique.

Plus les systèmes, les personnes et les organisations sont interconnectés, plus la demande d'intelligence et de discernement dans l'évaluation de leurs performances et impacts est élevée. L'interconnectivité produit des boucles de rétroaction qui rendent l'évaluation plus dynamique et complexe. Par conséquent, l'interconnectivité nécessite des mécanismes d'évaluation flexibles et adaptables capables d'accommoder les chevauchements dans les systèmes interconnectés. Étant donné que le renforcement de la résilience internationale est primordial pour faire face aux défis d'un monde de plus en plus interconnecté et dynamique, l'évaluation de la redondance et de la diversité devient essentielle pour réduire les vulnérabilités systémiques. Par exemple, dans les chaînes d'approvisionnement mondiales, des sources et des alternatives diverses peuvent aider à minimiser les perturbations. La diversité encourage également l'innovation, car différentes perspectives et approches conduisent à des solutions plus créatives. C'est pourquoi des partenariats transnationaux sont établis pour partager des connaissances, des ressources et des technologies. De tels réseaux permettent aux pays et aux organisations d'apprendre les uns des autres.

Une approche globale qui prend en compte les aspects environnementaux, de santé et sécuritaires permet de mieux comprendre les risques et de développer des solutions plus efficaces. Les systèmes d'alerte précoce sont non seulement essentiels dans la défense militaire, mais également dans le domaine stratégique de l'économie pour déterminer les crises potentielles de bonne heure et réagir en conséquence. Les investissements dans des technologies et des analyses de données permettant de détecter des schémas et des tendances en temps opportun peuvent faire la différence entre une intervention rapide et une opération d'urgence réactive.

Un passage de stratégies réactives à proactives signifie que les pays et les organisations non seulement se préparent à des crises, mais travaillent activement à bâtir des structures résilientes. Cela nécessite une vision à long terme et l'intégration de la résilience dans les développements politiques, économiques et sociaux. Comprendre les corrélations complexes entre divers niveaux et acteurs est crucial pour s'attaquer aux interconnexions profondes des défis mondiaux. Une stratégie d'engagement efficace doit donc être interdisciplinaire, inclusive et adaptable pour répondre aux risques diversifiés de l'avenir.

Un autre avantage des évaluations continues est que les systèmes politiques deviennent des organisations apprenantes. Grâce à des analyses régulières des succès et des échecs, les erreurs sont identifiées et de nouvelles approches améliorées sont développées. Des mécanismes adaptatifs aident à surmonter les structures rigides et garantissent que les politiques peuvent s'adapter à des conditions changeantes. Une politique d'apprentissage signifie analyser les faux pas passés et construire les actions futures sur ces aperçus.

Cependant, institutionnaliser les évaluations politiques présente également le risque de devenir, au fil du temps, sujet à des généralisations et à une bureaucratisation. Si les processus d'évaluation sont trop enracinés dans des structures rigides, ils pourraient perdre leur fonction originale et se transformer en simples procédures de routine. Lorsqu'ils deviennent routiniers au sein des institutions politiques, le risque survient qu'ils s'appuient sur des méthodes standardisées, négligeant le contexte spécifique et les dynamiques des décisions individuelles. Cela conduit à des généralisations qui ne permettent pas d'ajustements individuels, rendant difficile la réalisation d'examens critiques et indépendants des mesures politiques. Il est donc plus conseillé de confier les évaluations à des agences externes qui opèrent dans un marché public objectif concurrentiel.

L'examen des priorités décrit à quel point les différentes zones et objectifs d'une politique du pays ou d'une organisation internationale sont interconnectés. Cette interconnexion illustre la complexité de la réalité politique, économique et sociale. Les changements dans un domaine peuvent influencer d'autres. Les décisions dans des domaines comme la politique étrangère, la politique environnementale, la politique de sécurité et la politique de développement influencent de manière significative le succès ou l'échec dans d'autres. Par exemple, une politique environnementale qui promeut les énergies renouvelables peut affecter les relations étrangères, notamment par le biais du transfert de technologies, ainsi que les objectifs économiques en créant de nouveaux emplois. Il devient clair comment les crises ou événements mondiaux peuvent rapidement modifier les priorités de la politique internationale. La pandémie de Covid-19, par exemple, a non seulement mis en avant la politique de la santé, mais a également eu des répercussions sur le commerce, l'économie et la sécurité. Les pays ont dû ajuster rapidement leurs priorités politiques et coordonner des mesures à travers différents portefeuilles. Les objectifs conflictuels se situent souvent au cœur des dépendances entre au moins deux facteurs. Par exemple, un pays peut décider de prioriser la protection de l'environnement par rapport à la croissance économique à court terme, ou vice versa. En même temps, des synergies peuvent apparaître lorsque des mesures dans un domaine entraînent des effets positifs dans d'autres.

Alors que la mesure du contexte examine les éléments constitutifs d'une situation, les compromis soulignent les effets conflictuels au sein d'une matrice de décisions. Cela crée un réseau sur les champs individuels et détermine les profils de décision distincts. Ici, les facteurs sont comparés et les paires alternatives sont contrastées, qui sont considérées par le décideur comme équivalentes. L'optimisation de Pareto implique de prendre une décision où aucun aspect ne peut être amélioré sans en aggraver un autre. Comprendre ces méthodes s'avère bénéfique dans de nombreux domaines, car cela permet de prendre des décisions éclairées en tenant compte de tous les facteurs pertinents. Des attentes réalistes doivent être fixées pour faciliter un consensus sur les résultats afin de se faire le plus rapidement possible.

Dans la politique internationale, l'innovation est souvent perçue comme un risque, car de nouvelles approches remettent en question les structures existantes. Cependant, la véritable innovation ne signifie pas provoquer des controverses, mais plutôt développer des solutions créatives et orientées vers le consensus qui répondent aux défis présents tout en regardant vers l'avenir. Cela ne signifie pas une poussée aveugle d'idées radicales, mais plutôt le regroupement intelligent du consensus, de la créativité et de la technologie. C'est un processus de pensée et de façonnement collectif basé sur l'ouverture envers de nouveaux acteurs et de nouvelles perspectives. L'objectif n'est pas de cimenter des structures de pouvoir, mais de créer des mécanismes flexibles et adaptables capables de répondre aux défis du XXIe siècle. À quoi ressemble l'innovation dans un domaine souvent caractérisé par la tradition, la bureaucratie et les intérêts nationaux? Une possibilité est la collaboration ad hoc. Les régions collaborent sur des problématiques spécifiques sans engagements à long terme. Des exemples incluent des coalitions climatiques ou des initiatives multilatérales pour la cybersécurité. L'innovation ne signifie pas seulement présenter des résultats, mais concevoir de manière participative le processus de résolution des problèmes. L'investissement et l'intégration économique sont utilisés comme outils de prévention des conflits.

Comment les politiciens héroïques se voient-ils? À la caméra, ils célèbrent leurs propres succès, sans superlatif épargné et sans bilan apparaissant moins que formidable. Naturellement, leurs propres projets sont toujours couronnés de succès, leurs objectifs toujours atteints, et les chiffres reflètent indubitablement les progrès! Cependant, ce qui manque est une image claire et objective, exempte d'auto-éloge et loin des calculs de succès auto-constitués. Les auto-évaluations par des acteurs politiques ou des partis ne conviennent ni à leurs collègues ni à leurs concurrents de l'autre rive. Elles appartiennent uniquement aux instituts ou agences professionnelles. Lorsque des paramètres et des variables sont mesurés et corrélés, le résultat final ne concerne pas le classement mais avant tout le benchmarking politique productif des situations. Le but de ces analyses ne devrait pas être un classement de prestige ou une comparaison médiatique de «Qui est le meilleur?». Au lieu de cela, l'accent devrait être mis sur le benchmarking politique comme un outil pour découvrir ce qui fonctionne réellement et où des améliorations sont nécessaires. Un tel benchmarking permet de comparer l'efficacité des mesures à travers différents contextes, de développer des suggestions concrètes d'amélioration et d'apprendre de ses erreurs - une discipline, d'ailleurs, fréquemment considérée comme une formalité ennuyeuse dans la politique de parti. L'objectif des évaluations est non seulement d'identifier les changements, mais aussi de comprendre leur rythme et leurs intervalles. Ce faisant, des schémas peuvent être reconnus qui indiquent la rapidité ou la lenteur avec laquelle certaines mesures prennent effet et comment leurs effets se stabilisent dans le temps.

La défi consiste à trouver des moyens d'équilibrer les différents intérêts, ressources ou valeurs pour atteindre un résultat optimal. Une évaluation claire de l'importance des différents objectifs constitue un premier pas. Grâce à la priorisation et au poids attribué, il est possible de déterminer quels objectifs ont plus d'importance et nécessitent donc davantage de ressources ou d'attention. Une analyse détaillée aide à comprendre les impacts de chaque objectif sur l'objectif général supérieur ou sur les conséquences à long terme. Lorsque plusieurs pays sont impliqués, une recherche de solution collaborative peut être utile. Travailler ensemble pour trouver une solution favorise la compréhension des différentes perspectives et permet d'élaborer des solutions qui répondent autant que possible aux besoins de tous les participants. L'implication de toutes les parties prenantes pertinentes contribue à l'acceptation de la solution et minimise le risque de conflits ultérieurs. La co-création permet de développer des stratégies ensemble et de regrouper les ressources. Impliquer divers acteurs dans les processus décisionnels augmente la légitimité des décisions prises. Cela est particulièrement important à une époque où la confiance envers les institutions internationales est souvent faible.

Cependant, quelles gouvernements ou quel décideurs ont déjà recours à l'expertise des professionnels ? Dans la réalité, l'utilisation de telles méthodes varie. Ces modèles pourraient clairement déterminer les conflits d'objectifs, mais l'application de tels outils est souvent incomplète ou sélective. Dans les pays où la polarisation politique est forte, il peut également arriver que des décisions soient prises sur la base de considérations à court terme ou idéologiques, plutôt que sur des analyses solides. Le réseau des possibilités de décision se resserre, car toutes les options ou leurs conséquences ne sont pas réfléchies. Ils sont le terreau de nombreuses erreurs de décision. Tandis que les pays ayant des systèmes bien développés et un haut degré d'expertise institutionnalisée, comme l'Allemagne ou la Suède, s'appuient largement sur des analyses et des rapports scientifiques, d'autres États manquent de la capacité ou de la volonté d'utiliser systématiquement de telles approches. En général, les gouvernements aux États-Unis, sauf si des autocrates ou des clans capricieux sont à la tête, recourent à l'expertise d'instituts tels que la RAND Corporation ou le Brookings Institute. Dans l'Union européenne, des comités d'experts jouent un rôle crucial dans l'élaboration des politiques et des règlements. L'expertise est souvent filtrée par la dynamique du système politique. Un exemple en est les cycles électoraux à court terme qui incitent les politiciens à prendre des décisions qui sont populaires mais pas nécessairement sensées à long terme. La disponibilité d'expertise ne signifie donc pas automatiquement qu'elle soit utilisée de manière adéquate.

Si la politique ne prend pas au sérieux les débuts d'un

développement, elle et sa société, tôt ou tard, trébucheront là-dessus. Lorsque les décideurs politiques ignorent les premiers signes et tendances, un cercle vicieux se développe souvent : les problèmes croissent sans entrave, car les mesures correctives font défaut. À long terme, cela peut provoquer des crises graves qui nécessiteront beaucoup plus de ressources et de temps pour être résolues. Une évaluation systématique, ouverte et continue est nécessaire non seulement pour prévenir des crises, mais aussi pour renforcer la résilience d'une société et permettre des développements durables à long terme.

Les canaux par lesquels certaines influences agissent sur une société ou un système peuvent être fermés de manière ciblée si leurs origines et mécanismes d'action sont clairement compris. Grâce à une recherche approfondie des causes et des effets, il est possible d'analyser quels facteurs causent des problèmes ou des développements négatifs et comment ceux-ci se déploient. En comprenant ces relations, la politique peut prendre des mesures efficaces pour stopper l'afflux d'influences problématiques avant qu'elles ne causent des dommages. Cela signifie qu'une action préventive est rendue possible grâce à une connaissance analytique. En fin de compte, cette idée souligne l'importance de décisions fondées sur des connaissances scientifiques, qui permettent une gestion ciblée et un contrôle des développements indésirables.

Mais que faire si la politique ne veut pas voir ou si la recherche aboutit à des résultats sans suite? Dans ce cas, la recherche des causes et des effets reste soit une belle théorie, soit un moyen particulièrement efficace de dissimuler les mêmes crises avec de nouveaux termes. Si l'on n'analyse pas systématiquement quels facteurs causent réellement des crises, nous pouvons nous attendre à ce que les mêmes canaux d'influences destructrices restent ouverts et continuent à couler, joyeusement renforcés par l'inaction et l'auto-tromperie. Un rapport de recherche simple montre qu'un certain problème a des causes claires. Cependant, au lieu de fermer ces canaux, tout reste comme avant. La science parle, la politique se tait ou remet habilement le résultat en question. Et ainsi, les canaux continuent de couler: mêmes causes, mêmes effets, mêmes crises. Cette forme d'« ignorance préventive » semble depuis un certain temps une forme de stratégie de gestion. On pourrait presque penser que la capacité de recherche des causes sert avant tout à trouver des raisons de ne rien faire. Peut-être que la véritable valeur de la recherche des causes et des effets réside dans le fait de rendre l'inaction particulièrement rationnelle.

Lorsque le stade précoce des développements n'est pris en compte que de manière accessoire ou considéré comme « mineur », une société glisse inévitablement vers un terrain difficile. Observer et évaluer les premiers signes n'est pas seulement un filet de sécurité, c'est une nécessité pour toute politique prétendant agir avec prévoyance. Mais c'est souvent ici que le bât blesse. Au lieu de mettre les questions en lumière à temps et de les examiner attentivement, beaucoup de choses sont laissées au hasard ou à la destinée. Il semble presque absurde, mais trop souvent, les décideurs ignorent même les cris de détresse et d'alerte qui sont déjà suffisamment sonores. Ces voix se perdent souvent dans les couloirs de la bureaucratie, comme si le cri de changement était un doux murmure et non l'appel clair et fort à l'attention. Ce qui reste, c'est un système stagnant qui remplace l'analyse précoce par la sous-estimation ou l'attente passive. Pourtant, examiner et évaluer les premiers signes serait comme allumer une lanterne dans un tunnel sombre, un guide pour l'évolution et un bouclier contre des faux pas trop fatals. Cependant, trop souvent, la chance est manquée de s'engager pro-activement avec les premiers signaux. Peut-être parce que cela est inconfortable. Peut-être parce que l'espoir d'une auto-résolution est attrayant. Peut-être aussi parce que l'évaluation et la mise en œuvre nécessitent plus de courage et de ressources à court terme que d'attendre confortablement. Et ainsi en reste-t-on là : si le système ne réagit pas aux débuts, la gestion des crises ultérieures deviendra d'autant plus difficile. C'est comme un bâtiment dont les fondations sont restées non vérifiées et qui un jour pourrait s'effondrer sous le poids de l'imprudence. En fin de compte, il existe une vérité simple : examiner, évaluer et agir peut être inconfortable, mais c'est la seule recette fiable pour une politique durable et prévoyante.

« La sécurité avant tout » est une phrase qui figure souvent en tête des discussions politiques et sociétales, mais qui est souvent plus utilisée comme un slogan que comme un principe directeur. Car une véritable sécurité suppose que nous examinions les choses de manière plus approfondie, que nous regardions là où d'autres ne font que survoler, que nous éclaircissions les angles morts que les bureaucrates politiques ignorent souvent dans leur pratique quotidienne. C'est ici qu'intervient l'évaluation, un outil décisif qui aide à identifier les dangers, les développements négatifs et les risques avant qu'ils n'escaladent. Elle a le recul nécessaire et la capacité de questionnement approfondi: que se passe-t-il dans l'ombre? Qu'est-ce qui pourrait ne se manifester que sur le long terme? Quelles conséquences les décisions qui semblent aujourd'hui insignifiantes auront-elles sur demain? Ce type d'analyse approfondie permet ce que les décisions ad-hoc ne peuvent souvent pas faire. Elle saisit l'inattendu, l'indésirable, voire l'inconnu, apportant ainsi une plus-value de sécurité dans les systèmes et les décisions. Elle reconnaît les dangers qui sont invisibles à première vue et donne des indications sur les conséquences qui, sans ce regard acéré, se cachent dans l'ombre des modèles d'action. D'une certaine manière, elle révèle les brèches et les incohérences que les acteurs, dans leur empressement quotidien et en raison d'objectifs à court terme, ne perçoivent souvent pas. Ainsi, la réelle valeur de l'évaluation et du rating ne réside pas seulement dans les bénéfices directs, mais dans le potentiel de prévention des crises et d'éclairage des angles morts. La sécurité ne commence pas avec l'avènement d'une catastrophe, mais avec une analyse précise, patiente et parfois honnête du statu quo, bien avant qu'un danger potentiel ne devienne une menace réelle.

Les erreurs de décision ont mauvaise réputation. Elles sont perçues comme des obstacles, comme des erreurs qu'il faut à tout prix éviter. Mais que se passerait-il si nous envisagions les opportunités qui s'y cachent? En réalité, elles portent également des leçons précieuses et des possibilités qui peuvent ouvrir la voie à des changements positifs.

Cependant, les véritables potentiels restent souvent inexploités, car la peur de l'erreur bloque l'espace pour la réflexion et l'apprentissage.

Grâce à une certification continue et systématique des actions, on peut créer un environnement capable d'apprendre de ses erreurs et de ne pas s'en tenir à des schémas rigides. Une telle évaluation est bien plus qu'un simple mécanisme de contrôle. Elle transforme le flux continu d'actions en une sorte de boucle de rétroaction, garantissant que les erreurs sont analysées et utilisées de manière bénéfique. Ainsi, une culture d'apprentissage est créée, dans laquelle les erreurs de décision deviennent des jalons au lieu d'être des obstacles. Au lieu de les éviter, elles sont réfléchies, évaluées et mises au service d'une amélioration continue. Un tel système peut être exigeant, mais il promeut une résilience qui dépasse largement l'immédiat et fait du « courant » des décisions un véritable moteur de changement positif.

Ainsi, une culture d'apprentissage est établie où les erreurs de décision deviennent des jalons plutôt que des obstacles. Au lieu d'être simplement évitées, elles sont réfléchies, évaluées et mises au service d'une amélioration continue. Un tel système peut être exigeant, mais il promeut une résilience qui va bien au-delà du jour même et permet de transformer le « courant » des décisions en un véritable moteur de changement positif. Mais quels politiciens s'y prennent réellement ainsi? Ils prennent des décisions, les font régulièrement évaluer, apprennent de leurs erreurs et ajustent leurs mesures. Une boucle interminable d'apprentissages et d'amélioration, comme un mouvement d'horlogerie. Oui, peut-être dans un univers parallèle, où des licornes amènent le arc-en-ciel au lit le soir. Mais dans notre monde, tout cela reste un rêve. La réalité est pourtant tout autre: les erreurs de décision ne sont pas corrigées en politique, elles sont même embellies, étendues et, si besoin, guéries par une autre erreur de décision. Selon le principe : « Si ça ne marche pas deux fois, peut-être que ça deviendra stable. » Et l'évaluation ? Oh, cela se produit effectivement. Parfois, il y a des rapports, des expertises et des commissions qui analysent tout cela en détail. Sauf que ces analyses ne finissent pas sur la table, mais sous la table, ou sont utilisées comme cale-porte au cas où le souffle de la réalité serait trop puissant.

Et qui oserait remettre en question ces chefs-d'œuvre d'ignorance? Trop souvent, les questions ou les alertes gênantes des experts sont considérées comme des facteurs perturbateurs improductifs. Il est question de barricades, de déguisement, de temporisation. Lorsque la prochaine crise se profile, on peut toujours dire: « Personne ne pouvait vraiment le prévoir! » Ainsi, la culture d'apprentissage reste une belle théorie, bonne pour les discours et les programmes électoraux, mais trop facilement mise de côté lorsque la réalité appelle. Si les politiciens suivaient vraiment les évaluations, les erreurs de décision ne seraient plus un scandale, mais une étape normale et transparente vers une meilleure politique. Mais peut-être le problème réside-t-il précisément là : une politique qui apprend et s'adapte serait trop épuisante et possiblement même efficace. Et qui voudrait cela?

C'est les partenariats internationaux qui permettent d'accéder à un plus large éventail d'expertise et de ressources. De cette manière, les entreprises et les organisations augmentent leur compétitivité. Les plates-formes qui favorisent l'échange de bonnes pratiques contribuent à faire en sorte que les solutions innovantes se développent plus rapidement. Des équipes diversifiées apportent des points de vue très variés, produisant des solutions plus créatives et efficaces. Les organisations qui intègrent des perspectives diverses sont souvent plus flexibles et capables de s'adapter rapidement aux changements du marché ou de la société. Ces opportunités offrent non seulement des avantages pour les entreprises, mais aussi pour la société dans son ensemble, car elles encouragent un échange fructueux d'idées et d'innovations. Il est crucial d'utiliser consciemment ces potentiels et de créer des conditions-cadres appropriées qui stimulent le transfert de connaissances et de ressources ainsi que la diversité au sein des équipes. Les organisations et communautés transnationales devraient également être capables de détecter les crises potentielles à un stade précoce et de développer des stratégies adéquates.

Cependant, des systèmes fortement connectés engendrent également des interactions qui rendent difficile l'isolement des relations de cause à effet. Les changements dans une partie du système peuvent avoir des effets inattendus dans d'autres domaines, ce qui complique l'attribution d'effets à des mesures spécifiques. Les boucles de rétroaction provoquent des ajustements et des changements continus au sein des systèmes. Cela rend les méthodes d'évaluation statiques moins efficaces, car elles ne peuvent pas saisir de manière adéquate la nature en constante évolution du système. En raison de la rapidité des développements dans des systèmes interconnectés, une évaluation en temps réel devient de plus en plus importante. Celle-ci doit être flexible et continue afin de permettre des ajustements et des décisions immédiates.

Plutôt que de considérer chaque composant de manière isolée, il est nécessaire d'analyser le système dans son ensemble. Cela permet une meilleure compréhension des causalités complexes et des boucles de rétroaction. Des méthodes d'évaluation flexibles et adaptatives, qui s'ajustent à la nature dynamique du système, sont requises. Cela peut être accompli, par exemple, par l'utilisation de l'analyse de données en temps réel et d'un suivi continu. L'utilisation de différents critères et méthodes d'évaluation peut fournir une image plus complète des performances du système. En combinant des approches quantitatives et qualitatives, il est possible d'extraire tant des résultats mesurables que des facteurs contextuels. Établir une culture où le retour d'informations est considéré comme un instrument précieux pour une amélioration continue est crucial. Cela permet aux organisations de s'adapter plus rapidement aux changements et d'apprendre de leurs expériences. Des techniques avancées d'analyse de données et d'intelligence artificielle peuvent aider à déchiffrer des modèles et des relations dans des ensembles de données complexes, qui pourraient ne pas être évidents pour des analystes humains.

Plus un système est complexe et connecté, plus le risque que des perturbations ou des erreurs dans un domaine aient des effets cascade sur d'autres est élevé. Le contrôle et l'évaluation doivent donc intégrer une composante proactive pour identifier et gérer les risques à un stade précoce. Cela nécessite la définition d'indicateurs d'alerte précoce. Un objectif de l'évaluation est donc l'anticipation et la gestion des effets. Les optimisations planifiées et les menaces inattendues doivent être surveillées de manière égale, afin d'être prêts à réagir de manière flexible. En fin de compte, il s'agit de rendre les processus plus efficaces ou performants. Dans le contexte de l'interconnexion, cela signifie que des améliorations à un point peuvent souvent avoir des impacts considérables sur d'autres domaines. Il est essentiel de ne pas considérer uniquement les avantages immédiats, mais également d'évaluer les effets secondaires potentiels.

Cependant, les systèmes peuvent aussi présenter des défis imprévus, tels que des problèmes de compatibilité avec les systèmes existants ou une dépendance accrue vis-à-vis des influences externes. Une amélioration de l'efficacité personnelle vise à améliorer les performances. Il existe un risque de surcharge ou d'un manque de spécialisation si l'accent est uniquement mis sur les gains d'efficacité à court terme, sans prendre en compte le développement à long terme des connaissances. Cela inclut des événements tels que des crises économiques, des perturbations des chaînes d'approvisionnement, des instabilités politiques ou des catastrophes naturelles, qui peuvent soudainement déstabiliser les processus interconnectés. Il est donc absolument essentiel que le contrôle effectue des analyses de scénarios et élabore des plans d'urgence. Parfois, il s'agit de survivre, mais il s'agit toujours d'aller de l'avant. Ce principe devrait rester immuable. Quel choix fait la majorité, où qu'elle se trouve dans le monde?

Les gouvernements cherchent à s'appuyer sur des principes réalistes et des solutions pragmatiques pour garantir une capacité d'action à court terme. La plupart privilégient les alliances militaires, la stabilité politique et les partenariats stratégiques pour contrer les menaces existentielles. La prospérité économique et la compétitivité occupent également une place centrale. Les accords commerciaux, la sécurisation des ressources et l'innovation technologique façonnent l'agenda, les arrangements pragmatiques prenant souvent le pas sur des objectifs idéalistes tels que la protection du climat ou les droits humains. En période d'incertitude soudaine, la résilience de la politique internationale se manifeste. Les acteurs s'adaptent aux nouvelles réalités, recherchent de nouvelles alliances et modifient leurs stratégies lorsque les anciennes voies échouent. Aller de l'avant est un principe qui traverse l'histoire, des changements de pouvoir géopolitiques aux solutions aux crises mondiales.

Comme dans la gestion économique, l'évaluation des scénarios et l'élaboration de stratégies jouent ici un rôle central. Lorsque l'instabilité démocratique menace, certains acteurs politiques isolés recherchent le soutien de régimes autoritaires. Même à l'échelle mondiale, les décisions sont souvent dominées par la politique de pouvoir et les intérêts propres. Parallèlement, il existe des mouvements idéalistes, comme la promotion des droits humains ou la protection du climat, qui passent cependant au second plan dès que les menaces existentielles occupent le devant de la scène.

Lorsqu'une stratégie échoue ou qu'une ère politique prend fin, la communauté internationale passe souvent à la solution suivante, même imparfaite. Plutôt que de s'en tenir à un programme fixe, les États choisissent souvent la voie qui apporte le plus grand consensus ou bénéfice immédiat. Cependant, si la politique internationale reste perpétuellement réactive face à la prochaine crise, elle risque de perdre de vue une vision pour un ordre mondial durable et juste. Lorsque les États agissent principalement par pragmatisme, des valeurs fondamentales comme les droits humains ou l'État de droit risquent d'être sacrifiées.

24. INTERCONNECTIVITÉ DE LA RATIONALITÉ ET SA MISE EN ŒUVRE

La rationalité dans le processus de décision implique de s'efforcer d'identifier les meilleures solutions en se basant sur toutes les informations disponibles, en évaluant les avantages et les inconvénients, et en s'appuyant sur des connaissances scientifiques et des avis d'experts. Les décisions ne doivent pas être fondées sur des suppositions ou des idéologies et doivent avoir des objectifs clairs. Reconnaître que le progrès émerge d'un réseau complexe de relations nécessite une compréhension systémique dans l'élaboration des stratégies et des politiques. L'interconnexion dans la prise de décision—intégrant vision, analyse de la situation, priorisation, contrôle et justification - est un processus multifacette qui relie différents niveaux et aspects.

Une prise de décision efficace repose sur une vision et une stratégie claires. La vision influence l'analyse de la situation en fournissant un contexte pour évaluer les opportunités potentielles. L'analyse de la situation informe la priorisation en mettant en évidence les domaines et possibilités critiques. La priorisation guide les processus de suivi et de révision en établissant des points focaux pour le contrôle. La justification des décisions repose sur toutes les étapes précédentes, garantissant que le processus est transparent et responsable.

La priorisation et la hiérarchisation des objectifs mondiaux - tels que la paix, la sécurité, le développement économique, les droits humains et la protection de l'environnement - constituent des défis centraux de la politique internationale. Ces objectifs sont souvent en tension, à la fois interdépendants et potentiellement conflictuels. La paix est souvent considérée comme une condition préalable aux autres objectifs : sans stabilité, le développement économique, la protection des droits humains et les mesures environnementales sont difficiles à réaliser. Cependant, les mesures de sécurité, comme les interventions militaires, peuvent compromettre d'autres objectifs, tels que les droits humains. De même, la croissance économique peut aggraver la dégradation de l'environnement par des émissions accrues de CO_2 ou l'exploitation des ressources. À l'inverse, des réglementations environnementales strictes peuvent freiner la croissance économique, notamment dans les pays en développement. Les mesures de sécurité nationale, comme la surveillance ou le contrôle des frontières, entrent souvent en conflit avec les principes des droits humains en restreignant les libertés. Prioriser ces objectifs est essentiel pour élaborer des politiques cohérentes. Les objectifs prioritaires dépendent de la situation. Dans les zones de conflit, le maintien de la paix est primordial, tandis que dans les régions stables, l'accent peut être mis sur la protection du climat ou la promotion des droits humains. Certains objectifs, comme la protection de l'environnement ou du climat, nécessitent une réflexion à long terme, même si des objectifs à court terme comme la croissance économique peuvent sembler plus attrayants. Les politiques devraient viser à créer des synergies entre les objectifs. Par exemple, des politiques économiques durables peuvent favoriser à la fois la protection du climat et le développement économique. L'implication de la société civile, de la science et des entreprises peut aider à établir des priorités équilibrées.

L'interconnexion du progrès montre qu'aucune discipline ne peut être considérée isolément. Le progrès résulte d'un réseau complexe de relations entre la science, la société, l'économie et les dynamiques mondiales. Cette interconnexion reflète la manière dont les savoirs, les technologies et les sociétés sont liés et s'influencent mutuellement. De nombreuses innovations émergent à l'intersection de diverses disciplines. Cette collaboration favorise de nouvelles solutions à des problèmes complexes. Une meilleure compréhension de la science et de la politique par le public soutient une société informée qui encourage le progrès tout en le remettant en question de manière critique. La prise en compte des aspects écologiques et sociaux est cruciale pour garantir un progrès durable à long terme. Les approches interdisciplinaires qui combinent technologie, éthique et sciences de l'environnement sont aujourd'hui au premier plan. Comprendre ces connexions aide à relever les défis futurs de manière plus efficace et à favoriser stratégiquement l'innovation. La coopération totale est plus facile à atteindre lorsque les réseaux s'adaptent progressivement à de nouvelles structures, mettant en évidence l'importance de la stabilité et de la confiance pour des processus d'innovation à long terme. La vitesse relative des changements et des interactions au sein d'un réseau influence la réussite de la collaboration, soulignant la nécessité de comprendre et de gérer la dynamique des réseaux d'innovation.

La capacité d'exécution est le moyen de concrétiser efficacement les mesures. L'adhésion des personnes à l'autorité repose sur la légitimité et le pouvoir, soutenus par des ressources matérielles, financières et humaines. Même les décisions les plus rationnelles ne peuvent être mises en œuvre sans pouvoir, ressources et influence. En fin de compte, la communication efficace est décisive. Le plus grand défi dans la relation entre rationalité et capacité d'exécution réside dans l'équilibre entre les deux. La rationalité entre souvent en conflit avec des intérêts idéologiques ou partisans. Même les décisions rationnelles peuvent être obscurcies par le populisme ou les luttes politiques.

Les institutions doivent être conçues pour favoriser les décisions rationnelles tout en disposant des moyens et de l'autorité nécessaires à leur mise en œuvre. Les incitations à la coopération et aux objectifs communs peuvent aider à mieux faire respecter les décisions rationnelles. Les défis de la mise en œuvre de cette interconnexion mettent en évidence la complexité de l'équilibre entre logique et pouvoir dans le monde réel. Pourtant, ce n'est qu'en reliant étroitement ces forces que des changements profonds et positifs peuvent être réalisés dans la société.

L'interconnexion entre le contrôle de l'information et les processus décisionnels est particulièrement pertinente : l'information est souvent gérée pour influencer le processus décisionnel en présentant certaines options comme plus attrayantes ou moins risquées. Ceux qui disposent des informations les plus précises et complètes exercent une grande influence sur les décisions. L'évaluation du succès ne doit pas se limiter aux résultats finaux, mais également inclure le processus d'exécution. Un système d'évaluation efficace garantit la responsabilité des deux côtés. Plutôt que d'implémenter des solutions uniformes, il est judicieux de rechercher la responsabilité dans l'interconnexion entre les initiatives et leur exécution. Les stratégies définissent les objectifs et les cadres pour un développement futur, fournissant une orientation et des solutions théoriques aux problèmes existants. Un problème courant dans la mise en œuvre de tels programmes est leur application indiscriminée ou indifférenciée, ignorant la complexité et les exigences spécifiques de la pratique. Par conséquent, la vision reste théorique.

Les acteurs politiques responsables de préjudices assument souvent difficilement leur responsabilité, notamment lorsqu'ils se sont engagés dans des mesures d'urgence à court terme. De tels épisodes sont fréquemment observés en politique, car les décideurs agissent souvent dans des situations nécessitant une action rapide sans considérer pleinement les conséquences à long terme. Les mesures d'urgence à court terme surgissent souvent en période de crise, où des décisions rapides sont nécessaires pour résoudre des problèmes immédiats. Dans de tels cas, on recourt fréquemment à des solutions rapides sans réfléchir soigneusement à leurs effets à long terme.

Dans ces situations, les politiciens subissent souvent une pression immense pour agir immédiatement, que ce soit de la part du public, de la concurrence politique ou des médias. Cette pression peut entraîner des mesures qui, bien que populaires à l'instant, causent des problèmes à long terme. Une fois que les conséquences négatives à long terme deviennent apparentes, de nombreux acteurs tentent d'éviter la responsabilité, minimisant leur rôle, attribuant les échecs à des facteurs externes ou blâmant d'autres acteurs. En politique de crise, la responsabilité est souvent répartie de manière diffuse, ce qui rend difficile l'attribution de responsabilités à des individus ou des groupes.

Il y a souvent un manque de communication transparente sur les processus de décision. La nécessité d'agir rapidement en période de crise est souvent utilisée comme prétexte pour contourner une analyse approfondie et l'inclusion de diverses perspectives. L'autocritique et la volonté de reconnaître des erreurs sont rares dans l'arène politique, car elles sont souvent perçues comme des signes de faiblesse. Les politiciens craignent pour leur réputation et leurs perspectives de réélection s'ils assument la responsabilité de mauvaises décisions. Ce comportement est renforcé par les attentes du public et des médias, qui exigent des réponses immédiates aux crises.

Paradoxalement, les crises sont également perçues par les acteurs politiques comme des opportunités pour faire avancer des agendas politiques qui rencontreraient une résistance dans des circonstances normales. Des mesures d'urgence prises sous couvert de crise peuvent être utilisées pour imposer des objectifs politiques sans véritable débat public approfondi. De telles situations augmentent le risque de décisions erronées, car la légitimité de ces mesures repose souvent uniquement sur l'urgence de la situation et non sur leur impact à long terme ou leur utilité durable.

Dans la plupart des systèmes politiques, la responsabilisation en cas de décisions erronées est insuffisante. En période de crise, il est souvent avancé que « les situations d'urgence nécessitent des mesures exceptionnelles », ce qui dilue la responsabilité. En l'absence de mécanismes clairs pour assumer la responsabilité ou corriger les erreurs politiques, l'évitement de responsabilité reste possible.

Une évaluation continue, objective, fondée sur le savoir et équitable peut contribuer à réduire l'évitement de responsabilité et les mesures impulsives à court terme. Un tel processus permet de réviser et d'améliorer les décisions politiques en permanence, plutôt que de se précipiter dans des mesures d'urgence sans considérer leurs conséquences à long terme. Une évaluation objective implique que les décisions ne soient pas jugées uniquement sur des bases politiques ou idéologiques, mais sur des analyses factuelles et des critères clairs. Des agences indépendantes ou des experts agissant de manière impartiale devraient être impliqués pour garantir l'objectivité de l'analyse. Cela pourrait aider à rendre les politiques plus efficaces en anticipant leurs conséquences à long terme grâce à des données solides et des connaissances scientifiques. Une telle objectivité empêcherait que les décisions soient purement populistes ou motivées par le désir de marquer des points politiques à court terme.

Le recours à la connaissance et aux preuves scientifiques est essentiel pour améliorer la qualité des décisions. Dans le meilleur des cas, les mesures politiques devraient être basées sur des données empiriques, des études scientifiques et des modèles éprouvés. Une évaluation fondée sur le savoir tient compte des résultats de la recherche actuelle et fait appel à des experts de différents domaines. Cela réduit les risques de décisions erronées, souvent prises en période de crise sous la pression du temps et sans analyse approfondie. Ainsi, les tendances populistes ou extrémistes seraient également neutralisées.

Les solutions génériques, en tant que réponses standardisées à des défis complexes, tiennent rarement compte des réalités spécifiques des différents contextes. Elles négligent les différences essentielles et les exigences particulières, ce qui conduit souvent à une mise en œuvre inefficace. En outre, elles empêchent la prise de responsabilité à différents niveaux – tant du côté des initiateurs que de ceux chargés de l'exécution. Chaque partie rejette la faute des échecs sur l'autre, sans qu'une véritable résolution ne soit trouvée. La responsabilité réside dans la coordination et l'interconnexion entre ceux qui conçoivent les programmes et ceux qui les mettent en œuvre. L'agilité, dans ce contexte, implique que tant les initiatives que leur exécution soient fonctionnellement améliorées. La responsabilité du succès ne repose pas sur une seule des parties, mais dans le lien qui les unit.

À cette responsabilité s'ajoute la crédibilité, qui dépend fortement de la perception que les positions adoptées sont cohérentes et rationnelles. Cela est particulièrement important dans les débats politiques et scientifiques, où l'on s'attend à ce que les arguments reposent sur des principes clairs et cohérents. Lorsqu'un raisonnement est logiquement cohérent, il est plus probable qu'il soit perçu comme crédible, car il ne présente pas de contradictions évidentes remettant en cause sa validité. La capacité de persuasion ne repose pas uniquement sur la présentation des faits, mais également sur la manière dont ces faits sont reliés entre eux. Un raisonnement logiquement cohérent facilite la compréhension du fil conducteur, augmentant ainsi la probabilité que l'audience adhère à la position présentée. Une communication persuasive nécessite donc non seulement des faits solides, mais aussi la capacité de les intégrer dans une argumentation cohérente.

Cependant, bien que la cohérence logique renforce la crédibilité et la persuasion, des constructions logiques complexes sont souvent utilisées pour dissimuler ou légitimer la véritable nature des structures de pouvoir. Dans de nombreux cas, des argumentations compliquées et alambiquées servent à justifier des rapports de pouvoir inégaux ou à masquer le contrôle exercé par les élites sur les processus décisionnels. Des constructions logiques complexes, exprimées dans des raisonnements imbriqués et des principes apparemment inaccessibles, peuvent considérablement limiter la capacité du grand public à discerner les structures de pouvoir. Cela se produit lorsque les acteurs de pouvoir dissimulent leurs processus décisionnels derrière une façade d'expertise rationnelle ou technique difficile à percer pour les non-initiés.

Pour garantir un exercice légitime du pouvoir, la transparence des processus décisionnels est essentielle. La transparence implique non seulement la divulgation d'informations, mais aussi la mise en place de structures permettant de communiquer clairement et de manière compréhensible les décisions et les rapports de pouvoir. Lorsque la complexité logique est délibérément utilisée pour dissimuler les structures de pouvoir, cela érode la responsabilisation et peut saper la confiance dans les institutions et les dirigeants.

L'interconnexion entre cohérence logique, crédibilité et persuasion démontre qu'une argumentation claire et cohérente est essentielle pour qu'une position soit acceptée et perçue comme légitime. La cohérence logique donne du poids aux arguments et renforce la confiance envers les décideurs. En revanche, des arguments et processus décisionnels opaques et imbriqués rendent les rapports de pouvoir difficiles à discerner, compliquant leur contrôle par des parties extérieures. Cela souligne la nécessité de transparence et de communication claire pour garantir que le pouvoir est exercé de manière juste et compréhensible.

25. SUR L'INTERCONNECTIVITÉ DES QUESTIONS FACTUELLES

La multitude de connexions entre différents enjeux conduit rapidement à une complexité accrue, rendant difficile la recherche de solutions claires. D'un autre côté, prendre en compte l'interconnectivité permet d'adopter des approches plus holistiques de résolution des problèmes, intégrant divers aspects. En liant différents domaines, de nouvelles solutions émergent, souvent négligées dans une perspective isolée. Reconnaître l'interconnectivité dans les questions fondamentales exige un changement de mentalité dans de nombreux domaines. Cependant, cela demande également une plus grande flexibilité et adaptabilité dans les approches.

Les décideurs politiques doivent simultanément prendre en compte l'ensemble des problématiques économiques, politiques, sociales, culturelles et environnementales en temps réel. Les experts de différents domaines devraient être rapidement intégrés au discours politique. La recherche scientifique s'aligne de plus en plus sur les questions urgentes de la vie politique. Cela favorise le développement de nouveaux modèles de gouvernance avec des réseaux à long terme impliquant des acteurs politiques, scientifiques et de la société civile. Cependant, l'accès aux technologies interconnectées reste inégalement réparti, ce qui entraîne de nouvelles formes d'exclusion. Les outils de participation numérique accessibles sont souvent utilisés uniquement par des citoyens déjà politiquement actifs. De nouvelles vulnérabilités et des « communautés de destin » apparaissent. De plus, l'anonymat des débats numériques mène fréquemment à des formes destructrices de communication, comme les *shitstorms*, au lieu d'un débat argumenté.

Une caractéristique clé des systèmes complexes est l'existence de boucles de rétroaction. Dans ces boucles, certains effets influencent les causes de leur création, amplifiant ou atténuant les processus, ce qui mène souvent à des développements non linéaires. La politique climatique en est un exemple : une augmentation des émissions de CO_2 contribue au réchauffement climatique, qui à son tour favorise les catastrophes naturelles, déstabilisant les conditions économiques et politiques dans de nombreux pays. Cette déstabilisation peut influencer des décisions politiques qui augmentent ou réduisent encore les émissions. L'interconnectivité peut également engendrer des « phénomènes émergents », c'est-à-dire des comportements ou résultats qui ne peuvent pas être directement dérivés des composants individuels du système. L'émergence se produit lorsque de nombreuses interactions simples entre différents acteurs ou facteurs produisent des résultats complexes et imprévisibles. Le marché financier en est un exemple : le comportement des investisseurs individuels provoque des fluctuations imprévisibles, impossibles à calculer avec précision à l'avance, bien qu'elles résultent des décisions de nombreux individus.

Il est impossible de réduire complètement la complexité des questions globales et politiques ou de trouver des solutions claires et simples. À la place, des approches multidimensionnelles et systémiques sont recommandées, reconnaissant l'interconnexion des enjeux et visant des solutions holistiques à long terme. L'innovation, la collaboration et une pensée élargie offrent les meilleures chances de créer de la clarté et de la stabilité dans un monde dynamique et interconnecté.

Le changement climatique affecte l'agriculture, les migrations et la sécurité. Par exemple, une région fortement touchée par les changements climatiques peut ne plus produire suffisamment de nourriture, entraînant des famines, des migrations et des troubles sociaux. En parallèle, la communauté internationale doit ajuster ses stratégies économiques et énergétiques pour réduire les émissions de CO_2, impactant ainsi les économies nationales et l'équité sociale.

Les flux migratoires causés par des conflits ou le changement climatique ont des impacts non seulement sur les pays d'origine, mais aussi sur les pays d'accueil. Les questions d'intégration, de stabilité économique et de cohésion sociale intensifient les tensions politiques et les effets populistes dans les pays d'accueil. En politique internationale et en diplomatie, la prise de décision devient de plus en plus compliquée en raison de la multitude d'acteurs et d'enjeux qui interagissent entre eux. Les décideurs doivent équilibrer un large éventail d'intérêts, souvent en conflit, ce qui complique la recherche de solutions claires.

Les pays industrialisés ont naturellement tendance à continuer d'utiliser les énergies fossiles pour garantir leur croissance économique, tout en étant confrontés à une obligation morale de lutter contre le changement climatique et de promouvoir la transition énergétique. Les législateurs nationaux doivent intégrer ces mandats internationaux dans leurs lois nationales, souvent face à des résistances politiques, ce qui crée un dense réseau de réglementations. Une façon possible de gérer la complexité croissante est d'adopter une pensée systémique dans les relations internationales. Cette approche aide à comprendre les interrelations entre différents secteurs et à développer des solutions holistiques et à long terme qui ne se limitent pas à un seul problème, mais transforment également les structures sous-jacentes.

Les acteurs politiques et les décideurs peuvent se préparer à diverses évolutions potentielles grâce à la planification de scénarios, leur permettant de mieux répondre aux incertitudes et aux changements imprévus tout en prenant des décisions robustes, adaptées à différents contextes. Un autre principe de la pensée systémique est de se concentrer sur les causes profondes des problèmes plutôt que sur leurs symptômes. Par exemple, les causes des conflits peuvent résider dans la pauvreté, l'inégalité ou les conflits autour des ressources. Au lieu de traiter uniquement les conséquences des conflits, comme les flux de réfugiés, des mesures à long terme doivent être prises pour lutter contre les causes profondes.

Dans un monde interconnecté, la prise de décision centralisée ne peut souvent pas répondre assez rapidement aux circonstances locales. La décentralisation et l'autonomisation des acteurs locaux pour développer des solutions indépendantes permettraient de réagir plus rapidement et plus efficacement aux défis locaux. Cela est particulièrement pertinent dans les grandes entités, les systèmes fédéraux ou les organisations internationales, qui doivent tenir compte des besoins régionaux variés. L'analyse des données et les algorithmes peuvent aider à naviguer dans la complexité en identifiant des modèles et des relations que les décideurs pourraient négliger. L'intelligence artificielle peut assister les décideurs politiques dans l'identification des tendances et la simulation des conséquences des décisions pour prendre des choix informés et efficaces. Les plateformes technologiques facilitant la collaboration internationale peuvent également jouer un rôle dans la gestion de la complexité. Ces plateformes permettent une analyse conjointe des défis mondiaux et le développement de solutions fondées sur un consensus large.

Grâce à la coopération internationale, les pays peuvent établir des normes environnementales unifiées qui protègent la planète à long terme tout en favorisant l'innovation économique. Le développement et la diffusion des énergies renouvelables et des technologies durables bénéficient de la collaboration et des investissements internationaux. Les accords internationaux et le transfert de technologies stimulent des méthodes de production économes en ressources. L'un des avantages les plus évidents de l'interconnectivité est la croissance économique, rendue possible par le réseautage et la collaboration entre les pays. Les marchés ouverts, les accords de libre-échange et les chaînes de production mondiales permettent aux régions de tirer parti de leurs avantages comparatifs et d'utiliser les ressources de manière plus efficace.

Les inégalités entre pays, comme celles entre les États industrialisés et les pays en développement, sont des variables centrales qui façonnent le fonctionnement du système et influencent les décisions. Une approche systémique développerait des stratégies visant à créer plus d'équité dans ces négociations tout en reconnaissant l'existence d'asymétries de pouvoir et en les intégrant dans les solutions. Une approche systémique de la politique énergétique internationale prend en compte les tensions géopolitiques, les intérêts économiques et les exigences écologiques.

Les analyses et évaluations systémiques sont essentielles pour anticiper les effets non linéaires. À mesure que les défis mondiaux évoluent, les systèmes politiques doivent être adaptables et capables d'apprendre. La méthodologie systémique souligne la nécessité de réviser et d'ajuster régulièrement les politiques pour répondre aux nouveaux développements. Cela exige des structures de gouvernance résilientes, flexibles et ouvertes au changement.

À ce titre, l'avertissement contre la corruption est significatif. La corruption a des effets profondément négatifs sur le développement durable et compromet les structures politiques, économiques et sociales. Elle nuit gravement à la protection de l'environnement en sapant les mesures écologiques et en favorisant la destruction de l'environnement. Dans de nombreux pays, elle conduit à l'exploitation illégale des ressources naturelles, comme la déforestation, l'extraction minière illégale et le braconnage d'espèces protégées. La corruption constitue une menace majeure pour le développement durable, freinant considérablement les pays à faible gouvernance dans la réalisation des objectifs internationaux de durabilité. Il devient clair que l'interconnectivité joue un rôle crucial dans la transition vers l'optimisation des économies internationales. Elle englobe la mise en réseau des pays, des entreprises et des individus à travers diverses infrastructures de communication et de transport, de technologie et de commerce.

L'interconnexion des infrastructures rend les sociétés modernes plus efficaces, connectées et mondialisées, mais crée également une plus grande vulnérabilité. La défaillance d'un système a des répercussions importantes sur les autres, et les effets en cascade aggravent souvent une crise. Par conséquent, il est essentiel de construire des infrastructures robustes et résilientes capables d'absorber les perturbations tout en répondant aux défis croissants de durabilité, de cybersécurité et d'interconnexion globale.

Les enjeux mondiaux auxquels l'humanité est confrontée aujourd'hui, tels que le réchauffement climatique, la perte de biodiversité et la pollution, sont inextricablement liés. Aucun pays ni aucun secteur ne peut résoudre ces problèmes seul. L'interconnectivité entre États, industries et sociétés est essentielle pour développer des solutions collectives et atteindre l'objectif d'une croissance durable et propre. Dans un contexte économique, la croissance propre fait référence à une économie à faible émission de carbone, respectueuse des ressources et socialement inclusive. Cela nécessite des technologies innovantes, des sources d'énergie propre et la promotion d'investissements verts qui servent simultanément les objectifs environnementaux et économiques. L'interconnectivité permet un accès mondial à ces technologies et idées, tout en soutenant la diffusion de pratiques durables. Les technologies comme les sources d'énergie renouvelables, les méthodes de production économes en énergie et les systèmes de transport écologiques sont cruciales pour découpler l'économie mondiale des combustibles fossiles. Les pays industrialisés, qui possèdent déjà ces technologies, doivent partager leurs connaissances et leurs innovations avec les pays émergents et en développement afin d'accélérer la transition mondiale vers une économie propre.

Les transitions et bouleversements sociaux dans le contexte géopolitique sont essentiels pour comprendre les transformations profondes et les redéfinitions dans le système mondial. Ces phénomènes peuvent être envisagés sous divers angles, allant de la réorganisation des équilibres de pouvoir mondiaux aux révolutions technologiques, en passant par les mouvements sociaux qui remettent en question les structures anciennes. Le succès dans la gestion de ces changements repose sur la capacité à équilibrer la collaboration globale et l'adaptation individuelle. Il est crucial que l'humanité perçoive ces bouleversements non seulement comme des menaces, mais aussi comme des opportunités pour façonner un avenir plus juste, durable et stable.

L'interconnectivité des intérêts constitue un phénomène géopolitique complexe qui façonne l'ordre mondial moderne. La mise en réseau croissante des États et des régions à travers l'infrastructure, le commerce et la technologie crée de nouveaux espaces de projection de puissance et d'influence. Les réseaux électriques et les interconnecteurs techniques - c'est-à-dire les connexions transfrontalières de réseaux de transmission - jouent un rôle clé, car ils établissent littéralement de nouveaux espaces et canaux d'influence. L'adhésion à des réseaux synchrones comme le réseau électrique européen est attractive car ils représentent des « communautés de destin » où sécurité et prospérité sont partagées. Cela explique l'intérêt de nombreux États à rejoindre de tels ensembles. L'interconnectivité des rivalités et des intérêts crée de nouvelles opportunités de projection de puissance, modifie la dynamique des relations internationales et remet en question les concepts traditionnels de souveraineté et de territorialité. Pour les États et les organisations internationales, il devient de plus en plus important de comprendre et de naviguer stratégiquement dans ces enchevêtrements complexes afin de préserver leurs intérêts dans un monde interconnecté.

Le défi pour la communauté internationale réside dans l'identification, l'anticipation et la gestion des effets domino dans des situations de crise. Cela exige des actions rapides et coordonnées ainsi qu'une volonté de dépasser les intérêts nationaux. Des systèmes ont été développés pour identifier précocement les menaces, comme les mécanismes d'alerte précoce de l'OMS pour les pandémies ou le Réseau mondial de surveillance et d'alerte pour les catastrophes climatiques. Ces systèmes sont essentiels pour détecter et contrer rapidement les effets domino. Malgré l'interconnectivité des capacités de réponse, des obstacles subsistent dans la gestion de ces effets, car la responsabilité globale est souvent entravée par les intérêts nationaux. Les États-nations ont tendance à privilégier leurs propres intérêts au détriment des accords internationaux, ce qui complique la coordination et la gestion des crises communes. Cela s'est manifesté dans la distribution des vaccins contre la Covid-19, lorsque de nombreux pays riches ont privilégié leurs propres populations, laissant les pays plus pauvres attendre longtemps.

De nombreux États et organisations internationales ne disposent pas des capacités nécessaires pour gérer les effets domino à grande échelle. Un exemple en est la crise migratoire européenne de 2015, où de nombreux pays n'étaient pas préparés à l'afflux massif de réfugiés, ce qui a entraîné des tensions au sein de l'UE et entravé la coopération. Souvent, les pays les plus touchés par les effets domino sont les plus pauvres ou les moins développés, tandis que les pays riches gèrent mieux les crises. Cette inégalité de vulnérabilité provoque des tensions dans la coopération internationale, car les États les plus pauvres, qui manquent de ressources pour répondre adéquatement aux crises, dépendent souvent de l'aide d'acteurs internationaux. La résilience des États et des systèmes mondiaux doit être renforcée par des investissements dans l'infrastructure, les systèmes d'alerte précoce et la gestion des crises. Cela implique non seulement de renforcer les ressources physiques, mais aussi d'améliorer la résilience sociale et politique en construisant une confiance accrue dans les institutions multilatérales.

Le facteur temps joue un rôle clé dans la capacité d'action des alliances. Des rythmes divergents dans les stratégies perturbent l'atteinte des objectifs. De même, les mesures de politique économique asynchrones, telles que les sanctions unilatérales, déstabilisent le système commercial international. Les initiatives asynchrones en politique internationale sont généralement mal perçues, car elles engendrent inefficacité, incertitude et instabilité, en particulier dans un environnement mondialisé nécessitant souvent des réponses rapides, coordonnées et cohérentes. Les retards dans la réaction d'un État ou d'une organisation internationale aboutissent à des résultats inefficaces, voire contre-productifs. Dans des crises comme les catastrophes naturelles, les pandémies ou les conflits militaires, une action rapide et coordonnée est essentielle. Si certains acteurs tardent à réagir ou ne se coordonnent pas, cela entraîne un coût humain et économique plus élevé. Dans les questions de sécurité internationale, comme le terrorisme ou la prolifération des armes de destruction massive, des occasions manquées de prévention ou d'intervention rapide aggravent automatiquement les menaces.

La vitesse de prise de décision est devenue un avantage compétitif crucial, tant en politique qu'en économie, en plus de la qualité des décisions elles-mêmes. Pour que l'interconnectivité en politique internationale reste efficace, il est essentiel que les acteurs ajustent et synchronisent leurs rythmes afin de répondre collectivement aux défis mondiaux. Le processus de prise de décision est de plus en plus influencé par la nécessité d'harmoniser différentes vitesses et dynamiques. Cela nécessite une compréhension des divers tempos et capacités des différents acteurs, ainsi que des mécanismes pour surmonter ces différences.

Lorsque les États réagissent de manière incohérente, cela amplifie la méfiance interne. Si certains États imposent rapidement des sanctions ou offrent un soutien militaire, tandis que d'autres hésitent ou attendent, cela envoie des signaux contradictoires aux parties en conflit, ce qui peut aggraver les tensions, comme on a pu l'observer dans le conflit ukrainien. Si certains acteurs agissent plus vite ou plus efficacement, ils obtiennent des avantages stratégiques susceptibles de créer un déséquilibre dans l'ordre international. Les pays qui consolident leur pouvoir par des actions plus rapides ou plus agressives peuvent accroître leur influence dans des régions ou des institutions mondiales, tandis que les États hésitants perdent en influence. Les réponses économiques asynchrones, comme l'introduction de droits de douane ou les politiques commerciales divergentes, déstabilisent les marchés et l'ordre économique mondial.

Un exemple de cela est l'expansion rapide de la Chine en Afrique et dans d'autres pays en développement, tandis que les pays occidentaux ont réagi plus lentement à ces évolutions géopolitiques. Dans des alliances militaires comme l'OTAN, une répartition inégale des charges entre les États membres peut nuire à la capacité d'action des alliances. Des stratégies divergentes perturbent l'atteinte des objectifs. De même, les mesures économiques unilatérales, comme les sanctions, déstabilisent le système commercial international.

Lorsque les marchés sont protégés par des mesures protectionnistes, cela pénalise toujours une contrepartie dans le commerce international. Ces démarches ont plus de chances de succès si elles ne sont pas conduites dans un cadre national étroit, mais entre clusters régionaux mondiaux. Ainsi, les petites entités, souvent désavantagées dans les disputes nationales, peuvent accéder aux marchés internationaux.

26. EFFETS DE L'INTERCONNECTIVITÉ SUR L'ÉCONOMIE

L'interconnexion entre régulation et dérégulation se réfère à l'interaction étroite entre ces deux approches dans les systèmes politiques et économiques. Régulation et dérégulation ne sont pas des opposés rigides, mais fonctionnent souvent de manière dynamique, influencées par le contexte politique, économique et social. Dans le secteur financier, la dérégulation incite parfois à des comportements risqués, comme l'a démontré la crise financière de 2008, en partie due à une régulation insuffisante des marchés et produits financiers. Cependant, une sur-régulation entraîne une augmentation des formalités administratives et des coûts pour les entreprises, freinant la croissance économique et la compétitivité d'un pays. Par ailleurs, une régulation insuffisante expose à des risques, tels que les crises financières ou des pratiques d'entreprise non éthiques. Ainsi, le débat se concentre souvent sur la recherche d'un équilibre : une régulation suffisante pour garantir la stabilité et la protection des consommateurs, mais sans alourdir inutilement le marché ni entraver l'innovation.

Traiter la croissance uniquement sous l'angle économique est une erreur de calcul. Une croissance basée uniquement sur des indicateurs économiques néglige souvent les conséquences écologiques. L'exploitation excessive des ressources naturelles et la dégradation de l'environnement peuvent générer des bénéfices régionaux à court terme, mais entraînent des coûts et des dommages écologiques importants à long terme. Une entreprise ou une économie axée uniquement sur les profits à court terme consomme les ressources naturelles plus vite qu'elles ne peuvent se régénérer, compromettant ainsi la durabilité de la croissance future. Les entreprises qui ignorent aujourd'hui les problématiques environnementales pourraient un jour constater qu'il est impossible de manger des billets de banque, surtout lorsque les sols sont contaminés par la quête effrénée de profits. Quant aux émissions de CO_2, certaines entreprises semblent presque exceller dans l'art de polluer l'atmosphère à une vitesse telle que les générations futures ne trouveront qu'un bilan nauséabond.

Une croissance économique qui fait abstraction des émissions de CO_2 ou de la pollution environnementale entraîne des crises écologiques et des coûts pour les générations futures. Une entreprise qui n'adopte pas de mesures durables risque d'affronter à terme des réglementations plus strictes ou des pertes liées aux dégâts environnementaux. En poursuivant uniquement des objectifs économiques, certaines entreprises minimisent les coûts en exploitant la main-d'œuvre ou en ignorant leur bien-être. Cela se traduit par une productivité déclinante, un taux de rotation élevé et de mauvaises conditions de travail à long terme.

Pourquoi les PDG de l'industrie automobile allemande ont-ils commis des erreurs de gestion majeures, alors qu'ils auraient dû être formés à observer les situations de marché et à réagir avec un esprit innovant ? Une culture d'entreprise traditionnelle, axée uniquement sur la stabilité, la continuité et les pratiques éprouvées, a empêché ces entreprises d'adopter des changements disruptifs. La focalisation sur des résultats à court terme et la peur des risques ont entraîné une réticence face aux idées innovantes. Les structures hiérarchiques rigides, caractéristiques de nombreuses entreprises automobiles allemandes, freinent la gestion de l'innovation. Les processus décisionnels sont souvent trop longs en raison de l'implication de multiples parties prenantes, ce qui empêche une réaction rapide aux changements du marché ou aux évolutions technologiques.

Alors que d'autres entreprises, notamment en Chine et aux États-Unis, investissaient précocement dans le développement des véhicules électriques, les constructeurs allemands sont restés trop longtemps centrés sur les technologies de motorisation conventionnelles. Ce retard leur a coûté des parts de marché et a terni leur réputation d'acteurs innovants. De plus, leur manque d'investissement dans les compétences en logiciels les a laissés en retrait dans le domaine des véhicules intelligents et connectés.

Un équilibre doit être recherché, intégrant des principes éthiques et une motivation intrinsèque. Tous les dépassements de règles dans les organisations ne sont pas forcément négatifs. Des réglementations trop strictes peuvent étouffer les ruptures nécessaires à l'innovation. Cependant, une dérégulation excessive affaiblit la protection des consommateurs, entraînant des produits moins sûrs, des conditions de travail dégradées ou des pratiques commerciales déloyales. Dans les domaines de l'environnement ou du climat, elle réduit la responsabilité des entreprises face à leurs impacts écologiques, engendrant des conséquences négatives pour la planète et la santé humaine à long terme.

Les entreprises qui privilégient une croissance qualitative pourraient obtenir un avantage compétitif en offrant des produits et services de meilleure qualité et en utilisant les ressources de manière plus efficace. Bien que cette approche ne s'imposera peut-être pas immédiatement à l'échelle internationale, elle prend de l'importance et pourrait jouer un rôle clé dans le développement économique mondial. Sa diffusion dépendra de nombreux facteurs, notamment des décisions politiques, des nécessités économiques et de l'acceptation sociale. Dans un monde globalisé et interconnecté, la réputation d'une entreprise est essentielle pour son succès à long terme. Les entreprises qui ne visent qu'une croissance économique perdent la confiance des clients, des employés, des investisseurs et, finalement, du grand public.

L'interconnexion entre durabilité, rentabilité économique et réputation internationale crée une dynamique incontournable pour les entreprises et les États modernes. La durabilité n'est pas seulement un impératif moral, mais de plus en plus un facteur de succès économique influençant la perception internationale et assurant la compétitivité à long terme. Ceux qui réussissent à intégrer stratégiquement ces trois dimensions garantiront un avenir durable et prospère dans un monde globalisé.

Face aux transformations technologiques, au changement climatique, aux évolutions démographiques et à la mondialisation, les modèles économiques traditionnels ne répondent plus aux exigences actuelles et futures. Dans ce contexte, les emplois innovants et l'interconnexion entre différents secteurs économiques et sociaux gagnent en importance. Restructurer les politiques économiques pour intégrer ces nouveaux besoins est non seulement nécessaire, mais constitue aussi une étape indispensable vers l'avenir. Entreprises, gouvernements et sociétés doivent collaborer pour construire un écosystème économique durable, équitable et innovant, capable de répondre aux défis du monde d'aujourd'hui tout en s'adaptant aux interdépendances croissantes.

Le chômage, l'inégalité, la rareté des ressources et le changement climatique exigent une restructuration complète de la politique économique. Les gouvernements et les entreprises doivent développer des approches novatrices pour répondre aux exigences changeantes du marché et de la société. La création de nouveaux emplois est un élément clé de cette restructuration. Des emplois se créent dans les domaines des énergies renouvelables, de la technologie numérique, de l'agriculture durable et de l'économie circulaire. L'interconnectivité fait référence à la mise en réseau et à la collaboration entre différents acteurs, secteurs et régions. Une politique économique réussie doit favoriser les connexions entre les entreprises, les institutions éducatives, les établissements de recherche et la société civile. Dans ce contexte, la politique éducative est comprise comme la promotion des compétences nécessaires aux nouveaux emplois.

L'histoire montre qu'il existe souvent un mouvement cyclique entre régulation et dérégulation. En période de stabilité économique ou lors de phases de libéralisation du marché, les régulations sont souvent supprimées pour favoriser la croissance. En revanche, en période de crise ou de perturbations du marché, les gouvernements reviennent à un contrôle accru. Dans les années 1980, de nombreux pays occidentaux ont connu des vagues de dérégulation, notamment dans les secteurs financier et des transports, afin de laisser plus de place aux forces du marché. Cependant, après la crise financière de 2008, il y a eu un retour à des régulations plus strictes.

En principe, les régulations sont nécessaires dans les domaines à haut risque, comme le secteur bancaire ou le secteur de la santé, où les défaillances du marché peuvent conduire à des crises systémiques. Dans des segments dynamiques comme les technologies bénéfiques ou l'énergie, des dérégulations sont conseillées pour stimuler l'innovation et la concurrence. Il est absolument nuisible que l'idéologie politique détermine l'équilibre entre régulation et dérégulation. Cela conduit à des changements déroutants dans la pratique de régulation selon l'orientation politique d'un gouvernement.

De même, en ce qui concerne la relation entre les mesures d'austérité et les investissements, ces deux instruments de la politique économique sont souvent opposés mais interconnectés. Les gouvernements doivent soigneusement évaluer comment utiliser ces instruments à différentes phases du cycle économique. Les mesures d'austérité sont nécessaires pour garantir la discipline budgétaire et la stabilité financière, tandis que les investissements sont essentiels pour promouvoir la croissance et la prospérité à long terme. Un équilibre entre les deux approches est crucial pour assurer un développement économique durable et équilibré. Les mesures d'austérité visent à réduire les déficits budgétaires, à diminuer la dette et à assurer la confiance dans la stabilité financière à long terme. Cela se fait souvent par des coupes dans les dépenses publiques et des augmentations d'impôts. Ce n'est cependant pas l'optimum de l'équilibre décisionnel.

Les gouvernements sont tenus de prendre des décisions rationnelles sur les domaines dans lesquels ils souhaitent investir. En général, l'infrastructure, l'éducation ou les nouvelles technologies figurent en tête de la liste des priorités pour favoriser une croissance à long terme, car ce n'est qu'ainsi que des prestations sociales peuvent être offertes. C'est à partir de cela que se dégagent les marges financières nécessaires pour élargir les prestations sociales et renforcer la cohésion sociale. Une politique d'investissement proactive doit toujours tenir compte des besoins et des potentiels spécifiques de chaque pays. Les structures bureaucratiques sont souvent à l'origine d'une répartition inefficace des ressources, ce qui limite la capacité d'un pays à poursuivre efficacement des intérêts de sécurité intérieure et extérieure.

Une bonne infrastructure augmente la productivité et la compétitivité de l'économie. Elle constitue une base essentielle pour le développement économique. Les investissements dans les infrastructures de transport, l'approvisionnement énergétique et les télécommunications créent les bases des activités entrepreneuriales. De plus, les investissements dans des technologies d'avenir telles que l'intelligence artificielle, la biotechnologie ou les énergies renouvelables ouvrent de nouveaux champs de croissance. La promotion des établissements de recherche et le transfert de technologie renforcent sans aucun doute la capacité d'innovation de l'économie.

Cependant, au sommet de cette réflexion se trouve la sécurité, car sans elle, tous les autres critères sont comme emportés par le vent. Elle prime sur tous les autres facteurs, car sans sécurité, tous les autres objectifs et priorités ne peuvent perdurer. Même les meilleurs plans de croissance, d'innovation, de justice sociale ou de stabilité financière peuvent rapidement être compromis ou devenir obsolètes sans une base sécurisée. Dans un environnement incertain en période de crise ou d'instabilité politique, les entreprises ont moins d'incitations à investir et les citoyens ont moins confiance en l'avenir. Sans stabilité politique, aucun progrès à long terme ne peut être réalisé. Un pays constamment menacé par l'insécurité politique, les conflits ou la corruption ne peut mettre en œuvre des mesures fiables pour améliorer les conditions de vie. Dans un environnement menacé par la criminalité, le terrorisme ou la guerre, toutes les autres questions sociétales passent au second plan. Dans de tels cas, les ressources sont allouées à des mesures de sécurité, à la défense et à l'aide d'urgence.

Il est crucial sur le plan sociétal et politique d'identifier les problèmes ou les menaces en temps utile afin de prendre des mesures appropriées avant qu'ils ne deviennent incontrôlables. Une intervention précoce peut résoudre de nombreux problèmes avant qu'ils ne s'aggravent. Les gouvernements ne devraient pas seulement réagir lorsque la situation devient critique, mais agir de manière proactive pour prévenir les escalades. Souvent, les dérives vers l'extrémisme naissent d'un manque d'inclusion et de dialogue. Une solution préventive pourrait donc consister à ouvrir le discours politique et à s'assurer que les préoccupations légitimes soient entendues et intégrées dans les décisions politiques avant qu'elles ne prennent des formes radicales. Les mouvements d'extrême gauche et d'extrême droite remettent en question les processus et institutions démocratiques. Alors que les mouvements d'extrême gauche spéculent longtemps et patiemment sous le couvert de faux partis pour introduire des régimes socialistes autoritaires, les mouvements populistes de droite préparent des révoltes pour saper l'état de droit et l'indépendance d'institutions telles que la justice ou les médias.

Même la lutte contre le changement climatique et la protection des ressources naturelles nécessitent un minimum de sécurité globale et nationale, car les crises et les conflits ont tendance à négliger ou retarder les mesures de protection. La pensée circulaire et systémique est, dans ce contexte, à privilégier, aussi difficile que cela puisse être, par rapport à la pensée linéaire. La pensée systémique reconnaît que les causes et les effets dans des cas compliqués sont cycliques et interdépendants. Elle part du principe qu'un changement dans une partie du système a des répercussions sur d'autres parties, qui peuvent elles-mêmes avoir des effets de rétroaction. Les changements dans un domaine, qu'il soit économique, politique ou social, produisent souvent des effets secondaires inattendus dans d'autres domaines. La pensée circulaire permet de saisir les problèmes et les situations dans leur globalité, plutôt que de les décomposer en parties isolées. Elle prend en compte les interactions et les dépendances entre les différents éléments d'un système. Il s'agit de mieux comprendre et gérer les complexités. L'application de la pensée circulaire peut être difficile, car elle nécessite un changement de mentalité et la volonté de remettre en question les structures et processus existants. Pour des problèmes simples et clairement définis, il existe des situations où la pensée linéaire peut également être appropriée et efficace.

Les gouvernements qui se concentrent sur la sécurité et la stabilité seront soucieux d'éviter des changements radicaux qui pourraient déstabiliser le tissu social à court terme. C'est la principale raison pour laquelle les approches politiques extrêmes appelant à des bouleversements radicaux sont fermement rejetées. Les changements qui sont bien réfléchis et à long terme ont une meilleure chance de réussir sans risquer de ruiner la société ou l'économie. Cependant, toute critique des structures existantes n'est pas extrémiste. Il est important de faire la distinction entre les demandes politiques légitimes pour plus de justice ou de réformes économiques et les mouvements véritablement extrémistes qui cherchent à détruire les fondements du système politique. Lorsque les gouvernements considèrent toute forme d'opposition ou de protestation comme une menace pour la sécurité, cela peut conduire à une répression qui sape la démocratie et engendre une plus grande insatisfaction au sein de la population. La distinction est difficile et nécessite beaucoup d'expérience et de contrôle empirique par une évaluation constante des situations. Il est crucial que les gouvernements développent des mécanismes d'évaluation et de gestion de l'opposition qui reposent sur le dialogue et l'inclusion. La recherche empirique et l'évaluation continue de la situation sociale peuvent aider à mieux comprendre les besoins et les préoccupations de la population. Ainsi, les gouvernements peuvent répondre à des préoccupations légitimes sans compromettre les principes démocratiques. Seul un processus transparent et participatif peut renforcer la confiance entre les citoyens et l'État, afin de trouver une solution durable aux conflits.

Particulièrement au niveau mondial, la sécurité est au centre des relations internationales. Les pays nationalistes ou englués dans la bureaucratie négligent souvent cela. Sans sécurité internationale, les accords multilatéraux, tels que les accords commerciaux ou climatiques, sont menacés. Lorsque les États se concentrent sur leurs propres intérêts de sécurité, ils peuvent déstabiliser d'autres pays ou ignorer des accords internationaux visant à garantir la sécurité collective. Cela peut conduire à une course aux armements ou à des tensions géopolitiques. Les structures bureaucratiques sont souvent à l'origine d'une répartition inefficace des ressources, ce qui limite la capacité d'un pays à poursuivre efficacement ses intérêts de sécurité intérieure et extérieure.

Les investissements nécessitent un environnement dans lequel les droits de propriété, l'état de droit et la sécurité du marché sont garantis. Sans sécurité, les entreprises ne peuvent pas s'étendre ou explorer de nouveaux marchés. Cela suffit à justifier la nécessité de contrer les tendances à la fois d'extrême gauche et d'extrême droite. Les groupes d'extrême gauche exigent souvent des bouleversements sociaux et économiques profonds qui remettent en question les structures de pouvoir existantes. Ils plaident pour la fin du capitalisme et la redistribution des richesses, ce qui, dans des cas extrêmes, peut conduire à la nationalisation d'entreprises, à des expropriations et à un rejet des principes de l'économie de marché. Cependant, cela entraîne immédiatement une instabilité économique, une fuite des capitaux et un éloignement des principes de l'économie de marché, ce qui crée encore plus d'insécurité et de méfiance, mais, comme l'histoire l'a souvent prouvé, trop tard. Les tendances d'extrême droite, quant à elles, provoquent des tensions sociales et affaiblissent les institutions démocratiques. Le rejet de la diversité et le renforcement des structures autoritaires sous les mouvements populistes de droite visent à ébranler les fondements mêmes de la société. De tels bouleversements sont garants de la déstabilisation de l'économie, de l'émergence d'incertitudes sur les marchés financiers et de l'érosion de la confiance du public dans les institutions étatiques. Une société divisée a plus de mal à trouver des solutions communes aux problèmes les plus pressants et est plus vulnérable aux troubles internes.

Il est crucial sur le plan sociétal d'identifier les problèmes ou les menaces en temps utile afin de prendre des mesures appropriées avant qu'ils ne deviennent incontrôlables. Une intervention précoce peut résoudre de nombreux problèmes avant qu'ils ne s'aggravent. Les gouvernements ne devraient pas seulement réagir lorsque la situation devient critique, mais agir de manière proactive pour prévenir les escalades. Souvent, les dérives vers l'extrémisme naissent d'un manque d'inclusion et de dialogue. Une solution préventive pourrait donc consister à ouvrir le discours politique et à s'assurer que les préoccupations légitimes soient entendues et intégrées dans les décisions politiques avant qu'elles ne prennent des formes radicales. Les mouvements d'extrême gauche et d'extrême droite remettent en question les processus et institutions démocratiques. Alors que les mouvements d'extrême gauche spéculent longtemps et patiemment sous le couvert de faux partis pour introduire des régimes socialistes autoritaires, les mouvements populistes de droite préparent des révoltes pour saper l'état de droit et l'indépendance d'institutions telles que la justice ou les médias.

Même la lutte contre le changement climatique et la protection des ressources naturelles nécessitent un minimum de sécurité globale et nationale, car les crises et les conflits ont tendance à négliger ou retarder les mesures de protection. La pensée circulaire et systémique est, dans ce contexte, à privilégier, aussi difficile que cela puisse être, par rapport à la pensée linéaire. La pensée systémique reconnaît que les causes et les effets dans des cas compliqués sont cycliques et interdépendants. Elle part du principe qu'un changement dans une partie du système a des répercussions sur d'autres parties, qui peuvent elles-mêmes avoir des effets de rétroaction. Les changements dans un domaine, qu'il soit économique, politique ou social, produisent souvent des effets secondaires inattendus dans d'autres domaines. La pensée circulaire permet de saisir les problèmes et les situations dans leur globalité, plutôt que de les décomposer en parties isolées. Elle prend en compte les interactions et les dépendances entre les différents éléments d'un système. Il s'agit de mieux comprendre et gérer les complexités. L'application de la pensée circulaire peut être difficile, car elle nécessite un changement de mentalité et la volonté de remettre en question les structures et processus existants. Pour des problèmes simples et clairement définis, il existe des situations où la pensée linéaire peut également être appropriée et efficace.

Les gouvernements qui se concentrent sur la sécurité et la stabilité seront soucieux d'éviter des changements radicaux qui pourraient déstabiliser le tissu social à court terme. C'est la principale raison pour laquelle les approches politiques extrêmes appelant à des bouleversements radicaux sont fermement rejetées. Les changements qui sont bien réfléchis et à long terme ont une meilleure chance de réussir sans risquer de ruiner la société ou l'économie. Cependant, toute critique des structures existantes n'est pas extrémiste. Il est important de faire la distinction entre les demandes politiques légitimes pour plus de justice ou de réformes économiques et les mouvements véritablement extrémistes qui cherchent à détruire les fondements du système politique. Lorsque les gouvernements considèrent toute forme d'opposition ou de protestation comme une menace pour la sécurité, cela peut conduire à une répression qui sape la démocratie et engendre une plus grande insatisfaction au sein de la population. La distinction est difficile et nécessite beaucoup d'expérience et de contrôle empirique par une évaluation constante des situations. Il est crucial que les gouvernements développent des mécanismes d'évaluation et de gestion de l'opposition qui reposent sur le dialogue et l'inclusion. La recherche empirique et l'évaluation continue de la situation sociale peuvent aider à mieux comprendre les besoins et les préoccupations de la population. Ainsi, les gouvernements peuvent répondre à des préoccupations légitimes sans compromettre les principes démocratiques. Seul un processus transparent et participatif peut renforcer la confiance entre les citoyens et l'État, afin de trouver une solution durable aux conflits.

Particulièrement au niveau mondial, la sécurité est au centre des relations internationales. Les pays nationalistes ou englués dans la bureaucratie négligent souvent cela. Sans sécurité internationale, les accords multilatéraux, tels que les accords commerciaux ou climatiques, sont menacés. Lorsque les États se concentrent sur leurs propres intérêts de sécurité, ils peuvent déstabiliser d'autres pays ou ignorer des accords internationaux visant à garantir la sécurité collective. Cela peut conduire à une course aux armements ou à des tensions géopolitiques. Les structures bureaucratiques sont souvent à l'origine d'une répartition inefficace des ressources, ce qui limite la capacité d'un pays à poursuivre efficacement ses intérêts de sécurité intérieure et extérieure.

D'un point de vue politique, les gouvernements conservateurs ou libéraux de marché soutiennent des mesures visant à réduire l'influence de l'État dans l'économie et à garantir des finances publiques solides. Les mesures d'austérité sont souvent considérées comme un moyen d'assurer la stabilité financière à long terme. Les subventions, notamment pour les biens publics, sont souvent promues par des gouvernements social-démocrates, qui voient l'État comme un acteur actif dans l'économie, devant favoriser la croissance, la justice sociale et le bien-être par des dépenses ciblées.

Des institutions internationales comme le Fonds monétaire international ou la Banque mondiale imposent des programmes d'austérité stricts comme conditions pour l'octroi d'aides, surtout dans les pays à forte dette ou aux prises avec des déficits budgétaires. Ainsi, des pays de la zone euro, comme la Grèce, qui ont reçu des paquets d'aide après la crise financière, ont dû adopter des mesures d'austérité strictes pour maintenir la discipline budgétaire.

Un focus extrême sur l'un ou l'autre de ces deux approches a généralement des conséquences négatives. Il est donc nécessaire d'examiner conjointement les mesures d'austérité et les investissements pour atteindre un équilibre économique stable. L'équilibre décisionnel est un concept important dans le modèle transthéorique du changement de comportement. Il se réfère à l'évaluation des avantages et des inconvénients perçus d'un changement de comportement politique. Cela suggère que les inconvénients perçus pourraient l'emporter sur les avantages. Il existe donc des approches visant à atteindre un équilibre décisionnel plus équilibré en maximisant les avantages perçus et en minimisant les inconvénients. L'objectif est de trouver un chemin vers une consolidation budgétaire qui soit à la fois fiscalement responsable et socialement et économiquement viable. Mais qui réalise idéalement cette évaluation?

Les décideurs politiques peuvent être soutenus par des conseillers économiques et politiques qui fournissent des analyses et des évaluations pour mieux peser les avantages et les inconvénients. Les conseillers autoproclamés, souvent issus de leurs propres rangs et qui ne disposent ni de qualifications avérées ni de connaissances techniques solides, peuvent en effet être dangereux et nuire à la crédibilité. De telles personnes sapent les processus démocratiques ainsi que la confiance du public. Le conseil politique devrait être fondé sur une recherche rigoureuse, une expertise reconnue et des faits vérifiables. Cela devient particulièrement problématique lorsque ces conseillers se présentent de manière médiatique, sans que leurs recommandations et opinions soient soumises à un examen critique ou à une vérification. Il est donc essentiel pour les décideurs politiques de prêter une attention particulière aux qualifications, à l'expérience et à l'indépendance lors de la sélection de leurs conseillers, afin de s'assurer que leurs politiques soient fondées sur des preuves et orientées vers le bien de la société.

L'évaluation de l'équilibre décisionnel concernant les changements de comportement en matière de politique publique nécessite la participation de divers acteurs, y compris des décideurs politiques, des chercheurs, des parties prenantes et le grand public. Une analyse rigoureuse et complète des avantages et des inconvénients devrait objectivement identifier des voies pour la consolidation budgétaire qui soient à la fois fiscalement responsables et socialement et économiquement viables. En intégrant différentes perspectives dans le processus décisionnel, la probabilité que les décisions prises reposent sur un large consensus et soient mises en œuvre avec succès augmente.

Le principe de rotation joue un rôle important dans l'interconnexion du succès. Il garantit que les organes décisionnels restent opérationnels même avec un nombre croissant de membres. Par le changement régulier de titulaires de fonctions ou de rôles, on s'oppose à la concentration des pouvoirs et aux abus de pouvoir potentiels. Cela favorise une répartition plus équilibrée du pouvoir et empêche l'émergence de positions monopolistiques. La rotation permet d'inclure divers acteurs et perspectives dans les processus décisionnels.

Cela peut conduire à des solutions plus innovantes et équilibrées, car différentes expériences et points de vue sont pris en compte. Cela renforce la légitimité et l'acceptation des décisions. Grâce à la rotation des fonctions et des responsabilités, le transfert de connaissances au sein des organisations est facilité. Les employés acquièrent de nouvelles compétences et une compréhension plus large de différents domaines, ce qui améliore la performance globale de l'organisation.

De même, dans les institutions multilatérales, la rotation offre plusieurs avantages pour l'interconnexion et le succès de la coopération internationale. En changeant régulièrement de titulaires de fonctions ou de présidences, on s'oppose à la concentration permanente du pouvoir. Paradoxalement, le principe de rotation peut également contribuer à la continuité institutionnelle. Il empêche les acteurs individuels de rester trop longtemps au pouvoir et favorise plutôt le développement de structures et de processus institutionnels stables.

Souvent, pour des raisons pragmatiques, le commerce avec des pays est maintenu même en cas de violations des droits de l'homme. Un exemple est la coopération économique des États occidentaux avec des régimes autoritaires, qui, bien que politiquement controversés, sont considérés comme des partenaires commerciaux importants pour les matières premières ou des opportunités de production à bas coût. Pourquoi s'inquiéter des violations des droits de l'homme lorsque le conteneur rempli de marchandises produites à bas prix arrive à temps au port ? Un peu de stabilité ici, un peu de flexibilité là – de préférence tout sur mesure en fonction des marges bénéficiaires ? Ce dilemme se manifeste dans le débat sur le rôle des entreprises occidentales dans des pays où des violations des droits de l'homme sont commises ou dans la demande de pratiques commerciales équitables. Des valeurs telles que l'état de droit et la transparence joueront un rôle décisif dans le choix des sites d'investissement et de production pour les entreprises internationales. Les entreprises recherchent de plus en plus des cadres politiques et juridiques stables et prévisibles qui offrent un environnement sûr pour les investissements.

L'adaptation flexible des stratégies aux circonstances changeantes est un élément central de la politique internationale. Dans un environnement mondial dynamique, les États et les acteurs internationaux doivent continuellement repenser et ajuster leurs stratégies pour répondre à de nouveaux défis et opportunités. Des changements tels que des conflits, des évolutions économiques ou des mouvements sociaux peuvent être détectés tôt. Les alliances doivent être régulièrement réévaluées pour atteindre leurs objectifs stratégiques. De telles coalitions peuvent varier en fonction des intérêts et des menaces respectifs.

Des clusters d'alliances dotées de fortes capacités d'innovation et d'une infrastructure technologique avancée se fixent des objectifs économiques plus élevés et bénéficient d'avantages stratégiques dans la politique internationale. Le progrès stratégique crée de nouvelles industries et renforce la compétitivité internationale. La flexibilité est cruciale pour répondre à des événements inattendus tels que des ralentissements économiques, des catastrophes naturelles ou des changements géopolitiques. L'allocation des ressources doit être conçue de manière à pouvoir réagir aux crises à court terme sans compromettre les objectifs à long terme. Cependant, ces politiques doivent souvent être mises en œuvre dans un environnement mondial complexe où les décisions nationales ont des répercussions internationales. Une analyse approfondie des tendances actuelles, telles que la révolution technologique, l'ascension des pays émergents ou le déplacement des chaînes de production, est essentielle pour la planification stratégique.

L'allocation des ressources doit toujours être considérée dans un contexte global. Une stratégie intégrée qui inclut tous les secteurs importants doit veiller à ce que tous les segments de la société bénéficient des investissements. Les facteurs économiques déterminent quelles ressources et moyens sont disponibles et comment ils sont utilisés pour répondre aux objectifs politiques, sociaux ou économiques. Les déficits budgétaires, la dette publique et les recettes fiscales influencent directement quels objectifs de politique économique peuvent être poursuivis de manière réaliste. Une compréhension approfondie des conditions économiques cadre aide à prendre des décisions stratégiques et à affecter les ressources limitées là où elles peuvent avoir le plus grand impact. Comment les ressources limitées sont-elles allouées de manière optimale pour obtenir le plus grand effet positif dans des domaines clés tels que l'éducation, la santé, la défense et les infrastructures ? Ce processus nécessite une planification minutieuse, une priorisation et une prise en compte des impacts à long terme. Les gains d'efficacité sont réalisés par l'utilisation de technologies modernes et de solutions numériques. Dans des domaines comme l'infrastructure, les coopérations politiques avec le secteur privé peuvent mettre en œuvre des projets engagés plus efficacement. En dirigeant les investissements privés vers des projets publics, on libère des ressources nécessaires ailleurs. En fin de compte, l'utilisation des ressources doit être ouverte et transparente, garantissant ainsi la confiance du public dans l'établissement des priorités.

L'interconnectivité des parties prenantes fait référence aux relations complexes et aux interactions entre différents acteurs impliqués dans un projet, une initiative ou un processus décisionnel donné. Ces relations sont cruciales pour comprendre l'influence, le pouvoir et les intérêts dans un contexte particulier. L'approche multi-parties prenantes s'est imposée comme un principe important dans la politique numérique internationale. Dans ce cadre, différentes parties prenantes, telles que les gouvernements, le secteur privé, la société civile et la communauté technique, sont intégrées dans les processus décisionnels. L'objectif est d'atteindre un large consensus entre les parties prenantes et de prendre en compte l'expertise et les perspectives de tous les acteurs concernés. Les parties prenantes interagissent pour échanger des informations, ce qui conduit à de meilleures décisions et à une planification stratégique améliorée. La collaboration dirigée crée des synergies et rend la mise en œuvre des projets plus efficace. Une compréhension des relations interconnectées aide à identifier et à résoudre les conflits dès le début, en tenant compte des intérêts et des préoccupations de toutes les personnes impliquées.

27. CROISSANCE PROPRE ET SUSTAINABILITÉ

Ce titre vise à stimuler le développement économique sans surcharger les ressources naturelles ni nuire à l'environnement. Ces idées sont de plus en plus considérées comme des étapes nécessaires pour lutter contre le changement climatique et garantir un avenir vivable. Cela décrit un processus de croissance économique qui doit être économe en ressources et respectueux de l'environnement. La science et la gestion s'attachent à des innovations technologiques et à des modèles commerciaux qui réduisent l'impact sur l'environnement tout en permettant le développement économique.

L'énergie solaire et éolienne, les investissements dans la mobilité électrique ou une agriculture et une foresterie durables sont les sujets d'introduction de cette ère. La durabilité signifie que les besoins de la génération actuelle sont satisfaits sans compromettre la capacité des générations futures à satisfaire leurs propres besoins. Au cœur de cette démarche se trouve l'objectif d'atteindre un équilibre entre la croissance économique, la justice sociale et la protection de l'environnement. La durabilité écologique inclut la protection et la préservation de l'environnement naturel, ainsi que la promotion de l'éducation, de la santé et de la justice sociale, et la création d'une économie stable et résiliente. Une croissance durable nécessite des approches innovantes dans les domaines de l'énergie, de la production et de la consommation pour garantir que la prospérité soit créée sans détruire l'environnement.

De nombreux pays font face au défi de réformer leurs structures économiques existantes. La transition des combustibles fossiles vers les énergies renouvelables peut être coûteuse à court terme. Le passage à une consommation durable nécessite donc également des changements dans le comportement des consommateurs. Alors que certains pays sont bien préparés pour investir dans une croissance propre, d'autres manquent de ressources financières ou d'infrastructures. Les ressources sont maintenues dans des cycles fermés, au lieu d'être éliminées après usage. Des accords mondiaux comme l'Accord de Paris sur le climat sont essentiels pour lutter contre le changement climatique. Les systèmes éducatifs et la recherche se préparent à trouver de nouvelles solutions pour une croissance durable. En intégrant la croissance propre et la durabilité dans la politique économique, des avantages écologiques et sociaux à long terme sont réalisés, sans renoncer à la prospérité économique.

À l'opposé de ce qu'il faudrait faire, les tentatives de sauver le monde par des promesses vides montrent une autre réalité. Il est rassurant de savoir que l'économie mondiale s'est enfin mobilisée pour aborder les problèmes du changement climatique et de la destruction de l'environnement. Cela semble formidable. Nous pouvons continuer à consommer sans limites, à gaspiller des ressources et à exploiter notre planète de manière commode, tant que nous le faisons de manière "durable". Après tout, pourquoi se donner la peine d'apporter de réels changements quand une belle étiquette au son "vert" peut tout masquer ? Les plus grandes entreprises du monde plantent même des arbres maintenant. Pour chaque million de tonnes de CO_2 qu'elles émettent par leurs lignes de production sans fin, un petit arbre est planté dans une forêt tropicale lointaine. C'est l'essence de la "croissance propre" : continuer comme avant, tant que l'on prend quelques mesures symboliques pour apaiser l'opinion publique. Pas de raison de renoncer réellement aux combustibles fossiles, une promenade en forêt avec le département de relations publiques suffit amplement. Et puis, il y a bien sûr le greenwashing, la couronne de toute stratégie durable. Qui a besoin de réformes réelles quand on peut simplement changer l'emballage d'un produit de plastique en matériaux « biodégradables», qui ne se décomposent réellement que dans des conditions de laboratoire ? Les nouveaux emballages sont tout aussi nuisibles que les anciens, mais maintenant les consommateurs se sentent mieux. N'est-ce pas là l'essence même de la durabilité: apaiser sa conscience sans vraiment changer quoi que ce soit?

L'industrie de la mode a également compris le principe: au lieu de réduire la production, on lance simplement une "collection durable" qui ne gaspille que 90 % des ressources habituelles. Nous célébrons le figuier pendant que le reste de la production continue à produire de manière intensive des vêtements bon marché. « Croissance propre» sous sa plus belle forme. Bien sûr, on pourrait argumenter que les énergies renouvelables sont un espoir. Mais qui a besoin d'énergie éolienne ou solaire quand nous pouvons continuer à compter sur le charbon tant que nous offrons des incitations « sustainables»?

La politique semble pleinement engagée. L'Accord de Paris sur le climat exige finalement des résultats concrets seulement dans quelques décennies. Alors pourquoi agir aujourd'hui quand nous pouvons élégamment repousser le problème dans le futur ? Un peu de recherche ici, un peu de subvention là, mais surtout pas trop de changement d'un coup. Après tout, nous ne voulons pas déranger qui que ce soit dans sa zone de confort. La croissance propre signifie, après tout, qu'il n'est pas nécessaire de faire de réels sacrifices. Sans oublier les merveilleuses promesses de la technologie. L'avenir nous fournira des solutions miracles qui résoudront tous nos problèmes sans que nous ayons à faire quoi que ce soit. Peut-être qu'il y aura bientôt des machines qui aspirent le CO_2 directement de l'air. D'ici là, nous pouvons continuer à conduire nos SUV et à consommer des voyages en avion comme du fast-food. Pourquoi s'arrêter quand nous aurons bientôt une solution technique?

Bien sûr, la responsabilité nous incombe à tous. Si nous n'achetons pas les produits "biologiques" coûteux ou si nous ne réduisons pas notre consommation d'eau, nous devenons clairement une partie du problème. Ce n'est pas l'industrie ou la politique qui doivent changer, chaque individu est un obstacle au progrès. Mais pas de souci, si nous ne sommes pas en mesure de nous offrir une voiture moderne du futur, nous pouvons toujours échanger la paille en plastique contre une paille en métal - problème résolu. Nous pouvons donc tous nous rassurer. Le monde sera sauvé, non pas par de réelles mesures, mais par un marketing astucieux et une politique symbolique. La croissance propre et la durabilité ne sont pas de vraies solutions, mais des termes qui sonnent bien et nous donnent l'impression de faire quelque chose sans vraiment agir. L'avenir sera-t-il radieux, peut-être même vert, si nous nous en donnons un peu la peine? L'ironie est que nous nous contentons de ces changements superficiels jusqu'à ce qu'il soit vraiment trop tard.

Les technologies telles que l'énergie solaire et éolienne, la mobilité électrique et une agriculture et une foresterie durables sont au cœur de ce qui est aujourd'hui considéré comme le début d'une nouvelle ère en matière de conscience environnementale et de progrès technologique. Elles deviennent des thèmes clés de cette époque, où la relation entre la croissance économique et la protection de l'environnement se transforme radicalement. Mais ces thèmes de départ ne sont pas de simples modes passagères, ils marquent le début d'un changement profond qui a le potentiel de transformer nos sociétés à long terme.

L'énergie solaire et éolienne sont probablement les précurseurs d'un mouvement vers les énergies renouvelables. Ce qui était autrefois considéré comme une alternative coûteuse et inefficace aux combustibles fossiles est devenu aujourd'hui une option viable et compétitive. Les panneaux solaires deviennent de plus en plus puissants, et de grands parcs éoliens alimentent continuellement les réseaux électriques du monde entier. Ici se dessine la vision d'un monde où l'énergie est propre, illimitée et disponible de manière décentralisée. La mobilité électrique est un autre thème central de cette nouvelle ère. Les moteurs à combustion traditionnels, qui ont rempli nos villes de bruit et de gaz d'échappement pendant des décennies, cèdent progressivement la place à des véhicules silencieux et sans émissions. Les grands fabricants automobiles investissent des milliards dans le développement de véhicules électriques, et les gouvernements du monde entier soutiennent l'expansion des infrastructures de recharge et la subvention des voitures électriques. En effet, le transport est responsable d'une part significative des émissions mondiales de CO_2. Le passage à la mobilité électrique, en combinaison avec une énergie propre, peut révolutionner le secteur des transports et réduire considérablement la pollution de l'air.

Alors que l'agriculture industrielle a parfois conduit par le passé à la destruction des habitats, à l'érosion des sols et à la déforestation, nous assistons aujourd'hui à un mouvement vers des pratiques agricoles durables. L'agroforesterie, la permaculture et l'agriculture régénérative reposent sur des techniques qui reconstruisent les sols, minimisent la consommation d'eau et favorisent la biodiversité. L'exploitation forestière évolue également, avec un accent sur la conservation des forêts, le reboisement et une utilisation durable du bois. Une agriculture et une foresterie durables sont essentielles pour nourrir une population mondiale croissante sans épuiser les ressources naturelles. De plus, les forêts jouent un rôle clé dans la séquestration du CO_2 et la préservation des écosystèmes. Ces sujets ne sont pas des tendances isolées, mais s'inscrivent dans le cadre d'un mouvement mondial visant à ralentir le changement climatique, à préserver la planète pour les générations futures et à promouvoir en même temps une transformation économique. Ce qui apparaît aujourd'hui comme un début pourrait devenir une partie indispensable de notre quotidien et de notre économie mondiale.

Dans un avenir construit sur les fondements de nouvelles technologies, de mobilité durable et d'agriculture régénérative, plusieurs autres développements, rêves d'avenir et visions pourraient révolutionner notre manière de gérer nos ressources. Alors que le monde d'aujourd'hui a fait le premier pas vers un avenir durable, des scénarios ambitieux se dessinent déjà à l'horizon, dépassant de loin ce que nous pouvons actuellement imaginer. L'une des visions les plus radicales pour l'avenir est le concept d'économie circulaire, où le terme "déchet" disparaît pratiquement. Au lieu de l'ancienne approche linéaire de l'économie - extraction des matières premières, production, consommation et élimination - une économie est construite dans laquelle tous les matériaux sont réutilisés ou régénérés. Les produits sont conçus pour être facilement démontés, réparés et recyclés, et les matériaux biologiques sont entièrement réintroduits dans les cycles naturels. Les villes pourraient devenir sans déchets, où toutes les ressources consommées sont soit recyclées, soit régénérées dans la nature. Des matériaux comme le plastique, qui représentent aujourd'hui un problème environnemental mondial, pourraient être remplacés par des alternatives biodégradables qui se décomposent complètement en quelques semaines ou mois.

Dans les villes du futur, les technologies environnementales pourraient être intégrées de manière transparente dans l'infrastructure urbaine. Les «villes intelligentes» se caractériseraient par des systèmes basés sur des capteurs qui gèrent intelligemment l'énergie, l'eau et le trafic. Les bâtiments deviendraient des producteurs d'énergie en intégrant des panneaux solaires sur les toits et les façades, et en injectant l'énergie excédentaire dans les réseaux. Les parcs et les toits verts serviraient non seulement d'espaces de loisirs, mais aussi de climatiseurs naturels, abaissant les températures dans les villes et capturant le CO_2. Une ville où chaque bâtiment est une centrale électrique, chaque véhicule est électrique et autonome, et chaque rue utilise des capteurs et de l'IA pour gérer le trafic de manière si efficace qu'il n'y a pratiquement plus d'embouteillages, serait extrêmement économe en ressources et climatiquement neutre, tout en rendant la vie plus confortable et plus saine grâce à la technologie intelligente.

En raison de la croissance de la population mondiale et des terres agricoles limitées, les visions de fermes verticales et de systèmes alimentaires urbains dans les villes jouent un rôle clé. Dans des gratte-ciels, des légumes, des fruits et des herbes pourraient être cultivés sur plusieurs niveaux, éclairés par des LED économes en énergie et irrigués par des systèmes d'hydroponie hautement efficaces. Ainsi, les chaînes alimentaires seraient raccourcies, les trajets de transport réduits et la dépendance aux sources alimentaires externes minimisée. Les grandes métropoles pourraient couvrir leurs propres besoins alimentaires, avec des gratte-ciels verts servant à la fois de logements et de fermes verticales. Une telle agriculture urbaine pourrait réduire les émissions de CO_2 des villes tout en produisant directement des aliments frais et biologiques sur place.

Une autre vision déjà discutée dans le domaine de la technologie développerait le transport du futur bien au-delà des voitures électriques. Les véhicules autonomes et les transports publics pourraient être complétés par la technologie Hyperloop avec des systèmes de transport par tubes extrêmement rapides. Il ne faut pas oublier qu'il existe déjà en Chine des agglomérations qui atteignent la superficie et la population de petits États européens. Les taxis volants, des véhicules électriques à décollage et atterrissage verticaux, déplaceraient le trafic urbain dans la troisième dimension, permettant aux navetteurs de survoler les embouteillages. Les taxis aériens pourraient devenir aussi courants que les véhicules Uber aujourd'hui, et grâce aux Hyperloops, les gens pourraient voyager d'une métropole à l'autre en quelques minutes. L'ensemble du transport serait entièrement sans émissions et autonome.

Alors que l'énergie solaire et éolienne se trouvent aujourd'hui à la pointe de la transition énergétique, la science rêve de la fusion nucléaire comme source ultime d'énergie. Si nous parvenons à reproduire les processus qui se déroulent dans le soleil sur Terre, nous pourrions disposer d'une énergie propre presque illimitée. Le monde serait alimenté par une énergie inépuisable provenant de la fusion nucléaire, et un système énergétique mondial intelligent exploiterait toutes les sources imaginables - des panneaux solaires dans le désert aux centrales marémotrices dans les océans, en passant par des parcs éoliens dans l'Arctique. Les pénuries d'électricité appartiendraient au passé.

Pour l'instant, les écosystèmes régénératifs demeurent un concept stratégique relativement tangible, visant à inverser les dommages écologiques et à restaurer les habitats naturels, plutôt que de se contenter de minimiser les dégâts. Contrairement aux approches traditionnelles de la conservation, qui tentent de protéger la nature des interventions humaines, les écosystèmes régénératifs visent à guérir et à régénérer activement l'environnement. Cela signifie que les écosystèmes ne sont pas seulement préservés, mais que leur état est amélioré par rapport à ce qu'il était auparavant. L'agriculture de demain deviendra un pilier essentiel dans la lutte contre le changement climatique. Les champs pourraient agir comme des puits de CO_2 tout en fournissant de la nourriture pour la population mondiale croissante. Les sols seraient plus riches en nutriments, l'érosion serait évitée, et l'agriculture pourrait se pratiquer en harmonie avec les écosystèmes naturels.

La renaturation des écosystèmes endommagés, tels que les forêts, les zones humides et les cours d'eau, pourrait signifier que d'anciennes zones industrielles dans les zones urbaines seraient à nouveau transformées en forêts, ou que des récifs coralliens détruits seraient reconstruits par des méthodes novatrices. La reforestation et la réhumification des tourbières pourraient également soutenir le cycle naturel du carbone, car les forêts et les tourbières servent de vastes réservoirs de carbone. Dans un avenir régénératif, les villes pourraient être entourées de corridors verts et de forêts, traversés par des cours d'eau renaturés. Les récifs coralliens, détruits par le changement climatique, fleuriraient à nouveau grâce à des mesures régénératives, et les paysages de tourbières agiraient de nouveau comme des «éponges»naturelles pour le CO_2.

Une autre évolution visionnaire est le «rewilding» , où de vastes terres sont laissées à elles-mêmes pour restaurer la dynamique naturelle de la nature sauvage. En réintroduisant des espèces clés, des écosystèmes entiers pourraient retrouver leur équilibre. De vastes zones pourraient être entièrement laissées à la nature, où la biodiversité exploserait et les écosystèmes se réguleraient d'eux-mêmes. Les océans pourraient également bénéficier d'approches régénératives. En plus de la restauration des récifs coralliens, il existe des projets de renaturation des mangroves et des herbiers marins, qui protègent les côtes de l'érosion tout en servant de puits de carbone. De plus, la pêche durable pourrait contribuer à la restauration des stocks de poissons grâce à l'utilisation de méthodes régénératives comme l'aquaculture, qui soutient la biodiversité marine.

C'est donc l'ingéniosité pour de nouvelles technologies qui joue un rôle clé dans la réalisation de cette vision. Des drones pourraient par exemple être utilisés pour la reforestation en dispersant des graines sur des terrains difficiles d'accès. La surveillance par satellite aiderait à suivre la restauration des écosystèmes et à analyser leur état de santé en temps réel. L'intelligence artificielle pourrait être utilisée pour découvrir des modèles écologiques et permettre des interventions ciblées. L'interconnectivité entre la nature et la technologie pave la voie à des écosystèmes régénératifs. Les technologies intelligentes devraient être capables non seulement de surveiller l'état de l'environnement, mais aussi de contribuer activement à sa restauration. Grâce à des processus automatisés, la nature se régénérerait plus rapidement que jamais, tandis que l'humanité agirait en tant que gestionnaire responsable de la Terre. Les écosystèmes régénératifs sont plus qu'un simple rêve pour l'avenir, ils constituent une réponse nécessaire aux défis auxquels nous sommes confrontés. Les visions énumérées imaginent un monde dans lequel les gens ne se contentent plus de minimiser leur impact négatif sur l'environnement, mais contribuent activement à guérir la planète. Avec la bonne combinaison de principes écologiques, de technologie et d'action consciente, cet avenir régénérateur pourrait devenir une réalité.

28. LES FUTURS RÊVES D'INTERCONNECTIVITÉ ET LEUR NÉCESSITÉ

La connexion entre différentes technologies, concepts durables et approches régénératives est la clé pour créer un monde durable et régénératif. Ces rêves ne peuvent pas être considérés de manière isolée ; ils sont interdépendants et doivent être intégrés et coordonnés pour déployer leur plein potentiel. Cette interconnexion est nécessaire pour faire face efficacement aux défis du changement climatique, de la pénurie de ressources et de la perte de biodiversité.

L'avenir de la production d'énergie, de la mobilité et des infrastructures urbaines doit être parfaitement lié. Cela implique non seulement le développement de l'énergie éolienne et solaire, mais aussi d'une technologie de réseau intelligente qui stocke et distribue l'énergie de manière efficace. Les bâtiments peuvent fonctionner comme des mini-centrales électriques, produisant, stockant et renvoyant de l'électricité au réseau. Les villes intelligentes nécessitent également des systèmes intégrés qui gèrent intelligemment le flux d'énergie, de transport et d'utilisation des ressources. Sans cette connexion entre l'agriculture urbaine et les sources d'énergie, il est difficile de garantir la durabilité du système alimentaire. L'intégration de la gestion des déchets, du recyclage de l'eau et de l'énergie renouvelable est essentielle pour rendre la production alimentaire urbaine véritablement durable et réduire la dépendance aux ressources externes.

Un super réseau mondial pour les énergies renouvelables, reliant l'énergie éolienne, solaire et marémotrice à travers le monde, permettrait de transporter l'excédent d'énergie des régions à surproduction vers celles en déficit. En même temps, ce réseau améliorerait l'accès à une électricité propre pour toutes les régions, réduisant ainsi la dépendance aux combustibles fossiles. La connectivité globale des réseaux énergétiques pourrait servir de base pour l'échange d'autres ressources, comme l'eau ou les matières premières qui sont rares dans certaines régions. Sans distribution énergétique mondiale, certaines régions pourraient rester dépendantes des combustibles fossiles malgré les avancées technologiques. La fourniture d'énergie doit être envisagée à l'échelle mondiale pour être véritablement durable et permettre à tous d'accéder à une énergie propre. C'est le seul moyen d'atteindre une décarbonisation complète et juste. Sans technologie, il est difficile de comprendre et de relier les systèmes écologiques et économiques complexes.

Les différentes technologies et approches de durabilité nécessitent des gouvernements qui doivent créer des incitations économiques pour encourager les investissements privés dans des projets durables, tout en veillant à ce que la justice sociale et l'accès aux ressources soient garantis pour tous. Sans collaboration mondiale et la liaison des mesures politiques, il est impossible d'intégrer efficacement les différentes visions de l'avenir. Les plans de protection climatique régionaux doivent être ancrés dans une agenda global qui prend en compte les aspects économiques et sociaux. Les rêves futurs de croissance propre et de durabilité, qui ne voudrait pas les souhaits? Un paradis utopique plein de panneaux solaires et de voitures électriques, où nous sommes tous assis sur notre canapé en coton bio équitable, une latte vegan à la main, tout en sauvant le monde. Avant de trop nous perdre dans cette vision éclatante, peut-être devrions-nous nous rappeler qu'il y a quelques petits obstacles. Bien sûr, rien de sérieux, juste un peu de lobbying, une myopie politique, des intérêts économiques, des obstacles technologiques et le comportement des humains.

Les gouvernements sont toujours si motivés quand il s'agit de protection climatique. On les voit presque avec enthousiasme lors des conférences sur le climat, comme ils annoncent solennellement les prochains objectifs ambitieux pour 2050, espérant certainement qu'ils seront à la retraite d'ici là et que quelqu'un d'autre paiera la facture. Que, en même temps, ils subventionnent les combustibles fossiles et souhaitent maximiser la croissance économique au détriment de la planète, c'est certainement juste un petit malentendu.

Et puis il y a les entreprises. L'industrie pétrolière et gazière, par exemple - toujours si flexible et ouverte au changement. Il suffit de leur faire comprendre qu'elles peuvent sauver le monde si elles réduisent un peu leurs marges bénéficiaires. On peut être certain que Shell et ExxonMobil sont déjà en file d'attente pour investir dans des parcs éoliens en mer et dans des énergies durables, au lieu de continuer à dépenser des milliards dans de nouveaux puits de forage. Les défis technologiques sont bien surmontables avec un peu d'esprit Silicon Valley. La fusion nucléaire est d'ailleurs presque là, dans seulement 30 ans, comme depuis les années 1950. Et qui a besoin de batteries fonctionnelles pour les énergies renouvelables, si nous pouvons simplement recouvrir chaque toit de panneaux solaires et espérer que le vent souffle au bon moment ? Des détails, rien que des détails. Bien sûr, le recyclage n'est pas gratuit, mais nous vivons dans un monde où l'éducation et l'égalité des chances sont toujours en tête de liste, n'est-ce pas ? Sinon, qui a besoin de justice sociale si l'on a de l'air pur? Enfin, il y a l'Homo sapiens lui-même, l'espèce qui considère le tri des déchets comme une contrainte gênante et qui croit encore que le changement climatique est une invention des Chinois. Mais ne vous inquiétez pas, même la société de consommation changera un jour. Nous pouvons être sûrs que nous renoncerons bientôt à nos chers SUV, produits jetables et voyages en avion, si seulement nous pouvons entendre quelques alarmes de plus. Oui, bien sûr, nous y arriverons tous. Après tout, nous avons si bien géré toutes les autres crises mondiales, comme la faim et la pauvreté. L'avenir sera radieux, tant que personne ne viendra nous déranger.

Le «club exclusif des partis verts» ne doit en aucun cas continuer à se présenter comme le seul sauveur de la planète. Après tout, il n'y a rien de mieux que lorsque tous les partis, qu'ils soient conservateurs, libéraux, de gauche ou de droite - sont-ils encore nécessaires? - découvrent soudain que la durabilité pourrait apparaître sur leur agenda. L'époque où les partis verts devaient se battre pour des thèmes tels que la protection du climat, l'écologie et la durabilité doit absolument prendre fin. Après tout, ces préoccupations ne devraient plus être leur domaine privé.

Que pourrait-il y avoir de plus beau que si chaque mouvement politique établi ou réticent à l'innovation se mettait soudainement à proclamer fièrement qu'il est le véritable champion de l'énergie propre et de l'agriculture durable? Bien sûr, ils réussiraient à mettre en œuvre la transition énergétique sans ralentir la croissance économique ni compromettre les emplois. Cela ressemble à de la magie? Exactement, c'est ce que c'est! La grande formule magique pourrait-elle être: des idées vertes, mais sans aucun changement réel?

Les mouvements futurs qui nous libéreront des structures de partis du passé ont déjà le fil vert en main. On peut se demander comment il a été possible que les partis écologistes se vantent si longtemps de sujets comme le climat et la durabilité, alors que la véritable sagesse politique réside dans la proclamation d'objectifs verts sans assumer les charges d'un véritable changement systémique. Le meilleur dans tout ça : les nouveaux partis qui émergent de tous les coins du spectre politique peuvent se permettre d'exiger la durabilité tout en gardant tout le reste inchangé. L'avenir appartient au camouflage vert, seulement pour que la peinture s'écaille dès qu'une véritable responsabilité entre en jeu. Durabilité pour tous, changement pour personne!

La critique selon laquelle les partis écologistes agissent comme les seuls gardiens de ces questions est à la fois justifiée et importante. Il est temps que tous les mouvements politiques relèvent ce défi et promeuvent activement des solutions sans se fier uniquement à la rhétorique. Cependant, le danger réside dans ce que l'on appelle le "greenwashing", le rebranding de politiques existantes avec une apparence écologique sans permettre de changement réel. La durabilité ne peut pas servir simplement de discours de façade ou de manœuvre stratégique dans la compétition politique. L'appel à des pratiques durables doit s'accompagner de mesures concrètes, de décisions politiques profondes et d'une transition réaliste.

L'approche consistant à revendiquer la durabilité comme un objectif universel peut sembler tentante dans le discours politique actuel. Mais le fait que tous les partis aient une "face verte" ne signifie pas que les changements nécessaires auront réellement lieu dans la pratique. Il est facile de parler de "idéaux verts" ; cela devient plus difficile lorsqu'il s'agit de véritables transformations dans l'économie, l'approvisionnement énergétique et la politique agricole. Le monde a certainement besoin de plus qu'un simple ajustement cosmétique des récits politiques. L'avenir exige des décisions audacieuses qui entraînent souvent des changements économiques et sociaux significatifs. Le chemin vers une société durable implique un dialogue sérieux et ouvert sur les sacrifices nécessaires et sur qui devra réellement supporter les coûts de cette transformation.

Le défi pour tous les acteurs politiques n'est pas seulement de se positionner comme des défenseurs de la durabilité, mais aussi de prendre les mesures nécessaires pour s'attaquer aux structures profondément enracinées qui exacerbent l'état actuel de notre planète. Ce n'est que lorsque le véritable restructuration sera au premier plan que nous pourrons espérer résoudre le problème sous-jacent du changement climatique et créer un avenir respectueux de l'environnement pour tous. En fait, l'avenir n'appartient pas à des clubs écolos exclusifs, mais à la responsabilité collective de tous les politiciens, quelle que soit leur idéologie. La durabilité devrait être une partie intégrante et obligatoire de chaque agenda politique, armée de la volonté d'apporter un véritable changement.

En équilibrant l'intégration des entreprises et des communautés dans les processus politiques internationaux, il est possible d'aligner l'innovation économique avec la justice sociale et la durabilité écologique. Cependant, cela nécessite un équilibre continu des intérêts et la volonté de toutes les parties impliquées de travailler ensemble sur des solutions durables aux défis mondiaux. Pour surmonter les déséquilibres, les décideurs politiques doivent être prêts à remettre en question les structures de pouvoir existantes. Cela pourrait impliquer la conception d'accords commerciaux et d'investissement qui ne profitent pas seulement aux grands acteurs, mais qui promeuvent également la justice sociale et écologique.

La volonté politique est nécessaire pour développer de nouvelles voies de coopération internationale. Cela signifierait s'éloigner des modèles hiérarchiques ou nationalistes et s'appuyer plutôt sur des réseaux et des alliances transnationales qui permettent des solutions flexibles mais inclusives. Les collaborations internationales ne devraient pas être considérées comme un jeu à somme nulle, mais comme une opportunité de résoudre des problèmes mondiaux grâce à des efforts collectifs. Un autre aspect important de cette transformation est la protection contre l'extrémisme, qui peut surgir tant du côté gauche que du côté droit du spectre politique. En rendant la politique plus inclusive et transparente, les causes de la radicalisation et de l'extrémisme peuvent être mieux abordées. Dans l'ensemble, nous nous trouvons à un tournant où notre compréhension et notre pratique de la politique changent fondamentalement. Les opportunités qui découlent de cette transformation sont tout aussi significatives. Il nous appartient de saisir ces nouvelles possibilités et de façonner une politique qui réponde aux besoins et aux désirs des citoyens. Ce n'est qu'ainsi que nous pourrons favoriser une culture démocratique qui vise non seulement à préserver le pouvoir, mais à façonner activement un avenir un avenir juste et sustainable.

Les conférences futures et le développement d'évaluations basées sur des données scientifiques joueront un rôle de premier plan dans ce processus. Elles aideront à prendre des décisions éclairées et à garantir que les politiques soient fondées sur des preuves et alignées sur les besoins de la population. Cela pourrait non seulement entraîner un meilleur ancrage des mesures politiques, mais aussi stimuler la participation citoyenne, car les gens sont plus susceptibles de s'identifier à l'action politique lorsqu'ils estiment que leurs opinions sont entendues et prises en compte. La transformation du système des partis offre l'opportunité de penser au-delà des frontières nationales et des intérêts particuliers. Les mouvements politiques pourraient répondre plus facilement à des défis interconnectés. Des approches participatives et la prise en compte de perspectives diverses pourraient contribuer à créer un environnement politique plus inclusif capable de repousser l'extrémisme, tant à gauche qu'à droite. Dans l'ensemble, la refonte du paysage politique n'est pas seulement un défi, mais aussi une opportunité pour une société plus démocratique, inclusive et compréhensive. Il est crucial que tous les acteurs de ce processus collaborent, des institutions politiques aux sociétés civiles en passant par les citoyens eux-mêmes. Ce n'est qu'alors qu'une démocratie résiliente pourra émerger, répondant aux besoins d'un monde en constante évolution.

Les sociétés modernes font face à une variété de défis, qu'ils soient naturels ou causés par l'homme. Ces menaces, qu'elles proviennent de pandémies, du changement climatique, de troubles sociaux ou de tensions géopolitiques, révèlent la fragilité de notre tissu social. Les sociétés avec de solides réseaux sociaux et des liens communautaires sont mieux à même de faire face aux crises et d'en sortir plus fortes. Les réseaux sociaux sont la colonne vertébrale de la cohésion sociale. Ils fournissent un soutien émotionnel et matériel et permettent la diffusion rapide d'informations. Dans des situations critiques, ces réseaux sont souvent cruciaux pour la survie. Des valeurs partagées et une forte identité au sein d'un groupe favorisent la résilience et la capacité à surmonter les défis. Dans l'échange d'informations et d'expériences, les membres impliqués reçoivent des conseils ou un soutien précieux concernant des problèmes personnels. Les réseaux sociaux motivent souvent les gens à s'engager dans des travaux bénévoles ou à participer à des projets communautaires, renforçant ainsi la cohésion sociale.

Le concept de capital social est central pour comprendre comment les communautés réagissent aux crises. En se concentrant sur les liens entre les individus et les ressources qui découlent de ces relations, il devient évident que les sociétés ayant un capital social élevé sont souvent moins vulnérables aux crises. Elles disposent de réseaux qui facilitent et favorisent l'échange d'informations et d'assistance. Le capital social n'est pas seulement un concept théorique ; en période de crise, il constitue également un facteur pratiquement efficace pour la résilience et l'adaptabilité des communautés. Il forme la base d'une action collective efficace et est donc un élément clé pour gérer avec succès les crises.

Le changement climatique et les catastrophes naturelles contraignent les communautés à travailler ensemble pour s'adapter et renforcer leur résilience. Dans de nombreuses régions touchées, les réseaux sociaux servent souvent de premiers intervenants, fournissant une assistance avant même l'intervention des institutions étatiques. Cela souligne l'importance de l'engagement local et des actions communautaires dans le développement de solutions à long terme. La technologie avancée a révolutionné la façon dont nous interagissons les uns avec les autres. Les médias sociaux et les plateformes de communication permettent un réseautage rapide et efficace, même en situation de crise. Un bon exemple est le rôle des médias sociaux dans l'organisation des efforts de secours après des catastrophes naturelles, comme la coordination des dons et du bénévolat. Cependant, il y a aussi des inconvénients: la désinformation et les conflits virtuels peuvent exacerber les tensions au sein des communautés. Des plateformes comme Twitter/X ou Facebook permettent la propagation rapide de fausses informations, souvent plus vite que les corrections ne peuvent être apportées par le biais de vérifications des faits. Des récits différents conduisent à des sociétés parallèles avec des visions du monde conflictuelles. Le défi consiste à utiliser ces technologies de manière à promouvoir la cohésion sociale plutôt qu'à la compromettre.

L'une des méthodes les plus efficaces pour renforcer la cohésion sociale est l'éducation. Les établissements éducatifs devraient développer des programmes qui favorisent le dialogue interculturel et la collaboration. L'éducation joue un rôle clé dans la démolition des préjugés individuels et la sensibilisation à l'importance des communautés. Des projets publics et des initiatives locales peuvent agir comme des catalyseurs pour la cohésion sociale. De telles mesures renforcent l'identification des personnes à leurs quartiers et construisent la confiance. Il est important que tous les groupes sociétaux soient inclus dans ce processus.

L'interconnectivité de la cohésion sociale permet de gérer des défis aigus et renforce également la résilience à long terme. Les sociétés qui affirment leur cohésion sociale peuvent non seulement résister aux crises, mais aussi en sortir restructurées. Par conséquent, il est essentiel de développer des stratégies et des programmes qui promeuvent la cohésion sociale tout en tenant compte des effets des technologies modernes. Dans un monde en rapide évolution, la capacité à se tenir ensemble en tant que communauté est l'une des ressources les plus cruciales qu'une société possède. Une combinaison d'ajustements technologiques, d'éducation et d'engagement social est nécessaire pour minimiser les inconvénients de la numérisation. Un tissu social fonctionnel est la base de toute société. Il englobe les relations, les normes et les valeurs qui régulent le comportement individuel dans son environnement social. Lorsque les défis sociaux, économiques et écologiques sont si intensément interconnectés, comprendre l'interconnexion des responsabilités sociales ne peut être négligé.

Tracer la voie vers un monde plus juste nécessite une prise de conscience des contextes sociaux, économiques et écologiques. Les initiatives éducatives qui informent les gens sur leurs droits et responsabilités sont cruciales. De plus, des programmes qui promeuvent l'intégration et l'égalité des opportunités sont nécessaires pour réduire les tensions sociales et reconnaître la diversité comme une force. Une gouvernance d'entreprise responsable signifie penser au-delà de la simple maximisation des profits. Les entreprises devraient investir activement dans la société, appliquer des pratiques commerciales éthiques et promouvoir des produits et services durables. En plaidant pour des causes sociales, elles contribuent à créer un environnement économique plus juste.

La prise de conscience des interconnexions entre les aspects sociaux, économiques et écologiques est une condition préalable fondamentale au développement durable et à la création d'une société juste. Ces domaines sont inextricablement liés et nécessitent une compréhension holistique pour gérer les crises et créer une résilience à long terme. Les défis tels que l'inégalité, la pauvreté et l'exclusion sociale illustrent à quel point ces questions sont interconnectées avec des facteurs économiques et écologiques.

L'économie est à la fois une cause et une solution potentielle aux problèmes écologiques et sociaux. La concentration de la richesse conduit souvent à une consommation excessive de quelques-uns et à l'exploitation des ressources. La transition vers une économie circulaire, où les ressources sont réutilisées et les déchets minimisés, permettra de réduire les dommages écologiques et de créer de nouveaux emplois. Les écosystèmes sont la base de toute vie économique et sociale. Leur dégradation entraîne des crises dans d'autres domaines. La destruction de l'environnement et les crises climatiques provoquent des migrations et des conflits, car les populations sont contraintes de quitter des régions devenues inhabitables. La perte de biodiversité met en danger les systèmes de production agricole et, par conséquent, la sécurité alimentaire mondiale. Des stratégies de durabilité telles que la promotion de l'agriculture régénérative peuvent minimiser les dommages écologiques tout en créant simultanément des bénéfices sociaux et économiques. Ce n'est qu'à travers une action inclusive qu'un équilibre entre ces dimensions peut être atteint.

29. L'INTERCONNECTIVITÉ DE LA STUPIDITÉ D'UNE SOCIÉTÉ

L'abêtissement de la société fait référence aux interactions complexes entre divers facteurs qui influencent le déclin intellectuel et culturel de cette société. Dans un monde hautement interconnecté, plusieurs aspects peuvent accélérer ce processus. Un facteur significatif est le rôle de la connectivité dans la diffusion et l'intensification des opinions erronées qui contribuent à ce dumbing down.

Les plateformes de communication comme TikTok favorisent le contenu qui génère de fortes interactions, ce qui conduit à la propagation facile de nouvelles sensationnelles et d'informations simples et chargées émotionnellement. Cela amplifie la diffusion de la désinformation, des théories du complot et du contenu pseudoscientifique. En personnalisant le contenu, les gens sont plus susceptibles de s'engager uniquement avec des informations qui confirment leurs propres points de vue. Cela augmente les biais cognitifs, car les opinions opposées ou les faits scientifiquement fondés tombent souvent en dehors de leur champ de vision. De telles chambres d'écho favorisent l'isolement intellectuel et empêchent l'engagement avec des sujets complexes et nuancés.

La standardisation et l'aplanissement des formes médiatiques sont encore exacerbés par l'interconnectivité, car le même contenu est diffusé dans le monde entier. Des discours culturels et intellectuels plus profonds risquent d'être déplacés. Le divertissement simple et commercial éclipse souvent les formes culturelles locales ou les discussions intellectuelles. Grâce à la connectivité, ces contenus sont consommés à l'échelle mondiale, réduisant la diversité des expressions culturelles et intellectuelles.

Les pays qui sont étroitement intégrés dans des systèmes financiers denses font souvent face à des pressions pour réduire les dépenses publiques, ce qui impacte négativement les institutions éducatives. Les mesures d'austérité dans le secteur de l'éducation, surtout en période de crise, et un financement inadéquat des écoles et des universités entraînent un déclin à long terme des normes intellectuelles qui affecte des générations. Dans les systèmes autoritaires, il y a une dépendance à des compétences d'idéologisation strictes, tandis que les sciences humaines et la pensée critique sont moins promues. Ce rétrécissement entraîne une simplification du contenu éducatif et pousse la profondeur intellectuelle dans une sécheresse aride.

Les idéologies politiques se répandent rapidement au-delà des
frontières nationales, comme en témoigne le radicalisme de droite en
Europe et aux États-Unis. Les leaders et partis populistes emploient
alors des tactiques similaires dans divers pays. Ils simplifient des
problèmes complexes, offrent des solutions simples et illusoires, et
ignorent les résultats scientifiques. Les gouvernements autoritaires et
les acteurs politiques exploitent l'interconnectivité d'Internet pour
diffuser délibérément de la désinformation et manipuler l'opinion
publique. Cela peut saper la confiance dans les sources de
connaissance traditionnelles et les institutions de la science et de
l'éducation. Les publics ciblés s'accrochent alors davantage à des
récits émotionnellement attrayants mais factuellement incorrects.
Avec la dépendance croissante aux algorithmes pour filtrer et
recommander du contenu, les gens tombent de plus en plus souvent
dans des « bulles de filtre ». Cela les amène à ne voir que des
informations qui correspondent à leurs préférences et opinions
précédentes. Cela intensifie l'isolement par rapport aux points de vue
opposés et favorise une pensée superficielle. La dépendance
automatisée à la technologie pour la récupération d'informations et
la prise de décision incite les individus à penser moins de manière

indépendante ou à faire leurs propres recherches. Une confiance excessive dans la technologie diminue la pensée critique et conduit à l'acceptation sans discernement de toutes sortes d'informations. En conséquence, les formes traditionnelles de connaissance perdent de leur importance. Les approches de résolution de problèmes unilatérales ou les pratiques de connaissance sont remplacées par des modèles standardisés moins adaptés aux besoins ou réalités locales. Ainsi, tout dépend de la manière dont les sociétés utilisent et façonnent ces connexions.

Pour combattre ces développements négatifs, l'éducation et la littératie médiatique sont cruciales. Les individus doivent être habilités à questionner de manière critique les informations, à consulter diverses sources et à distinguer le contenu fiable de celui qui ne l'est pas. Les plateformes et les entreprises ont également la responsabilité de favoriser un environnement informationnel sain et de prendre des mesures contre la désinformation. Une société qui lutte activement contre le potentiel de « dumbing down » repose sur une combinaison de diverses mesures pour améliorer ses capacités cognitives et sociales. Il est important de s'engager avec les développements technologiques de manière réfléchie et consciente plutôt que de les rejeter complètement.

Le mandat pour les systèmes éducatifs, tant dans les écoles que par le biais de l'apprentissage tout au long de la vie, devrait se concentrer sur la priorité accordée à la pensée critique, aux compétences en résolution de problèmes et à la littératie médiatique. La compréhension de sujets complexes et la capacité à questionner de manière critique les informations doivent être promues, plutôt que de simplement tester les connaissances théoriques. Pour contrer l'aplanissement et le sensationnalisme dans les médias, des sources d'information réputées doivent être mises en avant et diffusées. L'accès ouvert à des informations bien recherchées et fondées renforce la connaissance et la diversité des opinions au sein d'une société. Les forums de discussion ouverts, tant en ligne qu'hors ligne, offrent des opportunités d'échange d'opinions nuancées. De telles plateformes favorisent non seulement la cohésion sociale, mais améliorent également la capacité à comprendre et à traiter des sujets complexes et controversés. Le théâtre, l'art et le sport contribuent au développement holistique, aidant les gens à agir de manière plus empathique et réfléchie dans diverses positions.

Nous avons véritablement été catapultés dans un âge d'or. Qui a besoin de la tâche laborieuse de la pensée critique quand un algorithme peut rapidement nous dire ce que nous devrions penser ? Ou avons-nous toute la connaissance de l'histoire humaine dans nos poches et choisissons-nous simplement de ne pas l'utiliser? La pensée critique? Nous avons depuis longtemps délégué cela à des algorithmes qui savent ce que nous voulons avant même que nous y pensions. Nos smartphones sont des merveilles de l'accumulation de connaissances, compressant toute la connaissance de l'humanité dans quelques centimètres carrés d'espace d'écran. Mais pourquoi devrions-nous nous donner la peine de puiser dans ce trésor? Il est bien plus pratique de faire défiler sans fin les réseaux sociaux et d'être divertis par du contenu sélectionné par l'IA. La pensée indépendante est, après tout, désespérément dépassée. Pourquoi fatiguer notre cerveau quand des algorithmes intelligents savent déjà ce que nous voulons - avant même que nous y ayons pensé ? Soyons reconnaissants envers ces prophètes numériques qui nous soulagent du fardeau de la prise de décision. Qui a besoin d'une expression nuancée quand un emoji bien placé en dit long ? Grâce aux suggestions d'emoji assistées par IA, nous pouvons exprimer nos sentiments les plus profonds avec un simple pictogramme. Shakespeare serait jaloux d'une telle communication éloquente.

Tant que nous veillons à ce que nos assistants IA nous aident à choisir les bons emojis, nous sommes bien partis pour gérer avec succès le «dumbing down».

Après tout, le bon sens est superflu lorsqu'on a un accès rapide à Internet. Répandre avec succès le "dumbing down" n'a jamais été aussi facile - il suffit d'arrêter de penser et de se soumettre complètement à la sagesse numérique. Bienvenue dans ce nouveau monde où l'ignorance est un bonheur et où la superficialité prévaut. L'avenir n'a jamais été aussi glorieux dans sa stupidité, même si l'humanité a réalisé d'énormes progrès technologiques au cours des derniers siècles. L'intelligence artificielle, la numérisation, l'exploration spatiale, la recherche génétique et d'autres innovations sont actuellement des points forts d'un avenir brillant et avancé. Pourtant, malgré - ou peut-être à cause - de cette immense croissance technologique, des tâches héroïques plus profondes émergent également. Le progrès lui-même a des effets secondaires problématiques de nombreuses manières. Nous sommes plus connectés que jamais, mais simultanément plus isolés. Nous avons accès à une connaissance infinie, mais la désinformation et la superficialité se répandent rapidement. La "stupidité glorieuse" pourrait faire référence au fait que, bien que nos réalisations technologiques soient spectaculaires, elles ne s'accompagnent pas toujours de sagesse, de réflexion ou de solutions durables aux problèmes fondamentaux de l'humanité.

Rejoindre la vague peut rendre difficile de se libérer, car le comportement de masse devient une stratégie de survie. Un groupe de personnes commence à reproduire des idées sans remettre en question leur véracité, leur contenu ou leurs conséquences. Cela conduit à une séquence dans le cadre d'un certain nombre d'actions. Chacune des actions dans ce contexte est une action individuelle, mais la "stupidité" résultante est collective ; lorsque cela se produit, cela entraîne diverses conséquences connexes. Une dynamique et une structure émergent qui sont détachées des actions et des croyances originales des individus. Cela aboutit à une chaîne d'actions dont les conséquences ne sont souvent plus réfléchies consciemment par le groupe.

Cette dynamique peut se manifester dans de nombreux domaines de la vie, tels que la politique, les réseaux sociaux ou même les décisions économiques. Un exemple classique serait une bulle financière, où de nombreuses personnes suivent une tendance sans questionner la valeur réelle d'un investissement, ou dans l'histoire, où la propagande amène de larges segments de la population à adopter des croyances qui ne reposent pas sur des faits. La "stupidité collective" devient un processus auto-renforçant qui est souvent difficile à briser, car il devient de plus en plus difficile de s'opposer aux opinions établies. Dans les contextes politiques, l'interconnectivité de la stupidité pointe vers les connexions entre idéologies extrêmes ou populisme, où des idées simplifiées ou irrationnelles gagnent plus d'influence par le biais de la mise en réseau et de la répétition. Cela se produit par la désinformation, la rhétorique manipulatrice ou la polarisation agressive de la société. Ainsi, la propagation de la désinformation amène les individus à croire en des théories fausses ou déraisonnables et à les partager au sein de leurs réseaux.

Il est frappant de constater que des études indiquent que les électeurs de partis extrémistes ont souvent des niveaux d'éducation formelle plus bas. Cependant, cela ne signifie pas que tous les individus moins éduqués peuvent être considérés comme arriérés. La primitivité n'existe pas exclusivement dans une classe sociale ou éducative spécifique, mais apparaît sous diverses formes et contextes. Même parmi des individus supposément éduqués, des stéréotypes de vues extrémistes peuvent se former. Cela est expliqué dans la recherche électorale par l'insécurité économique, la peur du déclin social et le désir de réponses simples à des problèmes sociétaux complexes. Les partis populistes offrent des solutions rapides et s'adressent spécifiquement aux préoccupations et aux peurs de leurs groupes électoraux. Pourtant, tous les individus ayant des niveaux d'éducation plus bas ne sont pas susceptibles de cette rhétorique, et ce serait une erreur grossière de l'affirmer. Les électeurs ne constituent pas un groupe homogène, et beaucoup prennent des décisions politiques nuancées malgré une éducation formelle limitée. Ces individus possèdent souvent une forte fondation éthique ou des expériences de vie pratiques qui guident leur boussole politique différemment. Dans certains cas, un niveau d'éducation élevé ne conduit pas à une plus grande ouverture ou tolérance, mais plutôt à une attitude élitiste et arrogante. Même parmi les universitaires, des phénomènes tels que des simplifications dans la formation d'opinion ou des théories du complot existent, surtout lorsqu'ils servent leur propre idéologie. Une qualification éducative formelle ne protège pas nécessairement contre la pensée irrationnelle ou la croyance en des vues extrémistes. Même des philosophes comme Martin Heidegger et d'autres ont été montrés comme ayant des sympathies pour le national-socialisme. Cela démontre que des individus ayant un bagage intellectuel peuvent également être sensibles à des idéologies extrêmes.

Ce qui ressort souvent, ce sont des représentations superficielles, polarisantes ou sensationnalistes, alors que nous, en tant que société, privilégions le trivial et l'aisé au détriment du complexe et du profond. Au lieu de trouver des solutions durables à la crise climatique, à l'injustice sociale ou à l'instabilité politique, nous avons tendance à nous perdre dans des tendances futiles. La "stupidité glorieuse" pourrait donc représenter une forme de répression collective ou une adhésion naïve à des idées utopiques de progrès sans confronter les conséquences réelles. L'interconnectivité de la stupidité peut également faire référence à des phénomènes comme le « groupthink»., où des groupes d'individus interconnectés prennent des décisions irrationnelles ou inefficaces parce qu'elles ne sont pas remises en question de manière critique. Dans ce contexte, de mauvaises décisions surviennent souvent parce que les individus suivent l'opinion du groupe plutôt que de prendre une décision indépendante ou éclairée.

« Contrôlez l'esprit des moutons, et vous contrôlez le troupeau.»
Dans certaines cultures, l'éducation n'est pas suffisamment valorisée, ce qui ne renforce pas vraiment la motivation à acquérir des connaissances. Une attitude sociétale qui rejette ou se méfie des intellectuels et des experts diminue l'appréciation de l'éducation et

de la pensée critique. Les personnes vivant dans des situations d'emploi précaires ont souvent moins de temps et de ressources pour poursuivre une éducation supplémentaire ou réfléchir de manière critique aux problèmes sociétaux. Une population moins informée est plus facilement manipulée par la rhétorique populiste et les leaders démagogiques, ce qui favorise des décisions politiques extrêmes. Tant que les individus sont incapables de faire des choix éclairés et s'isolent dans leurs chambres d'écho, ils seront moins enclins à s'engager avec d'autres perspectives. Cela, à son tour, exacerbe les divisions sociétales. La prochaine étape est alors la radicalisation, car les individus embrassent de plus en plus des idéologies extrêmes. Ils deviennent également incapables de poser des questions critiques.

« L'abêtissement» d'un segment de la société est un problème sérieux avec de nombreuses causes et des conséquences de grande portée. Il nécessite une compréhension complète des facteurs sous-jacents et un engagement à prendre des mesures ciblées pour y remédier. Ce n'est qu'à travers une combinaison d'engagement sociétal, d'éducation, de littératie médiatique et d'initiatives politiques que nous pourrons encourager une revitalisation intellectuelle. Cela est crucial pour le bien-être et la stabilité de la société dans son ensemble. Face au dilemme d'une connexion impossible, le processus de créativité aide. Il est fondamental à toutes les disciplines, y compris les sciences. La créativité nous permet d'aller au-delà des modes de pensée établis et de développer des solutions innovantes à des problèmes complexes. La pleine conscience nous aide à observer et à réfléchir sur nos propres pensées et sentiments. La patience est essentielle, car les idées créatives prennent souvent du temps à mûrir et à se développer. La volonté d'écouter les signaux intérieurs signifie que nous sommes prêts à prendre l'intuition et l'inspiration au sérieux. L'écriture libre, par exemple, nous permet d'extérioriser nos pensées et de créer de nouvelles connexions, tandis que la visualisation imaginative nous aide à visualiser des concepts et à explorer des scénarios que nous n'aurions peut-être pas envisagés auparavant. En jouant consciemment avec des idées et des scénarios, les meilleurs développements scientifiques peuvent avoir lieu. Ici, des approches alternatives et des idées sous-développées peuvent ouvrir la voie à des découvertes révolutionnaires. En fin de compte, l'imagination n'est pas seulement un outil pour les artistes, mais aussi un élément fondamental dans la mise en œuvre pratique des découvertes scientifiques.

Participer à des actions qui contredisent la logique ou le bon sens reflète un certain degré de stupidité. De plus, il existe d'innombrables erreurs simples lorsque un concept ou une situation est mal compris. Faire des erreurs est une caractéristique humaine ; tout le monde commet des erreurs, et souvent ce sont ces erreurs dont nous apprenons et grandissons. Entre les deux se trouvent les faux pas sociaux, qui mettent en évidence un manque de conscience sociale. Plus graves sont les erreurs qui résultent d'actions impulsives prises sans réflexion ou considération sérieuse des conséquences. Dans la même catégorie d'erreurs triviales se trouvent les répétitions, où les mêmes erreurs sont commises à plusieurs reprises sans en tirer des leçons. Par rapport à la sagesse, la stupidité pourrait être vue comme l'absence de compréhension et de perspicacité plus profondes. Des erreurs graves en politique deviennent apparentes lorsque des actions sont prises sur la base d'une analyse inappropriée. De telles erreurs ont des répercussions sérieuses pour la société ou l'économie et affaiblissent la confiance dans les affaires politiques actuelles. Ces erreurs exacerbent les crises ou en créent de nouvelles. Les décisions politiques nécessitent une perspective à long terme pour considérer les développements futurs possibles et leurs impacts. Un manque de prévoyance peut conduire à une préférence pour des solutions à court terme qui sont problématiques ou inefficaces à long terme.

Lorsque le vivier de personnel de la soi-disant intelligentsia devient mince dans une entité sociétale, il incombe à la société civile de changer cette condition. Si l'intelligentsia, le groupe d'individus éduqués, intellectuellement et créativement engagés qui servent souvent de leaders culturels et idéologiques, diminue, les effets négatifs à long terme sur le développement sociétal, la capacité d'innovation et la démocratie sont inévitablement le résultat. En ancrant mieux la science et le travail intellectuel au sein de la population plus large, le grand public peut être motivé à accepter des décisions rationnelles. La création d'offres et d'initiatives en sciences politiques aidera à combler le fossé entre les experts et le public.

Une intelligentsia dynamique prospère grâce au débat, à la diversité d'opinion et à la pensée critique. Dans de nombreux cas, l'intelligentsia est menacée par la répression étatique, la censure ou les restrictions sur la liberté d'expression. La société civile doit défendre activement ces libertés pour garantir que la pensée critique et le travail intellectuel puissent se poursuivre. Des think tanks qui rassemblent des experts de divers domaines peuvent aider à développer de nouvelles idées et à aborder des problèmes sociétaux complexes. La collaboration entre scientifiques, artistes et société civile crée les perspectives qui transforment les impulsions intellectuelles en pratique.

L'interconnectivité dans l'éducation est façonnée par divers facteurs interconnectés qui s'influencent mutuellement. Les technologies numériques changent la façon dont l'éducation est dispensée. Les plateformes d'apprentissage en ligne et les matériaux numériques offrent de nouvelles opportunités pour un apprentissage individualisé. Les étudiants, qu'ils soient publics ou privés, peuvent travailler à leur propre rythme et selon leurs intérêts, avec un accès aux ressources de connaissance élargi à l'échelle mondiale. En plus des connaissances disciplinaires, des compétences clés telles que la pensée critique, les compétences en résolution de problèmes, le travail d'équipe et les compétences numériques sont d'une importance centrale. Motivée par les changements rapides sur le marché du travail, l'apprentissage tout au long de la vie est essentiel. L'éducation n'a plus besoin d'être confinée à des voies formelles. L'apprentissage informel et non formel prend de l'importance pour permettre la mise à jour continue des connaissances et le développement des compétences.

30. ERRANCES DE LA NEUTRALITÉ

La neutralité n'a jamais apporté une paix durable et sûre. Au contraire, elle a souvent, sous le couvert de promesses hypocrites, provoqué la guerre et la destruction. La neutralité est perçue comme une manière de se tenir à l'écart des conflits afin de préserver la paix et la sécurité. Cependant, dans certains contextes, elle peut être interprétée comme de la passivité ou même de la complicité, notamment lorsque des questions morales ou éthiques sont en jeu, comme les violations des droits humains ou les actes d'agression. Par exemple, les relations économiques entre des pays neutres et l'Allemagne nazie, impliquant le commerce de matières premières stratégiques, des transactions financières via des banques neutres ou l'utilisation de routes de transit pour le commerce, se sont avérées particulièrement problématiques. Ces interactions économiques ont ensuite été jugées moralement douteuses, car elles ont indirectement soutenu le régime nazi.

La neutralité comme refus de prendre des responsabilités. Les États qui s'engagent activement pour la paix, le dialogue et l'application du droit international contribuent souvent davantage à la paix durable que ceux qui restent neutres et espèrent ne pas être impliqués. Dans le monde actuel, où les droits humains, la sécurité et la justice globale prennent de plus en plus d'importance, l'absence de positionnement face à une injustice manifeste tend à aggraver les problèmes. Dans les conflits géopolitiques actuels, des acteurs prétendument neutres agissent néanmoins de manière à servir leurs propres intérêts, sans prendre position de façon claire. Cela crée des tensions importantes, en particulier lorsque des catastrophes humanitaires ou des violations massives des droits humains se produisent, et que les États ou acteurs neutres ne répondent pas efficacement.

Comme l'a écrit un auteur en politique internationale : « Être neutre, c'est être diffus dans ses opinions et ses déclarations », suggérant que la neutralité est perçue comme un manque de clarté ou de prise de position. Lorsqu'une personne ou une institution adopte un comportement ou une déclaration neutre, cela est souvent interprété comme un manque de conviction ou de détermination. Ce reproche s'adresse à une neutralité diffuse, notamment lorsque des positions claires sont attendues dans des débats politiques, moraux ou sociaux. Dans ces cas, la neutralité est perçue comme une manière d'éviter les décisions difficiles ou les conflits, plutôt que comme une position équilibrée. Ce phénomène est particulièrement visible dans des contextes comme celui des Émirats arabes unis, où la neutralité est utilisée comme une stratégie pour tirer profit de différents acteurs puissants. Cette politique semble incohérente, car elle évite de prendre des positions claires dans des conflits ou crises internationales.

Les risques de l'ignorance des menaces. Lorsque des États ou des acteurs politiques ignorent ou occultent consciemment des menaces, ils mettent en danger non seulement leur propre sécurité, mais aussi celle de leurs partenaires et de la communauté internationale. Par exemple, le manque de réaction face à l'émergence d'organisations terroristes ou à la montée en puissance de régimes autoritaires entraîne souvent une escalade des menaces. Une telle inaction compromet non seulement la sécurité nationale, mais également la stabilité mondiale. L'inaction d'un gouvernement aveugle contribue fortement à l'aggravation des conflits en laissant aux acteurs agressifs la possibilité d'agir sans entrave.

La neutralité, fondée sur le refus de voir ou de combattre les menaces de manière réaliste, cause plus de tort que de bien. En politique internationale, cela signifie que la neutralité ne peut pas être considérée comme un moyen de prévenir les conflits ou de promouvoir la paix lorsque les menaces sont trop importantes ou lorsque des obligations morales et sécuritaires imposent une action.

Cette prise de conscience a récemment poussé la Finlande et la Suède à rejoindre l'OTAN. Leur décision montre que la neutralité classique n'est plus jugée suffisante pour garantir la paix en période de menaces aiguës. La situation sécuritaire en Europe a rendu nécessaire pour ces pays l'adoption d'une stratégie de défense collective.

Le courage de prendre position. Prendre des décisions nécessite souvent du courage: celui de se positionner clairement et d'accepter le risque de subir des critiques ou des résistances. Cependant, les individus et les États évitent souvent cette responsabilité, car les décisions sont associées à des incertitudes et à des conséquences potentiellement négatives. Dans ces moments, la neutralité semble offrir une protection illusoire : en ne prenant aucun camp, on échappe à un conflit direct ou à des responsabilités. Mais, tout comme l'anonymat, la neutralité est perçue comme une forme d'évitement ou de repli, plutôt que comme une preuve de courage ou de détermination. Elle représente une forme de lâcheté, car elle évite de prendre des responsabilités ou de se positionner face à des sujets difficiles. Si elle est considérée comme une façon de rester à l'écart des conflits et d'adopter une posture passive, les États risquent d'être perçus comme opportunistes par leurs partenaires. À long terme, cela sape la confiance dans les relations existantes et, surtout, leur capacité à influencer et à contribuer au débat international.

Dans l'interconnexion des relations internationales, il devient de plus en plus urgent de prendre ses responsabilités et d'affirmer des valeurs et des principes clairs. En jouant un rôle de neutralité, les gouvernements, bien que non directement impliqués dans les conflits, participent à la déstabilisation de la situation par leurs décisions ou leur inertie. Dans des situations nécessitant des jugements éthiques clairs, la neutralité peut être perçue comme un échec moral. Lorsque les droits humains sont violés ou que les normes du droit international sont bafouées, le silence ne constitue pas une réponse appropriée.

La neutralité comme un Indécis Actif : Une Illusion Dangereuse La neutralité est souvent perçue comme une forme d'indécision active, parfois assimilée à une insensibilité émotionnelle ou à un désintérêt passager. Dans un monde où chaque décision, chaque prise de position et chaque mot portent un poids, nul ne peut réellement se soustraire à la responsabilité morale d'un engagement rationnel, empathique et critique face à la réalité. Bien que la neutralité puisse sembler être une solution à court terme, elle mène finalement à un état de passivité et d'ignorance. La véritable valeur réside non pas dans le silence ou l'inaction, mais dans le courage de défendre des valeurs universelles. La question essentielle devient alors: dans quel type de monde souhaitons-nous vivre et quel engagement sommes-nous prêts à fournir pour le construire?

Le combat intellectuel et la nécessité de prendre position. Dans le domaine intellectuel aussi, le combat de l'individu et de sa communauté est indispensable. Il faut choisir une voie, mais beaucoup hésitent, préférant se retrancher derrière une neutralité illusoire. Lorsque cette attitude est partagée par les élites auxquelles la majorité se rallie, elle illustre l'absence de perspectives pour l'avenir. L'idée que les erreurs "ne coûtent rien" est problématique. En sciences et en philosophie, une neutralité mal placée peut avoir des conséquences réelles : elle peut détourner les ressources de recherche, influencer négativement les décisions sociétales et freiner le progrès des connaissances.

En philosophie politique, notamment dans le contexte international, une prise de position claire est devenue incontournable. Cela dépasse les simples questions de pouvoir et inclut des divergences fondamentales concernant les droits de l'homme, le principe d'universalité et les systèmes d'ordre mondial. Le combat philosophique dans la politique internationale exige des décisions courageuses et un engagement actif. Refuser de se positionner risque de mener à une stagnation dangereuse, tandis qu'une confrontation réfléchie avec les visions du monde sous-jacentes peut ouvrir la voie à des solutions constructives pour les problèmes globaux. Convaincre les indécis en relations internationales exige une action multidimensionnelle et mûrement réfléchie.

Au sein des Nations unies, ce n'est pas la neutralité qui compte, mais l'objectivité. La préservation de la paix mondiale, la sécurité internationale, la promotion des droits de l'homme, le développement de relations amicales entre nations et une coopération internationale efficace nécessitent une approche objective. La neutralité apparente est un obstacle à ces objectifs. Atteindre ces fins exige de dépasser la neutralité face aux violations de ces principes fondamentaux.

Les décisions prises dans les organes des Nations unies doivent être fondées sur des évaluations scientifiques et transparentes pour garantir plus d'objectivité. Par exemple, le droit de veto des membres permanents du Conseil de sécurité, souvent utilisé pour bloquer des résolutions, n'a que peu été analysé ou évalué de manière critique. Les intérêts géopolitiques se sont trop mêlés aux structures décisionnelles, au point que le Conseil de sécurité ne peut guère être considéré comme représentatif de son mandat. La neutralité, perçue comme passivité ou indifférence, n'est pas utile dans les négociations complexes et souvent conflictuelles au sein des organes de l'ONU. C'est pourquoi il faut privilégier des approches objectives plutôt que des positions strictement neutres pour parvenir à des décisions équitables et efficaces.

Au cours des dernières années, les Nations unies se sont affaiblies et n'ont pas su sortir de leurs impasses. Les obstacles bureaucratiques, les blocages politiques et les conflits d'intérêts entre États membres ont gravement limité l'efficacité de l'organisation. En particulier, le Conseil de sécurité, paralysé par les désaccords entre les membres permanents, est régulièrement critiqué pour son incapacité à agir efficacement à l'échelle mondiale. Dans des crises telles que celles en Syrie, au Yémen ou au Myanmar, ou face à des défis globaux comme le changement climatique et les crises migratoires, l'ONU est souvent accusée de réagir trop tard ou de manière insuffisante.

Cette situation illustre la difficulté d'imposer les droits de l'homme universels lorsque des intérêts géopolitiques prédominent. Dans les cas où des États membres influents poursuivent leurs propres intérêts, que ce soit par des moyens politiques ou économiques, l'ONU donne souvent l'impression d'un manque d'objectivité. Cela suscite frustration et désillusion parmi les populations touchées, qui espèrent une intervention internationale forte. La bureaucratie de l'ONU et l'exigence de consensus ralentissent les réponses, et ce retard a souvent permis la poursuite des violations des droits de l'homme, tandis que l'organisation agissait de manière trop lente et inefficace.

Le constat que l'ONU a atteint ses limites structurelles dans sa mission est devenu de plus en plus évident au fil des décennies. Une réforme profonde de cette organisation mondiale semble être le seul moyen de restaurer son efficacité et de répondre aux attentes de la communauté internationale. Des pays comme l'Allemagne, l'Inde, le Brésil ou le Japon réclament depuis des années un siège permanent au Conseil de sécurité, afin de mieux refléter la réalité géopolitique actuelle. Une représentation plus large, combinée à la suppression du droit de veto absolu, pourrait renforcer la légitimité et l'efficacité du Conseil.

L'Assemblée générale, où sont représentés les 193 États membres de l'ONU, ne dispose pour l'instant que d'un rôle consultatif. Ses résolutions ne sont pas juridiquement contraignantes, ce qui limite considérablement son influence politique. Une réorganisation en représentations régionales pourrait transformer son rôle en lui conférant davantage de pouvoirs dans les affaires mondiales, en tant que complément décisionnel aux résolutions du Conseil de sécurité. Par ailleurs, des mécanismes pourraient être introduits pour éviter que les décisions du Conseil ne soient déformées par des intérêts géopolitiques. Une telle réforme rendrait les Nations unies plus réactives, plus inclusives et mieux équipées pour relever les défis du XXIe siècle.Pour répondre aux défis croissants du XXIe siècle, les Nations Unies doivent repenser leurs mécanismes de financement, leur structure de pouvoir et leur transparence. Cela implique de diversifier les sources de financement, de démocratiser les processus décisionnels et d'améliorer les mécanismes de reddition de comptes.

Une approche innovante pour réduire la dépendance financière envers les contributions des États membres serait d'introduire des taxes internationales, telles que des prélèvements sur les transactions financières ou sur les combustibles fossiles. Ces ressources pourraient stabiliser les budgets de l'organisation et garantir une allocation des fonds plus indépendante des agendas politiques nationaux. En parallèle, des audits externes réguliers et des mécanismes de transparence renforcés permettraient de s'assurer que ces fonds sont utilisés efficacement et conformément aux priorités établies.

L'ajustement des équilibres de pouvoir au sein du Conseil de sécurité est indispensable. La structure actuelle, qui repose sur un droit de veto absolu des cinq membres permanents, reflète mal la réalité géopolitique moderne. Une révision des règles pour inclure des puissances émergentes comme l'Allemagne, l'Inde, le Brésil ou le Japon, ainsi que la limitation ou l'abolition du droit de veto, pourrait accroître la légitimité et l'efficacité des décisions. Les processus décisionnels de l'ONU doivent devenir plus transparents. Cela inclut la publication systématique des procès-verbaux, des résultats des votes et des justifications derrière les décisions clés. La création d'organismes externes indépendants, dotés de pouvoirs d'enquête et de surveillance, garantirait que les décisions ne soient pas influencées par des intérêts géopolitiques ou des pratiques éthiquement discutables. Ces entités joueraient un rôle essentiel pour détecter et rectifier les abus.

La crédibilité des dirigeants des Nations Unies est cruciale pour maintenir la confiance mondiale. Des déclarations inconsistantes ou des positions ambiguës, comme la minimisation d'actes de violence graves ou des interactions perçues comme soumises envers des régimes autoritaires, nuisent à la réputation de l'ONU. Les hauts responsables doivent faire preuve de fermeté et de clarté dans leurs prises de position, particulièrement face à des crises complexes. Cela nécessite une compréhension approfondie des dynamiques globales et une capacité à équilibrer diplomatie et défense des principes universels. Impliquer davantage la société civile et d'autres parties prenantes dans les processus de réforme renforcerait la légitimité et l'intégrité des Nations Unies. Des consultations régulières et des plateformes d'échange avec des ONG, des universitaires et des groupes communautaires pourraient contribuer à formuler des politiques plus inclusives et équitables. Une évaluation approfondie et régulière des processus et structures de l'ONU permettrait d'identifier les inefficacités et de les corriger. Des réformes structurelles, telles qu'une représentation régionale accrue à l'Assemblée générale et des mécanismes contraignants pour les résolutions, pourraient transformer l'ONU en une organisation mieux adaptée aux besoins actuels.

31. FAIBLESSES DANS LA PRISE DE DÉCISION EN MATIÈRE DE POLITIQUE ÉTRANGÈRE

Les décisions erronées en matière de politique étrangère découlent souvent d'une mauvaise évaluation de la situation géopolitique, des intérêts des autres États ou de la dynamique interne d'un autre pays. De tels malentendus conduisent immédiatement à d'autres décisions inappropriées. L'interconnexion mondiale des États, des institutions et des alliances signifie qu'une erreur de politique étrangère dans un pays peut avoir des conséquences imprévues dans de nombreuses autres régions. Par exemple, la réponse occidentale à l'annexion de la Crimée par la Russie était liée à une mauvaise évaluation des objectifs géopolitiques à long terme de la Russie. Si les sanctions contre la Russie ont exercé une pression économique, elles n'ont pas réussi à freiner la politique étrangère agressive de Moscou, ce qui a entraîné de nouvelles escalades et de nouveaux conflits. Simultanément, le fossé entre la Russie et l'Occident s'est creusé.

Lorsque les acteurs politiques ne perçoivent pas ou interprètent mal une menace parce qu'ils s'appuient sur des informations superficielles, sont distraits par d'autres menaces visibles ou sont anxieux et indécis, les conséquences les plus désagréables s'ensuivent rapidement. Les menaces telles que les réseaux terroristes, les cyberattaques ou les guerres hybrides sont souvent difficiles à détecter et donc sous-estimées. Malheureusement, les mesures sont souvent prises trop tard, car l'ampleur réelle d'une menace n'est reconnue qu'après qu'elle a déjà causé des dommages importants. Les systèmes politiques qui reposent sur des bureaucraties lentes ou des processus décisionnels prudents sont particulièrement vulnérables à ces erreurs. Un autre danger réside dans l'évaluation inadéquate des conséquences à long terme d'une menace. Les menaces insidieuses telles que le changement climatique, les migrations de masse ou les changements démographiques sont extrêmement dangereuses car leurs effets ne se manifestent qu'après des années ou des décennies. Les États qui se concentrent sur les menaces à court terme ont tendance à négliger ces risques à long terme. De nombreux acteurs ont tendance à voir les menaces qui correspondent à leur vision du monde, tandis que d'autres dangers sont éclipsés ou sous-estimés. Les menaces cachées ou insaisissables sont donc souvent détectées trop tard.

L'incapacité des États et des acteurs politiques à reconnaître à temps les menaces latentes ou cachées et à y répondre de manière appropriée est un problème grave de la politique de sécurité moderne. Ce phénomène peut s'expliquer par plusieurs facteurs. La complexité des processus décisionnels politiques modernes peut entraîner des retards dans la détection des menaces et la réaction à celles-ci. Parfois, les informations critiques sont mal filtrées ou mal interprétées avant d'atteindre les niveaux de décision les plus élevés. En outre, les acteurs politiques ont tendance à se concentrer sur les menaces immédiates et visibles, car elles attirent souvent l'attention des médias. Ils acceptent donc que les menaces latentes ou difficiles à détecter, telles que les réseaux terroristes, les cyberattaques ou les guerres hybrides, soient sous-estimées ou négligées. Le volume d'informations disponibles aujourd'hui conduit paradoxalement à des analyses superficielles. Les décideurs sont tellement submergés par la quantité de données qu'ils renoncent souvent à des analyses plus approfondies. Les systèmes politiques qui reposent sur des processus décisionnels prudents et des politiques de consensus sont particulièrement sujets aux retards de réponse. La nécessité de parvenir à un large consensus ralentit souvent les longs processus de prise de décision et entrave la capacité à s'adapter rapidement aux nouvelles menaces.

La mise en œuvre de méthodes analytiques efficaces et de systèmes basés sur l'IA peut contribuer à mieux identifier les menaces potentielles. Toutefois, il faut aller plus loin que la simple utilisation de ces technologies. L'utilisation de ces outils nécessite une expertise et une compréhension approfondies afin de s'assurer que les informations obtenues sont interprétées correctement et que des mesures appropriées sont prises. L'adoption aveugle de réponses basées sur l'IA, sans examen approfondi, risque de négliger des aspects importants. Si l'IA peut analyser superficiellement de grands volumes de données, elle ne saisit pas toujours toutes les nuances ou les relations complexes. C'est pourquoi l'expertise humaine reste cruciale pour valider les résultats et les appliquer dans le contexte approprié. L'utilisation de l'IA doit être considérée comme un complément, et non comme un remplacement total. Les mécanismes de prise de décision doivent être adaptés pour être flexibles. Une formation régulière des décideurs est nécessaire pour les sensibiliser à la détection et à l'évaluation des menaces latentes. En mettant en œuvre de telles mesures, les acteurs politiques peuvent améliorer leur capacité à identifier et à répondre de manière adéquate, même à des menaces difficiles à détecter.

La surestimation de la puissance et de l'influence est l'une des erreurs d'appréciation les plus fréquentes. Les États ou groupes agressifs ont souvent tendance à surestimer leur pouvoir et leur influence sur la scène internationale. Cela peut avoir de graves conséquences sur la manière dont ils interprètent leur propre capacité d'action. Une erreur fréquente consiste à se concentrer unilatéralement sur l'un des deux facteurs - le contexte intérieur ou extérieur. Les décideurs en matière de politique étrangère se concentrent alors trop sur les intérêts nationaux à court terme, négligeant les impacts à long terme et les défis mondiaux. Une autre erreur consiste à croire que l'action unilatérale et la poursuite d'intérêts nationaux étroitement définis sont toujours productives. C'est oublier qu'un nombre croissant de défis ne peuvent être relevés que par la coopération internationale dans un monde de plus en plus interconnecté. Pour éviter ces erreurs, il est nécessaire d'adopter une approche multilatérale de la prise de décision en matière de politique étrangère, qui tienne compte à la fois des facteurs internationaux et nationaux, y compris des conséquences à long terme, et qui soit ouverte à la coopération. En outre, une analyse approfondie des motivations et des capacités des autres acteurs s'avère inestimable.

La chancellerie d'un pays d'Europe centrale est évaluée dans le domaine de la politique européenne en fonction de sa capacité à promouvoir des visions communes, à gérer les crises et à forger des alliances. Dans ce contexte, de nombreuses critiques ont récemment vu le jour. On pourrait presque penser qu'il s'agit d'une stratégie politique zen : un maximum d'attente, un minimum de prise de risque. Après tout, ceux qui ne font rien ne font rien de mal. Une politique européenne de l'Allemagne qui se concentre sur ses propres besoins nationaux affaiblit automatiquement la solidarité européenne. Il semble parfois que le principe de « l'Allemagne d'abord » prévale, que ce soit en matière d'économie, de politique énergétique, de sécurité commune ou de migration. La volonté d'offrir une défense européenne à doses homéopathiques ne propulsera sans doute pas le gouvernement actuel dans la catégorie des décideurs politiques décisifs.

L'Allemagne est traditionnellement perçue comme un leader au sein de l'UE, qui jette des ponts et facilite les compromis. Toutefois, la faiblesse des chancelleries laisse ce rôle de leader vacant, ce qui met en péril la cohésion de l'UE. L'Europe ne fonctionne pas en pilotage automatique; elle a besoin de politiques audacieuses et visionnaires pour relever les défis de notre époque. En l'absence de telles politiques et de dirigeants compétents et charismatiques, l'UE reste vulnérable aux divisions internes, aux intérêts nationaux et aux menaces extérieures, des coûts que ni un seul État membre européen ni la communauté mondiale ne peuvent se permettre.

L'absence de perspective à long terme est une erreur fréquente dans les politiques étrangères des grandes régions. Les décisions qui ne visent que des objectifs à court terme, sans tenir compte de leurs effets à long terme, ont souvent des conséquences imprévues et négatives. Les intérêts et les perspectives des autres pays doivent toujours être pris en compte. Lorsqu'un pays poursuit exclusivement ses propres intérêts et ignore les préoccupations des autres nations, il exacerbe les tensions et les conflits diplomatiques. Par exemple, la décision unilatérale des États-Unis de se retirer de l'Accord de Paris sur le climat a été perçue par de nombreux pays comme un mépris de la coopération mondiale, ce qui a entraîné des tensions diplomatiques, en particulier avec les partenaires européens.

La recherche d'un consensus implique que différents acteurs, malgré leurs intérêts et perspectives divergents, trouvent un terrain d'entente pour parvenir à un accord. Cela nécessite de la patience, de l'empathie et la capacité d'intégrer divers points de vue. La réussite de la recherche de consensus va au-delà du simple compromis et implique une volonté de trouver des solutions créatives qui profitent à toutes les parties concernées. Elle dépend souvent de l'ouverture à l'élaboration de solutions nouvelles et non conventionnelles. Il ne s'agit pas seulement de faire des compromis, mais aussi d'être prêt à développer des idées novatrices qui présentent des avantages pour les deux parties. La diplomatie «Track-2» - discussions informelles et ateliers impliquant des experts et des acteurs de la société civile - peut également faire avancer le processus de négociation formel.

Les crises ont toujours un impact sur de multiples secteurs, tels que la santé, l'économie, les infrastructures, la sécurité publique et la technologie. Lors d'une crise, les différents acteurs doivent collaborer pour assurer une réponse rapide et coordonnée. La gestion intersectorielle des crises nécessite l'élaboration de solutions flexibles et interdisciplinaires et la mise en place d'un réseau solide d'institutions capables de se soutenir mutuellement. En outre, il est essentiel d'identifier et de corriger rapidement les informations erronées par le biais de sources fiables. Pour ce faire, des équipes spécialisées devraient être mises en place dans toutes les unités de discussion et de décision, chargées de surveiller également le paysage numérique.

Une erreur récurrente est de ne pas tirer les leçons des crises passées. Beaucoup d'organisations et de gouvernements ont tendance à négliger la planification et la préparation de l'après-crise, ce qui les rend vulnérables à des erreurs similaires lors de crises futures. La technologie peut être un outil indispensable à la gestion des crises, mais elle ne doit pas être considérée comme une panacée. Une erreur fréquente consiste à trop compter sur les plateformes de communication, les systèmes d'alerte automatisés ou les drones sans s'assurer qu'ils fonctionnent efficacement dans les situations d'urgence et qu'ils sont bien intégrés à la prise de décision et à l'intervention humaines. Ces processus devraient également faire l'objet d'évaluations régulières. Les catastrophes météorologiques de plus en plus fréquentes, par exemple, pourraient être mieux anticipées. Lors d'un ouragan aux États-Unis, de nombreux systèmes techniques n'ont pas fonctionné comme prévu ou n'étaient pas disponibles à temps, ce qui a ralenti l'intervention d'urgence. Les lacunes dans la détection des menaces militaires ou des technologies spatiales agressives sont encore plus préoccupantes.

Les erreurs les plus importantes dans la gestion des crises proviennent souvent d'un manque de préparation, d'une mauvaise communication et d'une sous-estimation des risques, en particulier dans le domaine des menaces numériques et de la désinformation. Tous les secteurs, pays et populations concernés doivent être impliqués en permanence pour améliorer l'efficacité et l'efficience des systèmes de gestion des crises. L'adaptation et l'amélioration continues des stratégies sont essentielles pour être mieux armé face aux situations difficiles à venir. L'absence d'une stratégie de résilience à long terme qui prenne en compte les menaces physiques et numériques peut entraîner de graves lacunes. De nombreux plans de crise se concentrent uniquement sur la réponse immédiate à la crise actuelle au lieu de développer des mesures à long terme pour rendre la société, les infrastructures et les institutions plus résilientes face aux menaces futures.

Ce n'est qu'en adoptant une approche proactive et inclusive que nous pourrons nous assurer que nous sommes non seulement capables de répondre aux crises, mais aussi prêts à faire face aux menaces futures grâce à un système robuste et flexible. Le maintien de la paix, les initiatives politiques et la mise en place de mécanismes de sécurité internationaux sont essentiels pour prévenir les conflits et renforcer la résilience face aux risques géostratégiques. Une société résiliente s'appuie sur des institutions stables et transparentes, capables de réagir rapidement et efficacement aux crises. Ces institutions comprennent les gouvernements, les services de santé, les établissements d'enseignement et les systèmes de gestion des urgences.

La bonne gouvernance est essentielle pour gagner la confiance du public et maintenir la cohésion sociale. Elle se caractérise par sa capacité à anticiper les changements et à développer des solutions innovantes. Il peut s'agir d'innovations technologiques ou de la capacité à créer de nouveaux modèles sociaux ou économiques lorsque les anciennes structures échouent. Une société résiliente investit non seulement dans la réponse aux crises, mais aussi dans des mesures préventives. Cela implique l'identification précoce des risques potentiels, l'élaboration de plans de crise et leur mise en pratique régulière. Elle doit également être capable d'identifier et d'atténuer les manœuvres perturbatrices de l'extrémisme, qu'il s'agisse de dictatures, d'organisations terroristes ou de partis politiques corrosifs. En se concentrant sur ces domaines clés, les organisations et les communautés peuvent mettre en place des systèmes résilients qui non seulement identifient et atténuent les risques associés à l'extrémisme, mais favorisent également un environnement plus inclusif et cohésif.

Pour relever efficacement les défis posés par l'extrémisme sous ses nombreuses formes, qu'il s'agisse de régimes autoritaires, d'organisations terroristes ou d'idéologies politiques corrosives, les organisations et les communautés doivent adopter une approche multiforme et proactive. Il s'agit d'identifier les racines et les manifestations de l'extrémisme tout en mettant en œuvre des mesures pour en atténuer l'impact. En fin de compte, l'objectif est de favoriser la résilience, l'inclusion et la cohésion au sein des sociétés. Les acteurs extrémistes exploitent souvent les vulnérabilités des systèmes politiques, sociaux et économiques pour atteindre leurs objectifs. Ils diffusent fréquemment de la propagande pour déformer les faits, inciter à la peur et polariser les sociétés. Les plateformes numériques sont utilisées pour amplifier la rhétorique de division et recruter des partisans.

Les régimes autoritaires ou les partis extrémistes peuvent infiltrer les systèmes politiques ou juridiques pour légitimer leurs programmes. Les menaces physiques directes à l'encontre d'individus ou de communautés visent à déstabiliser et à susciter la peur. Les dictatures et les mouvements extrémistes réduisent souvent les dissidents au silence par l'emprisonnement, la censure ou la violence. Les institutions doivent donc donner la priorité à la responsabilité et à la transparence pour instaurer la confiance et la légitimité. Des lois claires contre les discours haineux, l'incitation et la corruption politique peuvent dissuader les manœuvres extrémistes. La promotion de la pensée critique et de l'éducation aux médias peut vacciner les citoyens contre la désinformation. Une coordination mondiale permet de traquer et de démanteler les réseaux extrémistes transnationaux. Les pays et les organisations peuvent s'inspirer des stratégies efficaces de lutte contre l'extrémisme dans différents contextes. La lutte contre l'extrémisme va au-delà des mesures défensives; elle nécessite de cultiver un environnement dans lequel l'extrémisme ne peut pas prospérer.

En s'attaquant aux disparités économiques et sociales, on réduit les griefs que les extrémistes exploitent.Les plateformes inclusives garantissent que tous les groupes se sentent représentés et valorisés.Les initiatives visant à résoudre les tensions entre les groupes polarisés empêchent l'escalade vers l'extrémisme. En inculquant les valeurs de la démocratie, des droits de l'homme et du respect mutuel, on prépare les générations futures à résister aux idéologies extrémistes. En combinant la vigilance à l'égard des tactiques perturbatrices de l'extrémisme avec un accent proactif sur l'inclusivité et la résilience, les sociétés peuvent lutter efficacement contre les menaces posées par les acteurs extrémistes. Des institutions transparentes, des communautés responsabilisées et une collaboration mondiale constituent l'épine dorsale de ces efforts. Il en résulte un environnement cohésif qui non seulement identifie et atténue les risques, mais nourrit également une culture de respect, d'équité et de progrès partagé. Grâce à ces stratégies globales, l'extrémisme perd de son attrait et sa capacité de perturbation est systématiquement réduite. Tous ces efforts peuvent s'appuyer sur les instruments professionnels que sont les audits, les évaluations et les notations.

32. ÉVALUATION DU PAYSAGE MÉDIATIQUE

L'évaluation des médias a un impact considérable sur les opinions divergentes du public, non seulement en ce qui concerne l'évaluation du contenu, mais aussi en termes de performance des modérateurs dans la médiation quotidienne des débats politiques et des talk-shows. La mission des médias ne se limite pas à fournir de l'information, mais également à la façonner, jouant ainsi un rôle majeur dans l'influence de l'opinion publique. Les plateformes de débats médiatiques servent de scènes importantes où des opinions sont exprimées, des positions politiques discutées, et des thèmes sociétaux éclairés.

Les médias fonctionnent comme la principale source d'informations sur l'actualité. La qualité et l'exactitude des informations rapportées influencent la manière dont le public comprend et réagit à ces sujets. Il est crucial que ces informations soient factuelles, équilibrées et exemptes de biais. Par le biais de l'agenda-setting, les médias ont le pouvoir de déterminer quelles thématiques ont priorité dans le discours public. En sélectionnant les thèmes et en décidant de la manière de les présenter, les médias façonnent la vision du monde de la population et orientent son attention sur certains enjeux. À travers le contenu et les commentaires médiatiques, le ton des débats sociaux et politiques est souvent donné. Les commentateurs, journalistes et experts offrent des interprétations qui influencent la perception des spectateurs sur ces sujets. Ainsi, il est d'une grande importance d'évaluer soigneusement la qualité et l'impartialité de ces commentaires. Ils n'informent pas seulement le public sur ce qui se passe dans le monde, mais contribuent activement à cette réalité. En mettant en lumière certains sujets et en en ignorant d'autres, ils influencent ce que le public juge pertinent ou insignifiant. Les plateformes de débats médiatiques sont des arènes où se produit cette formation d'opinion, souvent bruyante et controversée mais inévitablement percutante. Dans cette interconnexion entre médias et société, les positions politiques sont discutées et les thèmes sociétaux sont éclairés, mais la lumière projetée est souvent unilatérale, non neutre.

Les médias ne sont pas de simples canaux d'information, ils sont également de puissants acteurs dans la formation des opinions politiques et sociétales. Dans les discussions politiques, souvent diffusées en direct, la manière dont l'information est présentée et discutée devient tangible pour le public. Les médias influencent non seulement ce que les gens pensent, mais aussi comment ils réagissent émotionnellement. Dans ce contexte, l'évaluation du contenu médiatique et des commentateurs est devenue une nécessité sensible. Les commentateurs réussissent-ils à présenter des sujets complexes de manière accessible et complète lors des débats politiques ? Leur performance dépend de la qualité de leurs recherches, de leur argumentation et de leur capacité à apporter des nuances. Cependant, les émissions sont souvent critiquées pour rester trop superficielles, servant davantage de plateformes pour l'autopromotion des invités que d'occasions de débats réellement approfondis. Le temps d'antenne limité et l'accent mis sur le divertissement entravent souvent l'analyse détaillée des thèmes. Les commentaires biaisés ou partisans influencent l'opinion publique et peuvent promouvoir des récits unilatéraux. La compétence et la crédibilité ne sont pas toujours garanties. Une évaluation continue est nécessaire pour examiner de manière critique les rôles joués dans ces arènes d'opinion.

Les talk-shows deviennent de véritables temples de discussions superficielles mais électrisantes. Où pourrait-on entendre une expertise aussi aiguisée que celle de comédiens devenus épidémiologistes ou de politiciens exhibant leur connaissance approfondie du changement climatique? Bien sûr, il ne s'agit là que d'insights autodidactes - indéniablement teintés d'une certaine dose d'autopromotion. Qui a besoin de profondeur lorsqu'une tempête d'indignation en ligne peut être provoquée en un rien de temps? La mise en scène polarisante est souvent priorisée, visant moins l'échange factuel que la création de drames et de provocations. Ces spectacles, avec des sujets provocateurs et des discussions animées, attirent l'attention et augmentent l'audience, mais manquent souvent de la profondeur et du sérieux nécessaires pour un débat significatif.

Les opinions sont simplifiées ou déformées, et la véritable nuance est perdue. À une époque où les opinions diverses et les discussions nuancées sont plus importantes que jamais, il peut être frustrant de voir des talk-shows se limiter à attiser les émotions plutôt que de créer un espace pour des débats bien fondés. Le principe de base est le suivant : choisir un sujet aussi polarisant que possible, de préférence avec des mots-clés tels que « scandale », « peur » ou « perte de liberté », puis y ajouter une touche d'indignation. Ensuite, disposer cinq invités autour d'une table, idéalement issus de camps totalement opposés qui non seulement ne s'apprécient pas, mais se sont également préparés intensément pour l'émission.

Actuellement, les modérateurs - à quelques exceptions près - apparaissent comme un mélange d'arbitres et de pyromanes, toujours prêts à attiser les flammes. Le résultat est généralement un débat qui a peu à voir avec un échange d'opinions et beaucoup plus avec un échange de coups. Au lieu d'explorer les arguments de manière objective, chaque point de vue est compressé en slogans accrocheurs, suffisamment simples pour fonctionner encore sur Twitter ou Instagram. Les participants n'apportent de nuances que par le volume avec lequel ils s'interrompent mutuellement. Tout spectateur espérant des opinions authentiques et nuancées sera déçu. Le spectacle domine parce que les audiences doivent être assurées.

Un paysage médiatique diversifié, de qualité et équilibré est essentiel pour le bon fonctionnement d'une démocratie. Les médias et les commentateurs doivent offrir un espace pour des discussions pluralistes. L'absence ou l'insuffisance d'évaluations conduit à une amplification de la désinformation, de la polarisation et de la manipulation. Les évaluations devraient contribuer à créer de la transparence, établir des normes de qualité et renforcer la crédibilité des médias. À une époque de désinformation et de polarisation politique croissante, cela est plus important que jamais.

Cela inclut avant tout la manière dont l'information est présentée. Il est toujours crucial de déterminer si les affirmations des commentateurs reposent sur des preuves. De plus, il est important d'observer quelles perspectives sont mises en avant et lesquelles sont négligées. Comprendre les biais politiques est essentiel pour une analyse critique du contenu médiatique. La compétence, l'impartialité, les aptitudes en communication et l'empathie sont essentielles pour garantir la qualité et l'impact des commentaires sérieux. En écoutant certaines remarques, on pourrait parfois avoir l'impression que l'expertise provient directement du dernier article tendance sur les réseaux sociaux. Pourquoi s'embarrasser d'années d'études ou de recherches approfondies, alors qu'une poignée de phrases accrocheuses et une touche de controverse suffisent à divertir le public?

D'un côté, il y a des experts spécifiques, reconnus pour leurs rôles professionnels et leurs évaluations. De l'autre, on assiste à une prolifération de pseudo-experts invités. Cela pourrait découler du fait que certains animateurs ou contributeurs des médias se sont imposés sur scène grâce à des compétences improvisées et un coup de chance. La perception qu'a le public des médias est souvent façonnée par les tendances durables et la manière dont l'information est transmise. Dans certains cas, la réalité est évitée au profit d'un "refus poli" de l'information. À l'inverse, l'abondance écrasante d'informations disponibles peut être si déroutante qu'elle réduit la capacité d'attention du public. Pourtant, la mission des médias est d'offrir une plateforme pour échanger différents points de vue et arguments sur les enjeux actuels. En agissant ainsi, ils favorisent le débat public et la confrontation des opinions au sein de la société. En tant que «quatrième pouvoi», ils jouent un rôle crucial de surveillance. À travers le journalisme d'investigation et les reportages critiques, ils doivent dénoncer les abus et surveiller les dirigeants politiques et économiques. Cette fonction est essentielle au fonctionnement de la démocratie. Dans le système politique, les médias ont également le devoir de contribuer à l'éducation politique et à la participation citoyenne. Ils participent à la fois à la stabilité nécessaire et au changement constant dans la société. En même temps, les interconnexions entre les médias et la politique créent une relation d'influence et de bénéfices mutuels.

Dans les années 2000, particulièrement après les événements du 11 septembre 2001 et l'intensification de la polarisation politique, les médias américains ont fait l'objet de critiques significatives. Les chaînes d'information américaines se sont souvent appuyées sur un journalisme hautement émotionnel pour fidéliser leur audience. Ces réseaux sont devenus connus pour leurs positions idéologiques clairement marquées, qui ont souvent encouragé la division au détriment de la compréhension mutuelle. De plus, de nombreux programmes ont davantage mis l'accent sur le divertissement et les talk-shows orientés vers l'opinion que sur le reportage objectif. Cette situation a donné naissance au phénomène du «TV bashing», où les médias étaient accusés de favoriser la polarisation plutôt que de contribuer à une information équilibrée et factuelle. Les conséquences de cette évolution sont visibles dans le paysage social et politique des États-Unis.

Ces dernières années, cependant, les réseaux américains ont pris des mesures pour améliorer leur image et revenir à une couverture plus équilibrée et professionnelle. Cela inclut notamment la professionnalisation des commentateurs. Beaucoup d'entre eux possèdent non seulement une expertise journalistique mais également des connaissances approfondies dans des domaines tels que la politique, l'économie et les relations internationales, ce qui a renforcé la crédibilité de ces réseaux. Les médias américains ont également élargi leur éventail de commentateurs et d'experts. Cette diversification des voix, non seulement en termes politiques mais aussi en termes de perspectives culturelles, ethniques et de genre, a favorisé des discussions plus pluralistes. Cela a permis à de nombreux réseaux d'atteindre un public plus large et d'être perçus comme moins partisans. Ces efforts commencent à porter leurs fruits. Les critiques sur la superficialité et les biais dans les reportages ont diminué dans de nombreux cas, et plusieurs réseaux ont regagné en crédibilité grâce à des reportages approfondis et des commentateurs bien formés. Cela a également conduit les médias internationaux et les spectateurs à adopter une vision plus nuancée du paysage médiatique américain.

Cependant, la tentation de répondre à un public fortement polarisé demeure présente. Malgré les progrès, certains réseaux continuent de s'appuyer sur des opinions partisanes pour cibler des groupes démographiques spécifiques. Le paysage médiatique américain reste très fragmenté, et de nombreux spectateurs continuent de s'informer auprès de sources qui confirment leurs croyances politiques plutôt que de s'appuyer sur des reportages neutres. Dans les pays germanophones, le paysage médiatique montre un contraste marqué entre les experts de qualité et les «pseudo-experts.» Ce dualisme est particulièrement évident dans la manière dont les experts sont utilisés dans différents formats médiatiques et à différents moments de diffusion. D'un côté, de nombreux spécialistes qualifiés possèdent une expertise reconnue dans des domaines spécifiques. Ils se distinguent par leur connaissance approfondie de leur domaine, leurs qualifications académiques ou leur expérience professionnelle significative. De l'autre côté, un nombre croissant de pseudo-experts apparaissent dans de nombreux programmes. Ils participent souvent à des formats populistes où leurs déclarations, simplistes et sensationnalistes, sont présentées au public de manière claire mais souvent inconsidérée et biaisée. « Ces «experts» utilisent des arguments polémiques ou émotionnels pour attirer l'attention plutôt que de convaincre par la profondeur de leurs analyses.

Le recours croissant à ces pseudo-experts pourrait être lié au manque de rigueur journalistique dans certains formats. Plutôt que d'inviter des spécialistes rigoureusement sélectionnés, certains réseaux préfèrent des personnalités qui, bien que moins qualifiées, s'alignent sur le narratif du programme ou offrent des opinions provocantes susceptibles de stimuler l'audience. Cela ressemble à du «journalisme sensationnaliste», davantage axé sur l'attention immédiate que sur une analyse approfondie. Dans de tels contextes, la véritable expertise est affaiblie, et le public ne reçoit ni un véritable éclairage ni une information fiable, mais plutôt une discussion superficielle davantage destinée à divertir ou à confirmer des biais. Par conséquent, le potentiel pour des débats nuancés sur des enjeux politiques et sociaux complexes est systématiquement sapé.

Est-il excusable que de nombreux talk-shows et formats de débat soient soumis à une pression énorme pour obtenir des audiences élevées? Dans ce contexte, les pseudo-experts, qui adoptent souvent des positions extrêmes, sont perçus comme utiles pour provoquer des discussions animées et controversées, même au détriment de la qualité des arguments. Cela contribue à une distorsion de la réalité, car des informations superficielles ou incorrectes prédominent. Les téléspectateurs ne sont pas adéquatement informés et peuvent être induits en erreur. De plus, cette situation érode la confiance dans les médias et favorise la propagation de la désinformation. La disparité entre experts qualifiés et pseudo-experts souligne l'importance de remettre en question de manière critique la sélection des invités dans les talk-shows. Il incombe aux médias de garantir une couverture équilibrée et bien informée. Sinon, le risque est que la désinformation véhiculée par les médias devienne la norme, au détriment du débat public.

Des événements tels que la polarisation croissante entre républicains et démocrates aux États-Unis, les divisions entre électeurs, et des incidents extrêmes comme l'assaut du Capitole le 6 janvier 2021, illustrent en partie les conséquences d'un paysage médiatique fragmenté. La crédibilité des médias est de plus en plus remise en question. Un nombre croissant de personnes ne considèrent plus la presse comme une entité neutre, mais comme un participant aux conflits idéologiques. La polarisation des médias aux États-Unis sert d'avertissement pour d'autres régions, soulignant l'importance d'une couverture équilibrée et responsable pour renforcer les processus démocratiques et prévenir les divisions sociétales. En même temps, cette tendance représente un défi pour les médias, qui doivent se défendre contre les accusations de partialité sans abandonner leur mission de reportage critique.

La dévaluation de la mission du service public de radiodiffusion découle également du fait que ce ne sont pas seulement les théories du complot et les faussetés intentionnelles qui affectent la transmission de l'information, mais aussi l'omission subtile de faits. Cela s'est produit à plusieurs reprises en Allemagne et en Autriche, culminant par des manquements médiatiques pendant la pandémie de Covid-19. De telles pratiques ont significativement contribué à l'insécurité et au désordre social. En Autriche, seule une chaîne privée a maintenu une couverture objective. Les répercussions sociologiques à long terme étaient évidentes. Une critique fréquente est que les radiodiffuseurs publics ont disproportionnellement reflété les positions des gouvernements et des institutions établies tout en sous-représentant les points de vue critiques de certains scientifiques ou groupes concernés. La transparence dans les décisions éditoriales et leur évaluation pourrait aider à contrer les accusations de partialité. Inclure un éventail plus large de perspectives, y compris des points de vue dissidents, renforcerait la confiance dans les médias. De plus, maintenir une plus grande distance vis-à-vis des influences politiques et économiques serait essentiel pour préserver la crédibilité des médias.

La numérisation croissante a également transformé de manière spectaculaire le paysage médiatique européen. De plus en plus de personnes consomment des nouvelles et des contenus via les réseaux sociaux et les plateformes numériques. Cette évolution a poussé les entreprises de médias traditionnels à adapter leurs modèles économiques et leurs contenus aux exigences de l'ère numérique. Par ailleurs, des plateformes internationales apparaissent comme de nouveaux acteurs, concurrençant les diffuseurs européens pour capter l'attention des spectateurs. La propagation de la désinformation et des «fake news» à travers les réseaux sociaux et les plateformes d'information alternatives constitue une menace majeure pour l'opinion publique et un défi de taille pour le paysage médiatique. En particulier, lors d'événements politiques tels que les élections au Parlement européen ou le débat sur le Brexit, il est apparu clairement à quel point les contenus manipulatoires peuvent influencer l'opinion publique.

La manière dont les gens consomment les médias évolue rapidement. Pour les jeunes générations, les réseaux sociaux et les services de streaming jouent un rôle dominant, tandis que les formats traditionnels comme la presse écrite et la télévision perdent de leur importance. Ces changements appellent des réponses novatrices, notamment concernant le financement d'un journalisme de qualité et la garantie d'une offre d'information équilibrée grâce à des évaluations et des analyses professionnelles. À l'échelle européenne, diverses mesures et initiatives visent à protéger et à promouvoir la liberté et la diversité des médias. Peut-être qu'un suivi privé plutôt qu'un contrôle étatique pourrait jouer un rôle dans l'évaluation de la qualité des contenus. L'avenir du paysage médiatique européen dépendra largement de la capacité des acteurs à préserver l'indépendance et la diversité des médias tout en répondant aux transformations profondes induites par la numérisation et les nouvelles plateformes médiatiques. L'accès à des informations fiables doit être assuré tout en garantissant la liberté d'expression pour maintenir les structures démocratiques en Europe.

Malgré tout, l'Europe, à l'exception notable de la Hongrie et de la Bulgarie, s'en sort relativement bien comparée à d'autres régions du monde. L'Amérique du Nord possède également une forte tradition de liberté de la presse, mais les attaques croissantes contre les journalistes et les entreprises médiatiques par des acteurs politiques posent problème. En Amérique latine et dans certaines parties de l'Asie, la liberté de la presse est fortement restreinte par la répression étatique, la censure ou la violence envers les journalistes. La Chine, la Russie et l'Arabie saoudite illustrent des cas extrêmes où la presse est étroitement contrôlée par l'État, laissant peu ou pas de place au journalisme indépendant.

Sans médias libres et indépendants, il n'existe aucun contre-pouvoir critique face aux gouvernements et aux détenteurs du pouvoir. Cela accélère l'érosion insidieuse des structures démocratiques et de l'État de droit. Lorsque les médias indépendants sont sous pression, un vide informationnel se crée, souvent comblé par de la propagande et des fausses informations. Cela alimente la polarisation sociale et sape le débat public fondé sur les faits, essentiel au bon fonctionnement d'une démocratie. L'augmentation des attaques contre les journalistes instaure un climat de peur et d'intimidation. Les professionnels des médias peuvent renoncer à des reportages critiques par souci de sécurité, ce qui limite encore davantage la diversité des opinions et favorise les tendances autoritaires.

Si cette tendance persiste, il y a un risque d'érosion progressive des valeurs et institutions démocratiques. Dans certains pays, cela pourrait entraîner une dérive vers des formes de gouvernance autoritaires ou hybrides. Même dans les démocraties établies, le risque d'une polarisation croissante et d'une perte de confiance dans les processus démocratiques demeure. Pour contrer cette évolution, des mesures visant à protéger la liberté de la presse aux niveaux national et international sont recommandées. Il a ainsi été constaté que le paysage médiatique présente de nombreuses faiblesses, souvent interconnectées et interdépendantes. D'une part, la monopolisation entraîne souvent des contraintes économiques qui affaiblissent le journalisme de qualité. L'imbrication des intérêts économiques et du journalisme complique la production d'une couverture médiatique de haut niveau. La pression économique oblige les entreprises médiatiques à produire des contenus destinés à capter une attention maximale, au détriment de la qualité et de la profondeur. La soif de sensationnalisme, illustrée par le « clickbait » et la « tabloïdisation », va de pair avec la baisse de qualité des contenus. Ces mécanismes renforcent également la perte de confiance du public envers les médias, réduisant ainsi les revenus publicitaires et les abonnements.

Cette perte de confiance est étroitement liée à la concentration de la propriété et à la commercialisation. La méfiance alimente également la croissance des plateformes alternatives, où la désinformation et les théories du complot prospèrent encore davantage. Ces dépendances favorisent la monopolisation, les grandes plateformes décidant par leurs algorithmes quels contenus sont visibles. La commercialisation est de plus en plus encouragée, car les contenus doivent être optimisés pour devenir viraux sur les réseaux sociaux. Une telle pratique se fait inévitablement au détriment de la qualité journalistique.

La propagation de la désinformation est un symptôme de la faiblesse structurelle liée à la dépendance envers les plateformes numériques, qui privilégient souvent les contenus controversés via leurs algorithmes. Cette désinformation profite également de la perte de crédibilité des médias traditionnels et de leur orientation commerciale. La baisse de qualité est aussi liée à la diminution des qualifications des journalistes, commentateurs et présentateurs télé. De plus, des journalistes peu expérimentés ou mal formés manquent des outils nécessaires pour traiter des sujets complexes en profondeur. Ils se concentrent sur des thèmes accrocheurs, nécessitant peu de connaissances spécialisées ou présentant moins de risques. Parallèlement, les entreprises médiatiques, sous la pression financière, sont enclines à privilégier des contenus moins coûteux, pouvant être réalisés par des équipes moins qualifiées.

Comme les normes et l'éthique journalistiques sont de moins en moins enseignées dans les universités et davantage dans le cadre de formations pratiques, ce fondement indispensable fait défaut. Les chaînes de télévision privilégient volontiers des animateurs aux qualités d'entertainment plutôt qu'à la compétence technique. Lorsque des journalistes bien formés quittent leur profession sous-payée pour des secteurs plus lucratifs tels que les relations publiques ou la communication d'entreprise, le niveau des reportages publics diminue encore davantage. Améliorer la formation et promouvoir des journalistes qualifiés constitue un pas essentiel pour enrayer la perte de qualité dans le paysage médiatique. Mais pour obtenir des résultats à long terme, ces initiatives éducatives doivent être accompagnées de réformes structurelles, notamment sur le financement et l'organisation du travail dans les médias. Les écoles de journalisme et les universités devraient introduire des contrôles qualité rigoureux et des normes uniformes. À court terme, le manque de journalistes spécialisés peut être compensé par la promotion de cours de formation dans des domaines tels que les sciences, l'économie, la politique et la culture. Une orientation pratique accompagnant la formation aide à appliquer ces compétences directement dans le quotidien des rédactions. Les connaissances techniques, l'éthique journalistique, y compris les principes d'objectivité et de responsabilité envers le public, doivent être prioritaires dans l'enseignement et constamment mises à jour à travers des programmes d'évaluation.

Les fondations à but non lucratif pourraient également jouer un rôle important. Elles seraient aptes à financer des rédactions axées sur l'investigation et les reportages approfondis. Les entreprises médiatiques pourraient miser sur des modèles d'adhésion, des abonnements et le financement participatif pour réduire leur dépendance aux revenus publicitaires. Ces modèles favorisent une relation plus étroite entre les médias et leur public, renforçant ainsi l'indépendance et atténuant la pression financière. Une réforme de la répartition des revenus publicitaires, par le biais d'une fiscalité équitable des géants de la technologie comme Google et Facebook, qui captent une grande partie des recettes publicitaires numériques, offrirait également plus de marges de manœuvre financières aux médias traditionnels.

Une autre condition préalable à un meilleur journalisme est l'existence de conditions de travail stables et équitables. Les situations professionnelles précaires affaiblissent la confiance dans la profession et entraînent une perte de personnel qualifié. Les entreprises médiatiques devraient investir dans des contrats de travail équitables pour retenir les talents journalistiques. Plutôt que d'économiser sur les coûts de formation, elles devraient encourager la coopération avec des établissements de formation professionnelle et des universités. Un effort soutenu en matière de formation continue dans des domaines tels que les nouvelles technologies, le journalisme de données et les réseaux sociaux ne doit pas faire oublier l'importance des compétences de contenu.

33. LA POLITIQUE EUROPÉENNE DANS LE CONTEXTE MONDIAL *)

L'Union européenne s'est transformée, au cours des dernières décennies, en un acteur central de la politique internationale. De son origine en tant qu'union économique entre les pays européens après la Seconde Guerre mondiale, l'UE s'est muée en un acteur géopolitique dont l'influence s'étend bien au-delà des frontières du continent. Cette transformation était nécessaire face à la complexité croissante des défis mondiaux au XXIe siècle. Aujourd'hui, l'Europe se trouve au cœur de tensions internationales majeures, confrontée à l'ascension de nouvelles puissances, à un environnement sécuritaire en mutation et à la nécessité de s'imposer dans un monde multipolaire.

Ces dernières années, la politique européenne s'est progressivement mondialisée, poussée par les circonstances, une évolution bénéfique pour l'avenir de l'Europe. Longtemps absorbée par des questions internes, telles que l'approfondissement de l'intégration et la stabilisation de l'espace euro et de l'espace Schengen, l'Union a vu sa

*) THE EUROPE CODE , ISBN 978-3-7597-8717-0

politique étrangère devenir un domaine d'action décisif. Aujourd'hui, l'influence des pays européens et de l'UE s'étend à des domaines variés: diplomatie, sécurité, droits de l'homme, changement climatique et partenariats économiques. Cela résulte non seulement de l'impact direct des développements mondiaux sur l'Europe, mais aussi de la prise de conscience qu'aucune nation européenne ne peut agir seule dans un monde interconnecté. Des problématiques telles que le changement climatique, le terrorisme, les migrations ou les conflits commerciaux exigent des solutions globales, et l'Europe s'investit désormais activement dans des projets internationaux et développe ses propres stratégies en matière de politique extérieure.

La politique étrangère de l'UE est de plus en plus dictée par des réalités géopolitiques et des intérêts stratégiques. Depuis le début des années 2000, l'ordre mondial a radicalement évolué. L'ascension de la Chine comme deuxième puissance économique mondiale et son influence croissante dans la région indo-pacifique ont modifié les équilibres globaux. Dans le même temps, la Russie, en particulier depuis l'annexion de la Crimée en 2014 et l'invasion de l'Ukraine en 2022, représente une force déstabilisatrice aux frontières européennes.

L'Europe, qui se présente souvent comme un leader moral et diplomatique, se rend compte que, dans l'arène géopolitique contemporaine, il ne suffit pas de prononcer des discours éloquents. La situation actuelle pose la question de savoir si le continent est prêt à affronter une concurrence mondiale de plus en plus rude. Il est impératif que les dirigeants européens reconnaissent leur place réelle dans l'ordre mondial et se préparent sérieusement à cette compétition. Cela nécessite non seulement une amélioration de la résilience militaire et économique, mais aussi une prise de position plus claire dans les conflits internationaux.

Les changements dans l'ordre mondial offrent à l'Europe une double opportunité: renforcer ses capacités de défense et établir des partenariats stratégiques. Bien que les relations transatlantiques avec les États-Unis, pilier traditionnel de la sécurité européenne, demeurent importantes, les divergences politiques récentes, notamment pendant la présidence de Donald Trump, ont incité l'Europe à réfléchir à son autonomie stratégique. La France et l'Allemagne jouent un rôle prépondérant dans l'élaboration d'une politique de défense européenne commune.

Sur le plan économique, la politique commerciale internationale reste un levier majeur pour l'UE, qui est le plus grand marché unique au monde. Les accords de libre-échange conclus avec des pays d'Asie tels que le Japon, la Corée du Sud et le Vietnam, et les négociations en cours avec l'Australie et l'Inde, témoignent de la volonté européenne de renforcer sa présence dans la région indo-pacifique, perçue comme le nouveau centre économique mondial. Ces partenariats visent également à contrebalancer l'influence croissante de la Chine.

Dans le domaine de la lutte contre le changement climatique, l'Europe est un leader mondial. L'UE a fixé des objectifs ambitieux pour réduire ses émissions de CO_2 d'ici 2030 et atteindre la neutralité carbone d'ici 2050. Le Pacte vert européen, adopté en 2019 sous la présidence d'Ursula von der Leyen, constitue une feuille de route vers une transition économique et environnementale profonde. En investissant dans les énergies renouvelables, la mobilité électrique et l'économie circulaire, l'Europe ne se limite pas à réduire ses émissions, mais vise également à devenir un pionnier technologique mondial.

La migration reste l'un des défis les plus complexes pour l'UE, tant sur le plan interne qu'externe. La pression migratoire en provenance du Moyen-Orient, d'Afrique et d'Asie exige des réponses globales et coordonnées. La lutte contre les causes profondes des migrations, notamment à travers la coopération au développement et les initiatives diplomatiques, est une priorité. Parallèlement, l'Europe cherche à renforcer sa capacité à gérer les flux migratoires et à répartir équitablement les demandeurs d'asile entre les États membres.

Pourtant, l'Allemagne aurait suffisamment d'autres sujets à traiter, ne serait-ce que sur la scène organisationnelle et économique. Il y a le manque d'innovation dans l'industrie au cours des dernières décennies, la bureaucratie excessive, les PDG faiblement évalués avec des déficits individuels dans le spectre managérial et sociopolitique et bien d'autres déclencheurs de la situation déplorable de l'économie. Le potentiel politique et économique d'un pays dépend de la capacité de sa population et de ses dirigeants à gérer les ressources et les défis disponibles. La technologie, l'innovation et le capital humain jouent le rôle central. Les qualifications de la population, notamment le système éducatif et l'investissement dans le capital humain, sont déterminantes pour le développement à long terme d'un pays. Une population bien formée peut mieux exploiter le potentiel d'un pays. Des institutions qui fonctionnent mal ou des conflits internes peuvent fortement entraver le potentiel de développement d'un pays. La manière dont les potentiels et les défis disponibles sont gérés détermine le succès dans les événements mondiaux. Les pays doivent être en mesure d'utiliser efficacement leurs ressources naturelles et humaines afin de garantir un développement à long terme. Aucun pays ne peut exister de manière isolée. Ce n'est pas la simple existence d'institutions ou de frontières géographiques qui est déterminante, mais la manière dont une société gère ses ressources, ses capacités et ses défis.

Le calcul des coûts et des bénéfices entre les Etats-Unis et l'Europe semble se déplacer vers le protectionnisme avec l'élection de D. Trump et la secousse autoritaire. Lorsqu'un ancien bastion de la démocratie disparaît dans les vagues de l'imprévisibilité et que les ponts de la coopération transatlantique se sont effondrés, l'Europe est contrainte de développer des stratégies plus indépendantes afin de protéger ses propres intérêts et de faire avancer son rôle dans le monde. L'Europe est de plus en plus soucieuse d'être moins dépendante des États-Unis, que ce soit pour les questions de sécurité, d'approvisionnement énergétique ou de technologie. Seule une telle indépendance renforce la position de négociation de l'Europe et lui donne la liberté de prendre des décisions autonomes qui servent les intérêts de la population européenne.

Si une démocratie ne laisse plus de place à la dissidence, à la critique et à la liberté d'expression, elle se rapproche dangereusement des limites de l'autoritarisme, voire de l'autocratie. Une démocratie se nourrit de la diversité des opinions, de l'ouverture à la critique et de la possibilité de participation et de contrôle. Si cette base est étouffée en supprimant la dissidence et en plaçant le pouvoir entre les mains d'une seule personne ou d'un petit groupe insulaire, le système perd son caractère démocratique. Avec le changement de ton de la politique américaine en tant que puissance séparatiste, de nouvelles exigences de la communauté mondiale apparaissent en arrière-plan. Le système nerveux interactif de la politique internationale se sensibilise.

Un leader assoiffé de pouvoir, sans éducation approfondie ni responsabilité éthique, peut être particulièrement dangereux, car il peut développer des tendances autoritaires et se soucier moins des valeurs et des mécanismes de la démocratie. De telles personnes ont souvent tendance à centraliser le pouvoir et à s'opposer à toute forme de checks-and-balance qui pourrait limiter leur pouvoir. L'histoire et l'actualité montrent à quel point un manque d'éducation et une fixation sur l'abus de pouvoir peuvent souvent conduire à la dissolution des normes démocratiques et à l'ascension de l'autocratie. Lorsque les institutions démocratiques telles que les tribunaux, les parlements et les médias libres perdent de leur influence ou sont contrôlées, une nomenclature d'autocratie émerge. Dans ce scénario, le système politique devient de facto une dictature, même si, en apparence, il peut encore présenter des caractéristiques démocratiques. La nomenclature du pouvoir autoritaire, c'est-à-dire le langage et la structure qui caractérisent un tel système de pouvoir, entraîne une transformation de la vie publique et de la pensée dans la société. Lorsque l'opposition et les voix critiques sont délibérément éliminées ou diffamées, la société perd peu à peu sa capacité à remettre en question le pouvoir du dirigeant. De telles évolutions peuvent également se produire dans les démocraties modernes, si l'opinion publique n'est pas vigilante et prête à défendre ses droits et ses libertés.

Les incertitudes changeantes ont déjà déclenché en Europe un mouvement significatif vers une autonomie stratégique. L'Europe ne peut pas compter sur la stabilité permanente des relations transatlantiques et doit donc assumer davantage de responsabilités en matière de sécurité et d'indépendance économique. Une Europe confiante devra se positionner de manière à pouvoir agir sans une loyauté inconditionnelle envers les États-Unis, utilisant ce lien éprouvé uniquement lorsque cela s'avère vraiment nécessaire. L'OTAN, qui constitue un élément essentiel de la structure de sécurité transatlantique, offre à l'Europe une protection et un contrepoids dans un monde instable. Mettre fin à cette coopération serait risqué et pourrait rendre l'Europe plus vulnérable, surtout en l'absence d'une structure de défense européenne forte et indépendante. L'Europe devra peut-être apprendre à agir de manière sélective et à gérer ses relations avec les États-Unis de manière plus nuancée, au lieu de penser en termes de « partenaires proches » ou « ennemis lointains ». Quoi qu'il en soit, l'UE doit se montrer unie dans sa réflexion et son action stratégiques.

La redéfinition stratégique de l'Europe nécessite une réorientation réfléchie de ses alliances stratégiques. L'Europe est dans une phase où elle doit clarifier sa position dans un paysage mondial en pleine mutation. Une diplomatie de façade, marquée par un respect mutuel entre partenaires, reste essentielle pour maintenir les éléments existants. L'idée d'autonomie stratégique, de plus en plus débattue au sein de l'UE, montre qu'elle aspire à une plus grande souveraineté pour prendre des décisions indépendantes dans les domaines de la défense, de la technologie et du commerce. L'Europe doit investir davantage dans des partenariats régionaux, notamment avec des États africains et asiatiques, afin de renforcer sa position globale. Cette redéfinition offre également l'opportunité pour l'Europe et les États-Unis de collaborer en tant que partenaires égaux, avec une répartition des rôles plus claire et une contribution européenne autonome à la stabilité et à la sécurité mondiales. Ces nouvelles alliances, bien qu'établies avec prudence et stratégie, sont construites dans l'espoir d'un soutien solide, sans animosité envers les partenaires historiques.

L'OTAN demeure un pilier fondamental de la sécurité transatlantique. Cependant, l'Europe doit apprendre à adopter une approche plus sélective dans ses relations avec les États-Unis, en s'éloignant des catégories simplistes de «proches alliés» ou « ennemis lointains ». L'UE n'est pas une simple colocation où les différends sont suivis de réconciliations autour d'un café commun. Ce n'est pas non plus une aventure temporaire, marquée par des incertitudes quant à savoir si le partenaire à gauche ou à droite applaudit ou prépare un coup de théâtre. La journée se termine souvent par un consensus sur la nécessité d'un consensus, suivi d'une réunion à la cantine, avec l'espoir que l'unité stratégique sera enfin atteinte lors de la prochaine rencontre.

Pour rester forte et crédible à long terme, l'UE doit développer une culture d'action contraignante qui dépasse la symbolique. Cela implique de reconnaître et d'utiliser de manière productive les divergences d'opinions, sans diluer l'objectif de l'autonomie stratégique et de la capacité d'agir dans d'interminables discussions de consensus. Une structure pragmatique et orientée vers l'action est cruciale pour créer une cohésion interne tout en affrontant efficacement les défis externes. Il est impératif que les membres de l'UE comprennent que l'unité stratégique, et non les négociations sans fin, est la voie à suivre. L'UE devrait moins se concentrer sur une tradition de bonne volonté et plutôt s'atteler aux exigences géopolitiques réelles en prenant des décisions claires, sans revenir constamment à «la cantine» à chaque conflit.

Les tensions géopolitiques, de la Russie au Moyen-Orient, représentent une menace croissante. L'Europe doit renforcer ses capacités de défense pour construire une architecture de sécurité propre. L'OTAN reste un élément clé, mais l'Europe explore également des moyens de développer ses capacités militaires grâce à des initiatives telles que l'Union européenne de défense. L'économie européenne doit devenir plus résiliente face aux crises mondiales et aux dépendances. La guerre en Ukraine a révélé la dépendance de l'Europe au gaz russe. Diversifier les sources d'énergie et les chaînes d'approvisionnement, en particulier pour les matières premières et technologies critiques, est essentiel pour la stabilité économique et l'indépendance. La dépendance technologique vis-à-vis des États-Unis dans le domaine des grandes entreprises technologiques et vis-à-vis de la Chine dans la production industrielle constitue un risque. L'Europe investit de plus en plus dans ses propres technologies, comme la production de semi-conducteurs, l'IA et la cybersécurité, afin de réduire sa dépendance à l'égard des acteurs externes et de sécuriser son infrastructure numérique. La transition énergétique est un objectif central de l'Europe, visant à se libérer des combustibles fossiles et à atteindre la neutralité carbone. Cette indépendance énergétique protégerait non seulement l'environnement, mais renforcerait également la position géopolitique de l'Europe.

Face aux tensions croissantes entre grandes puissances, l'UE doit diversifier ses relations commerciales pour explorer de nouveaux marchés et partenariats. La coopération avec des régions comme l'Asie du Sud-Est, l'Afrique et l'Amérique latine devient plus importante pour réduire sa dépendance à l'égard de partenaires traditionnels. Dans un monde où les États autoritaires renforcent leur influence, la promotion des valeurs démocratiques devient une mission stratégique cruciale pour l'Europe. Cela contribuerait à une ordre international plus stable et prévisible. Les relations avec les États-Unis restent importantes, mais l'Europe doit se montrer de plus en plus confiante et indépendante dans ses actions. Le modus operandi doit s'adapter aux réalités mondiales pour assurer une stabilité et une sécurité durables.

L'Europe doit passer du rôle de simple partenaire des États-Unis à celui d'un acteur autonome qui définit et défend ses propres intérêts. Cela inclut la capacité de prendre des décisions stratégiques de manière indépendante et, si nécessaire, de diverger des positions des autres grandes puissances. Ces dernières décennies, l'Europe s'est souvent concentrée sur la gestion des crises plutôt que sur leur prévention. Une approche proactive nécessite une vision à long terme, intégrant des objectifs économiques et de sécurité pour faire face aux risques émergents. La résilience devient un facteur clé de cette nouvelle stratégie. Cela englobe la résistance aux chocs économiques, aux tensions géopolitiques, aux cybermenaces et aux crises environnementales. Une Europe plus résiliente serait moins dépendante des influences extérieures et pourrait développer ses propres stratégies face aux crises.

Si l'OTAN reste un facteur clé de coopération, l'Europe doit développer une architecture de sécurité indépendante, reposant sur des capacités de défense flexibles et adaptables. L'Union européenne de défense pourrait gagner en efficacité grâce à des projets d'armement communs et une meilleure collaboration transfrontalière. La construction et la protection d'infrastructures stratégiques, qu'il s'agisse de l'énergie ou des technologies numériques, doivent devenir prioritaires.

L'indépendance technologique de l'Europe peut être renforcée par des investissements dans ses propres technologies et par la promotion de pôles d'innovation européens. L'accès aux matières premières critiques et la sécurisation des chaînes d'approvisionnement sont des éléments centraux. Adopter une vision multipolaire signifie ne plus se contenter de compter sur les partenaires traditionnels. L'Europe doit être audacieuse dans ses relations avec les pays émergents et les régions comme l'Asie, l'Afrique et l'Amérique latine. Cela la rendrait moins dépendante de quelques puissants partenaires commerciaux tout en lui ouvrant l'accès à de nouveaux marchés et ressources. Cependant, cela implique aussi d'utiliser des sanctions et des moyens de pression si ses propres valeurs sont compromises, même si cela peut entraîner des pertes économiques à court terme.

L'expansion rapide des énergies renouvelables et la transition vers une économie verte sont indispensables, non seulement pour des raisons de protection climatique, mais aussi pour des considérations géopolitiques. L'indépendance vis-à-vis des combustibles fossiles et l'autosuffisance dans la production énergétique contribueront à positionner l'Europe comme un espace économique sûr et souverain. Ce changement stratégique renforcerait l'influence de l'Europe et lui permettrait de défendre ses intérêts de manière indépendante et durable. Bien que ces transformations puissent être coûteuses, elles sont inévitables si l'Europe veut consolider le rôle qu'elle aspire à jouer dans l'ordre mondial.

L'Europe se perçoit comme un acteur qui ne se contente pas de réagir mais qui cherche aussi à façonner activement l'ordre mondial. Les décennies à venir seront cruciales pour déterminer si l'Union européenne parviendra à s'imposer comme un acteur global majeur. L'importance croissante des incitations européennes dans les contextes géopolitiques et économiques se reflète dans le rôle actif que joue l'Europe dans diverses régions du monde, notamment dans l'Indo-Pacifique. Un exemple en est la stratégie indo-pacifique de l'UE, qui vise à renforcer les relations avec les pays de cette région afin de garantir non seulement la sécurité et la stabilité, mais aussi l'accès à des voies commerciales et à des ressources essentielles. En participant aux discussions et aux initiatives dans cette région, l'Europe envoie le signal qu'elle est prête à assumer ses responsabilités face aux défis mondiaux tout en protégeant ses propres intérêts.

Compte tenu des tensions politiques et économiques qui prévalent actuellement dans l'Indo-Pacifique, l'influence européenne prend une importance croissante. L'Europe a compris que ses intérêts ne se limitent pas à son propre continent, mais s'étendent également à la stabilité et à la sécurité des marchés mondiaux et des relations internationales. La politique européenne dans ce contexte englobe diverses stratégies pour promouvoir ses intérêts diplomatiques, économiques et sécuritaires. Ces stratégies incluent des accords commerciaux, l'aide humanitaire, la coopération au développement ainsi que le partage de technologies et de savoir-faire. Ces approches sont importantes non seulement pour la stabilité des régions concernées, mais aussi pour l'économie et la sécurité géopolitique de l'Europe.

Une alliance globale entre le Canada, l'Europe, l'Australie, certaines puissances asiatiques modérées et quelques participants du Sud global ou des BRICS pourrait devenir une force capable de tenir tête économiquement et militairement à des grandes puissances telles que la Chine, la Russie ou, dans des cas extrêmes, aux États-Unis si ces derniers s'orientaient vers une instabilité politique. Les aspirations en matière de commerce et de sécurité mondiaux pourraient être efficacement gérées par de telles alliances. On peut se demander pourquoi ces nations hésitent à former des partenariats efficaces. Les nouvelles perspectives ne doivent pas être reléguées au simple rang de vœux pieux. Le dynamisme de l'économie, conjugué à celui de la politique, redessine sans cesse les lignes et crée des réseaux qui doivent être exploités. Les marchés doivent rapidement s'unir autour de stratégies visionnaires, car les adversaires chercheront à empêcher la formation de telles alliances. Les propositions européennes, en particulier, devraient être suffisamment convaincantes pour que les partenaires potentiels reconnaissent sans difficulté les avantages de telles alliances.

Envisager une coopération militaire potentielle entre les États européens et certains pays des BRICS ouvre des perspectives intéressantes. Voici quelques éléments clés qui pourraient rendre cette collaboration pragmatique et attrayante, sans pour autant viser une intégration militaire complète:Les pays des BRICS ont des objectifs géopolitiques et des priorités sécuritaires variées. Par exemple, l'Inde, dans son contexte de tensions persistantes avec la Chine, recherche des partenariats stratégiques soutenant ses intérêts sécuritaires. Une coopération avec les États occidentaux pourrait offrir à l'Inde un avantage en constituant un contrepoids politique à la Chine.

Des pays comme le Brésil, l'Inde et l'Afrique du Sud bénéficient économiquement du commerce avec les nations occidentales et pourraient subir des revers si leurs partenariats avec l'Occident étaient compromis par des alignements militaires avec des puissances rivales. Ces nations pourraient donc rechercher un équilibre stratégique conciliant intérêts économiques et sécuritaires.Une coopération militaire n'implique pas nécessairement une intégration complète. Des exercices militaires conjoints ou la mise en œuvre de systèmes de communication compatibles pourraient fournir à des pays comme l'Inde et l'Afrique du Sud une expérience opérationnelle précieuse et des avantages logistiques sans les contraindre à une union militaire totale. Des initiatives pourraient inclure des programmes ciblés en cybersécurité ou des efforts communs de lutte contre le terrorisme, particulièrement utiles pour des pays ayant des préoccupations sécuritaires internes. Des hubs économiques et technologiques émergents comme le Vietnam, l'Indonésie, la Malaisie et le Nigeria pourraient être intéressés par des alliances avec l'Occident et participer à des partenariats stratégiques dans des domaines tels que la production industrielle, la numérisation et la cybersécurité. Ces partenariats leur offriraient des avantages économiques et technologiques, contribuant à un ordre mondial multipolaire libre de toute domination par des puissances autoritaires.

L'intégration des sciences et de l'économie dans les décisions politiques alimenterait de telles solutions innovantes. Un effort pour implanter de nouvelles industries liées à la protection du climat, couplé à un bouclier mondial de sécurité contre les puissances agressives, pourrait constituer une réponse idéale à la rivalité sino-américaine tout en contrant les autocraties dominantes. Les institutions européennes doivent éviter des réglementations trop lourdes, souvent contre-productives lorsqu'il s'agit de réagir rapidement aux changements géopolitiques. Alors que le Sud global évolue de manière dynamique, les institutions européennes ne doivent pas manquer d'agilité.

Une combinaison inattendue de collaborations militaires, d'un marché intégré et d'un agenda politique clair en matière d'alliances pourrait transformer radicalement l'ordre mondial. Des échanges militaires réguliers pourraient améliorer l'interopérabilité entre des régions éloignées. Des opérations de renseignement communes et des briefings réguliers permettraient de détecter les menaces à un stade précoce et de prendre des mesures préventives. Des mécanismes de gestion des crises et de prévention des conflits pourraient aider à désamorcer les tensions et à trouver des solutions diplomatiques avant que les conflits n'escaladent.

Parallèlement aux efforts militaires, l'alliance pourrait créer un marché interconnecté robuste facilitant la libre circulation des biens, des services et des capitaux. L'harmonisation des normes et des réglementations réduirait les obstacles au commerce, stimulerait l'innovation et encouragerait le développement de nouvelles technologies. Les pays économiquement interdépendants ont souvent de plus fortes incitations à la paix et à la coopération. Cette approche est bien plus attrayante que de dire: «Nous n'avons aucune idée de ce que nous faisons».

Une telle alliance créerait une constellation géopolitique extraordinaire, comparable à une "Champions League" de la politique internationale. Elle pourrait fonctionner comme un réseau d'États partageant des valeurs communes, non seulement économiquement et politiquement significatifs, mais aussi unis autour d'intérêts communs dans des domaines mondiaux tels que la sécurité, le commerce, le changement climatique et les droits de l'homme. Cette alliance stratégique pourrait sauvegarder un ordre fondé sur des règles contre les cybermenaces, élargir les accords commerciaux et collaborer sur des technologies communes. Elle aurait le potentiel de transformer considérablement le paysage géopolitique et pourrait s'imposer comme un contrepoids face à d'autres grands blocs ou à l'hégémonie de certaines superpuissances.

Une coalition renforcée par le Sud global serait remarquable, car elle réunirait des acteurs aux origines culturelles et aux systèmes politiques divers, tout en étant capables de trouver un consensus sur des questions stratégiques. Les configurations optimales-minimales qui en résulteraient pourraient former une alliance mondiale exploitant les forces et les intérêts uniques de ses membres. Ces partenariats inhabituels pourraient être soutenus par l'appui sécuritaire du Canada, du Japon, de l'Europe ou de l'Australie, avec des investissements mutuels établissant les bases de projets tournés vers l'avenir. Une légère brise de coopération pourrait rapidement se transformer en une puissante tempête.

Une approche sécuritaire et humanitaire de la migration est également un pilier clé du processus de sécurité européen. En renforçant la surveillance et la coopération avec les pays tiers, la migration irrégulière doit être contrôlée, et les voies de migration légale renforcées. Le marché unique de l'UE protège le continent grâce à la stabilité économique et favorise la prospérité pour lui-même ainsi que pour ses partenaires. Les accords commerciaux avec les pays tiers fournissent à l'Europe une force consolidée face aux crises économiques mondiales. Le changement climatique représente l'une des plus grandes menaces pour le Sud global et pour la sécurité à long terme de l'Europe, car il exacerbe l'instabilité économique et sociale.

En plus de lutter directement contre le terrorisme, la prévention de la radicalisation au sein de l'Europe est une mesure protectrice cruciale. Cela comprend des initiatives éducatives et des actions contre l'exclusion sociale. Grâce à des plateformes d'information communes et à l'échange de données sur les criminels et les cellules terroristes, l'Europe renforce sa sécurité intérieure. Dans un scénario de crise internationale, l'Europe devrait développer une stratégie multiforme et coordonnée à plusieurs niveaux. L'OTAN devrait étendre sa présence et sa collaboration pour garantir la dissuasion et la préparation à la défense - mais en est-elle capable ? En même temps, les défis économiques, sociaux et écologiques devraient être abordés. Au niveau national, une société civile forte, la défense des institutions démocratiques et la promotion des valeurs communes pourraient contrer les tendances populistes ou autoritaires. Dans un tel scénario, l'Europe ferait face à un test critique où la solidarité et la coopération devraient être les réponses centrales aux menaces mondiales.

Une nouvelle alliance mondiale pourrait servir de catalyseur au développement de nouvelles industries dans le domaine de la protection du climat. Grâce à des efforts conjoints, des technologies pourraient être développées qui offrent à la fois des avantages économiques et écologiques. Les structures ordolibérales pourraient agir comme des facteurs stabilisateurs dans cette dynamique, cherchant à atténuer les tensions géopolitiques. Le potentiel des incitations européennes ne doit pas être sous-estimé. Celles-ci peuvent servir d'outils vitaux pour exercer une influence, réduire les tensions et favoriser la coopération. L'Europe a l'opportunité d'agir en tant que médiatrice et de soutenir des solutions constructives en période de crise. Ce rôle est également crucial en ce qui concerne le changement climatique, la lutte contre la pauvreté et la promotion des droits de l'homme - des enjeux de plus en plus importants à l'échelle mondiale.

L'Union européenne s'efforce de connecter et d'intégrer les diverses infrastructures numériques, physiques et économiques des pays européens. Une interconnectivité bien développée est essentielle à la coopération économique et politique au sein de l'Europe, ainsi qu'à sa compétitivité mondiale. Cela inclut l'interconnectivité physique, comme les systèmes de transport intégrés et les infrastructures énergétiques avancées. Pendant longtemps, l'UE a travaillé sur l'interconnectivité économique et politique, en partant de l'idée d'un marché intérieur commun par l'harmonisation des réglementations et des politiques d'investissement européennes. L'expansion de l'interconnectivité dans le domaine de l'informatique quantique, de l'intelligence artificielle et du cloud computing contribue désormais à l'autonomie numérique et économique de l'Europe et renforce la capacité du continent à innover.

L'interconnectivité de l'Europe est essentielle à l'intégration économique, numérique et sociale du continent. Elle améliore la compétitivité, s'appuie sur la force de l'innovation et garantit la libre circulation des données, des biens et des services. En développant son propre système de satellites, l'UE réduit sa dépendance vis-à-vis des pays tiers dans le domaine des communications par satellite. Cela renforce la souveraineté numérique de l'Europe et la rend moins vulnérable aux influences externes ou aux perturbations. Le système vise également à améliorer la surveillance des frontières et des zones critiques et à fournir des réponses aux crises plus rapides et plus efficaces.

La performance économique globale de l'Europe doit être optimisée de toute urgence, tandis que sa capacité militaire à préserver son indépendance doit être renforcée. La manière la plus efficace d'atteindre l'efficacité sur tous les fronts est de concrétiser des alliances innovantes. Ce message central d'une nouvelle ère met en évidence la nécessité d'établir de nouvelles alliances stratégiques, sans craindre de se départir d'une tutelle bienveillante mais paternaliste. L'Europe se tient la plus forte sur ses propres pieds, en formant des alliances avec le monde libre de son choix. Les étoiles des grandes opportunités brillent à travers les continents pour toutes les régions participantes.

Les politiques européennes rationnelles visent donc à atteindre les objectifs et valeurs partagés de l'UE grâce à des processus décisionnels fondés sur des preuves, stratégiquement orientés et basés sur le consensus, en utilisant divers instruments de gouvernance. Ceux-ci doivent toujours prendre en compte la complexité du système européen à plusieurs niveaux et la diversité des intérêts nationaux. Les politiques rationnelles privilégieront toujours le bien commun, la stabilité et le progrès, tout en maintenant un équilibre entre sécurité, liberté et prospérité. Si le marché intérieur européen n'existait plus, comme certains populistes de droite le préconisent, le commerce international cesserait également. L'isolationnisme conduirait rapidement à une perte généralisée de prospérité.

L'idée européenne, fondée sur les principes de paix, de liberté et de démocratie, fait actuellement face à des défis importants. La guerre en Ukraine, la gestion des réfugiés, l'érosion des principes démocratiques dans certains États membres de l'UE et une crise d'identité latente mettent les fondations de l'Union européenne à rude épreuve. En même temps, cela constitue une grande opportunité pour une remise à zéro efficace du cadre européen. La guerre en Ukraine a mis en évidence l'importance d'une politique étrangère unifiée pour répondre aux menaces extérieures. Parallèlement, les répercussions économiques du conflit, telles que la hausse des prix de l'énergie et l'inflation, ont suscité des inquiétudes dans de nombreux pays de l'UE. Ces circonstances contribuent à une insécurité que les extrémistes sont désireux d'exploiter.

La question de savoir si l'Europe est affaiblie par la dénigration de sa propre culture touche à des enjeux profonds de perception de soi et de changement culturel. Ce débat est mené par divers camps politiques et mouvements intellectuels, certains défendant les valeurs traditionnelles européennes, d'autres mettant l'accent sur les problèmes structurels. L'Europe se trouve dans une phase de réflexion sur elle-même, motivée par les évolutions politiques et culturelles mondiales des dernières décennies. Cette autocritique est parfois perçue comme un reniement de soi-même ou une dénigration de sa propre culture. L'histoire montre que l'Europe a un passé tumultueux, marqué par de grandes réalisations en science, en art et en philosophie, ainsi que par des chapitres sombres du colonialisme, de l'impérialisme, des guerres et des génocides. Les dernières décennies ont vu un engagement intensifié envers ces chapitres sombres, entraînant une réévaluation critique de son héritage culturel. Si cette critique est nécessaire pour reconnaître les injustices passées, certains estiment qu'elle ne doit pas se perdre dans un rejet excessif de sa propre culture.

Un aspect crucial de ce débat est le changement culturel, exacerbé par la mondialisation et la migration. Le pluralisme culturel croissant en Europe est souvent perçu comme une menace pour l'identité européenne traditionnelle. Les critiques craignent que ce pluralisme dilue les valeurs européennes. Cependant, les défenseurs de la diversité arguent que l'Europe a toujours été un continent de changement et de diversité culturelle et que le multiculturalisme enrichit les sociétés, les rendant plus résilientes et dynamiques. Une grande partie de l'élite intellectuelle européenne semble croire que l'autocritique est un signe de maturité culturelle. Les valeurs qui en résultent font partie du nouveau patrimoine de l'Europe, enraciné dans les leçons tirées de son histoire. L'autocritique, dans cette perspective, ne signifie pas dénigrer sa propre culture mais apprendre de ses erreurs et s'améliorer continuellement. Une Europe forte est celle qui confronte les défis passés et accueille le changement sans renier les réalisations et les aspects positifs de sa culture.

L'Europe court moins de risques de recourir au nationalisme tant qu'elle évite de promouvoir des idées hégémoniques de l'ancien continent. Il s'agit de l'un des changements culturels les plus significatifs dans l'image de soi de l'Europe. Cette vision repose sur le dépassement des erreurs et des idéologies du passé, notamment des ambitions hégémoniques qui ont souvent marqué l'histoire de l'Europe. L'idée que l'Europe pourrait "périr par la dénigration de sa propre culture" provient de la notion de déclin imminent de la civilisation occidentale, un thème récurrent dans de nombreux discours politiques et intellectuels. Le mythe du déclin a une longue tradition en Europe, remontant aux civilisations antiques. Les peurs de l'effondrement culturel et politique ont été invoquées à plusieurs reprises, qu'il s'agisse d'invasions extérieures, de déclin moral interne ou d'érosion culturelle. Dans les temps modernes, cela a été amplifié par la mondialisation et l'affaiblissement des institutions traditionnelles.

L'opacité souvent associée à une métaphore maçonnique pourrait refléter la bureaucratie de l'UE et ses processus de prise de décision, bien que ces institutions visent généralement à assurer une prise de décision collective et démocratique. Cependant, cela peut également signifier que la véritable essence de l'Europe se trouve dans une collaboration plus fluide et plus transparente entre ses peuples et leurs gouvernements, à travers des mécanismes transparents, la participation et une société civile vibrante.

L'avenir de l'Europe réside dans sa capacité à rétablir son unité et son indépendance, à travers des partenariats stratégiques solides, une coopération régionale et une réponse agile aux défis mondiaux. La diversité des États membres de l'UE ne doit pas être perçue comme un obstacle à l'unité, mais plutôt comme une source de force et de résilience. Une Europe qui se réconcilie avec son passé tout en ouvrant un avenir inclusif et innovant assurera sa place en tant qu'acteur global de premier plan, garantissant la sécurité et la prospérité des générations futures. Elle ne se désintégrera pas face à une crise; au contraire, une Europe libre et diversifiée assurera la prospérité et l'harmonie ustainables.

Ces configurations rassembleraient des États qui se complètent en termes de valeurs, d'objectifs géopolitiques et de capacités économiques. Grâce à une sélection et une coordination réfléchies, des synergies pourraient émerger, dépassant les capacités individuelles de chaque membre. Cette alliance stratégique pourrait créer une plateforme particulièrement stable et influente, capable de relever les défis mondiaux de manière cohérente et coordonnée. Une telle alliance bénéficierait non seulement à l'Europe, mais aussi aux régions pacifique et sud-américaine. Son orientation stratégique pourrait lui conférer une efficacité exceptionnelle, l'établissant comme un acteur fiable et indépendant sur la scène internationale. Cela permettrait à l'alliance de se positionner non seulement comme un contrepoids aux blocs de pouvoir établis, mais aussi comme une source de solutions innovantes à des problèmes mondiaux complexes, redéfinissant la dynamique géopolitique de manière inédite.

L'Europe, avec son histoire riche en progrès immenses et en expériences douloureuses, a développé une forme de sagesse forgée. Elle devrait être capable d'apprendre de ses erreurs passées et de contribuer à la résolution des problèmes mondiaux. Avec son savoir-faire dans les domaines de la science, de la technologie, de la diplomatie et de la gouvernance, l'Europe peut surmonter rapidement les déficits existants si la détermination et la volonté sont présentes. L'appel à renforcer la confiance et à maintenir une mentalité résiliente est un plaidoyer pour que l'Europe ne se laisse pas décourager par les défis mondiaux ou les crises internes. Un esprit communautaire fort et des perspectives à long terme sont essentiels pour rester capable d'agir sous pression.

Le monde occidental perd progressivement sa domination d'autrefois, tandis que d'autres acteurs, en particulier les deux grandes puissances, étendent et consolident agressivement leur influence. L'Europe est donc confrontée au défi de naviguer dans un monde multipolaire et d'y trouver sa place. La proposition de créer une alliance mondiale, dégagée des structures de pouvoir traditionnelles ou des intérêts hégémoniques, met en avant une vision innovante et coopérative. Cette alliance pourrait reposer sur des valeurs communes telles que la durabilité, la justice et le respect de la diversité. Elle se concentrerait sur des défis transnationaux tels que le changement climatique, la santé mondiale, les inégalités sociales, les normes technologiques et le maintien de la paix. Elle irait au-delà de la simple politique de pouvoir, réunissant des acteurs mondiaux prêts à collaborer sur un pied d'égalité. Avec sa tradition de diplomatie, sa diversité et son engagement en faveur de solutions multilatérales, l'Europe pourrait devenir le catalyseur d'un nouveau modèle mondial.

Le Canada, l'Europe et l'Australie partagent des valeurs démocratiques, un niveau de vie élevé et une compréhension commune des droits de l'homme et de l'État de droit. Ils collaborent fréquemment sur les questions de sécurité et se trouvent à la fois en concurrence et en coopération économique avec des puissances majeures comme les États-Unis et la Chine. Des pays comme le Japon, la Corée du Sud et certains États de l'ASEAN, tels que Singapour, pourraient chercher dans cette alliance une protection économique et sécuritaire, tout en réduisant leurs dépendances stratégiques vis-à-vis des États-Unis ou de la Chine. L'intégration de pays du Sud global et même de certains membres des BRICS pourrait être symboliquement significative et contribuer à un équilibre géopolitique en termes politique et économique.

Les membres poursuivraient une intégration économique visant à stabiliser le commerce mondial et à établir des partenariats fiables. Cela pourrait se traduire par des accords mettant l'accent sur des normes telles que le développement durable et les objectifs climatiques. Une alliance englobant toutes ces régions pourrait jouer un rôle central dans la lutte contre le changement climatique. Elle pourrait se concentrer collectivement sur les technologies vertes, les énergies propres et des modèles de développement respectueux du climat, apportant également des avantages économiques. De telles alliances offriraient des avantages mutuels : l'Europe pourrait exporter de nouvelles technologies et savoir-faire, tandis que les pays partenaires moderniseraient leurs infrastructures énergétiques et gagneraient en indépendance.

Le soutien des nations économiques établies pourrait agir comme un catalyseur, offrant au Sud global l'opportunité de façonner son propre développement tout en bénéficiant de l'expérience et des ressources des pays plus stables. Si ces alliances étaient conçues avec clairvoyance et un engagement réel en faveur de valeurs et d'intérêts communs, elles pourraient entraîner des changements mondiaux transformateurs. Cela pourrait même perturber la répartition actuelle des pouvoirs géopolitiques et créer de nouvelles structures multipolaires influençant fondamentalement l'économie mondiale et la politique internationale.

Un leadership charismatique de toutes parts pourrait formuler une vision claire et inspirante pour l'alliance, motivant les pays à s'engager dans des efforts communs. L'implication de la science, des entreprises et de la société civile dans les processus décisionnels politiques alimenterait des solutions innovantes. Une telle alliance pourrait répondre à la rivalité sino-américaine, contrer les régimes autoritaires, promouvoir les industries de protection du climat et agir comme un bouclier de sécurité mondial contre les puissances agressives. La bureaucratie souvent lourde de l'Union européenne l'empêche de réagir rapidement aux changements géopolitiques. En revanche, le Sud global tend à être plus dynamique et flexible, une qualité souvent absente dans les institutions européennes.

Le concept d'interconnectivité résiliente suggère que des réseaux solides et des liens étroits entre États et régions aident à amortir les crises et à réagir de manière flexible aux changements. Les nouvelles alliances formées par l'Europe pourraient favoriser des partenariats réciproques qui seraient économiquement, écologiquement et politiquement durables. Ces interconnexions permettraient une meilleure gestion des ressources, une diversification des chaînes d'approvisionnement en matières premières et en énergie, ainsi qu'un échange mutuel de connaissances renforçant l'innovation et l'adaptabilité.

Face aux menaces croissantes de cyberattaques, de désinformation et d'instabilité mondiale, les membres de cette alliance pourraient approfondir leur coopération sur les questions de sécurité et établir des normes technologiques pour l'intelligence artificielle et la cybersécurité. Cette alliance pourrait contribuer à créer un ordre mondial multipolaire plus équilibré en se positionnant comme une alternative aux autres grandes alliances et puissances, telles que les États-Unis et la Chine. Réduire les dépendances commerciales et sécuritaires, et minimiser les contraintes géopolitiques historiquement dominées par les superpuissances, serait un objectif clé. Pour relever ces défis, l'alliance aurait besoin de mécanismes pour équilibrer les intérêts et bâtir la confiance. La flexibilité et une orientation claire vers des valeurs et des objectifs communs seraient essentielles.

Une alliance stratégique innovante pourrait devenir un jalon pour un ordre mondial durable et équitable. Cette coalition aurait le potentiel non seulement de réduire les charges individuelles, mais aussi de créer des synergies grâce à des cycles politiques intégrés, économisant des ressources et accélérant le progrès technologique. En construisant des structures de sécurité communes, en établissant une souveraineté technologique et en promouvant la coopération mondiale dans l'exploration spatiale, l'alliance pourrait relever les défis du XXIe siècle. De telles collaborations pourraient favoriser un monde durable, sûr et innovant, réduisant les tensions géopolitiques, préservant les ressources et rendant les avancées accessibles à tous.

Grâce à des cycles politiques fermés, des systèmes circulaires et des projets internationaux interconnectés, un modèle durable et équitable peut être créé. Ce n'est pas seulement une nécessité technique ou économique, mais aussi une obligation morale pour léguer un monde vivable aux générations futures. Une telle alliance offre l'opportunité de combler le fossé entre idéaux et actions pragmatiques, en façonnant une nouvelle réalité bénéfique à toutes les parties prenantes. Un cycle politique fermé dans une alliance globale signifie que les stratégies nationales et régionales sont étroitement interconnectées pour minimiser les chevauchements et maximiser l'efficacité. Plutôt que de répondre individuellement à des défis tels que la transition énergétique ou la transformation technologique, l'alliance définirait des projets communs et des normes partagées pour répartir les charges et les risques. En harmonisant les stratégies et en unifiant les politiques technologiques, les investissements redondants et les inefficacités pourraient être évités.

Face à l'intensification des tensions géopolitiques, des dépendances technologiques et des défis croissants dans l'espace, les acteurs internationaux doivent collaborer étroitement pour garantir une sécurité et un progrès à long terme. Une alliance stratégique basée sur des structures de sécurité partagées, le développement technologique et la recherche spatiale pourrait constituer la base d'un ordre mondial stable et innovant. Le changement climatique, les cyberattaques, le terrorisme et les conflits géopolitiques nécessitent des stratégies de défense coordonnées. Les approches nationales en matière de sécurité sont insuffisantes. Des structures communes permettent, grâce à la coopération en matière de prévention, d'éviter les escalades et d'offrir des mécanismes de réaction rapide en cas de crises, qu'il s'agisse de catastrophes naturelles, de pandémies ou de conflits militaires. Une nouvelle alliance de sécurité pourrait inclure des États partenaires à l'échelle mondiale. Les projets de défense et de sécurité pourraient être financés par des fonds multilatéraux pour répartir les charges de manière plus équitable.

Compte tenu de la dépendance persistante vis-à-vis des technologies provenant de la Chine ou des États-Unis, il est crucial de construire une base technologique indépendante. La production de semi-conducteurs, l'intelligence artificielle, les énergies vertes et la technologie quantique devraient être au cœur du développement commun. L'espace offre un potentiel pour des découvertes scientifiques, une expansion économique et la sécurité de la Terre. Pour éviter la militarisation et le gaspillage des ressources dans l'espace, une coordination forte entre alliés est essentielle. Les investissements dans les systèmes énergétiques globaux, comme l'économie de l'hydrogène ou les lignes électriques transfrontalières, pourraient être financés et utilisés collectivement par plusieurs pays. Les nations disposant de forces technologiques peuvent partager leurs connaissances et innovations en échange de l'accès à d'autres ressources. Les collaborations en matière de recherche entre universités et entreprises de l'alliance peuvent accélérer les développements dans des domaines clés comme l'hydrogène vert, les technologies de stockage ou la capture de CO_2. Des centres de recherche communs pourraient explorer des domaines stratégiques, comme la technologie des batteries ou l'utilisation de l'hydrogène. Le transfert de savoirs et de technologies aux partenaires du Sud global peut accélérer le développement mondial et réduire les dépendances. Nombre de ces pays disposent d'immenses réserves de matières premières et pourraient servir de fournisseurs de matériaux critiques tout en développant des stratégies d'extraction durable. Des initiatives éducatives mondiales, soulignant le lien entre les actions individuelles et leurs impacts globaux, sont porteuses d'avenir.

Le retrait d'une puissance mondiale crée un vide de pouvoir que d'autres acteurs cherchent à combler. Cela conduit souvent à des rivalités géopolitiques et peut provoquer des conflits et des incertitudes dans des régions auparavant stables ou sous forte influence de cette puissance. Par exemple, l'émergence de nouvelles puissances régionales qui tentent d'exercer une influence dans des zones autrefois dominées par cette puissance vacante. En réponse au départ d'une puissance dominante, de nouvelles alliances ou partenariats économiques émergent naturellement. Les pays qui comptaient auparavant sur le soutien de cette puissance cherchent de nouveaux partenaires pour sécuriser leur avenir politique et économique. Parallèlement, de nouveaux contrepoids peuvent également apparaître alors que des États saisissent l'opportunité de construire un ordre mondial multipolaire.

Lorsqu'une puissance mondiale, autrefois garante de certaines normes, réduit son rôle international, cela menace les institutions mondiales d'un glissement idéologique et politique. Cela pourrait entraîner une défense moins cohérente de valeurs fondamentales telles que la démocratie, les droits de l'homme et le libre-échange. Le repli sur des intérêts propres entraîne inévitablement des conséquences économiques. Surtout si cette puissance occupait une position dominante dans les marchés financiers ou les technologies, son retrait engendre une incertitude économique. Les fluctuations des taux de change, l'insécurité des investissements et les changements commerciaux pourraient provoquer des récessions ou des restructurations à l'échelle mondiale.

Qui pourrait refuser aux pays susmentionnés le droit de jouer un rôle tout aussi influent sur la scène mondiale que la Chine, la Russie ou les États-Unis ? Qui manque d'imagination ou de courage pour envisager cette possibilité ? Il existe une résistance croissante aux gouvernements autocratiques, qui se manifeste de diverses manières, notamment par des élections et une pression publique. Cette résistance peut augmenter le coût des violations des droits de l'homme et contraindre les régimes autocratiques à repenser leurs stratégies. Malgré les revers, il existe des signes que la lutte pour la démocratie est à un tournant. Les autocrates ne sont pas infaillibles, et leurs erreurs offrent des opportunités aux forces démocratiques. Cependant, cela nécessite de surmonter les mentalités traditionnelles et de prendre de nouveaux risques. Les autres ne sont pas des acteurs secondaires ou de simples annexes dans les drames de la politique internationale, comme pourraient le souhaiter Poutine, Trump ou Xi. Une participation active dans les sphères sociales, économiques et scientifiques est essentielle pour tous. Pour les pays aux plus grands cartels politiques criminels, un processus démocratique intelligent pourrait être leur seul salut. Dans la course à la prééminence mondiale, tout est ouvert en termes d'interconnexion entre la politique, l'économie et même la science. Toutes les grandes puissances en compétition pour le développement montrent les mêmes déficits.

Les gesticulations guerrières désespérées de Vladimir Poutine et le sourire trompeur de Xi Jinping ne sont guère des garanties d'évolutions futures prévisibles. On ne peut cacher que le soutien militaire de la Corée du Nord à Poutine en Ukraine repose sur du matériel chinois. De combien d'yeux le monde libre a-t-il besoin pour ne pas être aveugle de tous côtés ? Il était déjà insensible lorsque Poutine a non seulement réintroduit l'ancien hymne de Staline mais aussi ses méthodes de répression et de meurtre, y compris à l'intérieur même de son propre pays. Il incarne non seulement l'image d'un tsar en devenir, mais aussi celle d'un marxiste convaincu, qui croit que la vérité est exclusivement créée par l'homme. Et depuis combien de temps le leader chinois mène-t-il la politique et l'économie internationales en bateau ? Xi a réussi à positionner la Chine comme un acteur mondial poursuivant non seulement des intérêts économiques mais aussi une influence idéologique. Le gouvernement chinois s'est établi comme un contrepoids à la domination occidentale et promeut un modèle de contrôle étatique sur l'économie et la société.

La protection efficace de l'Europe concerne avant tout la sécurité et la stabilité du continent face à diverses menaces. L'alliance de défense de l'OTAN reste un pilier central de la protection militaire en Europe. L'Union européenne a renforcé sa coopération en matière de défense grâce à la Politique de sécurité et de défense commune (PSDC). Des initiatives comme la Coopération structurée permanente (CSP) favorisent la collaboration militaire entre les États membres. Face à l'augmentation des cyberattaques contre les institutions publiques, les infrastructures et les entreprises, l'Europe investit davantage dans les mesures de cybersécurité.

Étant donné que la Russie représente un modèle de gouvernance autoritaire et nationaliste, en opposition aux valeurs libérales et démocratiques de l'UE, une hégémonie russe soudaine entraînerait une confrontation idéologique. L'influence des idéologies autoritaires se propagerait rapidement dans des pays vulnérables aux tendances populistes et autoritaires. Pour se protéger, l'Europe doit adopter une stratégie multidimensionnelle, allant du renforcement de ses institutions démocratiques à la lutte contre la désinformation et les récits populistes, en passant par l'intensification de la coopération internationale. Il ne s'agit pas seulement de s'opposer militairement ou économiquement à la Russie, mais aussi de renforcer la résilience des sociétés et des systèmes politiques européens. Ce n'est qu'à travers une coopération étroite au sein de l'Europe et avec des partenaires internationaux que les valeurs libérales et démocratiques de l'Europe pourront être défendues dans un ordre mondial de plus en plus autoritaire.

Le succès de l'UE dépend de la manière dont ses institutions réagissent aux crises actuelles. Une Europe forte et unie est essentielle pour relever les défis du XXIe siècle. Le retour aux valeurs communes et aux principes fondamentaux sur lesquels l'UE est fondée pourrait être la clé pour convaincre le public européen et inaugurer une nouvelle ère de coopération. En cette période d'incertitude, il est fondamental de comprendre et de promouvoir l'idée européenne non seulement comme un concept, mais comme une réalité vivante. L'identité européenne n'est pas un concept statique, mais est en constante évolution et en débat. Elle se développe grâce à l'interaction et à l'échange entre les peuples et les cultures européens. Elle est le résultat d'expériences historiques, de diversité culturelle et de valeurs partagées. En ce qui concerne les turbulences actuelles, il est important de continuer le dialogue sur l'identité européenne et de trouver de nouvelles voies vers l'unité.

L'axe principal symbolique et politique de l'interconnexion européenne est constitué par le Triangle de Weimar, autour duquel se regroupent les autres grandes régions. Cet axe a le potentiel d'agir comme un catalyseur pour l'efficacité en matière de politique, d'économie, de sécurité et de culture. L'Allemagne joue souvent le rôle de point de jonction entre les axes nord-sud et est-ouest. La France partage avec l'Allemagne une vision d'une Europe fortement intégrée et garantit, par le biais de projets de coopération, la politique étrangère, la défense et l'économie européennes. La Pologne joue un rôle important dans la promotion des intérêts d'Europe de l'Est et se voit comme un pont entre l'Occident et l'Est de l'Europe, notamment avec les pays d'Europe centrale et orientale tels que les États baltes, la République tchèque, la Slovaquie et la Hongrie. Les États du Benelux, l'Irlande et les États scandinaves sont historiquement le cœur de l'intégration européenne et participent d'un point de vue organisationnel à la mise en réseau de l'Europe. La Belgique, en tant que siège des principales institutions européennes, à savoir la Commission européenne, le Parlement européen et l'OTAN, constitue le centre symbolique de l'Europe. Les pays du Sud de l'Europe, à savoir l'Italie, l'Espagne, le Portugal, la Grèce et, à un avenir proche, les États des Balkans, sont stratégiquement et historiquement des partenaires importants au sein de l'Europe, tant sur le plan politique qu'économique. L'interconnexion entre le Triangle de Weimar et le sud-sud-est européen est cruciale pour la stabilité et la cohésion de l'UE. L'interconnexion des grandes régions d'Europe autour de l'axe du Triangle de Weimar avec les grandes régions de l'ouest, du sud et du nord de l'Europe constitue le moteur de la mise en réseau de l'Europe. Cette interconnexion se déploie sur plusieurs dimensions et est déterminante pour la cohérence du projet européen.

Compte tenu de ses capacités, l'Union européenne a beaucoup à faire. On ne peut pas simplement s'asseoir et se laisser submerger par les vagues. Cette responsabilité ne peut être retirée à l'UE. Il s'agit d'une politique préventive pour sa propre sécurité, mais elle peut rapidement se transformer en une politique de réaction coûteuse en matière de sécurité. Entre-temps, des États hostiles utilisent déjà des gangs terroristes qui opèrent à la fois à l'intérieur des entités européennes et dans le monde entier.

Les réactions tardives aux crises de sécurité sont souvent beaucoup plus coûteuses car elles se font sous pression du temps et dans un environnement instable. Le principe d'une approche concertée et l'alignement des actions communes sur des vues partagées sont essentiels pour renforcer l'UE en tant qu'acteur mondial. Ils permettent à l'Union de réagir de manière plus cohérente et efficace aux défis internationaux et de défendre ses intérêts sur la scène mondiale. Tous les acteurs impliqués doivent être d'accord sur les problèmes, défis et objectifs centraux. Cela nécessite un échange intensif et une communication ouverte. Les actions et décisions des parties concernées doivent être coordonnées de sorte qu'elles se complètent et que des synergies se créent, plutôt que de se contredire ou de s'opposer.

L'Europe doit cesser de se cacher derrière des appels moraux et des gestes symboliques et commencer à utiliser délibérément son pouvoir économique et politique. Les sanctions doivent être plus sévères et plus rapides, les dépendances économiques doivent être systématiquement réduites et les forces propres doivent être mises en avant de manière offensive. De plus, une nouvelle compréhension des réalités géopolitiques est nécessaire. L'idée que les dirigeants autoritaires peuvent être convaincus par de bons arguments et des appels à la raison est une dangereuse illusion. Ils respectent le pouvoir, pas la morale. L'Europe doit apprendre à défendre ses intérêts de manière claire et sans hésitation, même si cela signifie prendre des risques à court terme ou prendre des décisions inconfortables. Par exemple, cela pourrait inclure une présence militaire dans des régions géopolitiquement sensibles ou le renforcement de partenariats stratégiques avec des pays prêts à s'opposer aux forces autoritaires.

Enfin, l'attitude des dirigeants européens doit également changer. Il ne suffit pas d'avoir des équipes intelligentes, mais il faut aussi des personnalités fortes capables d'agir sur un pied d'égalité avec les puissances mondiales. Un chancelier qui trébuche lors des sommets internationaux, que ce soit au sens figuré ou littéral, envoie un signal d'incertitude. Les manières des chefs de gouvernement allemands sur la scène internationale ont souvent donné l'impression qu'ils cherchaient à se cacher derrière la façade d'un acteur modéré, presque innocent. La réaction politique face à des défis internationaux comme la crise énergétique, la question des réfugiés ou les tensions géopolitiques avec la Chine a montré à maintes reprises une tendance à la gestion des crises plutôt qu'à une gestion proactive des événements. Dans ces situations, la direction allemande semblait souvent plus préoccupée par le maintien de sa réputation politique que par la résolution active des problèmes.

Le leadership politique implique des responsabilités, non seulement pour les décisions prises, mais aussi pour celles qui restent en suspens par hésitation ou inaction. Particulièrement en cas de crise comme la guerre en Ukraine, il est évident que la retenue ou le retard délibéré peut avoir des conséquences mortelles. Il ne s'agit pas seulement de décisions ayant des conséquences immédiates, parfois sous la forme de vies humaines qui auraient pu être sauvées ou de conflits qui auraient pu être atténués par une action courageuse. Pendant que les attaques de la Russie se poursuivent, certains acteurs politiques discutent souvent longuement de la fourniture d'armes, d'aides ou de sanctions. Chaque retard signifie non seulement un jour supplémentaire de souffrance, mais aussi la possibilité d'une expansion et d'une consolidation des agressions. La limitation qui se manifeste ici n'est pas seulement un échec politique, mais une transgression morale. L'hésitation n'est pas un signe de prudence, mais une manipulation délibérée. Les acteurs évitent des positions claires pour se protéger ou pour se décharger de leurs responsabilités.

La question est donc: comment l'Europe, et en particulier l'Allemagne, souhaite-t-elle se positionner dans ce contexte? La réponse ne réside pas dans la diplomatie, mais dans son complément par une action résolue et une stratégie claire. Avec la diplomatie, on ne peut certainement pas parler d'une approche douce et de discours qui finissent par ne rien laisser de l'identité. Mais peut-être que l'art de la patience stratégique est en train d'être perfectionné - attendre si longtemps que les problèmes se règlent d'eux-mêmes, de préférence sans perturber les soirées cocktails lors des sommets. Comment qualifier l'extermination d'un peuple par des moyens de meurtre, des bombardements ciblés d'écoles, de jardins d'enfants, d'hôpitaux et d'infrastructures élémentaires? Cette attitude n'est pas seulement myope, mais profondément immorale, puisqu'elle met en jeu la vie d'innocents. Chaque jour d'attente dans la politique internationale nuit à la structure sociale dans son ensemble.

Les réalités élémentaires doivent être abordées. On ne doit pas se laisser abuser par des slogans de prétendue modération, de peur de l'opinion publique dans les rangs des partisans de Poutine au sein de l'AfD, des BSW ou de la gauche. La société libre doit être claire sur ce qui est digne d'être défendu. Enfin, il ne s'agit pas seulement de fausses paix, mais définitivement de la vie en liberté. La liberté que nous chérissons semble être attaquée de tous côtés. Elle est non seulement sapée par des acteurs externes comme des gouvernements autoritaires, mais également par des forces internes qui agissent avec haine contre tout ce qui s'oppose à un discours ouvert et pluraliste. Dans ce contexte, de telles idéologies ne sont pas seulement des opinions aux marges du spectre politique ; elles représentent des menaces dangereuses pour les principes de la démocratie et des droits de l'homme.

La société doit s'attaquer aux idéologies extrêmes, car elles peuvent mener à l'intolérance, à la discrimination et à la violence. La protection de la démocratie et des droits de l'homme nécessite un engagement actif contre de tels courants. Il est de la responsabilité de la société civile de promouvoir l'éducation, la sensibilisation et le dialogue pour défendre les valeurs de tolérance, de respect et de diversité. De plus, les institutions et les acteurs politiques doivent veiller à ce que des lois et règlements existent pour contrer les idées extrémistes et favoriser une communauté inclusive et démocratique. La démocratie ne fonctionne pas automatiquement ; elle est un processus continu qui nécessite engagement, vigilance et clairvoyance. Les dangers posés par les mouvements politiques extrêmes ne sont pas seulement théoriques. Il existe de nombreux exemples dans l'histoire qui devraient nous enseigner ce qui se passe lorsque les agressions et l'influence des idéologies radicales sont ignorées

Comme la Russie représente un modèle de gouvernance autoritaire et nationaliste qui contredit les valeurs libérales et démocratiques de l'UE, une hégémonie russe soudaine entraînerait inévitablement une confrontation idéologique. Les idéologies autoritaires pourraient se propager rapidement dans les pays vulnérables aux tendances populistes et autoritaires. Pour se protéger contre cela, l'Europe doit adopter une stratégie multidimensionnelle, allant du renforcement de ses institutions démocratiques à la lutte contre la désinformation et les narratifs populistes, en passant par le renforcement de la coopération internationale. Cette approche va au-delà des contre-mesures militaires ou économiques contre la Russie ; elle vise également à améliorer la résilience des sociétés et des systèmes politiques européens. Ce n'est qu'à travers une coopération étroite au sein de l'Europe et avec les partenaires internationaux que les valeurs libérales et démocratiques de l'Europe pourront être protégées dans un ordre mondial de plus en plus autoritaire.

Une approche sûre et humanitaire de la migration est également un pilier central du processus de sécurité européen. Une meilleure surveillance et une collaboration avec des pays tiers doivent permettre de contrôler la migration irrégulière tout en renforçant les voies migratoires légales. Le marché unique de l'UE protège le continent grâce à la stabilité économique et favorise la prospérité de l'Europe et de ses partenaires. Les accords commerciaux avec des pays tiers renforcent la résilience de l'Europe face aux crises économiques mondiales. Le changement climatique est l'une des plus grandes menaces pour le Sud global et pour la sécurité à long terme de l'Europe, car il aggrave les instabilités économiques et sociales.

Au-delà des mesures directes de lutte contre le terrorisme, la prévention de la radicalisation au sein de l'Europe est un facteur de protection clé. Cela inclut des initiatives éducatives et des mesures contre l'exclusion sociale. Les plateformes d'information partagées et l'échange de données sur les délinquants et les cellules terroristes augmentent la sécurité intérieure. Dans le scénario le plus grave d'une crise mondiale, l'Europe aurait besoin d'une stratégie multiforme et coordonnée à plusieurs niveaux. La présence et la collaboration de l'OTAN devraient être étendues pour garantir la dissuasion et la préparation à la défense - bien que l'on puisse se demander si elle en est capable. En parallèle, des défis économiques, sociaux et écologiques doivent être relevés. Sur le plan intérieur, une société civile forte, la défense des institutions démocratiques et la promotion de valeurs communes pourraient contrer les tendances populistes ou autoritaires. Dans un tel scénario, l'Europe serait confrontée à un test crucial, où la solidarité et la coopération seraient les réponses centrales face aux menaces mondiales.

Une nouvelle alliance mondiale pourrait servir de catalyseur pour le développement de nouvelles industries dans le domaine de la protection du climat. Grâce à des efforts conjoints, des technologies offrant à la fois des avantages économiques et écologiques pourraient émerger. Les structures ordo-politiques pourraient jouer un rôle de facteur stabilisant pour atténuer les tensions géopolitiques. L'influence que l'Europe peut exercer par ses incitations ne doit pas être sous-estimée, car elle peut servir d'instrument important pour influencer, réduire les tensions et favoriser la coopération. L'Europe a l'opportunité de jouer un rôle de médiateur et de soutenir des solutions constructives en période de crise. Ce rôle est également crucial pour faire face au changement climatique, lutter contre la pauvreté et promouvoir les droits de l'homme – des enjeux qui prennent une importance mondiale croissante.

L'Union européenne s'efforce de connecter et d'intégrer les différentes infrastructures numériques, physiques et économiques de ses États membres. Une interconnexion bien développée est essentielle pour la coopération économique et politique au sein de l'Europe ainsi que pour la compétitivité mondiale du continent. Cela inclut la connectivité physique à travers des systèmes de transport intégrés et une infrastructure énergétique sophistiquée. L'UE travaille depuis longtemps sur la connectivité économique et politique, en commençant par l'idée d'un marché commun grâce à l'harmonisation des réglementations et des politiques d'investissement européennes. L'expansion de l'interconnexion dans des domaines tels que l'informatique quantique, l'intelligence artificielle et l'informatique en nuage contribue à l'autonomie numérique et économique de l'Europe tout en renforçant la capacité d'innovation du continent.

L'interconnexion de l'Europe est essentielle pour l'intégration économique, numérique et sociale du continent. Elle renforce la compétitivité, s'appuie sur la capacité d'innovation et assure la libre circulation des données, des biens et des services. En développant son propre système satellitaire, l'UE réduit actuellement sa dépendance vis-à-vis des pays tiers en matière de communication par satellite, renforçant ainsi la souveraineté numérique de l'Europe et la rendant moins vulnérable aux influences ou perturbations extérieures. Ce système est également conçu pour améliorer la surveillance des frontières, le suivi des infrastructures critiques et l'efficacité des réponses aux crises.

La performance économique globale de l'Europe doit être rapidement améliorée, tout en développant sa capacité militaire à assurer sa propre protection. L'efficacité dans toutes les directions est probablement mieux atteinte par la concrétisation d'alliances innovantes. La déclaration centrale dans cette nouvelle ère est de se concentrer pleinement sur l'établissement de nouvelles alliances stratégiques, sans avoir peur de se libérer d'une tutelle bienveillante mais paternaliste. L'Europe est plus forte sur ses propres jambes, dans des alliances choisies avec le monde libre. Les opportunités de succès sont visibles à travers les continents dans toutes les régions participantes.

La politique européenne rationnelle vise donc à réaliser les objectifs et valeurs communes de l'UE par des processus décisionnels fondés sur des preuves, orientés stratégiquement et basés sur le consensus, en utilisant divers instruments de gouvernance. Elle doit toujours tenir compte de la complexité du système multinationaux européen et de la diversité des intérêts nationaux. La politique rationnelle cherchera toujours à mettre en avant le bien-être commun, la stabilité et le progrès tout en maintenant un équilibre entre sécurité, liberté et prospérité. Si l'Europe devait perdre son marché commun, comme le proposent les populistes de droite, le commerce international s'effondrerait. Avec l'isolement croissant, la prospérité disparaîtrait bientôt partout.

L'idée européenne, fondée sur les principes de paix, de liberté et de démocratie, fait face à des défis considérables. La guerre en Ukraine, la gestion des réfugiés, l'érosion des principes démocratiques dans certains États membres de l'UE et une crise d'identité sous-jacente exercent une pression forte sur les fondements de l'Union européenne. Cependant, cela représente aussi une grande opportunité pour un réajustement efficace de la construction européenne. La guerre en Ukraine a souligné l'importance d'une politique étrangère unifiée pour répondre aux menaces extérieures. En même temps, les conséquences économiques du conflit, telles que la hausse des prix de l'énergie et l'inflation, ont suscité des préoccupations dans de nombreux pays de l'UE. Ces circonstances contribuent à une certaine insécurité qui est souvent exacerbée par les intentions subversives des extrémistes.

La question de savoir si l'Europe est en train de se détruire en diffamant sa propre culture touche à des sujets profonds concernant l'auto-perception et les changements culturels en Europe. Ce débat est mené par différents camps politiques et courants intellectuels, qui se concentrent soit sur la défense des valeurs européennes traditionnelles, soit sur les problèmes structurels. L'Europe traverse une phase de réflexion sur elle-même, alimentée par les évolutions politiques et culturelles mondiales des dernières décennies. Cette auto-critique est parfois perçue comme un reniement ou une diffamation de sa propre culture. L'histoire de l'Europe est marquée à la fois par de grandes réalisations dans les sciences, l'art et la philosophie, ainsi que par des chapitres sombres de colonialisme, d'impérialisme, de guerres et de génocides. Ces dernières décennies ont vu un engagement plus profond avec ces chapitres sombres, entraînant une remise en question critique de son héritage culturel. Bien que cette critique soit nécessaire pour reconnaître les injustices passées, certains affirment qu'elle ne doit pas sombrer dans un rejet excessif de sa propre culture.

Un aspect important de ce débat est le changement culturel amplifié par la mondialisation et la migration. Le pluralisme culturel croissant en Europe est souvent perçu comme une menace pour l'identité européenne traditionnelle. Les critiques craignent que ce pluralisme puisse conduire à l'affaiblissement des valeurs européennes. L'intégration des migrants et la gestion de la diversité culturelle sont devenues des enjeux centraux de la politique européenne.

Cependant, les partisans soutiennent que l'Europe a toujours été un continent de changement et de diversité culturelle, et que le multiculturalisme constitue un enrichissement qui rend la société plus résiliente et dynamique. Une grande partie de l'élite intellectuelle européenne semble défendre l'idée que l'autocritique est un signe de maturité culturelle. Les valeurs qui en résultent font partie du nouvel héritage européen, fondé sur les leçons tirées de son histoire. L'autocritique, selon cette interprétation, ne consiste pas à dénigrer sa propre culture, mais à apprendre de ses erreurs et à s'améliorer continuellement. Un Europe forte est une Europe qui fait face aux défis du passé et qui reste ouverte au changement, sans renier les réalisations et les aspects positifs de sa culture.

L'Europe court moins le risque de se comporter de manière nationaliste, tant qu'elle ne cherche pas à promouvoir une pensée hégémonique sur le vieux continent. Il s'agit là d'un des changements culturels les plus importants dans la perception de soi de l'Europe. Cette vision repose sur le désir de surmonter les erreurs et les idéologies du passé, en particulier les ambitions hégémoniques qui ont souvent marqué l'histoire de l'Europe. L'idée selon laquelle l'Europe se détruirait en dénigrant sa propre culture découle de la vision d'un déclin imminent de la civilisation occidentale, une idée que l'on retrouve dans de nombreux discours politiques et intellectuels. Le mythe du déclin a une longue tradition en Europe, remontant aux civilisations antiques. La peur du déclin culturel et politique a été régulièrement évoquée, qu'elle soit liée à des invasions extérieures, des bouleversements internes ou à un déclin culturel. Dans les temps modernes, ce sentiment a été exacerbé par les processus de mondialisation et l'affaiblissement des institutions traditionnelles.

L'opacité associée à une métaphore maçonnique pourrait faire référence à la bureaucratie de l'UE et à ses processus décisionnels, souvent perçus comme opaques et difficilement accessibles pour la population générale. Dans de nombreux États membres de l'UE, Bruxelles est souvent présentée comme une « puissance lointaine » qui prend des décisions influençant la vie des gens sans qu'ils aient le sentiment d'être impliqués ou informés. Il existe une grande capacité à investir dans l'unité européenne. La capacité politique visionnaire consiste à forger de nouvelles alliances, à la fois au sein de l'UE et à l'échelle mondiale. Pour relever les grands défis de notre époque, l'Europe a besoin de partenariats solides avec d'autres pays et régions. Les dirigeants politiques qui savent développer des relations internationales et créer des alliances stratégiques établissent la base d'une Europe plus résiliente. La capacité politique visionnaire se manifeste également par la persévérance dans des objectifs novateurs, même lorsque cela devient politiquement inconfortable. L'unification européenne doit aller au-delà des cycles politiques à court terme et se concentrer sur le développement à long terme et la stabilité de l'Europe.

Les processus décisionnels doivent être transparents pour obtenir un large niveau d'acceptation. Les théories du complot insistent sur l'idée que des décisions sont prises en coulisses, qui pourraient aller à l'encontre des intérêts collectifs. Lorsque les objectifs et les actions restent cachés et échappent à tout contrôle public, il y a un soupçon que l'exercice du pouvoir n'est pas éthiquement justifié. L'Europe est exposée à la distorsion des principes éthiques qui donnent la priorité aux principes singuliers par rapport aux intérêts de l'Union européenne.

Dans certains États membres de l'UE, une érosion des principes démocratiques est observable. Les mouvements populistes et les tendances autoritaires remettent en question l'État de droit et l'indépendance de la justice. Cette évolution met en péril non seulement la stabilité des pays concernés, mais aussi celle de l'ensemble de l'UE, en sapant la confiance dans les valeurs communes et l'intégrité de l'Union. Malgré ces courants contraires, la construction européenne n'est pas nécessairement mise à l'épreuve. Il existe des moyens de consolider les fondements de l'Union européenne. Toutefois, l'idée européenne se trouve à un carrefour décisif.

Le succès de l'UE dépend de la manière dont ses institutions réagiront aux crises actuelles. Une Europe forte et unie est indispensable pour relever les défis du XXIe siècle. Un retour aux valeurs communes et aux principes fondamentaux sur lesquels l'UE est fondée pourrait être la clé pour convaincre l'opinion publique européenne et ouvrir une nouvelle ère de coopération. En cette période d'incertitude, il est essentiel de comprendre et de promouvoir l'idée européenne non seulement comme un concept, mais comme une réalité vivante. L'identité européenne n'est pas un concept statique, mais est en constante évolution et débat. Elle se développe à travers l'interaction et l'échange entre les peuples et les cultures européennes. Elle résulte d'expériences historiques, de diversité culturelle et de valeurs partagées. Face aux turbulences actuelles, il est important de poursuivre le dialogue sur l'identité européenne et de trouver de nouvelles voies vers l'unité.

L'axe symbolique et politique de l'interconnexion européenne est le Triangle de Weimar, autour duquel gravitent les autres grandes régions. Cet axe a le potentiel de devenir un catalyseur pour l'action politique, économique, sécuritaire et culturelle. L'Allemagne joue souvent le rôle de point central entre les axes Nord-Sud et Est-Ouest. La France partage avec l'Allemagne une vision d'une Europe fortement intégrée et sécurise la politique extérieure, la défense et l'économie européennes grâce à des projets de coopération. La Pologne joue un rôle important dans la promotion des intérêts de l'Europe de l'Est et se considère comme un pont entre l'Ouest et l'Est de l'Europe, notamment avec les pays d'Europe centrale et orientale tels que les États baltes, la République tchèque, la Slovaquie et la Hongrie. Les pays du Benelux, l'Irlande et les pays scandinaves ont historiquement été au cœur de l'intégration européenne et contribuent à l'organisation du réseau européen. La Belgique, siège des principales institutions européennes, telles que la Commission européenne, le Parlement européen et l'OTAN, représente le centre symbolique de l'Europe. Les pays du Sud de l'Europe, comme l'Italie, l'Espagne, le Portugal, la Grèce et, dans un avenir proche, les Balkans, sont également des partenaires stratégiques importants, tant sur le plan politique qu'économique. L'interconnexion entre le Triangle de Weimar et le Sud-Est de l'Europe est cruciale pour la stabilité et la cohésion de l'UE. L'interconnexion entre les grandes régions d'Europe autour de l'axe du Triangle de Weimar avec les grandes régions de l'Europe de l'Ouest, du Sud et du Nord est le moteur du réseau européen. Cette interconnexion se déploie sur plusieurs dimensions et est décisive pour la cohérence du projet européen.

Compte tenu de ses capacités, l'Union européenne a encore beaucoup à faire. Elle ne peut pas simplement s'asseoir et se laisser submerger par les vagues. Cette responsabilité ne peut être déléguée à personne d'autre. Ce qui est encore une politique préventive pour sa propre sécurité pourrait très vite se transformer en une politique réactive coûteuse en matière de sécurité. Par ailleurs, des États ennemis utilisent déjà des bandes terroristes qui sévissent dans les différentes entités de l'Europe, mais aussi dans le monde entier.

Les réactions tardives aux crises de sécurité sont souvent beaucoup plus coûteuses, car elles interviennent sous pression et dans un environnement instable. Le principe d'une action concertée et l'alignement des actions sur des vues communes sont essentiels pour renforcer l'UE en tant qu'acteur mondial. Cela permet à l'Union de réagir de manière plus cohérente et plus efficace aux défis internationaux et de défendre ses intérêts sur la scène mondiale. Tous les acteurs impliqués doivent être d'accord sur les problèmes centraux, les défis et les objectifs. Cela nécessite un échange intensif et une communication ouverte. Les actions et décisions des parties prenantes doivent être coordonnées de manière à se compléter et à générer des synergies, plutôt qu'à se contredire ou à entrer en concurrence.

L'Europe doit cesser de se cacher derrière des appels moraux et des gestes symboliques et commencer à utiliser son pouvoir économique et politique de manière ciblée. Les sanctions doivent être plus rapides et plus sévères, les dépendances économiques réduites de manière systématique, et les forces propres mises en avant de manière offensive. De plus, il faut une nouvelle compréhension des réalités géopolitiques. L'idée que les dirigeants autoritaires peuvent être convaincus par de bons arguments et des appels à la raison est une dangereuse illusion. Ils respectent la puissance, pas la morale. L'Europe doit apprendre à défendre ses intérêts de manière claire et sans hésitation, même si cela implique de prendre des risques à court terme ou de prendre des décisions inconfortables. Cela pourrait inclure une présence militaire dans des régions géopolitiquement sensibles ou le renforcement de partenariats stratégiques avec des pays prêts à s'opposer aux forces autoritaires.

Enfin, l'attitude des dirigeants européens doit également évoluer. Il ne suffit pas d'avoir des équipes compétentes, il faut aussi des personnalités fortes capables d'agir d'égal à égal avec les grands acteurs mondiaux. Un chancelier qui trébuche lors de sommets internationaux, que ce soit de manière métaphorique ou littérale, envoie un signal d'incertitude. Les attitudes des chefs de gouvernement allemands sur la scène internationale ont souvent donné l'impression qu'ils cherchaient à se cacher derrière une façade de modération, presque innocente. La réponse politique aux défis internationaux, tels que la crise énergétique, les questions migratoires ou les tensions géopolitiques avec la Chine, a souvent révélé une tendance à une gestion supposée des crises plutôt qu'à une direction proactive des événements. La direction allemande semble souvent plus préoccupée par son image politique que par la résolution active des problèmes.

Diriger politiquement signifie assumer ses responsabilités, non seulement pour les décisions prises, mais aussi pour celles qui ne le sont pas en raison d'hésitations ou d'inaction. En période de crise, comme celle de la guerre en Ukraine, il devient évident que la retenue ou les retards délibérés peuvent avoir des conséquences tragiques. Il s'agit de décisions ayant des impacts immédiats, pouvant sauver des vies humaines ou désamorcer des conflits grâce à des actions courageuses. Alors que les attaques russes se poursuivent, certains acteurs politiques prolongent les débats sur la fourniture d'armes, d'aides ou de sanctions. Chaque retard ne signifie pas seulement un jour de souffrance supplémentaire, mais aussi le risque que les agressions se consolident et s'étendent. Cette lenteur n'est pas seulement un échec politique, mais une faute morale. L'hésitation ne traduit pas une réflexion ou une prudence, mais une manipulation délibérée. Les acteurs évitent des positions claires pour se protéger eux-mêmes ou rejeter leurs responsabilités.

La question est donc la suivante: comment l'Europe, et en particulier l'Allemagne, peut-elle s'imposer dans cet environnement? La réponse ne réside pas uniquement dans la diplomatie, mais dans sa complémentarité avec des actions déterminées et une stratégie claire. La diplomatie ne peut signifier ni adoucissement ni tergiversation, au point de perdre toute identité. Peut-être s'agit-il de perfectionner l'art stratégique de la patience, d'attendre que les problèmes se résolvent d'eux-mêmes, sans perturber les cocktails des sommets internationaux. Que signifie alors l'extermination d'un peuple à travers des meurtres, des bombardements ciblés sur des écoles maternelles, des hôpitaux, et des infrastructures essentielles? Cette attitude est non seulement myope, mais profondément immorale, car elle met en danger la vie d'innocents. Chaque jour d'indécision sur la scène internationale nuit au tissu social global.

Les réalités fondamentales doivent être abordées. On ne peut pas les contourner avec des slogans de soi-disant modération, par crainte de l'opinion publique parmi les partisans de Poutine, qu'ils soient issus de l'AfD, du BSW ou de la gauche radicale allemande. La société libre doit comprendre ce qui mérite d'être défendu. Il ne s'agit pas simplement de maintenir une paix de façade, mais de préserver la vie en liberté. Cette liberté, que nous chérissons, semble attaquée de toutes parts. Elle est non seulement menacée par des acteurs externes, comme des gouvernements autoritaires, mais aussi minée de l'intérieur par des forces qui s'opposent violemment à tout ce qui soutient le discours ouvert et pluraliste. Dans ce contexte, ces idéologies ne sont pas de simples opinions marginales sur le spectre politique : elles représentent des menaces potentiellement dangereuses pour les principes de la démocratie et des droits humains.

La société doit faire face aux idéologies extrêmes, car elles conduisent à l'intolérance, à la discrimination et à la violence. La protection de la démocratie et des droits de l'homme exige un engagement actif contre ces courants. Il appartient à la société civile de promouvoir l'éducation, la sensibilisation et le dialogue afin de défendre les valeurs de tolérance, de respect et de diversité. Par ailleurs, les institutions et les acteurs politiques doivent veiller à ce que des lois et des réglementations soient en place pour contrer les opinions extrémistes et encourager une communauté démocratique et inclusive. La démocratie ne fonctionne pas automatiquement : c'est un processus constant qui nécessite engagement, vigilance et prévoyance. Les dangers posés par les mouvements politiques extrêmes ne sont pas simplement théoriques. L'histoire regorge d'exemples qui montrent les conséquences de l'ignorance face à l'influence des idéologies radicales.

34. INTERCONNECTIVITÉ DE LA GESTION DE LA POLITIQUE

L'axiome «La gestion de la politique doit être rentable» implique que l'action politique et la gouvernance doivent être conçues de manière à ce que les résultats profitent non seulement aux politiciens, mais surtout aux citoyens et à la société dans son ensemble. Pour que la gestion politique soit rentable, certains principes et objectifs doivent être poursuivis, apportant à la fois des succès à court terme et des bénéfices à long terme. Les idées de la politique internationale prospèrent lorsque la volonté et l'intelligence collective nécessaire sont présentes pour être exploitées efficacement. Les émotions doivent être adaptées au cadre d'une gestion politique rationnelle.

Des émotions telles que la peur, l'espoir ou l'indignation peuvent animer les processus politiques, mobiliser et créer une opinion publique. Bien qu'elles soient souvent des moteurs de changement, elles doivent être canalisées pour éviter des impulsions destructrices comme le populisme ou les réactions excessives. La gestion politique nécessite des arbitrages basés sur des faits, des analyses stratégiques et des objectifs clairs. Les émotions ne doivent pas dominer ces processus, mais doivent être intégrées dans un système garantissant une action rationnelle. La politique peut s'appuyer sur des préoccupations émotionnelles, mais elle doit les formuler de manière à encourager des approches constructives.

Une gestion politique efficace nécessite une organisation efficiente et transparente. Les ressources doivent être utilisées de manière optimale pour obtenir les meilleurs résultats possibles, qu'il s'agisse de moyens financiers ou de ressources humaines. Les décisions politiques doivent s'aligner sur des objectifs clairement définis et mesurer leur succès à l'aune de résultats tangibles. C'est pourquoi l'accent est souvent mis sur le caractère « fondé sur des preuves ». Une politique fondée sur des preuves signifie que les décisions reposent sur des données scientifiques et des analyses, afin d'élaborer des stratégies bien informées et tournées vers l'avenir. Avoir de la prévoyance ne consiste pas seulement à réagir aux crises actuelles, mais aussi à anticiper et à se préparer aux scénarios futurs.

Les décisions politiques ne devraient pas viser uniquement des succès à court terme, mais également avoir des impacts positifs durables sur la société et l'économie. Les programmes politiques doivent être cohérents et se renforcer mutuellement pour créer des synergies. L'orientation vers les résultats exige de vérifier l'efficacité des décisions à travers des résultats concrets. Cela nécessite de fixer à l'avance des objectifs mesurables pour se concentrer sur les effets réels plutôt que sur la simple utilisation des ressources. Pour rendre la gestion politique efficace et obtenir le soutien des citoyens, il est essentiel d'assurer la transparence et la compréhension des processus de décision politique. Une politique d'information ouverte signifie que les décideurs politiques doivent être capables de communiquer de manière proactive et compréhensible sur les décisions à venir, ainsi que sur leurs fondements et leurs implications. Les communicants faibles préfèrent souvent semer la confusion plutôt que d'assurer la transparence. Ils avancent que la confiance est surévaluée et qu'à la fin, seule compte la capacité à mobiliser les votes le jour des élections, tandis que les malentendus ajoutent une dose de suspense.

Une gestion politique qui en vaut la peine exige que les acteurs assument la responsabilité de leurs décisions et de leurs impacts. Cela signifie également reconnaître ses erreurs et être prêt à en tirer des leçons. La mauvaise gestion combinée à la corruption nuit à la réputation de la politique et sape la confiance dans les institutions, mais reste malheureusement répandue à l'échelle mondiale. Un comportement éthique et le respect des normes d'intégrité sont des prérequis essentiels pour que la gestion politique soit perçue comme valable.

Cela nous ramène à la question cruciale de l'évaluation. Les programmes et projets politiques ont besoin d'un suivi continu pour repérer rapidement les écarts et prendre des mesures correctives. Cela permet d'ajuster et d'optimiser les mesures en permanence. Grâce à des rapports et des examens réguliers, les progrès peuvent être rendus transparents et évalués. Cela aide à éviter des dépenses inutiles et garantit que la politique reste sur la bonne voie ou procède à des ajustements en temps voulu. Les évaluations jouent un rôle crucial en identifiant les erreurs, en établissant la responsabilité et en initiant des améliorations. Elles offrent la possibilité d'apprendre des décisions passées et d'optimiser le processus décisionnel global. Bien que les évaluations révèlent souvent des critiques et des vérités inconfortables, elles sont un outil essentiel pour promouvoir la transparence, l'efficacité et le succès durable.

La transformation mondiale est en cours, à la fois sur le plan social, politique et économique. Le changement climatique, les révolutions technologiques et les bouleversements géopolitiques ne sont que quelques-uns des défis qui nécessitent des changements profonds.

Cependant, la transformation ne peut réussir qu'en acceptant les vérités sous-jacentes, ce qui exige de la transparence ainsi qu'une évaluation précise. La transparence est la pierre angulaire pour instaurer la confiance dans les processus de transformation. Sans informations claires sur la nécessité et les objectifs des changements, le scepticisme ou même le rejet sont inévitables. L'ouverture permet de comprendre le contexte des mesures et d'aligner les décisions en conséquence. Seules des informations complètes et non biaisées permettent d'évaluer précisément les évolutions. Les distorsions politiques ou idéologiques entraînent des erreurs de direction. La science et les preuves doivent primer. Les résultats des évaluations doivent être compréhensibles et accessibles à tous pour encourager l'acceptation et la confiance. De nombreuses vérités sont inconfortables, qu'il s'agisse de la transition nécessaire vers les énergies renouvelables ou des bouleversements sociaux causés par l'automatisation. La volonté de reconnaître ces vérités est souvent faible, car elles génèrent de l'incertitude et des peurs de perte. La transparence seule ne suffit pas. La communication doit mettre en avant la valeur ajoutée des changements tout en proposant des solutions concrètes.

Les faits sont immuables et objectifs, du moins dans leur forme idéale. Cependant, la façon dont les gens les perçoivent, les interprètent et les communiquent est rarement exempte de biais. Les préjugés, les manipulations conscientes ou inconscientes et la suppression des vérités dérangeantes font que même une approche apparemment honnête des faits peut être faussée. Il est donc essentiel d'identifier les préjugés comme des facteurs perturbateurs pour une prise de décision basée sur les faits et de les examiner minutieusement.

Les statistiques peuvent être détournées par le «cherry-picking», c'est-à-dire la présentation sélective des données. Les faits peuvent être intentionnellement intégrés dans des récits qui en altèrent la signification. Même la recherche n'est pas toujours exempte de biais, qu'ils soient d'ordre idéologique ou motivés par des intérêts économiques. Même sans intention malveillante, la perception humaine filtre, interprète ou occulte certains faits. Les préjugés sont ici un moteur central. Ils suppriment souvent les vérités inconfortables et favorisent des explications alternatives. Les individus ont tendance à ignorer ou à déformer les informations qui contredisent leur vision du monde. Les faits peuvent être perçus sélectivement pour conforter des convictions existantes. La pression du groupe peut également biaiser les faits afin de garantir la conformité. Ces mécanismes ne sont pas uniquement individuels, mais aussi systémiques. Ils influencent les processus de décision politique, les opinions publiques et la couverture médiatique.

Le danger de simplement s'approcher de la vérité réside dans l'élimination des aspects inconfortables. Cela conduit souvent à minimiser des enjeux tels que le changement climatique ou les inégalités sociales. Une attitude non critique renforce les idées fausses. Les sociétés doivent être prêtes à reconnaître leurs angles morts et leurs biais idéologiques. Des débats ouverts, incluant des perspectives variées, empêchent des interprétations unilatérales. Le chemin vers la vérité est inconfortable, mais il commence par le courage de reconnaître et de surmonter ses propres préjugés.

Les faits, par définition, sont incorruptibles: ils décrivent ce qui est. Cependant, leur présentation et leur interprétation dépendent fortement du contexte, des perspectives, des intérêts et de la technologie. L'intelligence artificielle (IA) joue un rôle crucial dans cette dynamique. Elle a le potentiel de transformer profondément la qualité du traitement de l'information tout en créant de nouveaux risques. Les systèmes d'IA apprennent à partir de données fournies par des humains, qui reflètent souvent des biais, des inégalités ou des lacunes existants. Les décisions concernant le poids et la priorité des données, qu'elles soient conscientes ou inconscientes, peuvent déformer les faits. L'IA peut intégrer les faits dans des contextes spécifiques qui influencent la compréhension, permettant ainsi de façonner intentionnellement des récits.

Un exemple est le risque de biais de confirmation. Lorsque des modèles d'IA sont programmés pour servir des intérêts ou des idéologies spécifiques, ils renforcent les bulles d'opinions existantes. Un risque particulier réside dans la perception de l'IA comme neutre, un intermédiaire prétendument objectif des faits. En réalité, sa neutralité dépend fortement de sa programmation et de son entraînement. Cette illusion d'objectivité peut conduire à accepter des informations biaisées comme des vérités sans les remettre en question. Les technologies de l'IA permettent de créer des contenus trompeusement réalistes mais faux, sapant la confiance dans les informations authentiques. Les algorithmes basés sur l'IA analysent les comportements des utilisateurs et diffusent des contenus trompeurs adaptés aux biais individuels. Des textes subtilement formulés par des modèles linguistiques peuvent transmettre une réalité spécifique, même si elle est incomplète ou manipulatrice.

Si la communauté internationale et les États ne s'attaquent pas de manière adéquate aux menaces géopolitiques actuelles, les conséquences pourraient être graves. Les dynamiques des relations de pouvoir mondiales, les dépendances économiques et les progrès technologiques exigent une implication active, car les menaces deviennent de plus en plus complexes et interconnectées. Les conséquences de l'inaction face à ces menaces seraient multiples. Sans efforts de résolution et de prévention des conflits, les différends régionaux pourraient rapidement dégénérer en confrontations militaires plus larges entre États. L'absence de mécanismes pour gérer ces problèmes rendrait les nations vulnérables aux conflits entre grandes puissances, entraînant des crises de sécurité mondiale avec d'importantes répercussions humanitaires, économiques et politiques. Sans efforts ciblés pour le désarmement et la construction de mécanismes de confiance, une nouvelle course aux armements entre grandes puissances – notamment dans les domaines des armes nucléaires, cybernétiques et autres technologies militaires avancées – deviendra inévitable. Cela mettrait non seulement en danger la sécurité internationale, mais consommerait également des ressources économiques immenses, nécessaires dans d'autres domaines cruciaux comme la santé, l'éducation et l'environnement.

Si les gouvernements ne mettent pas en œuvre des mesures efficaces de cybersécurité, les infrastructures critiques - de l'approvisionnement en énergie et en eau aux systèmes financiers - seront de plus en plus exposées. Les cyberattaques de groupes de hackers et d'acteurs étatiques pourraient déstabiliser les nations, paralyser les systèmes économiques ou provoquer des troubles politiques. Cette menace devient encore plus aiguë avec la numérisation continue de l'économie mondiale. L'inaction face au changement climatique aggraverait les catastrophes environnementales, avec des catastrophes naturelles plus fréquentes et plus intenses telles que les sécheresses, les inondations, les tempêtes et l'élévation du niveau de la mer. Cela forcerait des millions de personnes à fuir, déclenchant des crises migratoires mondiales. La rareté des ressources, en particulier en eau et en nourriture, approfondirait les conflits au sein des sociétés globales. De même, sans action déterminée contre le terrorisme mondial et les réseaux extrémistes, les forces destructrices gagneraient du terrain, en particulier dans les États instables ou en faillite où ces groupes peuvent s'étendre librement.

Sans coopération internationale active pour relever les défis mondiaux, des institutions comme l'Organisation mondiale du commerce ou l'OTAN pourraient devenir inefficaces. Le retrait des processus et institutions multilatéraux éroderait la capacité de la communauté internationale à répondre efficacement aux défis. Cela conduirait inévitablement à une approche du « chacun pour soi », où les intérêts nationaux prévalent sur la collaboration internationale. Les répercussions des crises mondiales non résolues - qu'elles soient déclenchées par le changement climatique, l'instabilité économique ou les tensions politiques - s'aggraveraient de manière incontrôlable. Le chômage, les inégalités économiques et le manque de perspectives créent un terreau fertile pour le populisme, l'extrémisme et les mouvements autoritaires. Cela pourrait déstabiliser les démocraties à travers le monde et entraîner une montée des régimes autoritaires et des répressions intérieures. L'instabilité géopolitique et les conflits non résolus perturbent le commerce libre et les chaînes d'approvisionnement mondiales. Un manque de collaboration internationale pour résoudre les crises pourrait favoriser les guerres commerciales, les sanctions et les blocages économiques, freinant ainsi la croissance mondiale. Les pays en développement et émergents, fortement dépendants du commerce et des investissements internationaux, seraient particulièrement vulnérables. Les conflits régionaux, les événements climatiques extrêmes et l'effondrement des États pourraient contraindre des millions de personnes à fuir, augmentant les flux migratoires mondiaux et posant des défis immenses aux pays d'origine et d'accueil. Sans coordination internationale et soutien humanitaire, les crises des réfugiés pourraient provoquer des catastrophes humanitaires et amplifier l'instabilité politique dans les pays d'accueil.

Comprendre les cadres politiques et économiques qui influencent l'atteinte des objectifs est aussi important qu'une communication efficace de ces objectifs. Les tensions entre les forces de la mondialisation et la politique nationaliste dans diverses régions du monde mettent les acteurs politiques au défi de gérer leurs engagements internationaux avec flexibilité. La mondialisation a modifié les paramètres de l'action politique sans affaiblir intrinsèquement les unités individuelles. Au contraire, elle a déplacé les incitations vers certaines options de politique économique. La concurrence mondiale accrue pour les ressources mobiles renforce l'attrait des réformes libérales de marché, tandis que les politiques interventionnistes deviennent plus coûteuses. Si cela limite l'autonomie des gouvernements au niveau le plus local, cela ne signifie pas nécessairement une diminution de leur capacité à garantir la croissance et la prospérité.

La résistance à la mondialisation provient de divers milieux politiques, mais elle est particulièrement forte dans la droite politique. Influencés par ces forces opposées, les États sont confrontés au défi d'adapter leur politique avec flexibilité. Des figures politiques comme Donald Trump, Marine Le Pen, Viktor Orbán, le parti allemand Alternative pour l'Allemagne ou l'État islamique critiquent la mondialisation et trouvent un écho auprès de certaines parties de la population. L'objectif est d'exploiter le potentiel d'innovation et de croissance de la mondialisation par une libéralisation ciblée, tout en atténuant les effets négatifs éventuels des transformations structurelles.

De nouvelles formes de gouvernance internationale émergent. La politique doit naviguer avec souplesse dans les engagements internationaux, en tirant parti des opportunités de la mondialisation tout en répondant aux contre-mouvements nationalistes. Cela exige un jeu complexe entre divers acteurs et formes de gouvernance aux niveaux communal, local et international. Leur interconnexion doit être prise en compte. Le pragmatisme et la prise de risques dans la mise en œuvre des objectifs de politique étrangère sont deux principes centraux qui façonnent les actions en politique internationale. Ces concepts reflètent la manière dont les pays poursuivent leurs objectifs de politique étrangère et agissent sur la scène internationale. Pragmatisme et prise de risques ne sont pas nécessairement contradictoires. Dans de nombreux cas, les gouvernements agissent à la fois de manière pragmatique et audacieuse. Un décideur pragmatique peut prendre des risques calculés s'ils sont jugés nécessaires pour atteindre des objectifs de politique étrangère à long terme. Inversement, un acteur audacieux peut agir de manière pragmatique et adapter sa stratégie lorsque les circonstances changent.

Même lorsque les dangers semblent avoir disparu - ce qui n'est jamais le cas - il ne faut pas négliger les opportunités. Les problèmes ne font jamais partie du passé. Ils laissent des traces qui ne deviennent souvent visibles que des années plus tard. La guerre froide en est un exemple : ses lignes de fracture refont surface des décennies après sa conclusion officielle. De même, les crises économiques peuvent passer, mais leurs causes structurelles persistent souvent, créant de nouveaux risques. En réalité, le cycle des défis ne s'arrête jamais. L'histoire démontre à maintes reprises que les menaces considérées comme reléguées dans le passé réapparaissent sous de nouvelles formes, qu'il s'agisse de tensions géopolitiques, de crises économiques, de bouleversements technologiques ou de problèmes sociétaux et écologiques. Le repli sur soi conduit inévitablement à la paralysie, une attitude fatale dans un monde globalisé et dynamique.

En politique internationale, il est indéniablement indispensable d'écouter, de peser les opinions, de comprendre les contextes et de prendre en compte les diverses perspectives. Ces processus permettent aux décideurs d'appréhender des relations complexes, de respecter les sensibilités culturelles et de minimiser les risques potentiels. Cependant, ce processus implique également une responsabilité qui est souvent sous-estimée : le devoir de transformer les idées en actions décisives et concertées. S'attarder trop longtemps en mode évaluation peut conduire à la paralysie. Alors qu'un examen approfondi est vital avant d'agir, si l'analyse des données et des opinions devient une fin en soi, l'étape critique de la prise de décision est négligée. Les analyses seules ne permettent pas de sauver des vies, de sécuriser les frontières ou de résoudre des conflits. Les acrobaties de gestion astucieuses nécessitent une compréhension sensible des dynamiques en jeu, ainsi que la capacité de répondre de manière flexible et créative à des situations diverses. Cela implique inévitablement de recourir à la recherche de consensus, à des procédures de médiation ou à des stratégies de communication interculturelle.

Naviguer entre les différents intérêts, acteurs et perspectives est un art délicat. Un acteur compétent comprend les priorités de toutes les parties prenantes et planifie à l'avance. Toutes les opinions n'ont pas le même poids. La clé est d'écouter sans perdre de vue et d'élever les perspectives qui contribuent à une solution stratégique. Agir trop tôt ou trop tard peut avoir des conséquences fatales. Une oreille attentive aux signaux et aux développements favorisera une action proactive, garantissant que la bonne décision est prise au bon moment. Dans de rares cas, l'attente fait partie de la stratégie, mais uniquement lorsqu'elle est bien raisonnée et gérée avec soin. La stagnation, déguisée en « processus d'examen », constitue en fin de compte le plus grand danger qui soit.

35. INTERCONNECTIVITÉ DE LA DÉMOCRATIE

Les partis politiques traditionnels perdent de leur importance dans de nombreux pays, tandis que de nouveaux mouvements politiques émergent. Les formes de communication modifiées, la complexité croissante des défis politiques, la mondialisation, les interdépendances transnationales et le dépassement des tendances nationalistes constituent les facteurs déterminants de l'avenir. Les principes normatifs pour les futurs mouvements parlementaires, à la place des partis, incluent les droits de l'homme, la subsidiarité, les engagements d'alliance, la démocratie, la liberté et la sécurité. Si ces principes sont établis comme base pour de nouveaux mouvements parlementaires, cela pourrait être perçu comme une tentative de reconfigurer et de moderniser les structures politiques actuelles. Alors que les courants nationalistes dominaient souvent dans le passé, l'accent est désormais mis sur les défis mondiaux. Le changement climatique et la protection de l'environnement ne peuvent pas être abordés sans coopération internationale. Les interdépendances économiques transcendent les frontières nationales.

Les mouvements migratoires soulignent la nécessité de solutions transnationales. Ces idées mettent en avant que la subsidiarité à elle seule est insuffisante pour créer un système politique et social bien fonctionnant. Elle doit être complétée par un cadre structuré qui régule et coordonne les connexions entre les différents niveaux : local, régional, national et international. Un futur mouvement parlementaire devrait aspirer à une démocratie plus profonde et plus inclusive, potentiellement plus directe et participative que les modèles actuels. Les plateformes de participation numérique devront se pencher sur les défis à venir. Les futures conférences, la transparence dans la prise de décisions concernant de nouveaux domaines d'évaluations et d'analyses basées sur des preuves devraient assurer que les mouvements d'intérêt politique s'adaptent aux circonstances pour rester pertinents. Une transformation du système partisan offrirait des opportunités pour une réorientation de la politique au-delà des intérêts nationaux étroitement définis. En même temps, cela présente aux structures démocratiques établies la tâche d'évoluer et de trouver de nouvelles formes de représentation. C'est aussi le seul moyen véritable de se protéger contre l'extrémisme tant à gauche qu'à droite.

Ces nouveaux mouvements parlementaires devraient assumer leur responsabilité internationale par le biais d'engagements d'alliance. Cela implique un engagement envers des institutions multilatérales telles que les Nations Unies, qui ont grand besoin de réforme, ou l'OTAN, basées sur la défense collective, la coopération et la paix mondiale. Ces alliances sont cruciales pour relever les défis mondiaux tels que le changement climatique, la sécurité internationale ou les crises humanitaires. Il ne s'agit pas seulement de droits de liberté individuels, mais aussi de liberté économique et d'autodétermination des citoyens.

Il est de la première obligation dans l'interconnectivité de la pensée civilisationnelle de l'humanité de placer la dignité de l'individu au centre des événements. La démocratie, dans cette mission, n'est pas une idéologie mais plutôt un instrument pour résoudre les problèmes dans les conflits mondiaux. Si elle adhère aux règles de la rationalité, elle opère au sein des luttes de pouvoir avec bien plus de perspicacité que les autocraties.

Dans la tension entre les intérêts collectifs et la responsabilité de protéger la dignité de l'individu, agir ainsi n'est pas seulement un impératif moral, mais aussi une base essentielle pour la paix et la stabilité sociales. La démocratie permet, à travers des débats ouverts et le pluralisme, une résolution des conflits plus durable, car elle crée un espace pour des perspectives et des intérêts divers. Les règles de rationalité dans les processus démocratiques favorisent l'insight et la compréhension en ancrant les décisions dans les faits, la logique et le débat. La structure démocratique vise à développer des solutions qui bénéficient à la majorité tout en protégeant simultanément les droits des minorités, un facteur indispensable dans un contexte mondial de plus en plus caractérisé par le mélange de différentes cultures et intérêts. Dans les systèmes autoritaires, la valeur de l'individu et la rationalité sont souvent supplantées par des stratégies de maintien et d'expansion du pouvoir. Ainsi, le progrès civilisationnel de l'humanité dépendra en grande partie de la manière dont les démocraties du monde entier centrent de manière cohérente les principes de rationalité et de dignité humaine dans leurs interactions. Le courage de changer joue un rôle crucial dans la préservation et le renouvellement de la démocratie dans son sens original. De nombreux défis auxquels les démocraties sont confrontées actuellement ont été exacerbés par des développements mondiaux, des bouleversements technologiques et des divisions sociales. Faire face à ces défis nécessite non seulement une volonté politique mais aussi une disposition à repenser et à adapter les sous-systèmes et les sous-structures existants de la démocratie. Ainsi, un renouvellement doit tenir compte de la fonctionnalité et de l'adaptabilité des institutions, des administrations, des médias et des organisations de la société civile.

De nombreuses institutions politiques demeurent encore dans des structures rigides qui entravent le dialogue entre citoyens et décideurs. La modernisation de ces institutions pourrait les rendre plus accessibles, transparentes et réactives. Une démocratie renouvelée doit prendre en considération ces tensions et développer des mécanismes pour trouver des solutions mondiales pouvant être mises en œuvre à l'échelon local. La démocratie fait désormais face à une série de crises qui sont devenues un phénomène permanent. Ces difficultés persistantes mettent à l'épreuve la résilience et l'adaptabilité des systèmes démocratiques. Pour rester résilientes, les démocraties doivent démontrer leur capacité de renouvellement.

Dans une démocratie de haute qualité, ce n'est pas le compromis qui est valorisé, mais le consensus. Dans certaines démocraties pluralistes, le compromis est une méthode privilégiée pour réconcilier des intérêts, des opinions et des besoins divergents. Chaque parti fait des concessions pour parvenir à un accord. Cependant, le compromis est une sorte de terrain d'entente dans lequel aucun des partis concernés n'atteint pleinement ses objectifs. Cela conduit souvent à un sentiment que les compromis ne sont que des solutions temporaires qui ne résolvent pas complètement les conflits existants mais les atténuent simplement. Dans une réalité démocratique caractérisée par une grande variété d'intérêts, les compromis peuvent conduire à une fragmentation ou même à une insatisfaction, car personne n'est complètement satisfait.

En revanche, le consensus repose sur une forme d'accord plus profonde et plus complète. Cela signifie trouver une solution ou une décision acceptée par toutes les parties comme équitable, juste et dans le meilleur intérêt de l'ensemble de la société. Cela implique non seulement que chaque partie fasse des concessions, mais aussi qu'une base commune soit établie qui transcende la simple mise en balance des intérêts. Le consensus est principalement poursuivi comme un idéal car il représente une forme plus profonde d'accord politique. Il suppose que l'objectif n'est pas seulement de gérer les conflits, mais de développer une vision partagée qui souligne l'unité et le bien commun de la société. Les processus de consensus nécessitent un dialogue intensif et constructif dans lequel non seulement les intérêts, mais aussi les valeurs et les normes entrent en jeu. De cette manière, une solution est créée qui convainc réellement tous les acteurs concernés plutôt que d'être simplement acceptée. Un consensus est plus stable à long terme qu'un compromis, car il est fondé sur un accord sociétal plus large et n'est pas façonné par la nécessité d'accords politiques à court terme.

La construction du consensus dans un contexte organisationnel est généralement perçue comme positive et productive, tandis que les compromis en politique sont souvent interprétés comme un affaiblissement ou un renoncement à des principes clairs. Dans le management, le consensus est une stratégie précieuse visant à prendre en compte les intérêts de toutes les parties prenantes. Le consensus sert à minimiser les conflits et à favoriser l'engagement collectif envers un objectif commun. Dans les entreprises, le consensus est considéré comme souhaitable, car il garantit que tous les décideurs et parties prenantes sont alignés. Cela renforce l'équipe et conduit généralement à des résultats plus durables et stables, en trouvant des solutions soutenues par un large éventail d'acteurs. Lorsqu'une équipe de direction prend des décisions fondées sur le consensus, cela signifie que la probabilité de résistance et d'obstacles diminue, car les parties concernées ont conjointement soutenu le processus décisionnel. Cela est particulièrement important dans les organisations complexes où il faut harmoniser de nombreux intérêts divers, provenant de développeurs techniques, de personnel marketing, de vendeurs et de spécialistes de l'exportation. La capacité à prendre des décisions viables par consensus est considérée comme une approche centrale du leadership dans divers contextes organisationnels, que ce soit en affaires, dans la gestion de projets ou même en diplomatie.

En politique, le compromis a une connotation négative, car il est interprété comme un signe de faiblesse ou un manque de principes. En particulier dans les sociétés polarisées, les leaders politiques sont censés représenter des positions claires et fermes. Un compromis est donc perçu comme un abandon de croyances pour obtenir des succès à court terme. Les politiciens qui font fréquemment des compromis risquent de perdre leur crédibilité ou le soutien de leur électorat. Les compromis en politique sont parfois qualifiés de « compromis mous » lorsqu'ils sont perçus comme des solutions qui ne satisfont réellement personne et ne résolvent pas les problèmes les plus profonds. Ils sont critiqués comme un manque d'engagement ou un éloignement de convictions fortes. Cela conduit à un sentiment que la politique est inefficace, car les décisions sont diluées par trop de compromis.

Un style de management basé sur le consensus favorise un environnement de travail positif où tous les participants se sentent entendus. Cela peut améliorer la productivité et l'engagement des employés. Dans ce cas, le consensus est considéré comme un moyen de satisfaire toutes les parties prenantes, ce qui renforce l'objectif global. En politique, cependant, le compromis est perçu comme une nécessité pour faire fonctionner les processus gouvernementaux. Toutefois, il est souvent considéré comme indésirable, car il ne fournit que rarement la solution idéale. Il symbolise un recul par rapport à des idéaux clairs et à de fortes convictions, ce qui est crucial à évaluer, en particulier en période de polarisation politique.

Dans la politique internationale, il existe une approche alternative. Plusieurs États ou régions peuvent former des alliances pragmatiques et utiliser des formes de coopération plus flexibles adaptées à des problèmes spécifiques. Les « coalitions des volontaires » contournent le dilemme selon lequel tous les États doivent s'accorder sur un compromis. Elles permettent d'avancer dans des domaines spécifiques. Par exemple, le G20, en tant que groupe de puissances économiques majeures, collabore dans de nombreux domaines tels que la réglementation financière et la lutte contre l'instabilité économique mondiale. Bien qu'il ne représente pas un consensus de toutes les nations, il peut réaliser des progrès significatifs en se concentrant sur des intérêts partagés spécifiques. Les mécanismes flexibles, tels que le principe des « responsabilités différenciées », appliqué dans les accords sur le changement climatique, permettent aux États de prendre des engagements différents selon leurs capacités et leurs circonstances nationales. Cela empêche des compromis rigides de conduire à l'insatisfaction et permet des solutions différenciées. Grâce à des mesures comme des initiatives de transparence, des accords de contrôle des armements ou des accords de confiance, les États peuvent travailler vers une situation de consensus à long terme. À mesure que la confiance dans le sérieux et la prévisibilité des partenaires de négociation augmente, la volonté de trouver des solutions innovantes augmente également.

Des mesures ciblées contre des entreprises spécifiques qui nuisent aux intérêts des États de l'OTAN ou de l'UE par un comportement nuisible seraient une stratégie plus efficace et équilibrée que des tarifs punitifs généraux. L'avantage d'une telle politique de concurrence précise est qu'elle cible directement le problème tout en causant moins de dommages aux relations économiques plus larges. Ces sanctions pourraient inclure des interdictions d'accès aux marchés ou des restrictions commerciales sur des produits spécifiques. Les États alliés pourraient exclure certaines entreprises des appels d'offres publics et des contrats gouvernementaux pour violation des intérêts de sécurité. Les États alliés pourraient examiner plus attentivement lorsque des entreprises de pays tiers cherchent à acquérir des participations dans des domaines stratégiquement importants tels que l'infrastructure, la technologie et l'énergie. Un mécanisme précis de surveillance des investissements pourrait empêcher des entreprises liées à des États tiers d'imposer des tarifs punitifs, d'acquérir des positions critiques sur le marché. Ce contrôle pourrait également s'étendre aux fusions impliquant des technologies sensibles. Au lieu de tarifs punitifs généraux, des restrictions d'importation spécifiques ou des exigences réglementaires pourraient être introduites pour certaines industries, telles que la haute technologie, les télécommunications ou l'énergie. Cela ciblerait spécifiquement les entreprises qui violent les règles de concurrence ou les normes de sécurité de l'alliance, sans restreindre le commerce global.

L'alliance pourrait investir stratégiquement dans la recherche et le développement pour créer des capacités technologiques indépendantes dans des domaines dominés par des entreprises de pays tiers problématiques. Ces investissements stratégiques pourraient aider à réduire la dépendance des partenaires de l'alliance à l'égard des entreprises présentant des risques de sécurité potentiels, comme dans les télécommunications ou les infrastructures critiques. Cette approche coordonnée augmenterait la pression sur les entreprises concernées tout en promouvant le respect des normes internationales. Ces mesures ciblées contre des entreprises spécifiques seraient moins économiquement dommageables pour l'économie globale et politiquement plus faciles à mettre en œuvre.

L'interconnexion de la démocratie fait référence à la relation mutuelle entre les systèmes démocratiques ainsi qu'aux interconnexions et influences mutuelles entre les démocraties dans le monde entier. Dans un monde globalisé, les démocraties ne sont pas isolées ; elles sont plutôt intégrées dans un réseau de relations politiques, économiques et sociales qui influencent considérablement leur fonctionnement et leur développement. Les systèmes démocratiques s'influencent mutuellement par l'échange d'idées, d'institutions et de pratiques.

Des concepts tels que la séparation des pouvoirs, les droits de l'homme et l'état de droit, qui ont été développés au sein d'une démocratie, inspirent d'autres démocraties. Le soi-disant « effet de diffusion démocratique » décrit comment les réformes démocratiques peuvent se répandre d'un pays à un autre, souvent déclenchées par des bouleversements révolutionnaires, des mouvements de réforme politique ou des innovations technologiques. Désormais, les démocraties sont confrontées à des défis mondiaux qui ne permettent pas de solutions purement nationales, tels que le changement climatique, les menaces à la sécurité internationale ou la migration. Ces problèmes nécessitent une coopération étroite entre les États démocratiques, où des valeurs partagées comme la transparence, la responsabilité et l'inclusion jouent un rôle central. Cela signifie que les démocraties doivent non seulement être stables et fonctionnelles en interne, mais aussi assumer une responsabilité internationale pour relever les défis mondiaux.

Un État n'est pas une nation, et une nation n'est pas encore un État ; un État n'est pas encore un pays. La signification politique réside dans les pays et leurs populations. Cela dépend de leurs capacités à faire face aux potentiels et aux contenus. La capacité du leadership politique à élaborer des stratégies à long terme qui créent prospérité, justice et stabilité est cruciale partout. Des politiques à court terme ou même destructrices nuiront finalement aux potentiels d'un pays. Ce qui est clé, c'est la capacité du leadership démocratique à développer des stratégies à long terme. La capacité d'établir des relations internationales et de participer à des processus mondiaux est maintenant plus importante que jamais pour sécuriser ses intérêts et s'affirmer dans un système de plus en plus interconnecté.

Dans la politique internationale rapide et chargée de conflits, le sens du devoir, la sincérité, la décence et la responsabilité ne sont pas seulement des concepts idéalistes mais des pierres angulaires nécessaires à la paix et à la coopération. En fin de compte, ils sont cruciaux pour relever les défis mondiaux allant du changement climatique à l'injustice mondiale, en passant par les conflits et les menaces à la sécurité. Un sens du devoir dans le contexte international nécessite transparence et sincérité dans la communication avec d'autres États. Cela inclut un engagement ouvert envers les obligations internationales et l'évitement de la tromperie qui pourrait miner la confiance dans les relations multilatérales. La sincérité permet aux gouvernements de définir clairement leurs responsabilités et de justifier leurs positions et actions. Elle encourage une volonté de prendre la responsabilité des fautes ou des malentendus et de trouver des solutions par le dialogue. La responsabilité exige que les États soient honnêtes sur leurs capacités, leurs intentions et leurs actions. L'irresponsabilité se manifeste souvent par la tromperie, comme le fait de ne pas divulguer de programmes nucléaires ou de déformer des actions militaires.

Renforcer la fiabilité et la crédibilité est crucial pour que les gouvernements agissent efficacement dans la politique internationale. Grâce à la mise en œuvre cohérente de stratégies axées sur la transparence, la cohérence et la coopération multilatérale, les États peuvent assumer de nouvelles positions dans un environnement mondial de plus en plus complexe. Un État reconnu pour sa crédibilité peut plus facilement affirmer ses intérêts politiques et économiques. Les pays connus pour des pratiques respectueuses de l'environnement plaideront plus efficacement pour des mesures de protection du climat sur la scène internationale. Les pays considérés comme fiables peuvent souvent négocier de meilleures conditions dans les négociations commerciales internationales, car ils sont perçus comme des partenaires prévisibles.

L'interconnexion du sens du devoir, de la sincérité, de la décence et de la responsabilité dans la politique internationale forme la base éthique de la politique mondiale. Les acteurs responsables et sincères favorisent la stabilité et le bien commun mondial, tandis que des actions décentes et responsables aident à éviter les conflits et à mobiliser la confiance dans les institutions internationales. L'absence de l'une de ces valeurs entraîne méfiance, instabilité et conflits, par le biais d'accords secrets, de non-respect des contrats ou de mépris des normes internationales.

36. INTERCONNECTIVITÉ DU POSITIF ET DU NÉGATIF

L'interconnexion des forces positives et négatives en politique et dans la société a laissé des traces profondes tout au long de l'histoire. Ces deux forces ne sont pas de simples opposés, mais coexistent dans un équilibre dynamique : lorsque l'une prend le dessus, cet équilibre est rompu, et les sociétés peuvent basculer dans des états extrêmes. Alors que les développements positifs apportent espoir, progrès et changement constructif, la domination de la négativité conduit souvent à la terreur, à l'oppression et à une profonde dépression sociale. L'histoire montre que la persistance d'une négativité prolongée entraîne non seulement des crises, mais laisse également des cicatrices durables sur le psychisme collectif et la cohésion sociale d'un pays.

Prenons l'exemple de la Révolution française. Ce qui avait commencé comme un élan d'enthousiasme pour l'égalité et la liberté a dégénéré en la Terreur sous Robespierre. À mesure que la peur de la trahison et de l'abus de pouvoir augmentait, une politique d'épuration et de persécution s'est imposée. La guillotine est devenue un symbole de terreur, et la société a vécu un profond désenchantement alors que

694

les amitiés et les voisinages étaient enveloppés de suspicion, érodant la confiance au sein de la communauté. Ce traumatisme a jeté une ombre sur l'Europe, qui n'a retrouvé une certaine stabilité que des années plus tard.

De manière similaire, durant les « Grandes Purges » staliniennes des années 1930, la persécution des ennemis supposés de l'État a atteint son paroxysme. Des millions de personnes ont été emprisonnées, exécutées ou déportées dans des goulags. L'incertitude omniprésente et le climat de peur ont conduit à un désespoir collectif paralysant, laissant une société fermée et méfiante. Le résultat fut une population affaiblie dans sa survie et moralement épuisée, une condition qui a persisté des décennies après la fin de la terreur. Le peuple souffre-t-il encore aujourd'hui de ce traumatisme?

Dans la Russie contemporaine, marquée par une nouvelle vague de régime autoritaire, l'héritage du système des goulags reste palpable. La peur de la persécution et de la répression a refait surface, sapant davantage la confiance dans les institutions sociales et politiques. Les horreurs des goulags, qui ont touché des millions de familles et laissé des cicatrices profondes dans la mémoire collective, continuent de résonner en Russie. Des générations de grands-parents et de parents ont transmis des leçons silencieuses : ne parle pas trop fort, fais confiance avec parcimonie, et reste invisible si nécessaire. Pourtant, ces dernières années, notamment avec l'émergence d'une nouvelle génération, ce silence semble se briser. Les jeunes, explorant le passé de leur pays, puisent force et détermination dans la connaissance et la souffrance de leurs ancêtres. Les initiatives de la société civile et les projets culturels osent poser des questions, briser le silence et poser les bases d'un changement possible. Cependant, ces frêles pousses de renouveau ont de nouveau été écrasées. Les anciennes blessures, jamais complètement guéries, ont été rouvertes. Alors que les institutions politiques étouffent le débat public et érodent la confiance, peut-être qu'une résistance silencieuse et clandestine est en train de se former. De petits mouvements pourraient émerger, défiant la résignation et incarnant le visage d'une nouvelle génération qui refuse de se cacher devant son histoire.

Les impacts de l'expérience des goulags restent présents dans la société russe d'aujourd'hui. Le traumatisme collectif, transmis de génération en génération, continue d'influencer les dynamiques sociales et les comportements individuels. Cependant, la société développe également des stratégies de résilience et un potentiel de guérison. Affronter son histoire sera crucial pour permettre à la

Russie d'apprendre de ces chapitres sombres et de créer un avenir porteur d'espoir. L'évolution des conditions sociales et politiques déterminera si la Russie peut se libérer de l'héritage dystopique des goulags.

Les jeunes Russes sont profondément conscients des dangers que représente aujourd'hui encore le souvenir du passé. Ils perçoivent les parallèles entre le passé et le présent, ce qui pèse lourdement sur eux. Mais cette conscience recèle peut-être une détermination : non pas seulement vivre l'histoire, mais la comprendre et en transmettre les leçons. Puissent-ils avoir la chance d'atteindre une libération intérieure et de la partager avec le monde, comme l'a fait la société ukrainienne, bien que dans une immense souffrance. L'engagement avec le passé doit être un acte audacieux et émotionnellement chargé. Ils verront les ruines des goulags, les ravages infligés à leur voisin ukrainien, et érigeront des plaques commémoratives pour ceux qui ne peuvent plus verser de larmes. Ce processus demande de la force mais contient aussi de l'espoir. C'est un appel à la justice et à la vérité, un message selon lequel ils ne sombreront pas dans l'obscurité de l'oubli.

Bien que cela ne soit pas encore perceptible, il y a là une grande opportunité pour un projet européen différent, fondé sur la solidarité, la justice et la compréhension mutuelle. Les initiatives culturelles peuvent favoriser le dialogue entre les générations futures. Ces plateformes offrent un espace pour un engagement critique avec le passé et peuvent permettre aux participants d'apprendre des erreurs de l'histoire. La jeune génération, grâce aux médias sociaux, dispose de nouveaux outils pour se connecter et faire entendre sa voix à l'échelle mondiale. Ce réseau numérique peut servir de catalyseur au changement, permettant aux préoccupations locales de résonner dans toute l'Europe. Bien que les tensions politiques entre la Russie et l'Europe restent élevées, il existe toujours un potentiel pour un avenir différent, centré sur le travail de mémoire. Une Ukraine reconstruite et revitalisée pourrait jouer un rôle central de médiation. Elle pourrait devenir un pont pour de nouvelles identités des deux côtés, reconnaissant le passé tout en forgeant un avenir de coopération européenne qui prend ces expériences au sérieux et les intègre dans la mémoire collective. Nous sommes tous conscients des défis et des risques. Les personnes directement touchées savent qu'elles doivent lutter contre des structures puissantes et que beaucoup de leurs voix risquent de ne pas être entendues au départ. La quête de vérité, de mémoire et de justice doit être plus forte que les chaînes de la peur. Au sein d'une nouvelle génération réside le potentiel d'une transformation, utilisant les souffrances du passé pour façonner un avenir où ces horreurs ne se répéteront pas. Cette révolution silencieuse des cœurs n'est pas encore assez forte pour ébranler des régimes enracinés. Mais elle est assez forte pour toucher les âmes et rappeler aux gens notre humanité commune. Si nous l'écoutons et l'intégrons dans notre vision de l'Europe, elle pourrait finalement apporter un changement qui commencerait à guérir les blessures les plus profondes.

Les visions d'une Europe fondée sur des valeurs humaines et des échanges mutuels sont toujours inspirantes, offrant des perspectives inattendues pour l'avenir du continent. L'Union européenne repose déjà sur une base solide de valeurs qui transcendent les simples aspects politiques. Le courage et l'espoir sont les pierres angulaires de toute société politique, partout dans le monde. Le courage permet aux sociétés de relever les défis et d'oser le changement. L'espoir apporte la confiance et la motivation nécessaires pour travailler à un avenir meilleur. En raison de sa position géopolitique et de son histoire, l'Ukraine pourrait jouer le rôle de pont entre l'Est et l'Ouest. Les expériences du pays dans sa lutte pour la démocratie et la liberté pourraient fournir des enseignements précieux à l'ensemble de l'Europe. Une reconstruction réussie de l'Ukraine pourrait servir d'exemple inspirant de résilience et de solidarité européenne.

Bien que cette vision soit indéniablement optimiste, elle trace un chemin possible vers une Europe fondée sur des valeurs. Le défi sera de traduire ces idéaux en politiques et actions concrètes. Cela nécessite non seulement une volonté politique, mais aussi l'engagement actif des citoyens européens. Les principes fondamentaux de l'UE, tels que la liberté, la démocratie et l'État de droit, offrent déjà une base solide pour cette vision. En développant et approfondissant ces valeurs, associés au courage et à l'espoir, l'Europe pourrait effectivement trouver un chemin vers une plus grande unité et résilience.

Surmonter les traumatismes collectifs nécessite souvent un changement sociétal profond qui dépasse les processus de guérison individuels. Ces traumatismes trouvent fréquemment leurs racines dans des événements historiques et des expériences collectives qui marquent un pays sur plusieurs générations. La guerre en Ukraine, par exemple, risque de laisser des séquelles psychologiques durables sous la surface des sociétés concernées. Les traumatismes historiques se transmettent souvent de génération en génération par des récits, des souvenirs et des codes culturels. La guerre actuelle laisse des blessures dans les communautés touchées, résultant de pertes, de violences et de déracinement. Le fardeau psychologique engendré par le conflit pourrait également avoir des répercussions sur la stabilité sociale des pays concernés. Lorsqu'une grande partie de la population vit avec des traumatismes non résolus, cela peut gravement nuire à la cohésion sociale, à la confiance dans les institutions et à la qualité de vie globale.

L'Union européenne devra relever des défis colossaux en matière de reconstruction physique et interculturelle. Par le biais d'un éventail large de mesures, l'UE a la possibilité de garantir que les sociétés européennes guérissent non seulement physiquement, mais aussi émotionnellement et socialement, tout en posant les bases d'une coexistence pacifique et stable. La reconstruction ne devrait pas se limiter à remplacer les infrastructures détruites, mais intégrer des technologies modernes et respectueuses de l'environnement. Il est crucial d'adopter une approche centrée sur les besoins et les expériences de l'Ukraine tout en offrant des perspectives à long terme pour une stabilité et une prospérité durables.

Une telle réussite pourrait non seulement contribuer à la

reconstruction de l'Ukraine, mais aussi permettre à l'UE de redistribuer efficacement ses rôles. En mettant l'accent sur des secteurs industriels spécifiques, des sources d'énergie durables et des méthodes de construction écologiques, l'Europe pourrait réduire sa dépendance aux combustibles fossiles, protéger l'environnement et stimuler la croissance économique. Par ailleurs, le leadership politique jouera un rôle clé pour promouvoir la réconciliation et la guérison sociale. Sans un soutien ciblé et à long terme, les pays risquent de voir persister les traumatismes sous forme de radicalisation politique, de méfiance ou de conflits sociaux.

Une discussion ouverte sur ces questions pourrait non seulement aider à aborder les blessures anciennes, mais aussi sensibiliser à la nécessité de transformations. Le renforcement des institutions démocratiques est essentiel pour offrir une plateforme où différentes perspectives peuvent s'exprimer et où des processus participatifs sont encouragés. L'éducation et la sensibilisation sont également fondamentales pour briser les cycles de silence et de déni.

Cependant, il est tout aussi important de reconnaître les dangers que représentent les tendances autoritaires ou la corruption dans des périodes de reconstruction. Sous l'effet de l'insécurité ou des menaces, des mesures répressives ou un retour à des comportements souvent traumatiques peuvent émerger. Le défi réside dans la recherche d'un équilibre entre la protection nécessaire de la société et la préservation des libertés individuelles.

Pour la Russie, le chemin vers un avenir ouvert et résilient passe par un examen honnête et critique de son propre passé. Cela permettra de créer un climat inclusif et équitable, capable de relever les défis actuels et futurs. Bien que le conflit puisse exacerber les tensions entre les différents groupes de population ou en créer de nouvelles, l'histoire montre que des réconciliations surprenantes sont possibles. Après la Seconde Guerre mondiale, d'anciens ennemis tels que la France et l'Allemagne sont devenus des partenaires proches. Une dynamique similaire pourrait émerger entre l'Ukraine et la Russie à long terme.

Les périodes de crise peuvent également renforcer la cohésion et conduire à un renouveau sociétal. L'Ukraine pourrait sortir de ce conflit plus forte et unie. L'appui international basé sur la solidarité européenne pourrait accélérer son intégration dans les structures européennes et mondiales, favorisant la reconstruction et la guérison. Ce processus pourrait également donner naissance à une renaissance culturelle et économique ukrainienne, avec des retombées dépassant ses frontières. La gestion des conséquences psychologiques du conflit, parallèlement à la reconstruction physique, déterminera l'impact à long terme. En mettant l'accent sur la cohésion sociale et le soutien international, il est possible d'atténuer les effets négatifs et d'enclencher des dynamiques positives. La capacité des sociétés à se régénérer est remarquable et, avec un soutien approprié, l'Ukraine pourrait émerger comme une société résiliente et innovante.

Pour des millions d'Ukrainiens, la guerre a profondément transformé leur vie. Ce sont ces expériences individuelles qui joueront un rôle déterminant dans la résilience et la cohésion sociale futures de la société ukrainienne. Un traumatisme collectif peut engendrer méfiance et divisions, mais il peut aussi être une source de solidarité et de renouveau. Un processus de reconstruction global devra s'attaquer à ces divisions et renforcer l'unité sociale. Cela pourrait également stimuler l'innovation et le progrès dans des domaines tels que l'urbanisme durable et la numérisation, des domaines souvent catalysés par des crises. Enfin, le défi pour l'Europe sera de tirer parti des opportunités offertes par ce contexte pour revitaliser ses propres valeurs fondamentales, renforcer son intégration et se préparer aux défis futurs.

Il n'est pas rare que le négatif prenne le dessus. Lorsque les dirigeants politiques se concentrent sur les menaces et les crises, les initiatives constructives perdent rapidement leur priorité. La pandémie Covid-19 a entraîné une augmentation du négativisme dans la communication politique à l'échelle mondiale, les gouvernements se concentrant sur la gestion de crise et les projets d'avenir positifs étant relégués au second plan. Il s'ensuit généralement une sorte de lassitude générale face à la crise, qui épuise émotionnellement la population et affaiblit sa volonté de participer aux processus politiques. Dans une société collectivement déprimée, les gens se replient souvent sur leur espace privé et évitent la vie publique. Cet isolement réduit les interactions et les relations qui devraient pourtant contribuer à promouvoir l'optimisme et la cohésion. Le manque de cohésion et l'augmentation de la méfiance entraînent généralement des tensions et des conflits sociaux. De telles fragmentations affaiblissent la société, car elles sapent la solidarité.

La prévalence de la négativité permet souvent aux forces autoritaires d'accéder plus facilement au pouvoir. Lorsque la population se sent démoralisée et désorientée, un régime autoritaire est censé offrir stabilité et sécurité. Historiquement, les dictatures ont pu s'établir après des crises et une insécurité sociale persistante en offrant une solution autoritaire aux problèmes sociaux. La prise de pouvoir de Franco en Espagne et celle de Mussolini en Italie en sont des exemples.

Les phases post-totalitaires donnent ensuite naissance à des problèmes psychosociaux à long terme au sein de la population. La psychologie politique confirme que les sociétés qui ont longtemps vécu dans des conditions répressives souffrent d'un manque de cohésion sociale, même après un changement de régime. On l'a vu par exemple dans la Russie postcommuniste et dans d'autres pays de l'ancien bloc de l'Est, où la tristesse et la désillusion collectives accumulées pendant des années ont conduit à une attitude passive et souvent apathique face aux processus politiques. Dans les systèmes répressifs, les gens apprennent souvent à se méfier des autres, y compris de leurs voisins et de leurs concitoyens. Cette méfiance persiste souvent, même lorsque le régime autoritaire tombe. L'absence de confiance entre les membres d'une société rend difficile la construction de communautés stables et de la cohésion sociale. Après un changement de régime, la population peut être déçue lorsqu'elle constate que les changements espérés en termes de liberté, de justice et de conditions sociales ne se produisent pas immédiatement. Cette déception débouche alors sur une sorte d'apathie politique, les gens perdant confiance dans les institutions politiques et le processus démocratique.

Pour éviter les effets destructeurs de la domination du négatif, une société a besoin de visions positives qui unissent et motivent la population. Les sociétés qui se concentrent sur l'innovation et les objectifs positifs sont généralement plus résilientes face aux crises et aux tentatives autoritaires. Les évolutions positives créent non seulement de la richesse, mais aussi de la cohésion sociale et de la confiance. L'Allemagne d'après-guerre montre comment l'accent mis sur la construction et la réparation peut revitaliser une société. L'équilibre entre le discours positif et le discours négatif conduit une société à la résilience, qui a su relever les défis de l'époque avec une certaine stabilité.

La mise en place de mécanismes de traitement du passé, par exemple par le biais de commissions de la vérité ou de projets de commémoration, permet également de rétablir la confiance du public, qui constitue la base de la cohésion. En impliquant activement les citoyens dans le processus politique, par exemple par le biais d'initiatives locales et d'une prise de décision participative, le sentiment d'impuissance peut être surmonté à long terme. Les projets et initiatives communautaires peuvent rassembler des personnes issues de différentes couches de la société et restaurer progressivement la confiance dans le tissu social.

L'histoire montre que l'envahissement du négatif, que ce soit par le règne de la terreur, la répression ou un discours polarisant, n'apporte pas seulement l'horreur à court terme, mais démoralise également la psyché collective d'une société à long terme. La négativité chronique détruit la confiance et engendre la tristesse et la résignation qui affaiblissent durablement une société. Il est important de trouver un équilibre entre les forces positives et négatives. Ce n'est que par un mélange d'analyse réaliste des menaces et de visions constructives de l'avenir qu'une société reste stable et saine.

37. INTERCONNECTIVITÉ DE LA TENSION ET DE LA DÉTENTE

Elle a un impact sur différents aspects des relations interétatiques, des conflits et de la diplomatie. Au cours de l'histoire, les tensions sont d'abord nées de disputes territoriales, puis de la concurrence économique et aujourd'hui, des différences idéologiques. Ces tensions engendrent des conflits qui se manifestent par des confrontations militaires. Ce n'est que grâce au désir de paix ou de stabilité que les efforts diplomatiques sont engagés pour désamorcer ces tensions. Des négociations, de la médiation et des accords internationaux sont mis en œuvre pour atténuer les points de conflit mutuels et établir des relations stables. Une diplomatie réussie peut être considérée comme une forme de paix dans la politique internationale, tandis que des négociations échouées augmentent davantage les tensions.

Le dilemme de la sécurité décrit l'état de la perception et de l'évaluation des mesures visant à accroître la sécurité. Il met en lumière la difficulté de trouver un équilibre entre la sécurité, c'est-à-dire la tension, et la stabilité internationale, c'est-à-dire la paix. Dans les régions de conflit intense, des mesures spéciales sont parfois nécessaires pour établir un état de paix et réduire les tensions. De telles missions englobent la sécurité militaire ainsi que des programmes sociaux et économiques pour créer un climat de paix durable. Le dilemme de la sécurité surgit très facilement dans un système international anarchique où les États doivent agir dans un conglomérat d'auto-assistance, puisqu'il n'existe aucune autorité supérieure. Ils s'efforcent d'augmenter leur propre sécurité, ce qui est perçu par les autres comme une menace potentielle. Ainsi, des forums de communication et de dialogue sont nécessaires pour permettre la coexistence. Dans un environnement mondialisé, les entités individuelles sont économiquement et politiquement interconnectées de telle manière que leur interdépendance peut à la fois réduire les tensions et en créer par la concurrence pour des ressources ou une influence. Comprendre cette relation est fondamental pour la formulation de la politique étrangère.

Le dilemme de la sécurité illustre la complexité des relations internationales et la difficulté de trouver un équilibre entre la sécurité nationale et la stabilité internationale. Les mesures unilatérales pour accroître sa propre sécurité peuvent être contre-productives. Cela souligne l'importance d'une diplomatie habile, de la construction de la confiance et de la coopération internationale pour maintenir la paix. Les canaux de communication ouverts sont essentiels pour clarifier les malentendus et répondre aux préoccupations émergentes. Les négociations diplomatiques peuvent aider à résoudre les conflits avant qu'ils ne s'intensifient.

L'interconnexion moderne des collaborations fait référence à l'increasing interconnexion et coopération entre individus, équipes et organisations. À une époque où des technologies telles qu'Internet, l'informatique en nuage, l'intelligence artificielle et les réseaux sociaux sont omniprésentes, la manière dont les gens coopèrent et communiquent est profondément modifiée. Grâce à l'interconnexion technique, des personnes de différents pays et fuseaux horaires peuvent travailler ensemble, permettant ainsi une perspective plus diversifiée dans les projets et augmentant le potentiel créatif. Les outils basés sur l'intelligence artificielle optimisent les processus de travail, automatisent les tâches répétitives et augmentent ainsi l'efficacité de la coopération. La numérisation a considérablement accéléré le flux d'informations entre les acteurs de la politique étrangère. Cela permet une réponse plus flexible et rapide aux événements mondiaux tels que des catastrophes naturelles ou des conflits internationaux.

Les collaborateurs modernes de l'interconnexion peuvent travailler indépendamment de l'endroit et du moment, ce qui leur donne plus de liberté et de flexibilité. Cependant, ils doivent s'assurer qu'ils communiquent et collaborent de manière sécurisée et conforme aux normes de protection des données, tout en garantissant la protection des informations sensibles. Plus il y a d'acteurs impliqués dans la politique étrangère mondiale, plus il devient difficile de trouver un consensus et de prendre des décisions. Des intérêts et priorités divergents peuvent entraver la coopération et conduire à des blocages. En effet, dans des équipes mondiales, des malentendus et des barrières de communication peuvent facilement survenir. L'augmentation des connexions accroît également le risque de cyberattaques et de vols de données.

Il est donc clair que le dialogue intensif sur des questions stratégiques se déroule le mieux à un niveau personnalisé pour obtenir des résultats valables et intelligents. Cela doit se faire lors de conférences internationales. Celles-ci ne jouent pas seulement un rôle dans la compréhension approfondie, mais elles établissent également les relations de confiance qui sont cruciales pour la coopération sur des sujets mondiaux complexes. Une telle approche favorise la créativité et l'innovation lorsque des pays différents confrontent leurs opinions et leurs expériences. Cette pensée souligne l'importance d'un dialogue individualisé et direct, en particulier dans des domaines thématiques stratégiques et complexes. Les conférences internationales offrent la plateforme sur laquelle ces discussions et décisions sur mesure ont lieu, permettant aux décideurs d'échanger directement et immédiatement avec des experts. Ce n'est qu'au contact personnel que les nuances et les exigences détaillées des questions stratégiques peuvent être véritablement saisies et efficacement traitées. Les conférences offrent l'espace atmosphérique dans lequel les perspectives mondiales peuvent être rassemblées et raisonnablement harmonisées.

Ceux qui s'opèrent uniquement avec des arguments de façade et des aspects apparents ne produiront également que des résultats illusoires. Cette affirmation s'applique bien aux dynamiques de la politique internationale, où la qualité des arguments, la profondeur des analyses et l'honnêteté des intentions jouent un rôle central. Si les acteurs de la politique internationale ne se contentent que d'arguments superficiels ou manipulés, par exemple à travers la propagande, des récits unilatéraux ou des données incomplètes, leurs décisions mènent souvent à des résultats trompeurs - les "résultats illusoires". Ces résultats peuvent laisser supposer des succès à court terme qui, à long terme, ne sont pas soutenables ou même peuvent avoir des conséquences destructrices.

Ainsi, des unités qui basent leur politique environnementale sur des mesures cosmétiques et des succès apparents, comme le greenwashing, risquent d'aggraver les véritables défis écologiques. Les résultats peuvent sembler bons sur le papier, mais ne résolvent aucun problème durable. Dans les négociations de paix où des compromis symboliques sont recherchés plutôt qu'une véritable résolution des conflits, des accords instables se forment. Ceux-ci peuvent être présentés comme des succès, mais s'effondrent rapidement, car les problèmes sous-jacents restent non résolus. Les gouvernements qui se présentent comme des faiseurs de paix ou des gardiens des droits de l'homme en utilisant des arguments de façade, alors que leurs actions réelles prouvent le contraire, ternissent leur statut international. Un exemple est la discordance entre la rhétorique politique étrangère et les véritables intérêts économiques ou militaires.

Des alliances militaires comme l'OTAN montrent comment des stratégies de sécurité collective peuvent être modélisées grâce à des impulsions interconnectées. Les pays collaborent, partagent des ressources militaires, des informations de renseignement et coordonnent ainsi leurs décisions stratégiques. Grâce à des accords de libre-échange, des partenariats d'investissement et des chaînes d'approvisionnement mondiales, les entités individuelles deviennent plus performantes, mais aussi de plus en plus dépendantes les unes des autres. Il en découle que l'un des rôles supplémentaires des acteurs de la politique étrangère est d'éviter les litiges commerciaux et de réguler les marchés mondiaux.

La culture du dialogue direct contribue à établir la confiance, à identifier les intérêts communs et à trouver un consensus intelligent. De nouvelles approches sont discutées et redéfinies à travers des coalitions axées sur des projets. Le dialogue personnalisé au plus haut niveau des conférences internationales continuera d'être l'élément central de la coopération internationale. Simultanément, il est nécessaire d'adapter constamment ces formats aux circonstances changeantes afin de faire face aux défis mondiaux complexes. Les conversations personnelles entre acteurs internationaux mènent souvent plus rapidement à des solutions que des négociations formelles, car elles offrent la possibilité de transmettre des émotions et des nuances qui se perdent dans des documents écrits.

Lors de crises, comme celles qui surviennent, par exemple, pendant des tensions géopolitiques ou des conflits militaires, le dialogue direct aide à prévenir l'escalade. Des décisions rapides sont prises qui remettent en question la confiance et la compréhension mutuelles. Des relations à long terme entre chefs d'État augmentent la probabilité qu'ils collaborent en temps difficiles, car le lien personnel transcende souvent les différences politiques.

Les conférences offrent non seulement une plateforme pour l'échange d'idées, mais aussi pour l'expansion des réseaux et des alliances qui sont cruciales pour les négociations et coopérations futures. En impliquant de nombreux États dans les processus décisionnels, la légitimité des décisions est renforcée, surtout lorsque certains intérêts nationaux sont au départ en contradiction avec les défis mondiaux. Les conférences se présentent comme des catalyseurs pour de nouvelles idées, en réunissant non seulement des experts, mais aussi des décideurs importants de différents domaines. Les difficultés croissantes au sein du Conseil de sécurité de l'ONU et d'autres instances internationales soulignent la nécessité de réformer les processus décisionnels pour pouvoir réagir plus efficacement et plus rapidement face aux défis globaux. L'accroissement du scepticisme à l'égard des institutions multilatérales nécessite une réévaluation critique de leurs fonctions et un dialogue sur les réformes possibles. La formation de coalitions basées sur des projets permet de répondre de manière ciblée à des défis spécifiques, sans dépendre de l'approbation de toutes les parties prenantes. Dans ce contexte, la discussion sur l'autonomie stratégique de l'UE est particulièrement pertinente. Elle vise à garantir que l'Europe puisse répondre librement aux défis mondiaux. Avec tous les contre-coups en matière de sécurité, notamment à cause du conflit en Ukraine, il est crucial que l'UE consolide et développe sa politique de sécurité et de défense.

38. DANGERS POUR LA POLITIQUE ÉTRANGÈRE INTERCONNECTÉE

Du point de vue de la philosophie et de la physique, on pourrait se demander: la réalité dépend-elle de la fonctionnalité, comme celle de la politique étrangère ou des relations internationales? On pourrait soutenir que la réalité existe comme un potentiel pour la fonctionnalité, semblable à une structure sans mouvement ou à un système qui reste dans une sorte de mode inactif. Selon Aristote, quelque chose peut exister sans fonctionner activement ou apparaître. Ainsi, le potentiel lui-même est déjà une forme de réalité, même sans action active ou utilité. En mécanique quantique, on pourrait comprendre la réalité comme un nuage de probabilités qui ne se manifeste de manière « fonctionnelle » que lorsqu'il est observé ou mesuré. En politique internationale, il existe des parallèles aux concepts de potentialité et de probabilités, qui se reflètent dans les contours des États, des alliances et de leurs conflits. La dynamique est constamment marquée par l'incertitude ; néanmoins, la réalité est façonnée par les interactions des acteurs et leurs perspectives.

Les points d'alarme de l'interconnectivité sont précisément les moments critiques qui illustrent à quel point les pays et les systèmes sont interconnectés. Lorsque ces connexions rencontrent des tensions ou deviennent instables, la fragilité de l'ordre international se révèle, exposant souvent les limites de sa fonctionnalité. À ces junctures se trouve le défi de gérer les crises et de maintenir la stabilité, même si la réalité est souvent plus complexe que les règles fonctionnelles et les institutions qui tentent de l'ordonner. Des points d'alarme surgissent lorsque ces connexions atteignent un certain seuil et mènent à des conflits ou des bouleversements.

L'eau, l'énergie et d'autres ressources sont souvent limitées et concentrées dans des régions géographiques spécifiques. Les pays dépendants de ces ressources se retrouvent de plus en plus en conflit avec ceux qui les possèdent ou les contrôlent. La quête de dominance technologique, comme dans le domaine des semi-conducteurs ou de l'intelligence artificielle, constitue également un point d'alarme pour les tensions mondiales, comme le démontrent les conflits entre les États-Unis et la Chine. Les institutions internationales devraient en fait fonctionner pour répondre aux défis mondiaux. Cependant, la réalité montre qu'en période de crise, les intérêts nationaux prennent souvent le pas, et la fonctionnalité de la coopération internationale est restreinte. À ces points, la fragilité de la collaboration internationale devient évidente. Les sanctions, les guerres économiques et les conflits militaires mettent le système sous pression et compromettent sa capacité à rester stable.

Avec la psychologie trompeuse du célèbre cheval de Troie et l'intrusion par manipulation de l'opinion, les fausses nouvelles numériques et les tentatives de corrompre des populations entières - similaire à la façon dont le trumpisme a opéré durant la campagne électorale américaine—la dictature russe élabore un compendium de menaces et de scénarios violents d'une ampleur sans précédent. En interne, elle est aidée par des collaborateurs directs et indirects des rangs extrêmes gauche et droite, qui cherchent à éblouir le public avec des technologies modernes efficaces. Le triomphe des forces dictatoriales entraînerait des dommages collatéraux incommensurables pour la société mondiale. La société ne ressent-elle pas l'avalanche qui dévale, ou saura-t-elle se défendre? Pourquoi la mémoire collective de l'histoire échoue-t-elle complètement? Un aperçu logique de l'histoire devrait être que dans des circonstances dont nous ne sommes peut-être pas encore conscients, il pourrait très bien arriver que le monde glisse involontairement vers des temps de esclavage mondial. Des développements intentionnels d'un côté se déplacent facilement vers l'autre côté et s'y glissent. Prenons les doubles standards en politique internationale comme un signe d'alerte. Qu'est-ce qui constitue le progrès politique dans le Sud global ou le monde arabe? Pourront-ils se dégager des dilemmes mondiaux?

Si le monde accepte ou cède même à l'influence des États dictatoriaux ou des dirigeants autoritaires, cela pourrait avoir des conséquences profondes et de grande envergure pour l'ordre mondial et la réalité vécue dans de nombreux pays. Un tel changement minerait les valeurs et les principes existants dans de nombreux domaines. Si le monde succombe à un leadership autoritaire, une diminution significative des principes démocratiques, comme les élections libres, un pouvoir judiciaire indépendant et la liberté de la presse, est susceptible de s'ensuivre. Les droits de l'homme pourraient être systématiquement violés, car les gouvernements autoritaires affichent souvent peu de tolérance pour les opinions dissidentes et restreignent la liberté d'expression. Cela pourrait entraîner une vague d'oppression où les dissidents et les activistes sont poursuivis, emprisonnés, voire éliminés.

Le succès des États autoritaires pourrait entraîner une augmentation du prestige des formes de gouvernement autoritaire à l'échelle mondiale, promues comme des alternatives apparemment efficaces à la démocratie. Les États pourraient commencer à réduire de plus en plus les droits fondamentaux et à surveiller les sociétés pour maximiser le contrôle sur leurs citoyens. Dans un tel scénario, même les démocraties pourraient commencer à adopter des pratiques autoritaires pour rester compétitives sur le plan international et maintenir la paix intérieure. Les États autoritaires ont généralement une relation ambivalente avec les organisations internationales, qui sont fondées sur des principes tels que les droits de l'homme et la paix. Un monde dominé par des États autoritaires pourrait entraîner une désintégration de ces institutions ou limiter considérablement leur influence. Le droit international pourrait être sapé, empêchant les pays d'imposer des sanctions pour violations des droits de l'homme ou guerres illégales.

Si les pratiques autoritaires ne sont pas contrôlées et que les technologies de surveillance et de contrôle, telles que la reconnaissance faciale, le suivi en ligne et l'analyse des données massives, sont étendues à l'échelle mondiale, ces outils permettraient aux gouvernements d'exercer un contrôle généralisé sur la population et de restreindre considérablement les libertés personnelles. Les États pourraient surveiller les citoyens, contrôler leurs mouvements et étouffer les dissidences potentielles dès leur origine, entravant gravement le développement libre et l'échange ouvert d'idées. Un monde cédant aux influences autoritaires serait probablement marqué par une nouvelle course aux armements mondiale et des tensions géopolitiques. Les États autoritaires tendent à revendiquer agressivement des pouvoirs et à résoudre les conflits par des menaces ou même par la violence. Le risque de conflits internationaux, d'interventions militaires et de soi-disant guerres par procuration augmenterait de manière disproportionnée, menaçant la stabilité régionale et mondiale. Dans un ordre mondial dirigé par l'autoritarisme, l'isolement économique pourrait augmenter, et le libre-échange pourrait être restreint. Cela entraverait à long terme les innovations et la croissance économique, entraînant une crise économique mondiale. Un monde sous l'influence dictatoriale contrôlerait fortement l'éducation et la science pour imposer certaines idéologies et supprimer la pensée critique. Le résultat serait une génération de citoyens avec moins d'accès à des informations indépendantes, les rendant moins capables de prendre des décisions indépendantes et critiques. Un monde autoritaire pourrait également compromettre la protection du climat, car la coopération et la transparence dans la lutte contre le réchauffement climatique pourraient être supprimées ou ignorées.

Les objectifs climatiques mondiaux deviendraient difficiles à atteindre, entraînant des dommages environnementaux massifs et des bouleversements sociaux. Les régimes autoritaires affichent souvent de hauts niveaux de corruption et d'inégalités sociales, car les ressources et le pouvoir politique sont concentrés entre les mains de quelques-uns. Si les systèmes autoritaires gagnent en influence dans le monde, cela signifierait un enracinement mondial des inégalités sociales. L'accès à l'éducation, aux soins de santé et aux opportunités pourrait être sévèrement restreint dans ces systèmes, réduisant la mobilité sociale et économique.

Dans ce contexte, l'Europe fait face à un problème de crédibilité significatif si elle continue de ne pas parler et agir d'une seule voix. Considérons seulement l'absurdité de la politique allemande actuelle, qui exprime sa déception envers sa présidente allemande de la Commission européenne pour penser en termes européens plutôt qu'en termes nationaux. Pour maintenir la crédibilité de l'Europe, il est essentiel de favoriser une identité européenne qui transcende les frontières nationales. L'éducation et les projets communs devraient contribuer à créer un sentiment d'appartenance. L'UE doit rendre ses processus décisionnels plus transparents et efficaces pour gagner la confiance des citoyens en interne et la crédibilité dans ses propres capacités à l'extérieur. Ce n'est qu'à travers une approche commune que les intérêts nationaux contre-productifs peuvent être relégués au second plan, et qu'une voix unifiée peut être atteinte.

On peut voir comment l'interconnectivité de la politique étrangère s'accompagne de contradictions artificielles, de dynamiques géopolitiques massives et d'avancées technologiques simultanées. Son efficacité est constamment menacée par de nombreux dangers. Les rivalités géopolitiques entre grandes nations se sont intensifiées ces dernières années et constituent un risque sérieux pour la coopération internationale. Elles ont conduit à une diminution de l'engagement multilatéral et ont favorisé des tendances nationalistes et isolationnistes dans divers pays. Dans la mer de Chine méridionale, la Chine et d'autres États se disputent des ressources stratégiques et des droits maritimes. Pendant ce temps, la situation en Ukraine démontre comment les ambitions géopolitiques peuvent conduire à des actions agressives qui compromettent la stabilité en Europe et dans le monde. Ces exemples illustrent que les rivalités géopolitiques favorisent un état d'esprit qui privilégie les intérêts nationaux au détriment des défis mondiaux. Les conséquences sont des guerres, des conflits commerciaux et une incapacité croissante à trouver des solutions communes aux problèmes mondiaux en raison du déclin des accords internationaux. La montée de mouvements populistes et nationalistes dans de nombreux pays a réduit la volonté de coopération internationale. Si les États ne sont pas transparents dans leurs actions ou ne respectent pas les accords internationaux, il devient difficile de suivre une politique étrangère interconnectée. La confiance est une condition fondamentale de la coopération, et son absence conduit à l'érosion des institutions multilatérales.

Les métaphores du «Far West de la mentalité cowboy» et de «l'impérialisme aveugle de l'Est» représentent deux extrêmes perçus comme des menaces pour un monde libre fondé sur des valeurs. Le « Far West » symbolise une forme de politique isolationniste où les intérêts nationaux priment sur la coopération internationale, une mentalité souvent associée à des actions imprudentes, motivées par le profit et indifférentes aux conséquences globales. En revanche, «l'impérialisme oriental» évoque une quête expansionniste de pouvoir et la volonté d'atteindre des objectifs géopolitiques sans respect pour la souveraineté et les droits humains des autres États. Ces deux extrêmes peuvent menacer les valeurs et la stabilité de l'Europe, car ils s'opposent à des principes tels que la coopération pacifique, le respect de la souveraineté et la promotion des droits humains universels.

L'idée que le cowboyisme présidentiel américain, une sorte de spectacle politique de Far West, ne soit qu'un phénomène passager suscite de l'espoir. Heureusement, tout le monde n'est pas prêt à suivre l'appel du cowboy solitaire. Ainsi, au cœur du monde, on espère la raison, la modération et moins de cliquetis d'éperons. D'un autre côté, le déchaînement oriental cherche à s'emparer du pouvoir par des explosions de violence. Vouloir empêcher cela nécessitera de payer un prix conséquent pour éviter que les piliers du système mondial ne s'effondrent. Pour l'Europe, cela signifie ne pas se reposer dans une fausse sécurité, mais assumer ses responsabilités et agir activement face à ces évolutions. Le défi réside dans l'équilibre entre autonomie économique et militaire et responsabilité globale.

Une politique étrangère européenne unie et confiante est aujourd'hui essentielle pour défendre les valeurs et intérêts de l'Europe face aux tendances autocratiques et aux rivaux géopolitiques. Cette politique étrangère doit non seulement faire preuve de détermination et de diplomatie, mais aussi de la capacité à réagir rapidement et de manière cohérente, un défi complexe pour une Union de 27 pays aux priorités et traditions propres. Les obstacles viennent notamment des esprits séparatistes, ceux qui, avec des intérêts nationaux ou régionaux, sapent l'action collective européenne. Ces agendas, qui privilégient souvent l'identité et la souveraineté nationales sur l'unité européenne, compliquent l'unité indispensable. Ces forces tendent à s'opposer aux décisions européennes communes et à placer parfois des intérêts particuliers au-dessus du bien collectif. L'Europe doit donc rester vigilante. Elle doit contrer ces courants séparatistes par une cohésion interne et une communication claire sur les avantages et la protection qu'offre une Europe unie. Ce n'est qu'en renforçant son unité interne qu'elle pourra apparaître comme un acteur crédible et influent sur la scène internationale.

La défense contre la propagande en Europe fait face à d'immenses défis, car les campagnes de désinformation et de propagande ciblée attaquent de plus en plus la stabilité et la confiance dans les institutions démocratiques. Des pays comme la Russie et la Chine, ainsi que certains acteurs nationaux, utilisent les médias modernes pour semer le doute, miner la confiance dans l'Union européenne et exploiter les différends nationaux. Ces acteurs s'appuient souvent sur des tactiques exploitant les peurs et tensions sociales pour attiser les conflits et compliquer une réponse unie de l'Union.

Pour construire une défense efficace contre la propagande, l'Europe a besoin avant tout d'une solide compétence médiatique reconnue par la population. Parallèlement, les institutions européennes doivent miser sur l'éducation numérique et rendre leurs succès, valeurs et mesures politiques visibles. Cela inclut des stratégies de communication transparentes et une meilleure coordination entre les pays de l'UE pour répondre rapidement et collectivement aux fausses informations. Une plateforme européenne offrant à la fois des explications et des informations en temps réel sur des sujets actuels pourrait jouer un rôle central. De plus, la protection des infrastructures numériques et des réseaux sociaux est essentielle. Des normes harmonisées au niveau européen et une coopération renforcée avec les grandes entreprises technologiques pourraient permettre de détecter et contrer rapidement les campagnes de désinformation. La collaboration avec des partenaires internationaux confrontés à des défis similaires est également cruciale pour bâtir une défense résiliente et efficace.

Alors que le monde du XXe siècle redoutait l'Allemagne nazie, il se sent désormais menacé simultanément par trois puissances dirigées par un Poutine, un Xi et un Trump. Mais fuir par peur n'est pas une réponse appropriée. Ce serait un recul qui mettrait non seulement les libertés en péril, mais affaiblirait aussi les acquis mondiaux bâtis sur des décennies. Face à ces menaces, la réponse exige bien plus de courage, de fidélité aux principes et de défense résolue de la démocratie et du droit international. La communauté internationale doit s'unir dans un monde en mutation pour préserver et protéger activement des valeurs telles que la liberté, l'État de droit et les droits humains. L'histoire a souvent montré que l'apaisement et l'hésitation causent plus de dégâts qu'une position claire, rigide et unie. Maintenant que le monde est confronté à plusieurs puissances influentes défiant les idéaux démocratiques, il est d'autant plus crucial que les démocraties du monde indépendant s'unissent et refusent de sombrer dans la résignation. Le courage d'une détermination inébranlable pourrait être la réponse la plus forte aux incertitudes de notre époque.

L'idée que Xi Jinping, Vladimir Poutine et Donald Trump puissent se partager la domination mondiale reste une perspective sombre. Une telle configuration pourrait transformer radicalement le paysage politique et social mondial. Le monde serait divisé en zones d'influence, chaque région étant gouvernée selon les intérêts du dirigeant en place. Xi Jinping cherche d'abord, à travers des investissements stratégiques, à étendre son contrôle sur l'Asie, le Pacifique et l'Afrique. La puissance militaire et les intérêts géopolitiques de la Russie renforcent l'influence de Poutine sur l'Europe, l'Asie centrale et le Moyen-Orient. L'évolution des États-Unis, notamment une éventuelle érosion de l'État de droit et la montée de personnalités au passé douteux dans les plus hautes fonctions, constitue non seulement une crise pour les États-Unis eux-mêmes, mais a également des conséquences profondes sur l'ordre mondial et la confiance des partenaires internationaux. Dans un tel contexte, le positionnement de l'Europe et d'autres acteurs démocratiques sera déterminant pour maintenir à la fois la stabilité et les principes, sans tomber dans le piège d'une naïveté politique. Si les États-Unis vacillent en tant que leader moral et défenseur de la démocratie, leur crédibilité internationale en souffrira. L'Europe devra alors évaluer si une alliance transatlantique inconditionnelle reste pertinente dans un tel contexte. Une Amérique affaiblie ou imprévisible pourrait encourager des adversaires géopolitiques comme la Russie et la Chine à adopter une posture plus agressive. L'Europe devra se préparer à cela sans sombrer dans un dangereux vide de pouvoir.

Une éventuelle dévaluation de l'État de droit aux États-Unis place l'Europe dans une position difficile, devant équilibrer loyauté et principes. La clé réside dans une position indépendante et stratégique permettant une coopération pragmatique avec les États-Unis sans compromettre les valeurs démocratiques. Dans cette situation, l'Europe peut incarner un facteur de stabilité mondiale et rallier d'autres partenaires pour compenser la perte potentielle d'une alliance solide avec les États-Unis.

Comment sortir de l'enfer des puissances dictatoriales? La sortie est un processus nécessitant des actions déterminées de la part des individus, des communautés et des acteurs internationaux. La résilience, l'éducation, le soutien international et la foi en la liberté et la justice sont des éléments clés pour renverser les systèmes dictatoriaux. Les dictatures reposent souvent sur le contrôle, la propagande et la répression. Le premier pas vers la libération consiste à identifier ces mécanismes et à proposer des alternatives. Ensuite, il s'agira d'utiliser les technologies pour dénoncer la désinformation et garantir l'accès à des informations fiables.

La société civile est l'épine dorsale de tout mouvement contre les régimes dictatoriaux. Les mouvements et institutions démocratiques nécessitent à la fois un soutien financier et technique pour accompagner le changement. Les dépendances économiques et le mécontentement social au sein des dictatures représentent des faiblesses exploitables. La sortie de la domination autoritaire est un processus collectif nécessitant unité, patience et soutien international. Des exemples historiques comme l'Afrique du Sud post-apartheid ou la chute du Mur de Berlin montrent que des changements sont possibles lorsque les individus se battent ensemble pour la liberté et la justice. Comme l'a dit Nelson Mandela: *«Cela semble toujours impossible jusqu'à ce que ce soit fait»*

Cette réflexion complexe a des conséquences profondes sur les relations internationales, l'ordre mondial et les libertés individuelles. Même dans un monde divisé par les puissances, des tensions pourraient surgir entre les acteurs. En revanche, face à une perte globale de liberté et à une forme différente de guerre froide, les mouvements en faveur de la démocratie et de la liberté pourraient gagner en ampleur. Cela représenterait une avancée majeure vers des résultats positifs.

L'Europe reste tout de même la deuxième économie mondiale. L'UE est également le premier exportateur mondial de biens et de services et contribue de manière significative au commerce international. L'Europe est réputée pour son innovation dans des domaines tels que les énergies renouvelables, l'ingénierie mécanique et la pharmacie.

Avec des projets comme le *Green Deal*, l'Europe montre comment aligner croissance économique et objectifs environnementaux.

Les ressources scientifiques et commerciales de l'Europe pourraient effectivement être utilisées pour former une nouvelle alliance internationale ayant une position mondiale forte. L'histoire européenne, l'expertise scientifique et l'intégration économique fournissent une base solide pour cela. L'Europe dispose d'institutions de premier plan telles que l'Organisation européenne pour la recherche nucléaire (CERN) ou l'Agence spatiale européenne (ESA), qui peuvent servir de plateformes pour la coopération internationale. Le développement conjoint de technologies dans des domaines tels que les énergies renouvelables, l'intelligence artificielle et la biotechnologie pourrait favoriser des partenariats solides avec des pays d'Afrique, d'Asie et d'Amérique du Sud.

La nouvelle alliance devrait être capable d'attirer des talents mondiaux et de les intégrer dans des réseaux scientifiques. Des alliances commerciales stratégiques avec des marchés émergents comme l'Afrique ou l'Asie du Sud-Est devraient être établies. Cela impliquerait une diversification des routes commerciales alternatives. La combinaison de l'expertise scientifique et de l'importance économique constituerait un fondement convaincant pour créer une coalition internationale influente et tournée vers l'avenir. Si l'Europe utilise stratégiquement ses ressources scientifiques et commerciales, elle pourrait créer une alliance non seulement économiquement et technologiquement forte, mais aussi jouer un rôle clé dans la configuration des rapports de force mondiaux. Cela constituerait un pas important vers un ordre mondial multipolaire.

Si l'on considère comment la Chine s'efforce depuis longtemps d'affaiblir le dollar américain en tant que monnaie de réserve, on constate que cela a échoué jusqu'à présent en raison du manque de réaction des grandes puissances économiques mondiales. La communauté financière mondiale hésite encore à remettre en question la domination du dollar, même si certains pays envisagent un passage au yuan chinois. Cette situation incertaine pourrait être compensée si l'euro parvenait à se positionner comme une monnaie mondiale de deuxième importance. Un euro dominant pourrait en effet soutenir avec succès les nouvelles coopérations commerciales.

L'idée de faire de l'euro une monnaie dominante au niveau mondial est à la fois économiquement et géopolitiquement très intéressante. L'euro, qui est déjà la deuxième monnaie de réserve la plus importante après le dollar, pourrait jouer un rôle plus important, en particulier dans un contexte où la stabilité du dollar et la confiance dans le yuan sont mises en question. L'euro représente une région économique forte et stable, basée sur des règles claires, l'État de droit et la stabilité macroéconomique. Ces caractéristiques pourraient rendre l'euro attrayant pour les pays recherchant des alternatives au dollar, mais n'ayant pas confiance dans le yuan. Avec environ 20 % des réserves mondiales de devises, l'euro joue déjà un rôle important, mais il pourrait être renforcé grâce à des mesures ciblées et des alliances stratégiques. L'euro est déjà utilisé comme monnaie commerciale dans de nombreuses régions, notamment en Europe, en Afrique et au Moyen-Orient. L'élargissement de cette pratique par des partenariats stratégiques accroîtrait considérablement l'influence de l'euro.

L'Europe pourrait pousser à commercer des matières premières énergétiques en euros plutôt qu'en dollars. Cela stimulerait la demande pour l'euro et réduirait la dépendance au dollar. Dans de nouvelles coopérations avec l'Afrique, l'Amérique du Sud ou le Global South, l'euro pourrait être établi comme monnaie standard, notamment par des accords facilitant le commerce. L'Europe pourrait collaborer avec des banques centrales à travers le monde pour rendre l'euro plus attractif en tant que monnaie de réserve, par exemple à travers des accords d'investissement à long terme ou des programmes d'échanges de devises. Un euro solidement établi en tant que monnaie de réserve offrirait à l'Europe une autonomie économique et géopolitique, en particulier en cas de sanctions ou de conflits où les États-Unis utilisent leur pouvoir financier pour instrumentaliser le dollar.

Les pays cherchant à se détacher du dollar pourraient utiliser l'euro comme solution intermédiaire, avant de développer leur propre stabilité à long terme. L'euro pourrait constituer un contrepoids aux monnaies dominantes que sont le dollar et le yuan, contribuant ainsi à un système financier multipolaire. Cependant, la principale difficulté pour l'euro reste l'intense interdépendance de l'Europe avec les États-Unis. Pourtant, l'euro a le potentiel d'émerger comme une monnaie mondiale stable. Cela ouvrirait la voie à de nouvelles coopérations de marché durables. Pour y parvenir, il faut une vision claire, des partenariats stratégiques et un renforcement de l'intégration économique et politique au sein de l'UE.

Le succès dépendra des actions concertées d'une gestion mondiale. Une alliance géographiquement vaste pourrait-elle se former? Le chemin passe par une coopération renforcée, un engagement politique et des réformes économiques au niveau international. Le défi consiste à trouver un équilibre durable entre les intérêts régionaux et un objectif commun global. Ce n'est qu'à travers des efforts concertés que l'euro pourra jeter les bases d'une alliance plus large et de nouvelles coopérations de marché. Ce serait une opportunité de répondre à l'imprévisibilité croissante des États-Unis, tournés sur eux-mêmes, ainsi qu'aux velléités dictatoriales de la Russie et de la Chine, avec une quatrième force dans un monde multipolaire. À une époque où les marchés internationaux sont confrontés à des tensions géopolitiques et au protectionnisme, la nouvelle alliance stratégique pourrait offrir de la stabilité grâce à son pouvoir commercial et favoriser de nouveaux modèles de coopération. L'union des puissances économiques telles que l'UE, le Canada, le Japon, la Corée du Sud et l'Australie, complétée par des pays émergents d'Asie, d'Afrique et d'Amérique du Sud, pourrait créer une plateforme commerciale et d'innovation capable de rivaliser avec les systèmes dominés par le dollar et le yuan.

L'alliance apporterait des investissements communs dans des secteurs clés comme l'énergie verte, l'intelligence artificielle, l'infrastructure numérique et la recherche en santé. Cela renforcerait la souveraineté technologique et le développement durable. Les priorités thématiques incluraient la promotion d'un système commercial mondial basé sur des principes équitables et durables, ainsi que des projets communs dans le domaine des énergies renouvelables et des centres d'innovation décentralisés pour les sciences et la technologie. Une stratégie de sécurité coordonnée, reposant sur des partenariats tout en répondant aux préoccupations régionales de sécurité, favoriserait la stabilité et créerait un équilibre stratégique.

Le nœud des dynamiques mondiales peut être résolu si le Global South et les démocraties du monde libre sont prêts à dépasser les intérêts nationaux et à trouver de nouvelles voies de coopération. Le progrès politique exige des approches innovantes et une reconsidération des structures existantes. La clé réside dans le renforcement de la coopération, du dialogue et de la recherche de solutions communes. Les dynamiques géopolitiques mondiales sont parfois marquées par des facteurs contradictoires. Le Global South et le monde arabe sont confrontés au défi d'articuler leurs voix et leurs intérêts dans un système international dominé par les puissances établies du Global North. Le progrès dans ces régions ne se résume pas à une simple question de développement économique, mais concerne également l'autodétermination politique et la capacité à se positionner face aux dilemmes mondiaux. Malgré les contextes politiques, sociaux et économiques variés, il existe dans le Global South des tendances communes qui marquent le progrès politique dans ces régions. De nombreux pays s'efforcent d'augmenter la participation politique de leurs citoyens, ce qui contribue à sensibiliser à la responsabilité politique et à la gouvernance participative. Plusieurs pays du Global South cherchent à diversifier leurs économies pour être moins dépendants des grandes puissances mondiales. Les initiatives visant à promouvoir la technologie, l'éducation et le développement durable sont essentielles pour ce processus. Des pays comme l'Inde, le Brésil et l'Afrique du Sud doivent montrer que la croissance économique peut aller de pair avec des progrès sociaux.

Des organisations comme l'Union africaine ou la Ligue arabe favorisent une coopération étendue. Ces alliances régionales permettent aux pays de relever ensemble leurs défis et de mieux défendre leurs intérêts au niveau international. La jeune population des pays arabes est de plus en plus politisée et demande des changements. Cette génération utilise les médias sociaux pour faire entendre sa voix et promouvoir des changements. La nécessité de diversifier l'économie et de créer des emplois conduit à des approches innovantes dans l'éducation et la promotion des start-ups. La création d'opportunités économiques favorise la stabilité sociale et réduit les risques de tensions politiques. Les défis mondiaux auxquels le monde est confronté, tels que le changement climatique, l'inégalité sociale et les tensions géopolitiques, nécessitent une réponse commune. Le Global South peut et doit jouer un rôle actif dans la résolution de ces problèmes. Il a beaucoup à gagner en poursuivant des approches de développement durable. Toutefois, cela nécessite un soutien et un accès équitable aux technologies et aux ressources en provenance du Global North. L'échange d'idées, de valeurs et de cultures peut contribuer à réduire les préjugés et à favoriser la compréhension entre les régions.

L'interconnexion de nouveaux centres d'intelligence et de recherche, dans le cadre d'une évolution scientifique et technique, repose sur le progrès et la diversification. L'interconnexion permet un échange de connaissances, de ressources et de technologies, créant des synergies qui stimulent l'innovation. Un contre-modèle de la Silicon Valley ou de Shenzhen pourrait consister à établir, dans une alliance diversifiée, un focus sur le progrès et la diversification dans plusieurs dimensions. Les centres de recherche peuvent bénéficier d'initiatives communes de bases de données et d'Open Science, accélérant ainsi l'émergence de nouvelles connaissances. La connexion de centres géographiques d'horizons différents favorise des solutions globales, par exemple en combinant la recherche en IA avec la biotechnologie ou les sciences de l'environnement. La connectivité internationale assure diversité culturelle et méthodologique, avantageuse pour résoudre des problèmes complexes. Les instituts éducatifs peuvent jouer un rôle de lien entre les centres de recherche et la société, pour rendre les progrès accessibles au grand public. L'interconnexion de ces centres devient un catalyseur pour des innovations transformatrices qui vont au-delà des domaines individuels et répondent aux défis mondiaux.

Dans ce contexte, l'euro pourrait offrir une alternative stable, en particulier pour les pays recherchant une diversification économique ou géopolitique. Avec l'introduction potentielle d'un euro numérique, l'Union européenne pourrait affirmer son rôle de leader dans la redéfinition de l'avenir de l'argent. Cela rendrait l'euro technologiquement compétitif et améliorerait l'efficacité des paiements transfrontaliers. L'UE pourrait également prouver sa résilience et sa compétitivité en optimisant la gestion financière via l'IA, notamment dans la lutte contre la criminalité financière et l'optimisation de la politique monétaire. La stabilité de l'euro pourrait aussi soutenir le financement de programmes de recherche complexes, notamment dans les technologies de défense ou le développement de systèmes autonomes.

Dans ce contexte, l'euro pourrait jouer un rôle d'encouragement, notamment en ce qui concerne la transformation potentielle des systèmes financiers mondiaux par le biais des technologies numériques, de l'intelligence artificielle et des évolutions géopolitiques. Utilisé de manière responsable, il pourrait contribuer à promouvoir une plus grande égalité mondiale. Cependant, cela exige une évaluation précise de ses avantages, ni trop optimiste ni trop pessimiste. Trouver un équilibre entre les opportunités et les risques est essentiel pour garantir une transformation sustainable et juste.

Pour l'Europe, beaucoup dépendra de l'évolution des partenariats avec le Sud global. Le terme "Sud global" décrit une catégorie socio-économique et politique. Il fait référence à des pays et des régions historiquement façonnés par le colonialisme, les dépendances économiques et des structures de pouvoir inégales. Cela inclut de nombreux États en Afrique, en Amérique latine, en Asie et en Océanie, souvent assimilés à des pays en développement ou émergents. Cependant, la distinction est fluide et n'est pas toujours nette. Le Sud global englobe de nombreux pays qui ont été sous domination coloniale. Ce passé a créé des structures économiques et politiques qui continuent de perpétuer les inégalités même après l'indépendance formelle. Les relations économiques avec le Nord global ont souvent été caractérisées par des exportations de matières premières et une dépendance vis-à-vis des marchés mondiaux.

Il existe des pays dans le Sud global marqués par des taux de pauvreté élevés, des revenus faibles et une base industrielle faible. En même temps, il y a une classe moyenne croissante et des centres économiques dynamiques dans certaines régions, comme l'Inde, le Brésil ou l'Afrique du Sud. Le Sud global connaît une croissance démographique significative, ce qui apporte à la fois des opportunités et des défis, tels que le chômage et le besoin d'infrastructures. Ces pays sont souvent plus touchés par les conséquences du changement climatique, bien qu'ils aient historiquement peu contribué aux émissions mondiales.

L'Europe est confrontée au défi de rendre ses relations avec le Sud global plus équitables et durables. Cela nécessite une compréhension globale des dynamiques de pouvoir mondiales et un abandon des approches paternalistes ou purement intéressées. L'Europe devrait réduire les subventions qui désavantagent les produits du Sud global. Les investissements dans des chaînes d'approvisionnement durables peuvent aider à améliorer les normes de travail et environnementales. L'accès aux technologies innovantes, en particulier dans l'agriculture ou le secteur de l'énergie, pourrait renforcer l'indépendance économique de nombreux pays.

La coopération au développement ne devrait pas s'appuyer sur des modèles préétablis, mais respecter les besoins et priorités locaux. Une aide financière transparente et bien surveillée peut renforcer les infrastructures, l'éducation et les systèmes de santé. L'Europe devrait fournir des ressources financières et technologiques pour aider le Sud global à s'adapter au changement climatique et à passer à des énergies renouvelables. Une politique climatique ambitieuse en Europe est essentielle pour minimiser les impacts du changement climatique sur le Sud.

En soutenant le développement économique et la stabilité, les causes profondes de la migration peuvent être atténuées. Des voies migratoires légales et régulées peuvent bénéficier à la fois au Sud global et à l'Europe. Quelles coopérations et alliances stratégiques peuvent émerger de cela ? Le réalignement de la politique européenne vers le Sud global ouvre de nombreuses possibilités de collaborations et d'alliances stratégiques. Ces partenariats peuvent être façonnés dans des domaines tels que le commerce, la politique climatique, la sécurité et le développement. L'accent est mis sur une collaboration égale qui respecte les intérêts et les priorités des deux parties. Les accords commerciaux avec des pays du Sud global, tels que les Accords de Partenariat Économique (APE) entre l'UE et les États africains, pourraient être révisés pour éliminer les avantages asymétriques. L'Europe peut soutenir des regroupements régionaux comme la Zone de Libre-échange Continentale Africaine (ZLECA) pour renforcer le commerce au sein du Sud global et créer ainsi des marchés régionaux plus solides à long terme. L'UE peut promouvoir des projets d'infrastructure tels que des routes, des réseaux électriques ou des réseaux numériques en collaboration avec l'Union africaine (UA). Des initiatives conjointes dans les énergies renouvelables peuvent créer des emplois durables et réduire la dépendance aux combustibles fossiles. Des stratégies pour promouvoir les industries locales dans le Sud global peuvent aider les pays à traiter leurs matières premières localement et à bénéficier d'une valeur ajoutée plus élevée. Des collaborations avec des pays comme l'Inde, le Brésil ou l'Indonésie peuvent renforcer la résilience économique de l'Europe et promouvoir le commerce Sud-Sud.

L'Europe pourrait augmenter sa contribution aux fonds existants tels que le Fonds Vert pour le Climat (FVC) et établir en outre ses propres fonds régionaux pour promouvoir l'adaptation au changement climatique. Les collaborations pour fournir des technologies comme les installations éoliennes et solaires ou l'agriculture respectueuse du climat créent des situations gagnant-gagnant. Les pays avec des zones de forêt tropicale comme le Brésil, l'Indonésie ou la République Démocratique du Congo pourraient collaborer avec l'UE pour développer des stratégies de protection pour ces écosystèmes. Les États européens pourraient créer des incitations par le biais de marchés du carbone transparents pour financer des projets de séquestration du carbone dans le Sud global. Des initiatives de recherche dans des domaines tels que la médecine, les sciences agricoles ou l'énergie durable peuvent renforcer le transfert de technologie. Des projets conjoints pour la surveillance précoce et la lutte contre les pandémies peuvent atténuer les crises de santé mondiales.

Que peut-on faire pour stabiliser les États fragiles ? Les États européens et du Sud peuvent coopérer intensément dans la lutte contre la traite des êtres humains, le trafic de drogue et le terrorisme. Toute nouvelle alliance stratégique peut promouvoir la migration légale, abordant à la fois les pénuries de main-d'œuvre en Europe et les objectifs de développement dans le Sud. Les programmes de retour pour les migrants peuvent être liés à des projets de développement dans leurs pays d'origine pour créer des perspectives locales. Sur des questions telles que la politique climatique, la numérisation ou la réglementation des marchés financiers, l'Europe et le Sud global pourraient s'associer pour équilibrer l'influence des grandes puissances individuelles. Grâce à une coopération plus étroite avec des États non alignés ou orientés vers le Sud, l'Europe pourrait former de nouvelles alliances stratégiques qui promeuvent la paix mondiale. Les partenariats avec des pays producteurs de pétrole et de gaz dans le Sud global pourraient faciliter la transition vers les énergies renouvelables et réduire les dépendances.

Le travail d'équipe européen rassemblerait des ressources pour atteindre des objectifs de développement communs avec les pays partenaires. Ils pourraient se concentrer de plus en plus sur des projets dans le Sud global. La coopération avec l'Union africaine pourrait être intensifiée grâce à des investissements dans l'éducation, la numérisation et les systèmes de santé. Une alternative européenne à l'initiative "Belt and Road" de la Chine pourrait promouvoir des projets d'infrastructure dans le Sud global qui soient davantage alignés sur la durabilité et les besoins locaux.

Un avantage de ces nouvelles alliances est le renforcement de l'influence de tous les participants dans un monde multipolaire. De nouvelles capacités et structures émergent en soutenant des projets écologiquement et socialement compatibles. Cela permet une inclusion plus forte dans les processus de décision mondiaux. Le noyau interne des pays actuellement forts au sein de l'alliance pourrait de plus en plus fournir des technologies et des infrastructures pour combler le fossé numérique, mais toujours sous la condition d'éviter tout piège à dettes. Cela nécessite une communication claire des objectifs et des méthodes pour s'attaquer à tout scepticisme. Les conflits d'intérêt peuvent être évités en déclarant des priorités claires dans les stratégies communes. Le comportement de l'alliance doit nécessairement s'appuyer sur une action cohérente. Grâce à une politique fondée sur des valeurs qui inclut le Sud global comme un partenaire égal, les défis mondiaux pourraient être abordés plus efficacement. Cette alliance aurait non seulement la chance de renforcer sa propre position dans un monde multipolaire, mais aussi de contribuer de manière significative à la durabilité, à la sécurité et à la justice mondiales.

39. CONCLUSIONS DE L'INTERCONNECTIVITÉ

Des stratégies comme le «nudging» - une impulsion immédiate vers la nouveauté - pourraient encourager les gouvernements du monde entier à privilégier des pratiques efficaces en termes de ressources et équitables. La philosophie de l'utilitarisme pourrait inspirer les entreprises à prendre des mesures qui créent le plus grand bénéfice pour la majorité des gens. Les politiques ou les entreprises concurrentes devraient fonctionner davantage comme des réseaux, partageant connaissances, ressources et responsabilités. Les approches philosophiques de l'éthique et de la justice soutiennent que la connaissance doit être considérée comme un bien commun mondial. Cela pourrait soutenir l'introduction d'initiatives de «Science Ouverte»à l'échelle mondiale. Des recherches sur l'identité sociale montrent que les gens s'engagent davantage lorsqu'ils se sentent partie d'une communauté. Les campagnes devraient viser à promouvoir un sentiment de solidarité mondiale. Les gouvernements pourraient délibérément favoriser des histoires et des récits qui créent un sentiment d'appartenance mondiale.

Les réseaux de pensée en décomposition dans la politique mondiale font référence à des mentalités et des structures obsolètes ou inefficaces qui se sont enracinées dans le tissu des relations internationales et des stratégies politiques. Ces concepts freinent le progrès et sont la raison pour laquelle des défis significatifs ne sont pas abordés de manière adéquate. Les dynamiques de pouvoir traditionnelles, qui ne correspondent souvent plus aux réalités mondiales actuelles, les biais et malentendus entre différentes cultures qui compliquent le dialogue et la collaboration, ainsi que les approches militaires qui ne répondent pas aux défis d'aujourd'hui ou aux crises de santé mondiale, appellent à être surmontés par des approches innovantes et une volonté de remettre en question les paradigmes existants.

Est-ce que tout cela est négatif? Pas nécessairement. Il existe de nombreuses initiatives plaidant pour une vision holistique des défis mondiaux et encourageant des solutions interdisciplinaires. Les formations de clusters et les grandes structures régionales contribuent à créer un cadre international plus stable. Des formats politiques prometteurs apportent de nouvelles perspectives et des solutions innovantes en politique. Les avancées technologiques et en communication favorisent la collaboration et ouvrent de nouvelles voies pour l'échange d'idées.

Un aspect souvent critiqué est la tendance à la pensée à court terme en politique. Les considérations tactiques électorales et la pression pour obtenir des résultats rapides entravent les décisions importantes à long terme. Une façon de renouveler les réseaux de pensée en décomposition serait de s'appuyer sur une prise de décision fondée sur des données probantes. Cela signifie prendre des décisions politiques basées sur des découvertes scientifiques et des données empiriques. L'incorporation d'éléments réflexifs et d'évaluation dans le processus politique pourrait améliorer la qualité des décisions. Des échanges d'idées structurés et des arguments rationnels permettent une considération plus approfondie des questions complexes. Une plus grande transparence dans les processus de prise de décision politique et une responsabilité sérieuse des décideurs amélioreraient la qualité des décisions.

La mise en œuvre de telles améliorations est souvent entravée par des conflits d'intérêts et des structures de pouvoir établies. Divers acteurs motivés dans la politique mondiale poursuivent des objectifs différents, ce qui empêche le développement de stratégies cohérentes. Le renouvellement des réseaux de pensée dans la politique mondiale nécessite une approche multidimensionnelle. Il s'agit de combiner la prise de décision avec des processus délibératifs tout en considérant la complexité des défis mondiaux.

L'interconnectivité souligne qu'en tenant compte de l'interaction de différents domaines, les meilleures solutions peuvent être trouvées.

Il serait essentiel de mettre en avant la compréhension mutuelle entre la politique et la recherche d'une perspective holistique. Les établissements d'enseignement, les organisations de recherche et les décideurs politiques doivent travailler au-delà de leurs frontières traditionnelles. Les équipes interdisciplinaires rassemblent des perspectives diverses, y compris les sciences socio-politiques et naturelles ainsi que les facteurs philosophiques et culturels. L'éducation nécessite de nouveaux standards dans l'ensemble. Avec l'aide des possibilités technologiques, la pensée systémique peut prendre en compte les interconnexions et interdépendances de divers éléments. Elles stimulent des boucles de rétroaction cognitives et des effets en cascade, générant ainsi une compréhension des propriétés émergentes résultant de l'interaction des parties. Les solutions isolées et unidimensionnelles devraient être écartées. Les systèmes éducatifs doivent être conçus non seulement pour transmettre des connaissances, mais aussi pour promouvoir la pensée critique, les compétences en résolution de problèmes et la capacité de collaborer. La refonte de l'éducation dans le domaine des relations internationales nécessite une approche holistique qui intègre théorie, pratique et considérations éthiques. En tenant compte de ces points, une future génération de professionnels et de dirigeants pourra émerger, équipée pour relever les défis d'un monde de plus en plus complexe et interconnecté.

L'approche de pensée interconnective est particulièrement utile lorsque des facteurs clés et des points de levier au sein du système sont précisément identifiés, mais aussi lorsque des conséquences non intentionnelles d'interventions incorrectes sont anticipées. Dans l'ensemble, l'humanité pourrait être mieux préparée aux défis futurs. Une société orientée vers la pensée systémique sera mieux à même de répondre aux changements et aux crises. Les communautés résilientes peuvent s'adapter et se rétablir plus rapidement parce qu'elles comprennent la dynamique au sein de leurs systèmes. L'interconnectivité englobe un large éventail de facteurs qui vont bien au-delà des aspects purement techniques. Elle relie les dimensions socio-politiques, scientifiques naturelles, philosophiques et culturelles en un tout complexe. L'appel à une vision du monde holistique qui intègre divers aspects de la réalité repose finalement sur la capacité de l'individu à trouver une connexion avec la transcendance, comme l'exigent les grands philosophes de l'antiquité. La transcendance est comprise comme une sorte de réalité plus large qui dépasse le monde physique et inclut sans doute des dimensions métaphysiques. Cette exigence conduit finalement à la question de la capacité de l'individu à se connecter à ce qui dépasse l'expérience immédiate.

Cette idée repose sur le postulat que les humains peuvent établir une connexion à un niveau de réalité plus profond pour développer une perspective plus complète et holistique. L'affirmation implique la possibilité d'atteindre une vision du monde holistique, non seulement à partir de capacités matérielles, mais aussi d'une ouverture intuitive. Cela suggère qu'une compréhension plus profonde et holistique ne peut être atteinte que si l'on est capable de se connecter à ce qui dépasse le matériel ou l'empirique. Ce serait également une invitation à considérer l'individu en termes d'esprit et de sentiments dans leur totalité.

Le découplage de l'interconnectivité, que ce soit entre les personnes, les cultures ou entre les humains et la nature, comporte le risque de perdre notre ancrage. La fondation de l'auto-compréhension est perdue lorsque nous restons isolés dans nos propres cercles de pensée et évitons de nous engager avec d'autres perspectives et réalités. L'interconnectivité est la base pour penser et comprendre notre monde, car notre conscience, notre identité et notre connaissance sont inextricablement liées à l'interaction de réseaux politiques, culturels, économiques et surtout philosophiques. Lorsque ces connexions sont affaiblies, nous risquons de nous replier sur une façon de penser unidimensionnelle qui non seulement néglige la complexité de la réalité, mais engendre également une forme d'auto-aliénation. Les gens perdent leur connexion à la réalité et entrent dans un monde illusoire. Une image de soi gonflée conduit à l'arrogance et à un manque d'empathie. Les valeurs humaines fondamentales et les principes éthiques tombent hors de focus. Les gens se sentent de plus en plus aliénés du monde et les uns des autres. La perte de connexions et de fondations conduit à un sentiment de dénuement de sens. Un manque de référence à la réalité augmente le risque d'erreurs de jugement et de mauvaises décisions.

L'ancrage de l'humanité signifie conserver une compréhension de notre position dans le tissu de la vie, une sorte d'ancrage dans le naturel et le surnaturel, qui est renforcé par l'interconnectivité. Sans cet ancrage, nous pourrions nous retrouver dans une crise de pensée qui nous laisse désorientés et vulnérables à des positions extrêmes et à des simplifications. Des perspectives superficielles et isolées ne rendent pas justice à la complexité de la réalité. Nous devrions toujours être en chemin vers ce qui est déterminant. Le développement d'une perspective intégrée multifacette dépend de notre volonté de nous engager dans des échanges avec les autres et ainsi d'élargir et de questionner continuellement notre propre pensée. Ce qui est "déterminant" pourrait être compris comme la nature fondamentale, essentielle, ou même véritable de notre être. C'est une sorte de vérité fondamentale ou un objectif significatif qui fournit une orientation. Ce chemin exige de la vigilance, de la réflexion et la volonté de quitter des sentiers battus pour aligner pensée et action sur ce qui est déterminant. Ainsi, le chemin lui-même devient un symbole d'une vie ouverte à la transformation et consacrée à un ancrage profond dans l'essentiel.

Le rythme des changements interconnectifs sera décisif tant pour les bouleversements que pour les stabilisations souhaitées. Il fluctue constamment dans la tension entre les scénarios optimaux et pessimaux. Qu'est-ce qui est dangereux dans l'interconnectivité, et quelles en sont les opportunités ? L'interconnectivité est une épée à double tranchant: d'une part, elle offre des opportunités de progrès rapide, de coopération mondiale et de résilience collective. D'autre part, elle peut déclencher des dynamiques qui donnent naissance à des risques et des instabilités inattendus. L'augmentation de la connectivité et de l'interdépendance entre systèmes, acteurs et régions recèle à la fois un grand potentiel et des dangers sérieux, surtout parce que la vitesse et l'ampleur des changements interconnectifs sont souvent difficiles à contrôler et à prévoir.

Les défis internationaux sont complexes et nécessitent une façon de penser en réseau, comme le promeuvent les approches systémiques en gestion. Les dirigeants devraient être formés pour reconnaître et gérer les interactions entre politique, économie et science. Les principes de gestion agile, tels que la flexibilité, la planification itérative et le retour d'information rapide, peuvent être appliqués aux institutions internationales pour répondre rapidement à des problèmes dynamiques. Les entreprises devraient être encouragées, par le biais d'incitations fiscales et de normes, à mettre en œuvre des mesures qui génèrent le plus grand bénéfice pour la société: les entreprises devraient divulguer comment leurs actions ont un impact positif sur la société. L'utilitarisme exige que l'accent ne soit pas seulement mis sur la valeur pour les actionnaires, mais aussi sur la valeur pour les parties prenantes, qui englobe la société, l'environnement et les générations futures. Les entreprises pourraient s'orienter vers des principes tels que l'économie du bien commun, qui mesure la durabilité et le bénéfice social. Les politiques pourraient de plus en plus introduire des mécanismes coopératifs tels que des fonds communautaires, où les pays mettent en commun leurs ressources pour faire face aux crises mondiales.

L'interconnectivité permet un échange mondial en temps réel de connaissances, de technologies et de meilleures pratiques. Cela peut accélérer le développement de nouvelles technologies, rendre des informations médicales disponibles dans le monde entier et promouvoir des solutions communes aux crises telles que le changement climatique. Cette transparence et cet échange rapide contribuent à trouver des réponses collectives aux défis mondiaux et à favoriser le progrès. Cela améliore la capacité à s'attaquer à des problèmes complexes et multidimensionnels tels que les pandémies, la migration et la destruction de l'environnement. Idéalement, le réseautage favorise la résilience collective en rendant les connaissances, les ressources et le soutien disponibles dans les plus brefs délais. Surtout en situation de crise, comme les catastrophes naturelles, l'interaction des acteurs mondiaux peut fournir une aide et des solutions plus rapides.

La grande vitesse et la profondeur de l'interconnexion signifient également qu'une crise dans un domaine peut rapidement se propager à d'autres systèmes, souvent de manière imprévisible. Cela est particulièrement vrai pour les marchés financiers, où une crise peut créer des ondes de choc à l'échelle mondiale en quelques heures, ou pour les maladies pandémiques qui se propagent plus rapidement par des itinéraires de voyage interconnectés. Les chaînes d'approvisionnement deviennent plus longues et plus complexes, de sorte qu'un seul goulot d'étranglement ou une interruption peut mettre en péril l'ensemble du système. Cette dépendance accroît la vulnérabilité face aux chocs et aux fluctuations externes, qu'il s'agisse d'instabilité politique, de catastrophes naturelles ou de récessions économiques.

Plus les systèmes interconnectés sont complexes, plus il est difficile de les comprendre et de les gérer. De nombreux réseaux mondiaux fonctionnent grâce à une multitude d'acteurs décentralisés qui agissent de manière indépendante, ce qui complique la gestion et la prévisibilité de ces systèmes. Cela crée de l'incertitude, car même de petites erreurs de jugement peuvent avoir de grandes conséquences lorsqu'elles se propagent de manière incontrôlée dans l'interconnexion mondiale. Dans le meilleur des cas, l'interconnexion permet d'établir une communauté mondiale unie et coopérative, tournée vers l'avenir, qui favorise la résilience collective et la prospérité grâce à la connaissance et à l'échange. Que les effets positifs ou négatifs de l'interconnexion prédominent dépend fortement de la conception des réseaux et des systèmes. La capacité à gérer les crises, à s'adapter et à agir de manière équitable est essentielle pour maintenir l'équilibre entre progrès et stabilité. Un examen et un ajustement continus sont donc indispensables pour tirer parti des opportunités offertes par l'interconnexion tout en minimisant les risques.

Un changement de paradigme dans la pensée et l'action est nécessaire pour mieux comprendre et gérer ces systèmes. Nous devons accepter que le contrôle total est une illusion. Il s'agit plutôt de concevoir et d'influencer les systèmes de manière à ce qu'ils soient robustes et adaptables. Ce que les responsables de la gouvernance doivent apprendre dans ce processus de réflexion, ce sont l'émergence et la dynamique. La première fait référence à la bonne gestion des éléments individuels, à partir desquels de nouvelles propriétés émergent au niveau du système. La seconde symbolise le fait que les systèmes complexes peuvent changer constamment, ce qui entraîne une grande variabilité dans le comportement du système. L'inclusion des nombreuses perspectives, bien comprise, aidera à mieux gérer les situations. Cela fait partie du concept de gestion adaptative de l'intelligence collective, qui va au-delà de soi si elle veut refléter la qualité et l'efficacité. La clé réside dans la capacité à trouver le bon équilibre entre diversité et capacité d'action, ainsi qu'à mettre en œuvre des méthodes et des structures appropriées. Si cela réussit, la politique internationale peut véritablement transcender ses propres limites et mieux relever les défis complexes.

Que se passe-t-il lorsque des admirateurs des dictateurs apparaissent soudainement partout, briguent les plus hautes fonctions et confondent tout? C'est déjà assez étrange. La perplexité s'installe dans le monde des démocraties, face aux protagonistes et aux frères cyclistes de la stupidité audacieuse. Celle-ci se répand en effet à toute vitesse dans l'océan de la sphère publique et tout le monde s'étonne de l'y situer. Que peut offrir le changement? Quand il est si difficile de trouver des majorités, il faut être particulièrement intelligent dans la planification, la structuration et la communication. La sous-estimation par négligence et le manque de connaissances sont des poisons dans l'interconnectivité. Que signifie la connaissance politique dans ce contexte? L'enjeu n'est pas mince. C'est l'existence même des civilisations qui est en jeu.

La présence croissante d'admirateurs de systèmes autoritaires et d'acteurs politiques prêts à remettre en question les principes démocratiques fondamentaux est en effet alarmante. Leur capacité à attirer l'attention et à semer le chaos pose des défis considérables aux démocraties. Ces évolutions ne peuvent pas être simplement rejetées comme des déviations temporaires. Elles soulèvent au contraire des questions fondamentales sur la manière dont les sociétés démocratiques peuvent faire preuve de résilience et maintenir le cap au milieu des turbulences. L'attrait des idées autocratiques et des figures charismatiques mais clivantes se nourrit souvent de l'incertitude, de la frustration et du désir de trouver des solutions simples à des problèmes complexes. Ces tendances sont renforcées par l'accélération de la communication numérique, qui alimente la polarisation et la désinformation. Dans un océan de gros titres et d'opinions, la témérité de la stupidité semble souvent plus simple et plus accessible que la complexité de la raison.

L'intégration des nombreuses perspectives, bien comprise, aidera à mieux gérer les situations. Cela relève de la gestion adaptative de l'intelligence collective, qui va au-delà d'elle-même si elle veut refléter la qualité et l'efficacité. La clé consiste à trouver le bon équilibre entre diversité et capacité d'action et à mettre en œuvre des méthodes et des structures appropriées. Si elle y parvient, la politique internationale pourra effectivement se dépasser et mieux relever des défis complexes. Créer des espaces d'action du positif est l'affaire de l'intelligence politique. L'intelligence politique implique d'aller au-delà de la simple réaction et de comprendre les structures qui façonnent nos sociétés. Une connaissance approfondie de l'histoire, des processus politiques et des mécanismes du pouvoir est essentielle pour résister aux tentations autoritaires. L'éducation, qui encourage la pensée critique, est un instrument clé pour contrer la propagation de la désinformation.

Il a été expliqué à plusieurs reprises comment on pourrait parfois faire autrement. Ensuite, la force de la décision est nécessaire dans le collectif, dans la société, et surtout dans la vie personnelle. C'est leur addition qui permet de percer. Mais si la pondération n'est pas correcte, l'équilibre ne fonctionne plus non plus. La balance tombe. Chaque décision, tout comme chaque conflit, a son point de départ et tend dès le début vers un objectif et, en cas d'erreur de direction, cherche à sortir du bourbier. Qui ou quoi est actuel, c'est en même temps la question du bon moment qui ne doit pas être omise.Nous participerons à la question de savoir si, dans le spectre de l'histoire en cours, la raison, la liberté ou la contrepartie qui veut éviter une telle chose prend le dessus. Sera-t-elle acceptable ou effrayante, voire cruelle? La perplexité et l'étonnement face au chaos actuel sont compréhensibles, mais ne doivent pas déboucher sur la résignation. Au contraire, les sociétés démocratiques doivent trouver le courage de défendre leurs valeurs avec conviction et de se réinventer. Cela nécessite non seulement de résister aux forces destructrices, mais aussi de créer de nouvelles approches qui soient inclusives, transparentes et durables. L'avenir de la démocratie dépend de notre capacité à passer de la perplexité au mode de la création active.

J-G Matuszek

Universités Innsbruck, Perugia, Salzbourg.
Études de linguistique. Diplôme d'interprète, maîtrise.
Sciences politiques, sciences empiriques des systèmes, relations internationales, sciences de la communication, philosophie, doctorat.

Études post-universitaires dans différents instituts:
Marketing, relations publiques, identité d'entreprise, contrôle de gestion, gestion de l'innovation et du développement. Licence en conseil d'entreprise.

Parcours professionnel: professeur de lycée, traducteur et interprète, journaliste. Manager dans des entreprises multinationales. Management Contracting dans des entreprises de taille moyenne. Consultation et coaching dans les domaines du marketing, de la gestion internationale et des ressources humaines. Membre du conseil d'administration et directeur de plusieurs entreprises en Allemagne et en Suisse. Management dans le domaine de la certification d'entreprises et d'organisations. Membre du conseil d'administration de la fondation Globility-Circle, Suisse.

Lecteur invité dans différentes universités et écoles de commerce.
Auteur de livres.
Carrière sportive, président de la Fédération autrichienne de taekwondo, Coopérations high-tech pour l'optimisation du diagnostic de performance
dans l'économie et le sport.

LIVRES DE L'AUTEUR

NEW VALUE ECONOMY - Manager quo vadis?   ISBN 9783981263206

MANAGEMENT DER NACHHALTIGKEIT   ISBN 9783658022891

SPORT FÜR MANAGER   ISBN 9783658036379

MANAGEMENT DER POLITIK - EUROPA   ISBN 9783990108529

EUROPÄISCH DENKEN   ISBN 9783738625592

EUROPÄISCH HANDELN   ISBN 9783750414501

MANAGEMENT VERSUS SPIRITUALITÄT?   ISBN 9783854314501

RUF NACH DEM SINN   ISBN 9783748144199

MUT ZUM SINN   ISBN 9783750418943

KICKOFF ZUM SINN   ISBN 9783752690200

MANAGEMENT SET-UP   ISBN 9783751941884

DER MANAGER *Roman*   ISBN 9783752648911

REFLEXIONEN Lyrik   ISBN 9783752603866

DIE TAEKWONDO MATRIX   ISBN 9783754352571

THE TAEKWONDO MATRIX   ISBN 9783754395394

TAEKWONDO MATRIX - SPORT EFFIZIENZ   ISBN 9783758307423

EVALUIEREN   ISBN 9783756228805

PSYCHE DER WELTGESCHICHTE   ISBN 9783757810108

POLITIK @ GLOBALE WELT . INTL   ISBN 9783758307942

POLITICS @ GLOBAL – WORLD . INTL   ISBN 9783759706041

THE EUROPE CODE   ISBN 9783759787170

DER EUROPA CODE   ISBN 9783759708182

© 2024 J-G Matuszek
Édition : BoD · Books on Demand GmbH, In de Tarpen 42,
22848 Norderstedt (Allemagne)
Impression : Libri Plureos GmbH, Friedensallee 273,
22763 Hamburg (Allemagne)
ISBN : 978-3-7693-2177-7
Dépôt légal : Décembre 2024